燕京语言学

潘悟云教授八秩寿辰庆贺集

第七辑

洪波 主编

学苑出版社

图书在版编目（CIP）数据

燕京语言学．第七辑/洪波主编．—北京：学苑出版社，2023.9
ISBN 978－7－5077－6732－2

Ⅰ．①燕… Ⅱ．①洪… Ⅲ．①语言学－文集 Ⅳ．①H0－53

中国国家版本馆 CIP 数据核字（2023）第 144821 号

责任编辑：乔素娟
出版发行：学苑出版社
社　　　址：北京市丰台区南方庄 2 号院 1 号楼
邮政编码：100079
网　　　址：www.book001.com
电子邮箱：xueyuanpress@163.com
联系电话：010－67601101（销售部）、010－67603091（总编室）
印　刷　厂：北京建宏印刷有限公司
开本尺寸：710 mm×1000 mm　1/16
印　　张：21.5
字　　数：341 千字
版　　次：2023 年 9 月第 1 版
印　　次：2023 年 9 月第 1 次印刷
定　　价：148.00 元

《燕京语言学》编委会

主　　编　洪　波
副 主 编　黄树先　　　　　　　　陈英杰
编　　委　(按姓氏音序排列)
　　　　　　陈保亚（北京大学）　　　陈英杰（首都师范大学）
　　　　　　冯胜利（香港中文大学）　金理新（温州大学）
　　　　　　洪　波（首都师范大学）　黄树先（首都师范大学）
　　　　　　莫伯峰（首都师范大学）　王　锋（中国社会科学院）
　　　　　　吴福祥（北京语言大学）　杨永龙（中国社会科学院）

《燕京语言学》编辑部

编辑部主任　龙润田
编　　　辑　胡亚　卢玉亮　吴盛亚　杨欢

卷首语

黄树先

本辑《燕京语言学》是一本贺寿专辑。我们敬爱的潘悟云教授在今年迎来八十华诞。在这个值得庆贺的时刻，我们编辑了这本祝寿特别专辑，恭贺先生寿辰。作者中，黄树先、胡平、龙润田几位是先生亲自引入语言学的及门弟子，其余各位是再传潘门弟子。弟子们执教神州各高校，谨遵师训，薪火相传，传承弘扬老师的学术思想。本辑作者虽年齿不同，闻道有先后，学术旨趣各有差异，但共同的心愿只有一个，那就是用这一辑文章，敬祝老师康健吉祥，福寿绵长。

这也是一本关于语言比较研究，特别是比较词义研究的学术专辑。语义类型兴起较晚，远在语法、语音诸学科之后。值得自豪的是，国内语义比较，得风气之先，王力、伍铁平诸前辈学者的语义比较理念及实践，甚至早于国外同行。近二十年来，比较词义在汉语词义研究展露出独特的魅力。汉语语义的考释、词源的系联，都有不少可圈可点的成果。把比较词义用在民族语文的研究中也渐次展开。

语义类型学的研究应在两个大的方面展开。除了理论探索，学科建构之外，目前最紧迫的是展开应用研究。比较词义是一个学科，更是一种研究的思路和方法。比较词义提供了大量翔实可信的语义演变模式，借助这些模式展开应用研究，会有广阔的空间。近几年来，除汉语词义的考释、本义引申义的梳理外，词典编纂与评述、新词新义的提取、文献的整理与考释，也有初步的成果。本辑所收录文章，大致反映了这几个方面的最新进展。

把比较词义运用到语言教育，也会有很好的前景。语言习得，词语是重点，也是难点。而词语的教学和研究，插上比较词义这个翅膀，会飞得更高更远。目前尚无这方面的成果。国内的外语教学、中文国际教育，宜引入比较词义，相信不久的将来，会有跟进，也会有一个快速的发展。

我国的汉语方言和各民族语言的数量庞大，语义演变模式多姿多彩。汉语古今方言，是语义类型取之不尽的语言宝库。汉语方言和与之深度接触的相关少数民族语言也是用来研究语义类型的绝佳实验阵地。这是中华民族赐给我们这一代学人最宝贵的遗产。

首都师范大学华夏语言文字文明研究中心于2022年11月筹建成立。中心的成立是首都师范大学语言学学科建设的一件盛事。中心依托上古汉语、汉藏语和古文字研究，对华夏语言及文明作深入的探索。潘悟云教授是本中心特聘学术顾问。多年来，潘悟云教授一直关心我们的学科建设，多次参加我们的学术活动。特别是在2017年11月20日至12月2日，潘先生驻校为师生主讲上古音。华夏语言文字文明研究中心的成立，恰逢潘悟云教授八十华诞，中心特推出本专辑，表达中心同仁的诚挚感谢与祝贺。

学科的建设发展，需要老师的引导。我们衷心祝愿先生健康长寿，继续指引航向，带领弟子们为中国的语言学发展作出我们的贡献。

《燕京语言学》编辑部
2023年3月12日

目　　录

《周南·葛覃》解诂 …………………………………………… 黄树先 1

词汇类型学研究的现状与历史 ………………………………… 胡　平 13

早期侗语的 r 类声母 …………………………………………… 龙润田 25

侗台语词义比较四例 …………………………………… 陈孝玲　莫育珍 41

"心"的比较词义探索 …………………………………… 吴宝安　田诗媛 52

甲骨文核心词"女" …………………………………………… 郑春兰 65

中古"油脂"语义场及其类型学研究 …………………… 龙　丹　金佳敏 77

《黄帝内经》"头"词义探析 …………………………………… 黎金娥 97

"肉"的语义演变研究 ………………………………………… 张　倩 105

类型学角度的"教师"词汇研究 ……………………………… 钱萌萌 117

"毛发"义词的词义比较及语义图构建 ………………………… 郈国庆 127

苗瑶语中的"天"和"地" …………………………… 胡晓东　胡朝君 135

缅甸语核心词"人"来源研究
　　——兼论社会文化对词汇意义形成的影响 …………… 张　芳　曹泗梅 152

土家语核心词"脚" …………………………………… 熊　英　付成栋 170

基于《爨文丛刻》的彝语"脏器"类核心词研究 ………… 崔云忠　吴　娟 178

老挝语核心词"干" …………………………………………… 付　妮 198

塔芒语核心词"月" ………………………………………… 李　敏 207
浅析临高语核心词"果" …………………………… 陈丽荣 符昌忠 216
俄语核心词"手" ……………………………………… 王丽媛 222
从上古汉语＊a元音来看林布语和汉藏语的关系 ……… 邹学娥 235
平江赣语变音型完成体 ………………………………… 邹珊珊 248
水语的量范畴及其语法手段 …………………………… 黄　芳 259
《汉语大字典》"疑难字"补证 ………………………… 邓春琴 278
从"三品说"到语言信息结构理论 ……………………… 肖璟怡 292
中学语文教学中的方言比较探讨
　　——以贵州省兴义方言为例 ……………… 李一如 桑洪梅 303
"经验"与中国当代作文教学话语体系的建构 ………… 欧阳澜 314
《语义转移的词汇类型》述评 ………………………… 张　莉 327

《周南·葛覃》解诂*

黄树先

摘　要：训诂学是最早成立的传统语文学分支学科，训诂学经过两千多年的发展，已成为经典的语言学学科。现代语言学兴起后，涌现出新的理念、新的方法以及新的材料，给传统的训诂学带来了新的发展契机。我们主张在继承传统训诂学的基础上，引入汉藏比较、词义比较，借鉴这些学科的理念和材料，运用比较训诂的方法对文献进行整理和研究，形成新的训诂学。本文运用比较训诂的方法对《周南·葛覃》进行解释。

关键词：训诂　比较训诂　汉藏比较　词义比较　葛覃

一、训诂学的新拓展

《诗经》是先秦最重要的典籍，汉初毛亨的故训传，最早对《诗经》进行系统的整理和解读。伴随着《诗经》等典籍的整理与研究，训诂实践日趋成熟，训诂学也宣告成立。训诂学的展开，开启了汉语词汇学的研究，词汇学的研究是传统语文学的开始。王力先生认为，中国的语言学，最早的时期乃是"以训诂为主的时期"（王力，1981）。由此可以看到，《诗经》以及《诗经》的研究，对传统的语文学有着多么重要的意义。

经典的训诂学，立足汉语文献，运用汉语内部材料对传世的文献进行研究。两千多年的训诂实践，名家辈出，成果丰硕，训诂学积累了丰富的文献

---

* 国家社会科学基金"冷门'绝学'和国别史研究专项"项目"汉藏语基本词词库建设"（2018VJX074）。

材料，形成了独具一格的中国传统语文学，到乾嘉时期，达到了学术的顶峰（黄树先、钱萌萌，2018）。

现代语言学的兴起，使得传统的训诂学有了新的发展契机，训诂学应该抓住机会，有新的发展，新的拓展。比较训诂是我们最近几年酝酿的整理和研究文献的一个新思路，现在正在进行的是对《诗经》作校注。整理《诗经》，所采用的方法就是比较训诂。比较训诂是在传统训诂学的基础上，充分发挥传统训诂学的优势，添加汉藏比较、词义比较。汉藏比较，是把最近百余年汉藏比较语言学的方法和成果运用到传统训诂之中。语义类型学是跨语言的词义比较，最近十余年来，进展颇快。比较词义的理念跟成果，亦可运用到训诂学里。

比较训诂的第一个目标，就是承继汉唐训诂传统，发扬乾嘉段王学风，对文献的文字作校正，解释字词句篇，所用的材料是汉语内部材料，文献材料包括传世文献和出土文献；训诂的方法来自经典的训诂学、文献学。

训诂学是语文学，经过了两千多年，有大量的训诂实践，总结出了不少行之有效的方法。训诂学是一门很成熟的传统学科。俞樾说："读古人书者，不外乎正句读，审字义，通古文假借，而三者之中，通假尤其重要。"（俞樾《上湘乡司马曾涤生书》，《俞曲园书札》），这个意思也见于他的《群经平议》自序。正句读，审字义，通古文假借，三者之外，还需加上"审辞气"。杨树达先生说："余尝谓训诂之学，明义诂为首要矣，而尤贵乎审辞气。大抵汉代儒生精于义诂，而疏于审辞气，赵宋学者善于审辞气，而疏于义诂。"（《积微居小学述林·淮南子证闻后序》）。句读跟辞气有些重叠，都跟语法、篇章有关系，但前者强调是传统的标点句子，后者更多的是偏重于现代意义上的语法研究。

比较训诂是以传统的训诂学为主，依托汉语文献，采用传统的文献学方法对文献进行整理和研究。同时引进汉藏比较、词义比较的理念和方法，动用跨语言比较的材料，结合传统的文献材料和训诂学理念、方法；进行综合的研究。具体来说，就是采用训诂学、文献学、汉藏比较、词义比较等相关学科基本研究思路、方法，征引相关学科的主要文献和语料；汇集相关学科主要学者的研究成果。目前的情况是，训诂学、汉藏比较及语义类型学等各学科画地为牢，各自为政，森严壁垒，鲜有勾连。各学科亟须沟通，截长补短，共同发展。抱残守缺，坐井观天，均不利于学术发展。

传统训诂学的材料，传统训诂学的理念和方法，是比较训诂学的基础。要全面继承和发扬汉唐传统，吸收和借鉴乾嘉以来的训诂学成果。这个工作最为重要，是比较训诂的基础，也是比较训诂的起点，夯实了传统训诂这个基础，才能进行下一步的工作。当然，没有这下一步，也就没有比较训诂。比较训诂包括除传统训诂以外的两大块：汉藏比较、词义比较。

1. 汉藏比较。汉藏语系是很重要的语系，语言众多，各种语言，各有特色；语系里有藏文、缅甸文、西夏文等古老的文字跟文献。汉藏语系的各个语言，发展速度不同，或多或少保留原始母语的语言面貌。汉藏语系的研究业已超过百年，名家辈出，成果丰硕；亲属语言的比较，对于训诂的研究，大有裨益。

2. 词义比较。词义比较是跨语言的比较，是语义类型学视野的探索（黄树先，2012a，2015）。语义类型研究起步比较晚，把比较词义引进到训诂学，基本没有做过。词义比较，不管语言有无发生学关系，也不管语言是否有文献，古老或现代，均可以拿来比较。跨语言的词义比较，可供比较的语言多，语言类型丰富，有广阔的研究空间。全世界的语言，正在使用的，业已死亡的，何止千万。词义比较引进到训诂研究中，大有可为，前景未可限量。把比较词义的方法和成果引入传统训诂之中，有重要的意义。

比较训诂，在传统训诂的基础上，添加了汉藏比较、词义比较，所使用的材料大为拓展。底下是《周南·葛覃》的注释，采用的就是比较训诂的理念。

二、《葛覃》注释

《葛覃》是《周南》的第二首。小序谓诗为"后妃之本也。后妃在父母家，则志在于女功之事，躬俭节用，服澣濯之衣，尊敬师傅，则可以归安父母，化天下以妇道也"。朱熹《诗集传》信从诗序，直谓诗是"后妃所自作"，今所不取。清人方东树说此诗"盖此亦采之民间，与《关雎》同为房中乐，前咏初昏，此赋归宁耳"（方东树，2011）。较为可信。诗分三章，章六句，今注释如下。

Ⅰ. 葛之覃兮，施于中谷，维叶萋萋。黄鸟于飞，集于灌木，其鸣喈喈。

（1）覃。"葛之覃兮"，传："覃，延也。"毛传的延当解释为伸长阔大，《方言》："延，长也。"疏："言葛之渐长，稍稍延蔓兮，而移于谷中。""覃"是指葛长得长大，假如解释为"延蔓于谷中"，则下句"施于中谷"之"施"就无着落。《说文》："覃，长味也。《诗》曰：实覃实吁。"段注："此与西部醰音同义近，醰以覃会意也。引伸之凡长皆曰覃。《葛覃》传曰：覃，延也。凡言覃及、覃思义皆同。经典葛覃字亦假藫为之。"《说文》引诗为《大雅》，段注："《左传》曰：覃，长也。吁，大也。""覃"，《说文》训作味道浓长。"潭"，深水，《九章·抽思》王逸注："潭，渊也。"梅祖麟先生讨论"潭"与"深"的音义关系："潭" *dəm > dậm，"深" *sthjəm > śjəm（梅祖麟，1988）。"覃潭" *l'ɯɯm、"深" *hljum，是汉语古老的词语，当来自原始母语，可比较原始澳泰语：*(q/)(n)z[l]ɯm"深"（白保罗，1972：267）。汉语这组字词来自华澳语系的双音节词 < *ɢ[]lum（黄树先，2003）。"葛之覃兮"的"覃"应该解释为长得长大。胡承拱曰："诗以覃与施相承而言，施为延易，则覃之训延，宜取延长义。"（胡承拱，2015）此言得之。

（2）施。"施于中谷"，传："施，移也。"疏："言引蔓移去其根也。""施"的读音，释文谓："施，毛以豉反，郑如字。"以豉反，以母歌₁部，郑张先生体系当读 *lals（2013）。洪波先生说，"施"的词根义（本义）应是（旗帜）飘扬舒展貌，应读以支切。"弛"是"施"的同族词，应从式豉反（上古音 *s-lal-s，今音 shǐ）表示施加有结果义的"施"派生而来。先秦典籍中"施"的音义，洪波先生认为音义有如下几种：施：*lal，今音 yí，义为舒展貌，用为动词义为"伸展""延展"。*s-lal，今音 shī，义为使伸展，引申为施加，给予。表施加义时，字亦作"敀"。*s-lal-s，今音 shì，有二义：施加/给予之物；施加/给予有结果。*lal-s，今音 yì，义为延及。*s-lal-s-s，今音 shǐ，义为松弛，松懈，废弛。在这个意义上也写作"弛"（洪波，2018）。"施于中谷"，传以豉反，当是洪文讨论的第三种：*lal-s，今音 yì，义为延及。

（3）中谷。传："中谷，谷中也。"疏："倒其言者，古人之语皆然，诗文多此类也。"《诗经》"中谷"，传以"谷中"释之，疏谓之"倒言"，后人或谓之"倒置"。太炎先生说，"倒植者，草昧未开之世，语言必有名词，次即动词，又次及助动词"，又谓"野于饮食"类倒植，系"未尽剔除"（章太炎，2014）。邢公畹先生全面考察《诗经》"中"字倒置，他说"中"字是用来表示区域及其方位的方位词，《诗经》"中林""中逵""中心""中河""中唐"一类词语，是一种倒置，跟侗台语的结构一样，也可以证明汉语跟原始侗台语有血缘关系（邢公畹，2000）。马瑞辰说，凡《诗》言中字在上者，皆语词。所谓语词就是没有实际语义的词语。马说失之。

（4）"谷"，山谷，河谷。马瑞辰说，《尔雅》："水注溪曰谷。"《说文》："泉出通川曰谷。"谷为山间出水地。葛出于山，不水生，殆移易谷旁多石之地，非谷中出水地也。马说不错，但没有把"谷"说清楚。"谷"是山间小水流，也指谷地，现在叫"山沟"（王凤阳，2011：36）。"谷"kloog，对应藏文 grog "深谷"、缅甸语 khjok "山谷"、泰语 klɔɔk "道路"（郑张尚芳，2013）。原始藏缅语"山谷" *grok（白保罗，1972：122）。缅文的 a *sɪuf gjɔk⁴ "山谷，陷阱"，也是浊音（黄树先，2003）。汉语同族词还有"峪、江"。"峪"是后起字。郑张尚芳先生说，"谷" *kloog→"峪" loog→jog（《唐蕃会盟碑》"谷"字藏文注音即是 jog）（郑张尚芳，2013）。梅祖麟先生说，"谷" *kluk > kuk，"浴"是 *gluk > luk（梅祖麟，2014：134）。水流的"谷"跟洗浴的"浴"或存在语义关系，比较意大利语 lavacro "洗涤，洗澡；洗净，涤除；（诗）河流"；西班牙语 bañar "洗澡，沐浴；浸泡；（河）流经"。有待进一步研究。

（5）灌木。传："灌木，藂木也。"马瑞辰说，《尔雅》灌木，释文作樌，樌即贯；贯，习也；习，重也；与灌音同而义亦近（马瑞辰，2004：37）。高本汉说，《尔雅》释文作"集于樌木"，和毛诗不同，这个"樌"字是"贯"的繁体，《尔雅》："贯，众也。"从语源上讲，所有这些意思都是从"贯"字的本义"贯穿，连接，聚集……"来的。"灌木"就是"穿在一起的树木，密集生长的树木"（高本汉，2012：6）。《诗经》谓鸟集于×，×为林木，不必强调密集。

"樌灌爟" *koons，可与亲属语进行比较。"树干"，西双版纳 kaːn³，德宏 kaːn³，泰语 kaːn³ < *k-，比较汉语"干"。李方桂先生（1976）用"干"字与 kaːn³ 对应，台语 kaːn³ 含"植物茎"义，则可以包含《广韵·旱韵》内的"秆"字（邢公畹 1999：256）。原始南岛语 bakal "原材料"（Ho "枝干、

躯体");上古汉语"干"kanh"枝干"(《左传》),"躯体、躯干"(《易经》)(沙加尔,1995:84)。包拟古认为,汉语"秆"跟"槀"有共同的来源:上古汉语的-w 也可能来自 *-l,所以可能出现下面的同源异式词:"秆" *kalʔ, kanʔ/kânʔ,"槀" *kalʔ, kawʔ/kâuʔ(包拟古,1980/1995:162)。

树干字跟表示火的"爟",音义亦同。《说文》:"爟,取火于日官名。举火曰爟。《周礼》曰:"司爟掌行火之政令。从火,雚声。烜,或从亘。"《广雅·释诂二》:"爟,爇也。""爟"当"火"讲,可能跟表示"薪柴"的"桓"有关:"桓" *gwaan,《说文》:"桓,邮亭表也。"《墨子·备守城》孙诒让《间诂》:"桓盖门两扉旁之直木。"薪柴与燃烧有语义关联(黄树先,2008)。

(6)喈喈。传:"喈喈,和声之远闻也。"笺云:"和声之远闻,兴女有才美之称达于远方。"高本汉说,《说文》简单的说"喈,鸟鸣声。"所有的"喈"字都和鸟声或乐器有关系;解释"其鸣喈喈",自然是毛传的说法好(高本汉,2012:7)。"喈" *kriil,拟声词,鸟的鸣叫声。"湝" *kriil,水流声,《说文》:"湝,水流湝湝也。从水,皆声。一曰湝,水寒也。《诗》曰:风雨湝湝。"段注:"今《郑风》只有风雨凄凄。"《小雅·钟鼓》:"钟鼓喈喈,淮水湝湝。"传:"湝湝犹汤汤也。"高本汉说,毛公以为"喈"和"皆"以及"谐"是同源词(高本汉,2012:7)。"喈喈"是鸟鸣声,"湝湝"是水流声。由鸣叫声发展出和谐义,英语 song "唱歌;诗曲",song-bird "鸟鸣";chirp "鸟鸣",chirpy "快乐的,热烈的"。

Ⅱ. **葛之覃兮,施于中谷,维叶莫莫。是刈是濩,为絺为绤,服之无斁。**

(7)莫莫。传:"莫莫,成就之貌。"笺云:"成就者,其可采用之时。"王引之说,家大人曰:《广雅》曰:"莫莫,茂也。"《周南》:"维叶莫莫。"《大雅·旱麓篇》:"莫莫葛藟。"皆是茂盛之貌(王引之,1985)。"莫茂"的茂盛义皆来自"木"。跟亲属语言比较后,我们知道汉语"木" *moog 对应亲属语言的"草"。藏缅语的材料:卡瑙里语 myag,缅语 mrak "草"。藏缅语 *mrak(白保罗,1972:149)。南岛语系的印度尼西亚语-mak 指灌木、杂草,和汉语"木"对应:semak (= semak-semak) "灌木,矮树";menyemak "长满灌木,杂草丛生"。印尼语树木派生出"杂草丛生",还可比较英语 weed "杂草,野草",weedy "杂草丛生,长满野草的"。汉语"莽"本指草,《方言》卷三："苏、芥，草也。南楚江湘之间谓之莽。"《九章·怀沙》："滔滔孟夏兮，草木莽莽。"参见拙著《比较词义探索》"树木与茂盛"条。

（8）刈。释文："艾，本亦作刈，鱼废反。韩诗云：刈，取也。""艾"，五盖切 *ŋaads，艾草，《说文》："艾，冰台也。从艸，乂声。"又鱼肺切 *ŋads，动词，砍削，收获，《荀子·王制》："使民有所耘艾。"杨倞注："艾读为刈。"《礼记·月令》："令民毋艾蓝以染。""艾"的惩治、处罚义，是削割义的进一步演化。字通作"刈"，《广雅·释诂》一："刈，断也。"又："杀也。""刈"字见甲骨文（裘锡圭，1990：35）。我们曾对来自草木的砍杀义作过仔细的梳理（黄树先，2015）。草木，可以发展出拔草、砍伐的意思。刘师培详细讨论了当草讲的"苏"发展出拔草、砍削义（刘师培，1983：166—167）。拙著《比较词义探索》"草与拔草""树木与砍伐"条讨论了语言里草木与砍伐的语义关系。英语 weed 名词"杂草，野草"，动词"除（杂草），给……除草；清除，剔除；除害"。"艾"也指砍削的刀具，《周颂·臣工》："庤乃钱镈，奄观铚艾。"马瑞辰说，"刈"亦田器，用刈以取，因训刈为取也（马瑞辰，2004：37）。镰刀与收割的关系，可比较印度尼西亚语 arit "镰刀，割胶刀"，mengarit "割，刈"。

（9）濩。传："濩，煮之也。"释文："濩，胡郭反，韩诗云：濩，瀹也。音羊灼反。""濩" *Gwraags，段玉裁谓"或假濩为鑊，如诗是刈是濩是也"，马瑞辰亦谓"濩即鑊之假借"，又谓鑊所以煮，因训鑊为煮（马瑞辰，2004：37）。"鑊" *Gwaags，比当煮讲的"濩"少了个 *-r-介音。藏文 khog "锅"，古汉语"鑊"，上古音 akhag。《周礼·大宗伯》："省牲鑊。"（俞敏，1989：71）。疏谓："是濩，煮治之。孙炎曰：煮葛以为絺绤，以煮之于濩，故曰濩煮，非训濩为煮。"孔疏说"煮之于濩"固然不错，但说"非训濩为煮"，则不然。高本汉跟孔疏的说法不同，他认为，鲁诗（《尔雅》引）作"是鑊"。"鑊"的意义是"锅"，古书常见（如《周礼》）；这里用作动词："放在锅里"。"濩"和"鑊"在语源上是同一个词（高本汉，2012：7—8）。"鑊"是锅，"濩"是煮，语音上滋生了 *-r-介音。在自然语言里，锅发展出煮的语义是很常见的语义演变，如英语 pot "罐子，钵子；（深）锅，釜"，动词"在罐中煮，在罐中用文火炖肉"。西班牙语 calentadera "锅，壶；反复加热"。汉语"鏖"，《说文》："温器也。从金，麀声。读若奥。"章太炎先生《新方言·释器》曰："今直隶谓温肉为鏚肉，淮南谓煮菜为鏚菜。"

（10）绤绤。传："精曰绤，粗曰绤。"释文："绤，耻知反。葛之精者曰绤。绤，去逆反。""绤" *lhɯl，丑饥切，"绤" *khrag，郤绎切。

（11）服。服，笺云："服，整也。女在父母之家，未知将所适，故习之以绤绤烦辱之事，乃能整治之无厌倦，是其性贞专。"马瑞辰说，诗言为绤为绤，则整治之功已在其内，服仍训服用为是。《说文》："服，用也。"序云"服澣濯之衣"，亦以诗服为服用（马瑞辰，2004：38）。马说是也。"服" *bɯg，《论语·先进》："莫春者，春服既成。"名词"服"，用作动词"穿衣"，可比较汉语"衣"。英语 apparel "衣服，衣着，服饰；外表"，动词，"给……穿衣，给……装饰"。

"服"，又指装刀剑的套子，《小雅·采薇》："象弭鱼服。"笺："服，矢服也。"汉语"房"也指箭袋，《左传》宣公十二年："每射，抽矢菆，纳诸厨子之房。"注："房，箭舍。""服"也指车厢，《周礼·山虞》："凡服耜，斩季材，以时入之。"注："牝服，车之材。"古人宫室服饰也叫"服"，《周礼·都宗人》："正都礼与其服。"注："服，谓衣服及宫室车旗。""服"也许跟当腹、宫室讲的"腹"有关系，待考（黄树先，2012b）。

（12）斁。传："斁，厌也。"释文："斁，本亦作殬，音亦。厌，於艳反，本亦作厌。""斁" *laag，羊益切。《说文》："斁，解也。从攴，睪声。诗云：服之无斁。斁，厌也。一曰终也。"段注："此与释音义同，后人区别之。经典亦假射为斁。"高本汉说，"服之无斁"是"我总穿它而不厌倦它"，"斁"的本义是"丰盛，过多，饱足"（高本汉，2012：8）。"厌"本是吃饱，由吃饱发展出腻烦、厌恶义，再如"腻"，肥厚，蔡邕《为陈留太守上孝子状》："但用麦饭寒水，不食肥腻。"享受过头，难免厌倦，故发展出"腻烦"义。再看别的语言，也有同样的语义发展：印尼语 muak "（因来吃某食物而感到）厌，腻；反胃；厌恶"；puas "满足；腻烦"。

Ⅲ. 言告师氏，言告言归。薄污我私，薄澣我衣。害澣害否，归宁父母。

（13）言。言告师氏，传："言，我也。"第一人称代词是"吾" *ŋaa，原始藏缅语 *ŋa（白保罗，1972：406）；强调式是"我" *ŋaalʔ。"我"跟"言"可以用 *-l ~ *-n 尾的交替来解释。郑张先生说，《尔雅·释诂》："卬（ŋaaŋ）、吾（ŋaa）、言（ŋan），我（ŋaalʔ）也。"《诗经》多用"言"，如

《葛覃》"言告师氏，言告言归。"俞敏先生说"言"：它就是"我""吾"的开头辅音，ñyan是"我+焉"ñal + yan 压缩成的（俞敏，1983）。陈士林先生认为，"言"可能是"我＋命"的简略形式，是命我、使我、叫我、让我的意思（陈士林，1989）。郑张尚芳先生认为是"我乃" ŋaal-n（ɯɯ）的合音，《书·盘庚中》已有"我乃劓殄灭之，无遗育。"（郑张尚芳，2013：198）。传世《诗经》第一人称"我"，安大简或写作"言"（夏大兆，2017）。洪波认为"言"是第一人称主格（施格）形式（《从安大简谈诗经第一人称代词"言"字》）（今日语言学网站），这跟传统的"我"为强调式一致。朱熹、陈奂、马瑞辰说"言"为语助（马瑞辰，2004：38）。高本汉也支持语助说（高本汉，2012：8—9）。这个词仍值得讨论。

（14）师氏。传："师，女师也。古者女师教以妇德、妇言、妇容、妇功。祖庙未毁，教于公宫三月。祖庙既毁，教于宗室。""师" *sri，"氏" *gjeʔ。

（15）归。传："妇人谓嫁曰归。"笺云："我告师氏者，我见教告于女师也，教告我以适人之道。重言我者，尊重师教也。公宫、宗室，于族人皆为贵。"毛传以"归"为出嫁。此处"归"字或当同下文"归宁"。

（16）薄。高本汉说，毛传在本篇没有解释，不过在《茉苢篇》说，"薄"，辞也（语助词）。"薄"在《诗经》中常常只作语助词用，最早的毛、韩两家都有那种说法，后代大学者们也都承认是对的（高本汉，2012：9）。俞敏、陈士林先生均有讨论（俞敏，1982；陈士林，1989）。

（17）污。传："污，烦也。"笺云："烦，烦撋之用功深。"释文："污音乌。撋，诸诠之音而专反，何胤、沉重皆而纯反。阮孝绪字略云：烦撋，犹捼莎也。捼音奴禾反，莎音素禾反。"徐［才鼎］说，《诗·葛覃》："薄污我私。"王荆公曰："治污曰污。"［才鼎］按：《曲礼》："为长者粪之礼"，亦除粪曰粪。古人此种字法，不可枚举（徐［才鼎］《读书杂释》卷三"薄污我私"）。照徐的说法，脏污可以发展出清除类意思。拙著《比较词义探索》（1997）"粪与扫除、粪田"条讲了这种语义联系。

"污" *qwaa，作洗涤义，更有可能是跟水有关。"污"本指不流动的水，《左传》隐公三年："潢污行潦之水。"疏引服虔说："畜小水谓之潢，水不流谓之污。"意大利语 lavatura "洗，洗涤；洗过的水"，sciacquatura "冲洗，清洗，漂洗；（刷过瓶碗的）污水，脏水，泔水"。俞敏先生拿藏文 bsil "洗"，对应汉语"水、洒"（俞敏，1989）。

（18）瀚。瀚，洗涤，通作"浣"。传："瀚，谓濯之耳。"疏："污瀚相对，则污亦瀚名，以衣污垢者，污而用功深，故因以污为瀚私服之名耳。言污烦者，谓瀚垢衣者用功烦多，亦以烦为瀚名，故笺云：烦，烦挼之，用功深，是也。但毛以公服不瀚，唯瀚私衣，故一事分为二句。上句言污，见用功深也。下句言瀚，见其总名亦为瀚。"

本文解释，文本主要依据毛诗，从传笺入手来理解原文。文本是复杂的，《诗经》在汉代有齐鲁韩毛，文本字词不一，各有师承。历代载籍所引，各有乖异，晚近出土的阜阳汉简及安徽大学竹简，字词差异更大。文本歧异，怎样取舍，如何研究，值得讨论。

三、余论

比较训诂是传统训诂的更新，在传统训诂的基础上，添加新的材料跟思路。比较训诂包括三个部分：传统训诂、汉藏比较、词义比较。需要强调的是，传统训诂、汉藏比较、词义比较，三者并非并列关系，轻重当有所区别。传统训诂是比较训诂的基础，是核心，比较训诂的目的是解读文献，传统训诂所使用的方法以及材料，依然是主体。从我们上面的《葛覃》解读来看，传统训诂的分量最大。比较训诂的第二大块是汉藏比较，这是仅次于传统训诂的一个部分。汉语是从原始汉藏语分化出来的，早期汉语的面貌，只有跟汉藏语进行比较，才有望得到圆满的解决。汉藏比较，其实就是研究早期汉语，所以汉藏比较跟传统训诂关系最为密切。词义比较是比较训诂的第三大块，词义比较是用词义发展的普遍规律来印证汉语词义的演变，启发我们更好地梳理词义的发展，运用这些规律来释读文献。比较词义是外部材料，在三个部分里，处于最外围。词义比较带来了词义演变的模式，启发我们更好地理解原文。像《诗经》这样的经典文献，每一个字词的解释，差不多都有不同的理解。词义比较可以在诸家不同的解释中，作出较为合理的抉择。人类思维模式大致相同，语义演变也有大体一致的倾向性，运用词义比较可以从中选择出较为恰当的意见。拙文《词义比较与词义抉择》专门讨论这个问题，此不赘述。

参考文献

[1] 白保罗. 1972.1984.《汉藏语言概论》,载罗美珍、乐赛月译,《中国社科院民族语研究》。

[2] 包拟古. 1995.《原始汉语与汉藏语》,潘悟云译,北京:中华书局.

[3] 陈士林. 1989.《〈诗经〉的"薄""言"和"薄言"》,《中国语文》第6期.

[4] 方东树. 2011.《诗经原始》,北京:中华书局.

[5] 高本汉. 2012.《高本汉诗经注释》,董同龢译,上海:中西书局.

[6] 洪波. 2018.《上古汉语"施"字音义考》,《汉字汉语研究》第1期.

[7] 洪波. 2019.《从安大简谈诗经第一人称代词"言"字》,"今日语言学"公众号10月16日.

[8] 胡承拱. 2015.《毛诗后笺》,合肥:黄山书社.

[9] 黄树先、钱萌萌. 2018.《段王学术风格略论》,《广西师范大学学报》(社会科学版)第5期.

[10] 黄树先. 2003.《汉缅语比较研究》,武汉:华中科技大学出版社.

[11] 黄树先. 2008.《比较词义研究:薪柴与燃烧》,《汉语学报》第4期.

[12] 黄树先. 2012a.《比较词义探索》,成都:巴蜀书社.

[13] 黄树先. 2012b.《住所名探源》,《语言科学》第2期.

[14] 黄树先. 2015a.《"杀"音义研究》,《华中国学》第3辑,武汉:华中科技大学出版社.

[15] 黄树先. 2015b.《比较词义再探》,成都:巴蜀书社.

[16] 刘师培. 1983.《古书疑义举例补》,《古书疑义举例五种》,北京:中华书局.

[17] 马瑞辰. 2004.《毛诗传笺通释》,北京:中华书局.

[18] 梅祖麟. 1988.《内部构拟汉语三则》,《中国语文》第3期.

[19] 梅祖麟. 2014.《闽语"与"、"浴"两字阳调h-声母的来源》,《汉藏比较暨历史方言论集》,上海:中西书局.

[20] 裘锡圭. 1990.《古文字论集》,北京:商务印书馆.

[21] 沙加尔. 1995.《论汉语、南岛语的亲属关系》,郑张尚芳、曾晓渝译,载石锋编《汉语研究在海外》,北京:北京语言学院出版社.

[22] 王力. 1981.《中国语言学史》,太原:山西人民出版社.

[23] 王凤阳. 2011.《古辞辨》(增订本),北京:中华书局.

[24] 王引之. 1985.《经义述闻》,南京:江苏古籍出版社.

[25] 夏大兆. 2017.《〈诗经〉"言"字说—基于安大简诗经的考察》,《中原文化研究》

第 5 期.

[26] 邢公畹. 1999.《汉台语比较手册》，北京：商务印书馆.

[27] 邢公畹. 2000.《诗经"中"字倒置问题》，《邢公畹语言学论文集》，北京：商务印书馆.

[28] 徐［颛］. 1997.《读书杂释》，北京：中华书局.

[29] 杨树达. 2007.《积微居小学树林全编》，上海：上海古籍出版社.

[30] 俞敏. 1983.《诗"薄言"解平议》，《中国语言学报》第 2 期，北京：商务印书馆.

[31] 俞敏. 1989.《汉藏同源字谱稿》，《民族语文》第 1 期.

[32] 俞樾. 1923.《俞曲园先生书札》，上海：新文化书社.

[33] 章太炎. 2014.《正名杂义》，《章太炎全集》第一辑，上海：上海人民出版社.

[34] 郑张尚芳. 2013.《上古音系》（第二版），上海：上海教育出版社.

[35] 郑张尚芳. 2019.《胭脂与焉支》，上海：上海教育出版社.

[36] Benedict, P. K. 1975. *Austro-Thai*：*Language and Culture*，*with a Glossary of Toots*，New Haven：HRAF Press.

黄树先　首都师范大学文学院

词汇类型学研究的现状与历史*

胡 平

摘 要：本文认为词汇类型学旨在致力于系统地、跨语言地研究语言借助符号如何表达意义，同时探索潜藏在语言表达多样性背后的深层规则。从词语形式和内容入手，词汇类型学分为符意类型学和定名类型学，前者研究跨语言普遍存在的多义词模式和语义演变模式，后者则研究跨语言普遍存在的分类—命名、词形标记性等问题。本文还综述了词汇类型学的学术研究史及其在国内的发展情况。

关键词：词汇学 符意类型学 定名类型学 语义演变 多义词

近年来，跨语言研究词汇的词汇类型学已成为语言学界方兴未艾的课题，若干以此为选题方向的博士论文在陆续面世，学界也有几部以此为理论框架研究汉语语言学的专著。2021年，国家社科基金项目课题指南就单列有"词汇类型学研究"和"词汇类型学视域下的汉语词汇历史演变研究"，一改此前语言类型学只研究句法、形态的局面。在这一背景下，应厘清词汇类型学的研究对象与研究目标，廓清其研究内容。20世纪30年代至今，词汇类型学经历了一个从萌芽到发展到兴盛的过程，因此要对其做一个简要的梳理和回顾，从而了解该领域的发展脉络及各阶段的研究特点。汉语从甲骨文时代开始，就确定了表意文字的性质，至今未变，这也决定了汉语词汇语义（训诂学）

---

* 本文获国家社科基金青年项目"汉语人体部位词的词汇类型学研究"（20CYY025）和湖北大学"汉语历史句法—语义研究"青年创新团队（HBQN0206）资助。在撰写文章的过程中，张莉、墙斯等学界同人为笔者答疑解惑，在此鸣谢。文中如有疏漏，概由笔者负责。笔者2012年到2018年在上海师范大学从潘悟云老师游，先生在学习、生活上多所关心，一直感恩在怀。欣闻老师八十大寿，特献小文为先生寿。

为中心的语言学传统不曾中断，历代积淀的文献汗牛充栋、境内现存的方言错综复杂。这些"华文所独"的先天条件，如能借重词汇类型学的理论框架，汉语词汇语义研究将会迎来新的春天。

一、研究对象和目标

词汇类型学（lexical typology），亦名"语义类型学""词汇—语义类型学"，系语言类型学的有机组成部分和分支领域，因此，其研究对象集中于跨语言普遍存在的词汇现象。其研究目标，语言学家众说纷纭，莫衷一是。本文采用 Evans（2011：504）的观点，认为词汇类型学"致力于系统地、跨语言地研究语言借助符号如何表达意义，同时探索潜藏在语言表达多样性背后的深层规则"。

词语有形式和内容，前者指词形，后者指语义。从这两者出发，语言学家区分了研究中的组织原则，此时研究目标又可细分为如下两个方面：符意学以形式为起点，从形式映射语义，比如《广韵》《现代汉语词典》就是以读音为组织原则，依音列词，具体到类型学，则是旨在研究跨语言重复出现的多义词模式和语义演变路径；定名学以概念（语义）为起点，从概念映射形式，比如《尔雅》《古辞辨》就是以同义词和概念场为组织原则，按义排词，具体到类型学，旨在研究同一个概念（语义）在跨语言中寻找形式以命名的共性。据此，我们可以将前者命名为"符意类型学"（semasiological typology），而将后者命名为"定名类型学"（onomasiological typology）。

Bickel（2007/2017）认为，进入 21 世纪，语言类型学研究目标的一个重要转向是追寻"何种现象？何处发生？为何发生？"（What's Where Why），具体到词汇类型学的研究则是：具有类型学意义的何种词汇现象（what），在哪些语言或者哪些地域分布（where），以及为什么会如此分布（why）。此时，词汇类型学的目标就不应限于描写（即 what 和 where），更应强调解释（即 why）。

词汇类型学的解释侧重于从认知—功能角度出发，认为跨语言反复出现的词汇类型现象，是基于人类共有的认知心理，以及人类沟通过程中采用的相同的语用策略。另一方面，近些年来随着区域语言学和区域类型学的发展，地理因素本身也作为解释要素，参与解释跨语言词汇类型学如此分布的原因。正如 Dhal（2001）所说："不少有意思的类型属性在地理区域上呈现出偏态分布，从类型学上看，势必要将区域方面的因素考虑进去。"

从词语组织原则分出的"符意类型学"和"定名类型学"也决定了词汇类型学的具体研究内容。

二、符意类型学

所谓符意类型学，即狭义的"语义类型学"（广义的"语义类型学"外延等同于"词汇类型学"），指就具体某一个语音形式而言，研究其间普遍存在的语义联系。这种联系既包括共时层面表现为语义变异的多义词模式，也包括历时层面的语义演变模式，并从认知和功能角度出发解释其存在之由。

多义词和语义演变是一体两面的关系，多义词是词语语义演变的结果——词语的语义演变表现为新义脱胎于旧义，二者在共时层面叠加，遂为多义词。如此，跨语言的多义词模式和语义演变模式，实际上可以整合为兼顾共时研究和历时研究的"语义移变"（semantic shift），即在跨语言层面上，同义词常会平行地发生相同、相近的语义演变。换言之，同义词会引申出相同或相近的目标义。这方面阐释最系统的文献是 Maria Koptjevskaja-Tamm（2016）。

语义移变的实现途径，包括如下 6 类：（1）共时多义词。通过查询"跨语言同词化数据库"（CLICS[3]），可知在 56 个语系 211 种语言中，一个词语可兼有"月份"（MOOTH）和"月亮"（MOON）两个义项。（2）历时语义演化。比如，古代汉语"亡"、现代汉语"走"、英语"go"，在历时层面均经历了"离开＞逝世"的语义演变。（3）同源词。比如，官话"端（张凳子）"和吴语、赣语"掇（张凳子）"。（4）形态派生。比如，"王"表"大王"（平声）通过变调构词表"当大王"（去声）。（5）借用。比如英语 plain（simple，简单）借用自法语 plain（平坦，光环，flat，smooth）。（6）语法化。比如，英语"背"（back）从指称人体部位"背部"语法化出表空间的"在……之后"（after）。这 6 类语义移变的实现途径，既是语义移变的类型，也表明语义移变研究可资利用的语料范围。

语义移变不分古今、不分中外都能发生，是一种跨语言反复出现的多义词模式和语义演变模式。如何理解这种现象的跨语言反复出现？从演变机制来看，这是因为人类语言面对同一世界，必然会范畴化出大量同义词。而源义相同的词语，相同的词义演变机制在词义演变过程中反复起作用（Bybee，2015：234），自然也就能引申出相同的目标义，形成有规则的多义词模式。从演变动因来看，则可归于人类语言根植于同样的生理基础，共同的认知—心理，以及相似的自然、文化环境等自然原因（List et al. 2018）。

目前学界的同词化、语义移变、语义图，以及包括《语法化的世界词库》在内的、措意于跨语言语义演变的语法化研究，均属于符意类型学研究的范畴，这方面的研究仍在如火如荼地进行。

三、定名类型学

所谓定名类型学，指就具体某一个概念（语义）而言，在跨语言中，是否存在词语与其匹配。如果存在记录这个概念（语义）的词语，其存在是绝对共性、还是倾向性共性，抑或蕴涵共性。语言学家也关心潜藏在定名层面的词语共性的动因和机制。

概念寻找词语匹配的过程，就是用词语给这个概念命名，命名的基础是将事物分类。基于跨语言的词汇材料，语言学家发现，"百姓日用"概念（语义）往往会有独立的词语记录；那些一般人无须关注的概念，则往往较晚命名；而一些概念由于极少场合需要用到，因而无须为其造出独立的词语（万一需要指称和表达，会选用词组或者一句描述性的文字，如"中指的第二根指节"）。我们以人体部位词为例，根据人类学家和语言学家的调查，在用人类语言给人体部位命名时，从理论上说，人体部位可以无限地划分，自然也可以无限地命名，继而能够无限地造出词语。但实际上，人类语言的命名显然极其有限，是"无限可能中的有限选择"。Brown（1976）对于人体部位命名就表明了这一点：人体部位的命名不会超过 7 个层级（相邻层级通过"整体—部分"关系而建立，比如"人体—头—眼睛—眼珠—瞳孔"），第三层级的人体部位词使用最活跃、义项最多。所有语言都有词语来记录"人体"，但是不会有专门词语用来命名"瞳孔"往下低三个层级的部位。人体部位词的命名也有优先级，比较之命名"眼珠"，人类语言命名"瞳孔"晚出。这恰恰表明词汇类型学中的共性——"语言可以千变万化，但是万变不离其宗。变异有一定的范围，要受到一定的约束，变异的范围和约束就是语言的共性。"（沈家煊，2017）

命名可以通过新造词语的方式进行。这是一个词语从无到有的过程，由此造成词词汇数量的增加。也可以在现有词语基础上引申词义的方式进行，这是一个义位从有到多的过程，由此造成义位数量的增加。在日常语言中，往往利用现有语言材料通过构词法来创制新词。从跨语言的角度来说，这方面的研究主要属于词法类型学（morphological typology）的范畴。引申词义的问题，实际上也就是语义演变的问题。在跨语言的视角下，从共时层面出发，关心所命名的概念往往与哪些概念（语义）共用一个词形，即同词化模式（多义词）问题；从历时层面出发，关心哪些概念反复引申出目标概念，即语义演变模式问题，已经属于符意类型学的研究范畴。

人类语言如果存在与这个概念（语义）匹配的词语，定名类型学将会关心概念（语义）使用什么样的词形来命名。定名类型学可以从标记性出发研究词形共性，比如高频使用（常见）概念（语义）往往使用简单词形（无标记），低频使用（罕见）概念（语义）往往使用复杂词形（有标记）。我们仍然以人体部位词为例，众所周知，人体部位中，"手"比"脚"更能派上用场，因此，"手"更重要，也更常用。如果一种语言中，给"手"和"脚"命名的词语，其间存在派生关系，则表示"手"的词语是基式（简单词形），表示"脚"的词语是派生式（复杂词形）。（Andersen，1978；Moravcsik 2013：31—34）

在词汇变化的长河中，也会发生同一个概念（语义）换用一个词汇表达情形，也就是词汇替换，这也是常有的事情，也在定名类型学研究的范围之内。

人类语言面对的是同一个世界，若干重要的概念必然会为大多数语言所命名。斯瓦迪士百词表便是人类语言100个核心概念的集合，实际上也适用于词汇类型的比较。因此，从定名类型学角度出发，语言学家可以从百词表中择出核心词，观察人类语言在命名上存在的共性，如现有的"吃""喝""切割""运动事件"的跨语言词汇研究即为此类。一些重要的概念场（语义域），也是人类语言共同面对的，由此形成的诸如"颜色词""人体部位词""人称代词""亲属称谓词"之类的概念场，已是定名类型学中研究得较为成熟的领域。

现有的定名类型学研究均表明，就同一个概念（语义）而言，命名而成的词语固然纷繁复杂，体现出人类语言的多样性，不过，跨语言的系统研究表明，其命名背后的有序性、制约性也有着强大的力量。排除同源、接触和文化差异等因素，更多显示出的是人类语言规整而趋同的普遍性，及可解释性和可预测性。

从符意类型学和定名类型学出发研究词汇类型学所形成的格局，绝非一朝一夕之功，而是经过语言学家数十年的艰难探索而逐渐形成的。

四、研究历史及其在中国的发展

词汇类型学虽然是近年来渐成语言学研究热点，不过，跨语言研究词汇的思想早在20世纪前期就已萌芽。房德里耶斯（2011）许下愿景："我们可以预见到将来会建立一门普通语义学，这门学科把各种语言里有关意义变化的资料集中在一起，将使我们不像迄今所做的那样单从逻辑观点，而是从心理观点去归纳一些原理来。"

20世纪中期，格林伯格（Greenberg）（1963）确立了当代类型学研究范式，词汇类型学随之成为语言类型学的分支。Ullmann被视为词汇类型学的开创性人物，所撰《语义共性》（Semantic Universals, 1966）系本领域的嚆矢之作，紧跟格林伯格举起类型学大纛，首倡语义类型学。不过，其所谓语义类型，尚停留在语义学经典问题的探讨——同义词、多义词、语义演变分类等，徒有类型学之名，而无类型学之实[①]。

早期真正意义上的、几项重要的词汇类型学研究均由非语言学家"越俎

[①] 刘丹青讲授（2017：79）："20世纪60年代之后……Greenberg召集的这个会议，则会集了当时众多在不同领域里非常有建树的知名学者，有一些学者带有客串的性质，以后也不再继续从事类型学的研究，只是为了参加这次会议，写了一些讨论语言共性的论文。比如当时有一个语义学家叫Ullmann，他是研究语义学的，写过《语义学导论》。在Greenberg发了call for paper之后，他就提交了一篇论文，是关于语义里面的一些共性现象，之后也并没有太多的研究语义共性。"

代庖",其中包括人类学家对于亲属称谓的比较研究和基本颜色词系统的研究,以及人种生物学家对于物种的分类。1969年,人类学家柏林和凯对基本颜色词的实证研究(Berlin and Kay,1969),系本领域的拓荒之作,采用实验和心理学方法研究98种跨语言,阐释了基本颜色词的数量变异范围及其之间的蕴涵关系,为此后的词汇类型学研究提供了一个样板,这项研究影响深远而且该项研究至今仍在持续[①]。柏林和凯的研究鼓舞了包括了人体部位词在内的物种分类的研究。这项研究表明了世界命名所受到的共性制约,以及词形的标记性问题和语义演变的自然性问题(Brown,1976)。

进入21世纪后,新出的类型学专著和手册,往往有词汇类型学的一席之地,如Armin et al.(2001);Evans(2011);Evans et al.(2011);Maria Koptjevskaja-Tamm(2008,2016,2019);Maria Koptjevskaja-Tamm et al.(2016),Moravcsik(2013)。这些成果不仅全面系统地综述了词汇类型学的发展状况,而且多能实时追踪本领域的最新进展和热点话题。此外,Haspelmath et al. eds.(2005)专设"词汇"部分,其中就有Brown(2005a、2005b)所撰"手—手臂""脚—腿部""颜色词"若干概念域的世界地理分布,并做简要解释。国际语言学重要刊物 Linguistics(2012,第3期)刊发词汇类型学特辑。Vanhove(2008)和Juvonen and Koptjevskaja-Tamm(2016)则是词汇类型学专题论文集,介绍国际上主要词汇类型学派的研究旨趣和取向,介绍语种取样、数据库等研究方法,此外,还涵盖"温度""切割""吃喝"在内的若干个案研究。

词汇类型学研究的另一个热点是数据库建设,旨在通过建立数据库为词汇的大规模跨语言比较研究提供坚实的材料支撑。代表性数据库有Anna A. Zalizniak于1998年所建的"词汇类型学语义移变目录数据库"(The Catalogue of Semantic Shifts as a Database for Lexical Semantic Typology,简称Catalogue),Haspelmath于2005年所建的"世界语言结构地图集"(The World Atlas of Language Structure,简称WALS)、Matisoff建成的"藏缅语数据库"(即STEDT Database)。最近,马普人类史科学所发布Glottobank,旨在典藏世界语

[①] 柏林和凯的颜色词研究,一直延续至今。2009年,Berlin和Kay出版了《世界颜色词调查》(*The World Color Survey*),并在加州大学伯克利分校网站建了同名数据库。

言数据，助力学界理解世界语言的多样性，目前已整合5个数据库，其中包括处理语言结构变化信息的Grambank，将会为词汇类型学提供重要支撑的Lexibank（大名鼎鼎的CLICS^{3}现已汇入该库），以及专注全球数字表达的Numberalbank。显然，Grammbank和Lexibank将会分别为研究定名类型学（词形标记性）和符意类型学（多义词模式）提供坚实的基础。

在国内，词汇类型学经历了从引进介绍、学习消化到运用于描述、解释中国语言事实的发展过程。早在20世纪80年代，伍铁平先生就向国内介绍了有关词汇类型学的研究，对颜色词、人体部位词（手、手臂）、温度词、亲属称谓词等问题都有探讨（伍铁平，1986，1988，1989），并提出具有跨语言研究词汇性质的"比较词源"主张（伍铁平，2011）。刘丹青（1990）系在Berlin and Kay（1969）基本颜色词的蕴涵层级基础上，确定汉语基本颜色词的数量和序列。蒋绍愚（1999）"两次分类"思想同西方词汇类型学中"分类—命名"思想不谋而合。近10年来，汉语学界有关词汇类型学研究的成果逐渐增多。李榕（2014）翻译词汇类型学重要文献Maria Koptjevskaja-Tamm（2008），张莉（2015）综述国外词汇（语义）类型学的发展现状，李亮（Kholkina Liliya，2019）介绍莫斯科词汇类型学小组的研究。国内学者借鉴国外词汇类型学的研究框架，至少在如下领域，给予了极大关注：吴福祥团队（后结集为2017b、主要成员包括张定和王娅玮）和张敏团队（主要成员包括刘晓凡、郭锐、潘秋平、范晓蕾等，主要论文结集为李小凡等2015）之于语义图研究；史文磊（2014）之于运动事件；孙文访（2015）之于存在动词；贾燕子、吴福祥（2017）之于"吃""喝"类动词；李福印（2019）之于事件语义类型学。近几年，北京大学中文系至少产生了三篇词汇类型学的博士论文，即李亮（2015）、墙斯（2019）和高银美（2021）。

黄树先教授及其弟子在"比较词义学"框架下，充分利用汉语史、方言和民族语的词汇材料，以斯瓦迪士核心词所收概念为研究对象，从事了长期而系统的、具有中国本土特色的词汇类型学研究，详参黄树先（2010，2012a，2012b，2015）。另有郑春兰、吴宝安、刘晓静、施真珍等青年学者的学位论文。

五、结语

词汇类型学发展到今天，最大的一个方面是将从基本颜色词、人体部位词、亲属称谓词以及物种分类中归纳而来的词汇类型学方法，扩展至更多的语义场或者换语义域。另一方面则是从其他学科中获得研究发现，将其在语言类型学的框架内加以整合。

词汇类型学概括而来的结论，其作用至少包括如下数端：一是作为旁证，考释词义；二是作为标准，为词典按照历史演变的顺序排列义项提供参考；三是作为类型学证据，用以语义构拟以及进一步构拟原始祖语。

在中国传统语言学领域，最重要的环节是语义学（王宁《〈训诂简论〉再版前言》），中国历史有连续三千多年源源不断的传世文献。近年来，欣逢盛世，简帛古书、敦煌文献等宝贵的大宗出土文献已整理出版，大型词典辞书、参考语法、研究专著也在面世。这些丰富的汉语词汇语义资源，如能经由数据库技术的加工，就能很好地扩充跨语言词汇数据库的语种库，为其提供丰富翔实的词汇数据。与此同时，如果能在词汇类型学的理论框架内，充分利用现有的大型跨语言词汇数据库来对其做跨语言比较，那么将汉语的词汇语义研究置于世界语义变异范围之内，考察汉语词义演变的普遍性和多样性将不再是遥远的事情。

参考文献

[1] Backel, Bathasar 著. 黄成龙译. 2007 [2017].《21世纪类型学的主要进展》，载戴庆厦、汪峰主编《语言类型学的方法和框架》。北京：商务印书馆.

[2] 房德里耶斯. 2011 [1914].《语言》，岑麒祥、叶蜚声译. 北京：商务印书馆.

[3] 高银美. 2021.《词汇类型学视角下的汉语姿势类动词研究》，北京大学博士学位论文.

[4] Heine, Bernd & Kuteva, Tania 著，龙海平、谷峰、肖小平译，洪波、谷峰注释. 2012.《语法化的世界词库》，北京：世界图书出版公司.

[5] 黄树先. 2010.《汉语核心词探索》，武汉：华中师范大学出版社.

[6] 黄树先. 2012a.《比较词义探索》，成都：巴蜀书社.

[7] 黄树先.2012b.《汉语身体词研究》,武汉:华中科技大学出版社.

[8] 黄树先.2015.《比较词义再探》,成都:巴蜀书社.

[9] 贾燕子、吴福祥.2017.《词汇类型学视野下的汉语"吃喝"类动词研究》,《世界汉语教学》第3期.

[10] 蒋绍愚.1999.《两次分类——再谈词汇系统及其变化》,《中国语文》第5期.

[11] 李福印.2019.《事件语义类型学》,北京:北京大学出版社.

[12] 李亮.2015.《词汇类型学视野下的汉语物理属性形容词研究》,北京大学博士学位论文.

[13] 李亮.2019.《俄罗斯词汇类型学介绍》,《语言学论丛》第59辑.

[14] 李小凡、张敏、郭锐等.2015.《汉语多功能语法形式的语义地图研究》,北京:商务印书馆.

[15] 刘丹青讲授,曹瑞炯整理.2017.《语言类型学》,上海:中西书局.

[16] Maria Koptjevskaja-Tamm 著,李榕译,乐耀校.2014.《走进词汇类型学》载戴庆厦、汪峰主编《语言类型学的方法和框架》,北京:商务印书馆.

[17] 墙斯.2018.《词汇类型学视角下汉语运动动词的历史演变研究》,北京大学博士学位论文.

[18] 沈家煊.2017.《语法调查研究手册·序》,刘丹青编著《语法调查研究手册》(第2版),上海:上海教育出版社.

[19] 史文磊.2014.《汉语运动事件词化类型的历时考察》,北京:商务印书馆.

[20] 孙文访.2015.《存在动词的词汇类型学研究》,《语言学论丛》第51辑.

[21] 王宁.2002.《〈训诂简论〉再版前言》载陆宗达著《训诂简论》,北京:北京出版社.

[22] 吴福祥.2017.《语法化与语义图》,上海:学林出版社.

[23] 伍铁平.1986.《论颜色词及其模糊性质》,《语言教学与研究》第2期.

[24] 伍铁平.1988.《上肢的哪一部分叫做"手"——从"手"的模糊性看若干语义问题》,《现代外语》第4期.

[25] 伍铁平.1989.《不同语言的味觉词和温度词对客观现实的不同切分——语言类型学研究》,《语言教学与研究》第1期.

[26] 伍铁平.2011.《比较词源研究》,上海:上海外语教育出版社.

[27] 张莉.2015.《语义类型学导论》,广州:世界图书出版公司.

[28] Andersen, E. S. 1978. *Lexical Universals of Body-part Terminology*. In Greenberg, J. H., Ferguson, C. A., & Moravcsik, E. A., eds. 1978.

[29] Armin Burkhardt et al. eds. 2001. *Language Typology and Language Universals*: *An International Handbook*. Berlin: de Gruyter.

[30] Berlin, B., & Kay, P. 1991. *Basic Color Terms*: *Their Universality and Evolution*. California: University of California Press.

[31] Brown, C. H. 1976. *General Principles of Human Anatomical Partonomy and Speculations on the Growth of Partonomic Nomenclature*. American Ethnologist, (3).

[32] Brown, C. H. 2005a. *Hand and Arm*. In Haspelmath et al. eds. 2005.

[33] Brown, C. H. 2005b. *Finger and Hand*. In Haspelmath et al. eds. 2005.

[34] Bybee, J. 2015. *Language change*. Cambridge University Press.

[35] Dahl, Öestern. 2001. Principles of areal typology. In: Martin Haspelmath, Ekkehard König, Wulf Oesterreicher, and Wolfgang Raible (eds.). *Language typology and language universals*: *an international handbook*. vol. 2, 1456—1470. Berlin: Mouton de Gruyter.

[36] Evans et al. ed. 2011. *Reciprocals and Semantic Typology*. John Benjamins Publishing Company.

[37] Evans, N. 2011. Semantic Typology. In Jae Jung Song. eds. *The Oxford handbook of linguistic typology*. Oxford University Press.

[38] Greenberg, J. H. 1966 [1963]. *Some universals of grammar with Particular Reference to the order of meaningful elements*. In Greenberg, J. H. eds. 1966.

[39] Greenberg, J. H. eds. 1966. *The Universals of Language*. Massachusetts: The MIT Press.

[40] Greenberg, J. H., Ferguson, C. A., & Moravcsik, E. A. eds. 1978. Universals of Human Language, vol. 3: *Word Structure*. Stanford: Stanford University Press.

[41] Haspelmath et al. eds. 2005. *The World Atlas of Language Structure*. OUP.

[42] Koptjevskaja-Tamm K., Rakhilina E. V., Vanhove M. 2016. The semantics of lexical typology. in Riemer, N. (eds.). *The Routledge Handbook of Semantics*. New York: Routledge.

[43] List, J. M., Greenhill, S. J., Anderson, C., Mayer, T., Tresoldi, T., & Forkel, R. 2018. CLICS³: *An improved database of cross-linguistic colexifications assembling lexical data with the help of cross-linguistic data formats*. Linguistic Typology, 22 (2), 277—306.

[44] Maria Koptjevskaja-Tamm. 2008. *Approaching Lexical Typology*. In Martine Vanhove, eds. 2008.

[45] Maria Koptjevskaja-Tamm. 2016. *The Lexical Typology of Semantic Shifts*. Berlin: de Gruyter.

[46] Maria Koptjevskaja-Tamm. 2019. Semantic Typology. In Ewa Dąbrowska & Dagmar Divjak

eds. *Cognitive Linguistics*: *Key Topics*. Berlin: de Gruyter.

[47] Maria Koptjevskaja-Tamm K. , Rakhilina E. V. , Vanhove M. 2016. The semantics of lexical typology. in Riemer, N. (eds.) . *The Routledge Handbook of Semantics*. New York: Routledge.

[48] Martine Vanhove, eds. 2008. *From Polysemy to Semantic Change*: *Toward a typology of lexical semantic associations. Amsterdam*: John Benjamins Publishing Company.

[49] Moravcsik, Edith A. 2013. *Introducing language typology*. Cambridge University Press.

[50] Ullmann, S. 1966. *Semantic Universals*. In Greenberg, J. H. eds. 1966.

[51] Zalizniak, A. A. , Bulakh, M. , Ganenkov, D. , Gruntov, I. , Maisak, T. , & Russo, M. 2012. *The Catalogue of Semantic Shifts as a Database for Lexical Semantic Typology*. Linguistics, 50 (3) .

胡　平　湖北大学文学院

早期侗语的 r 类声母[*]

龙润田

摘　要：舌尖颤音 r 与其相关的舌根擦音 ɣ 是台语支语言重要的语音特征。因其在台语支语言中表现的复杂性和系统的对应性，使得与 r 有关的声母类在侗台语历史语音研究中具有重要作用并受到学界关注。传统研究认为原始侗水语中应该是没有 r 类声母的，侗水语支语言中与 r 有关的声母并未形成规律性对应关系。通过侗语方言以及其亲属语言进行比较，笔者认为：早期侗语中存在完整的 r 声母类，这类声母演变在侗水语支和台语支语言中存在较大差异，其早期来源为 *C-r-。

关键词：早期侗语　舌尖颤音 r　声母类　历史演变

在台语支语言中，舌尖颤音 r 和由它变化产生的软腭擦音 ɣ 是台语语音演变的一个重要特点。在台语支壮语北部方言中，其音系中的 r 音位与台语支其他语言的一系列音位存在着规律性的对应关系。通过分析 r 在不同方言中的读音表现和音变过程，有助于我们了解台语支语言的历史演变过程。因此，将台语支的这类声母称为 r 音类，特指台语支中与 r 有关的声母辅音类。对 r 音类的研究也就成为台语支语言历史研究中十分重要的一个方面。

作为侗台语族另一个重要的语言族群，侗水语支与台语支相邻，但其内

---

[*] 本文为国家社科基金青年项目"汉字记录侗语文献书写系统研究（21CMZ040）"的阶段性成果。文中材料主要来自侗语调查词汇卡片（1956—1958 年中国科学院第一语言调查队侗语调查组收集，龙耀宏教授整理校对）以及龙耀宏和笔者的调查。其他侗台语材料除已注明出处外均来源于梁敏、张均如《侗台语族概论》，北京：中国社会科学出版社，1996。本稿成文之际恰逢吾师潘悟云先生八秩寿辰，谨以此文恭贺先生寿辰。

部语言的声母系统中与 r 相关的声母较为少见。现代侗语各方言中已没有 r 音位存在，仅有少部分方言中有擦音 ɣ 存在（龙润田，2019）。水语各土语中也只存在 ɣ 和 ʔɣ。语支内部各语言鲜有舌尖颤音 r 存在，这与台语支语言形成了鲜明的对比。从语音对应关系上看，侗水语支和台语支语言在 r 音类关系词上的对应也有较大差异。因此，传统认为台语支的 r 音类关系词在侗水语支语言中的表现形式多样，不存在规律性的对应关系，在侗水语支中不存在 r 音类（卢勇斌，2019）。并推测这可能与侗水语支语言和汉语更早的接触，导致原始侗台语的 *Cr 声母在历史演变过程中呈现出不同的路径有关。

早期共同语中存在 *Cr 类复辅音声母，这一点学界不存在争议。但有关早期共同语中 r 的单辅音形式，不同研究者有不同的见解。就侗水语支而言，Thurgood（1988）利用部分侗水语支材料构拟了一套原始侗水语的语音系统，其中包括两个 r 音类的单辅音声母 *hr、*ʔr。此外还有 *Cr 类复辅音声母 *kr、*khr、*tr、*thr、*pr 以及含有前置鼻音的复辅音 *mpr、*mbr。对于 *r，他认为在原始侗水语时期 *r 和 *l 已经合并了，*hr 和 *ʔr 则形成了清浊的对立。这与梁敏、张均如的观点存在差异。梁敏、张均如（1996：101）通过关系词比较构拟原始侗台语的 r 声母类，并指出原始侗台语的 *r 在台语支和侗水语支的对立音位不同，台语支为 *r̥，侗水语支为 *ʔr。即原始台语存在 *r 和 *r̥，原始侗水语存在 *r 和 *ʔr。我们认为，造成这种观点差异的原因有可能与早期侗水语支语言材料的匮乏有关。

近年来，随着侗台语族语言调查的不断推进，越来越多新的侗水语支语言材料公之于世。使得通过从地理视时还原历史真时的历史比较方法（潘悟云 2010），利用侗语内部不同方言土语材料分析重构早期原始语成为可能。本文旨在利用新的侗语调查材料对早期侗语的 r 音类的来源、形式及其演变规律进行讨论。

一、原始台语和原始侗台语中的 r 类声母

（一）原始台语的 r 类声母

对 r 音类的研究开始于壮语方言的研究，最早关注到这一语音现象的是袁家骅先生。袁家骅（1963）在对 51 个壮语方言的关系词进行比较分析后发

现，北部台语部分方言的 r 声母在武鸣壮语中念 ɣ，并与其他壮语方言存在系统性的对应关系。他对这类语音现象进行比较分析后提出，壮语北部方言中的舌尖颤音 r 其语音变化的来源可能是早期语言中与 *-r-相关的声母，将其称之为"壮语/r/音"。同时构拟了原始壮语中与 r 有关的声母共计 14 个，包括清声母 *ʔr、*ʔrw、*tr/thr、*trw/thrw、*kr/khr、*khrw 和浊声母 *r、*rw、*br、*nr、*nrw、*ɣ、*ɣw、*gr、*ŋr。并给出了 11 组语音对应关系，指出原始壮语中的这类 *Cr 辅音大多来源于 *Cl，是 *Cl 后续的演变阶段。除了对复辅音来源的讨论外，袁氏的构拟将 r 的清浊对立总结为了前喉塞音和非前喉塞音的差异。

李方桂（Li，1977）则根据三个台语支语言的关系词表现构拟了原始台语的声母系统。其中与 r 相关的原始台语声母共 18 个，包括单辅音声母 *hr、*r 以及复辅音声母 *pr、*phr、*ʔbr、*mr、*fr、*vr、*tr、*thr、*dr、*ʔdr、*nr、*kr、*khr、*gr、*ŋr、*xr。并指出原始台语中的 *r 和 *hr 在更早时期的形式可能是唇复辅音或舌根复辅音（李方桂 2011：125—133）。

比较李方桂和袁家骅构拟的早期语言语音系统，可以看出二者在复辅音声母的构拟上差异较小，复辅音声母的形式均为 *Cr-，包括塞音复辅音和鼻音复辅音两类。r 声类的差异主要集中在单辅音上，早期共同语的清声母 r 李氏构拟为 *hr，袁氏构拟为 *ʔr。从袁家骅（1963）所给同源例词，我们认为构拟为 *ʔr 的例词在很多方言中声母均读为 h，其声调也是单数调，早期应该是清的，李方桂将其拟为 *hr 更为合理。梁敏、张均如（1996：101）也指出："ʔr 声母字只出现在侗水语支语言中，台语支与之同源的词一个也没有出现，故原始侗台语中究竟有没有 *ʔr 无法确定。"对于原始侗台语的 r 音类情况，留待后续讨论。这里可以得出的结论是在原始台语中应该存在单辅音声母 *r、*hr 和塞音、鼻音两类复辅音声母，两类复辅音声母也存在清浊的对立。同时，台语支的 *r 和 *hr 在更早的共同语时期应该也是由复辅音 *Cr-演变而来的。

对于袁家骅 r 音类系统中的 *ɣ，李方桂系统将其拟为 *r。就壮语北部方言来看，其读音表现均与 ɣ 关系密切（朱玉柱，2013）。但从中部台语、南部台语以及石家话（Luo，1997）来看，*ɣ 应该是 *r 演变而来的。

除了对壮语进行系统的分析论述，占升平（2012）利用布依语相关材料，分析了壮语的 r 音类在布依语中的演变情况，指出现代台语支语言中 r 音类的表现形式可以反映出原始侗台语中存在 *Cl-和 *Cr-类复辅音。他进一步提出台语支语言中这类读音的对应表现与原始台语 *Cl-/ *Cr-的演变方向的差异和阶段有关，不同的演变方向和所处的演变阶段，造成了不同语言对应关系的差异。

根据上述讨论，我们认为台语支的 r 音类声母在早期共同语中应该是 *Cl-和 *Cr-复辅音。随着台语支民族迁徙和语言演变，有的关系词在原始台语形成以前就发生了变化，变为了 *r 和 *hr 这类单辅音形式。有的关系词在原始台语形成后才发生变化，造成了现代台语支语言更为复杂的对应关系。

（二）原始侗台语的 r 音类声母

在台语支语言外，随着侗台语族语言材料的不断出现，研究者也开始将台语支 r 音类的研究推广到侗台语族的语音研究中。对于原始侗台语的 r 音类，根据研究者构拟体系的差异，可以大致分为两种类型。

第一类以梁敏、张均如等为代表，他认为在原始侗台语时期的辅音系统是较为复杂的。梁敏、张均如（1996）在构拟原始侗台语的过程中，根据台语支和侗水语支的关系词读音对应关系深入分析了侗台语 r 声母的对应情况。在其构拟的原始侗台语声母系统中，与 r 有关的声母共 38 个，包括单辅音声母 3 个——*r、*ʔr 和 *r̥，复辅音声母 35 个，并可分为 *Cr 和 *CCr 两类。前面我们提到，对于 *hr（即 *r̥）和 *ʔr 在台语支语言中应该只有其中一个。梁、张在原始侗台语分析中也指出与浊音 *r 对应的清音音位在台语支和侗水语支中是不同的，台语支为 *r̥，侗水语支则为 *ʔr。从目前侗台语的材料来看，我们认为 r 的清音在侗台语中可能的来源更为复杂，有可能是不同类型复辅音简化的结果。此外梁、张还根据不同语支语言关系词的对应形式构拟了 13 个三辅音声母。其认为不同的对应形式可能是由声母中不同位置的辅音脱落或自然音变造成的。

第二类以吴安其、金理新等为代表，他们认为早期原始语的辅音系统是较为简单的。吴安其（2002，2008，2009）对原始侗台语的音系构成系统地进行了研究论述，并将侗台语和南岛语进行了比较分析。在他构拟的原始侗台语声母系统中 r 音类声母仅有 1 个单辅音 *r，以及 7 个复辅音声母 *pr/phr/br、*kr/khr/gr、*sr（吴安其 2002：242）。同时，他在侗台语和南岛语的比较分析中指出，原始侗台语中应该是有很多复音词存在的，复音词的单音化很可能是现代侗台语关系词对应关系复杂的来源。如"春"邕宁壮语读ɬaːk⁹，临高语读hɔk⁷，郎架布央语读ɕɛk³¹，其古侗台语拟音为 *s-rak。对于原始语中是否有单辅音 *r 的对立音位存在，吴安其的观点与梁敏、张均如类似，认为现代侗台语族语言的清浊对应差异很可能是早期侗台语复辅音声母中主辅音的影响造成的。

金理新（2010）指出原始侗台语中存在一类常被构拟为 *Cr 的舌尖后音声母，包括 *ʈ、*ɭ、*ɳ、*ʂ 等，并认为原始侗台语的 r 也应属于这类舌尖后音。原始侗台语 *Cr 类复辅音声母中的 *-r- 最早可能是一个卷舌的区别性特征，在后续演变过程中，这一区别性特征被凸显才变为了 *C-r- 的形式。此外，潘悟云（2002）对上古汉语 r 来源的分析指出汉藏语系语言中 r 声类的复杂表现应该来源于早期共同语的复辅音 *Cr-／*Cl-。

综合以上研究观点，我们推测，侗台语族语言的最早期原始语中应该是不存在单辅音的 r 类声母的，r 音类的基本形式是 *Cr 或 *C-r-。在随后的演变分化过程中，不同关系词音变速度存在差异，才导致现代台语支、侗水语支下 r 音类关系词的对应形式产生较大差异。据此我们认为在最早的共同语时期 r 应该是作为后置辅音区别性特征出现的，随着时间的变化早期共同语分化至早期壮语、早期侗语时，*Cr 产生了不同方向的音变且音变速率不一致，-r 受到不同 *C 的影响，产生了不同的音变方向，r 音类声母的数量才由少变多。下文将对早期侗语中的 r 音类声母进行讨论。

二、早期侗语中与 r 有关的声母

现代侗语方言的各个方言音系中尚未发现有 r 音位存在，但在侗语南部方言部分土语中发现有单向分布的舌根音 ɣ 和 x，这两个音位在关系词中大多对应其他方言点的 j。参考原始台语的演变规律，我们认为侗语南部方言声母系统中与其他方言中的 j 对应的 ɣ 和 x，其来源应该是早期带 -r- 的声母。

下面选取部分代表性侗语方言材料对早期侗语中可能出现的 r 音类声母进

行分析①。根据前人的研究成果，我们将早期侗语的 r 音类按声母的辅音数目分为单辅音和复辅音两种类型加以讨论。

在汉藏语系语言的语音演变过程中，声调与声母的演变关系密切。因此在对早期侗语声母系统开展分析前，我们先对侗语声调与声母的对应关系进行说明。从现代侗语方言中的声调数目来看，最少的方言点有 6 个声调，最多的方言点有 15 个声调。现代侗语的声调格局是经由"清浊对立分化""带塞音韵尾的长短元音对立分化""辅音送气不送气分化"三次过程形成的（龙润田，2018）。就目前侗语声调表现而言，单数调对应早期原始语的清不送气音声母，双数调对应早期原始语的浊音声母，带"'"的单数调对应早期原始语的清送气音声母。

（一）单辅音类

1. *r

现代侗语的语音系统中虽不存在 r 音位。但在侗语部分方言中存在 ɣ，这个 ɣ 与其他方言的 j 具有系统性对应关系，侗语南部方言第二土语和北部方言第三土语注溪话中读 ɣ 的关系词在其他侗语方言中读 j。具有这种对应关系的关系词其声调都是双数调，早期应该是浊的。因此我们认为在早期侗语中存在舌尖颤音 *r。

	章鲁	岩洞	贯洞	水口	平等	邦寨	大同	注溪	布代
锈	jak[10]	ɣak[10]	ɣak[10]	jak[10]	jak[10]	jaʔ[10]	jak[10]	ɣak[10]	jak[10]
锋利	jai[6]	ɣai[6]	ɣai[6]	jai[6]	jai[6]	jai[6]	jai[6]	ɣai[6]	jai[6]
鸟笼	——	ɣəu[2]	ɣɐu[2]		jəu[2]	jəu[2]	jəu[2]	ɣau[2]	jɐu[2]
房屋	jan[2]	ɣan[2]	ɣan[2]	jan[2]	jan[2]	jan[2]	jan[2]	ɣan[2]	jan[2]
二	ja[2]	ɣa[2]	ɣa[2]	ja[2]	ja[2]	ja[2]	ja[2]	ɣa[2]	ja[2]

通过同语支的其他亲属语言比较也可以进一步论证早期侗语这类词的声母为 *r。如，"锈"水语 ɣaːk[8]，佯僙语 raːk[10]；"锋利"仫佬语 ɣaːi[6]，拉珈语 fiei[6]；"鸟笼"水语 ɣu[2]，佯僙语 rəu[2]；"房屋"水语 ɣaːn[2]，仫佬语 ɣəːn[2]，佯僙语 raːn[2]；"二"水语 ɣa[2]，佯僙语 ra[1]。在侗水语支语言中，佯僙语仍然保留着 r 音位，其他语言的变化与侗语内部基本一致。这类 ɣ 和 j 在原始侗水语时期也应该是 *r。从自然音变来看，软腭浊擦音 ɣ 的发音过程中舌面也会产生

---

① 为了方便比较，文中侗语材料的声调均标调类。

颤动。而舌尖颤音 r 受发音方式的影响舌位较容易周边化发展。当 r 的舌位后缩至软腭时，其音质就接近于 ɣ 了。对于 j，则应该是 r 的舌位下移后发音位置后移产生的。拉珈语的 ɦ 则应该是 r 舌尖颤动消失形成的。

据此，我们认为早期侗语的 *r 来源于原始侗水语的 *r。*r 的语音变化可能是在原始侗水语时期就开始了。从台语支来看，"房屋"武鸣壮语 ɣaːn²，环江壮语 raːn²，丘北壮语 ðaːn²，龙州壮语 tɤn²，布依语 zaːn²。台语支的 *r 舌位除了向周边化发展外，还有发音方法的变化，其音变方向更为复杂。由此推测，在原始侗台语分化为原始台语和原始侗水语时，原始侗水语仍然保留着 *r 的形式，而原始台语的各个方言中 *r 已经开始发生变化。也就是说，在 *r 声母的演变上，台语支语言的分化时间早于侗水语支语言。

2. *hr

在侗语方言中，与 *r 的对应相似，也存在一组 x 与 j 的对应关系。这组关系词均读为单数调，在有送气声调类形成的方言中，这类词的声调均为送气调。其早期形式应该是带送气成分的清音。故我们认为这组关系词的早期声母形式应该是 *hr。

	章鲁	岩洞	贯洞	水口	平等	邦寨	大同	注溪	布代
绛色	ja⁵′	ja⁵	xa⁵	ja⁵	ja⁵	ja⁵′			ja⁵
勤快	jak⁷′	xak⁷	xak⁷	jak⁷	jak⁷′				jak⁷
碎布	ja³′	xa³	ja³	ja³	ja³′		—		ja³
枫树	jau¹′	—	xau¹	jau¹	jau¹′	jau¹	jau¹	jau¹′	jau¹′
现成	jen⁵′	xin⁵	—	jin⁵	jin⁵′	jin⁵	jin⁵′	jin⁵	jen⁵

梁敏、张均如（1996：101）指出，原始侗台语中的 *r̥，主要出现在布依语和壮语北部方言中，在侗水语支语言中只有一个关系词与之对应。因此他们认为在原始侗水语中应该没有一致性的 *r̥ 出现。但就侗语内部来看，这组关系词的对应关系与 *r 的关系词类正好是对立的。x 和 ɣ 形成清浊对立，而两类关系词中的 j 则在声调上形成对立关系。因此，这两类关系词的声母在原始语时期也应该是对立的。考虑到有送气次调类产生，那么早期的语言中声母肯定应该存在送气成分。故认为这组关系词的早期声母形式为 *hr。那这个 r 声母的清音形式是 hr 还是 rh，参考龙润田（2022）对侗语清化音的分析，我们认为它们应该是相似的，为 *hr 的形式。

"勤快"水语 khak⁷，仫佬语 hɣak⁷，锦语、莫语 jak⁷；"枫树"水语 fu¹，仫佬语 hɣau¹，锦语、莫语 jau¹。根据这两个关系词在同语支其他语言中的表现也可看出，其声母早期形式应该是清送气的。此外，根据语支内部关系词的表现，我们认为早期侗语的这个 *hr 在原始侗水语和原始侗台语时期其形式是一致的。早期侗语中的这个 *hr 应该是 *Cr 类复辅音脱落变化的结果。

此外，"勤快"龙州壮语 khjak⁷、泰语 khaʔ⁷，"枫树"龙州壮语 khjau¹。金理新（2010）指出台语支"枫树"声母的早期形式为 *C-r-，现在的 r 是 C 音素脱落的结果。参考许家平（Ostapirat 2006）对原始侗水语声调与声母分析，我们认为在侗水语支中也是一致的，"勤快""枫树"在原始洞水语时期的形式可能是 *khr，即 *Ch-r-。早期侗语的这个声母是在原始侗水语分化时才产生的。在早期侗水语阶段，水语群与台语支有共同的演变表现，而侗语群则朝着首辅音脱落的方向发展了。早期水语时，*khr-中的 r 脱落演变为早期水语中的 *kh。*khr-中的 k 脱落演变为早期侗语中的 *hr 声母。

3. *ʔr

侗语方言中的 ɣ 除了可以和双数调配合外，还可与单数调配合。这时与之对应的其他方言绝大部分声母为 j 念单数调。这样看来早期侗语的声母形式也是清的，更进一步说应该是清不送气的。考虑到部分关系词在同语支其他语言中有读 ʔ 的情况，我们推测该类关系词的早期声母形式为 *ʔr。

	章鲁	岩洞	贯洞	水口	平等	邦寨	款场	注溪	布代
长	jai³	jai³	jai³	jai³	jai³	jai³	jai³	hai³	jai³
稠密	jet⁷	ʔat⁷	at⁷	jet⁷	jat⁷	jet⁷	ɣat⁷	——	at⁷
湿	jak⁷	——	ɣak⁷	jak⁷	jak⁷	ja⁵	ɣa⁵	ɣak⁷	jak⁷
深	jɐm¹	jɐm¹	ɣɐm¹	jɐm¹	jɐm¹	jɐm¹	jɐm¹	jɐm¹	jɐm¹
芋头	jak⁹	ɣak⁹	ɣak⁹	jak⁹	jak⁹				jak⁹

Edmondson and Yang（1988）将原始侗水语的这组关系词声母形式构拟为 *C-j-。从侗语内部来看，早期侗语的该类声母 C-应该已经脱落了。从声调来看，侗语这组关系词的声母都是清的，参考声母的对应关系，早期声母应该是与浊音 *r 对立的清不送气音。

在同语支的亲属语言中，这组关系词在亲属语言中出现了清喉塞成分 ʔ 和读单数调的 r 声母。"长"水语、仫佬语 ʔɣaːi³，毛南语、锦语、莫语 jaːi³，佯僙语 raːi³；"湿"水语、仫佬语 ʔɣak⁷，毛南语 ʔjak⁷，佯僙语 rak⁷，锦语、莫语 jak⁷；"深"水语、仫佬语、毛南语 ʔjam¹；"芋头"水语、仫佬语

ʔyaːk⁷，拉珈语 jaːk⁹，佯僙语 rjɛːk⁹，莫语、锦语 puɯk⁷。在侗台语族语言中，带有清喉塞成分的浊音与不带前喉舌成分的浊音形成清浊对立关系。故该组关系词的早期声母形式应该是 *ʔr。

在原始侗水语阶段，这组关系词的声母形式与早期侗语的 *hr 类似，为 *C-r-。两者的第一个辅音 C 应该都是清的，早期侗语 *ʔr 和 *hr 的差异应该是由 C 是否带送气成分决定。原始侗水语的 *Cr-声母，当 C 为清不送气音时，其在早期侗语中演变为 *ʔr。当 C 为送气音时，其在早期侗语中演变为 *hr。由此我们也推测，在原始侗水语阶段塞音声母就可能开始有送气不送气的对立区分了。

综上，我们讨论了早期侗语中存在的三个 r 类单辅音声母。根据 *hr 和 *ʔr 的产生过程，我们猜测早期侗语的 *r 在更早期的原始语中也应该是 *Cr 这类复辅音形式的。其首辅音 C 应该是个浊辅音。在语言分化演变过程中，这个浊音脱落了，r 则被保留了下来。

（二）复辅音类

通过前面对早期侗语 r 类单辅音的分析，我们认为侗水语支语言的 r 音类声母在更早期共同语时期应该都复辅音形式的。原始语的复辅音中音节首的音素脱落简化才在早期侗语阶段形成了 *r、*hr、*ʔr。在现代侗台语中，很多台语支语言，如壮语还保留着复辅音音位。侗语中虽然没有相关复辅音音位留存，但从关系词读音的对应形式来看，在早期应该是有复辅音的。参考相关学者对侗台语族各原始语的分析结论以及关系词在侗语内部的表现，我们认为早期侗语带 r 的复辅音包括以下几类。

1. *pr、*phr、*br

这类声母在现代侗语各方言关系词中基本都读为 pj。从侗台语的演变来看，现代侗语中的介音 j，很可能来自早期的后置辅音，是复辅音中的后置辅音元音化的结果。早期侗语声母 *pr、*phr、*br 的差异主要通过现代侗语声调的调类差异进行区别。现在读单数调的早期声母应该是清不送气的，现在读单数送气调的早期声母应该是清送气的，现在读双数调的早期声母应该是浊的。

章鲁	岩洞	贯洞	水口	平等	邦寨	款场	注溪	布代
岩石	pja¹	pja¹	pja¹	pja¹	pja¹	pja¹	tja¹	pja¹
雷	pja³	pja³	pja³	pja³	pja³	pja³	tja3	pja³

额头	pjak⁹	pjak⁹	pjak⁹	pjak⁹	pjak⁹	pjaʔ⁹	pja³	tjak⁹	pjak⁹
分 分家	pje⁵'	phje⁵	phje⁵	phje⁵	pje⁵'	phje⁵'	pje⁵'	tje⁵	phje⁵
烧烤	pjeu¹'	phja¹	——	phjeu¹	pjeu¹'	phau¹	pjau¹'	tjau¹'	phjeu¹
竹篾	pjiu¹'	phjiu¹	phjiu¹	phjiu¹	phjiu¹	phjiu¹	pjiu¹'	tjiu¹'	phjiu¹
绞	pjət⁸	pjət⁸	pjit⁸	pjət⁸	pjət⁸	pjət⁸			pjət⁸
乱 头发乱	pja⁴	pja⁴	pja⁴	pja⁴	pja⁴	pja⁴	pja⁴	tja⁴	pja⁴
滑倒	pjat¹⁰	pjat¹⁰	pjat¹⁰	pjat¹⁰	pjat¹⁰				pjat¹⁰

在原始台语和原始侗台语中，*Cl-类声母和*Cr-类声母是较难区分的，潘悟云（2002）、郑张尚芳（2019：125—126）均指出在上古汉语中*-r和*-l有时可以交替。曾晓渝（1994：21—22）曾对水语的后置辅音做过详细的分析，认为水语这类读pj的关系词其腭化音j应该来源于后置辅音l的变化，是*C-l->*C-r->C-j-的结果。

例词"岩石""雷""额头"声调均为单数调，在侗水语支语言中均读为不送气塞音，台语支多读为送气塞音。如"岩石"水语、布依语、毛南语、莫语 pja¹、仫佬语 pɣa¹、拉珈语、武鸣壮语 pla¹、老挝语 pha¹、邕宁壮语 phla¹'、龙州壮语 phja¹、石家语 phraa。金理新（2010）认为这组词在原始侗台语时期应该是*p-rv(c)的形式。武鸣壮语的l应该是送气音产生后h对r作用的结果。从侗水语支来看，现代均读为单数调且未产生送气音特征。故早期侗语这组关系词的声母应该是清不送气的，即*p-r-。现代侗语方言读tj可能是第一辅音受r影响紧张位置后移的结果。

例词"分""烧""竹篾"在侗台语各语言中均产生了送气成分或送气调。如"烧"水语 phjaːu¹、毛南语、傣侬语 phaːu¹、锦语、莫语 phjaːu⁵、老挝语 phau¹、柳江壮语 pjau¹。因此其早期形式应该是存在送气特征的。与上文的复辅音声母*p-r-的表现对比来看，早期侗语这组关系词的声母应该为*ph-r-的形式。

至于"绞""乱""滑倒"在侗台语族语言中，均读双数调，早期应该是浊的。"滑倒"暹罗语 phlaːt¹⁰、龙州壮语、剥隘壮语 pjaːt¹⁰、寮语 pha-laat（李方桂，2011：80）。从台语支来看，多为送气塞音，而侗水语支均未产生送气喉塞音。我们认为这组关系词在早期侗语阶段应该也是不送气的，根据前两组关系词的声母形式，其早期侗语的声母形式应该是*br。

从整个侗台语族语言来看，双唇位置的*Cl-/*Cr-类复辅音的演变趋势应该为：

*Cl（原始侗台语）> *Ch-l-（原始台语，送气调产生）/ *Cr（原始侗水语）> *Chj-（台语）/ *Cj-（侗水语）

*Cl（原始侗台语）> *Chr（原始台语、原始侗水语）> *phj（现代侗台语）

2. *kr、*khr、*gr

与 *pr 类复辅音声母的表现存在较大差异，*kr 类声母在现代侗语方言中的对应形式较为复杂。这可能与语音系统中不同音位的变化速率不同有关。但早期侗语 *kr 类复辅音声母的形式，还是可以通过现代侗语方言关系词声调的差异来进行推测。

	章鲁	岩洞	贯洞	水口	平等	邦寨	款场	注溪	布代
头	kau³	kau³	kau³	kau³	ʈau³	kau³	kau³	kjau³	kau³
疥疮	ət⁷	kət⁷	qit⁷	kət⁷	ʈət⁷	kət⁷	kat⁷	kət⁷	kat⁷
蛋	kɐi⁵	kɐi⁵	kɐi⁵	kai⁵	ʈɐi⁵	kəi⁵	kəi⁵	kjəi⁵	kai⁵
鱼网	je¹′	xe¹	xe¹			je¹′	ɣe¹′	ɣhe¹′	
抖抖灰	——	khəu⁵	khɐu⁵	khɐu⁵	ʈhəu⁵′	ʈəu⁵′	ʈəu⁵′	kjeu⁵′	khɐu⁵
占占领	kam⁴	——	kam⁴	kam⁴	ʈam⁴		ʈen⁴		ʈem⁴
汉族	ka⁴	ka⁴	ka⁴	ka⁴	ʈa⁴	ʈa⁴	ʈa⁴	kja⁴	ka⁴

对于 *kr 而言，关系词"头""疥疮""蛋"在侗语内部的对应主要是不送气调的 k 和 ʈ。其中"头""蛋"平等读 ʈ、注溪读 kj，应该是早期复辅音留下的证据。侗水语支其他语言中，"头"仫佬语 kyo³，水语 ku³，毛南语 ko³，佯僙语 kəu³，锦语、莫语 ʈau³；"疥疮"仫佬语 kɣat⁷，水语、佯僙语 kət⁷；"蛋"仫佬语 kɣəi⁵，水语、毛南语、佯僙语 kai⁵，锦语、莫语 ʈai⁵。根据仫佬语的读音，我们认为这组关系词的早期声母形式应该是复辅音，在早期侗语阶段其形式应该为 *kr。现代方言介音 j 是由 r 演变而来（潘悟云，1984）。

例词"鱼网"和"抖"在侗语方言中都有送气成分存在或读送气调。其早期形式应该是清送气的。从侗语内部来看"鱼网"的早期形式应该与塞音没有关系。但在亲属语言中，"鱼网"水语 khe¹，佯僙语 re²，锦语、莫语 he¹；"抖"仫佬语 khɣəu⁵。因此，这类关系词在早期侗语中的形式应该是清送气的复辅音，即 *khr。

例词"占""汉族"的对应规则与"头""疥疮""蛋"类似，侗语中均读为双数调，且均未产生送气喉塞音。我们认为这组关系词在早期侗语阶段应该也是浊不送气的，根据"头""疥疮""蛋"的声母形式，"占""汉族"这组关系词的早期侗语声母形式应该是 *gr。

从以上关系词中，我们发现早期侗语 *kr 类的复辅音声母在现代侗语方言中的一个典型对应关系是平等侗语读 ȶ。我们认为这个 ȶ 来源于腭化辅音 tj，tj 有可能是复辅音 kr 中 k 受到 r 的影响，发音位置前移至齿龈—舌尖产生的。其音变过程应该是 *kr > *tr/kj > tj > ȶ。

3. *sr、*s-hr、*zr

这组声母的关系词在现代侗语方言中有 s、h 和 ɬ 的对应关系。从侗台语族语言的演变来看，早期应该是同一类声母，s 可能来源于前置辅音的留存。与 *pr 类声母一致，这类声母的早期形式也可依靠现代侗语声调的调类差异进行区别。同时，这三个早期声母在陈团侗语中也存在对应的差异。

	章鲁	岩洞	贯洞	水口	平等	邦寨	大同	陈团	布代
带子	se¹	se¹	he¹	se¹	se¹	se¹	se¹	se¹	ɬe¹
肠子	sai³	sai³	hai³	sai³	sau³	sai³	sai³	sai³	ɬai³
早	sɐm¹'	sɐm¹'	həm¹	səm¹	sɐm¹	səm¹	səm¹	tham¹	ɬam¹
瞌睡	son¹	—	hon¹	son¹	son¹	—	son¹	thon¹	ɬon¹
腋下	saːk⁷'	saːk⁷	haːk⁷	saːk⁷	sak⁷'	—	sa³	thak⁷	ɬak⁷
蚯蚓	sɐn⁴	sen⁴	hen⁴	sɐn⁴	sɐn⁴	sən⁴	sən⁴	tən⁴	ɬən⁴
蛇	sui²	sui²	hui²	sui²	sui²	si²	sui²	ɬui²	ɬui²
吹	səp⁸	səp⁸	hup⁸	səp⁸	səp⁸	sap⁸	—	sep⁸	ɬap⁸

金理新（2010）通过侗台语和南岛语的比较指出，这组关系词在原始侗台语中的来源应该是 *ʂ，即 *sr。但就侗语内部看，显然原始侗台语的这个 *ʂ，到了早期侗语阶段已根据辅音的清浊和送气不送气差异发生了分化。

"带子""肠子"现在侗语方言都读为不送气的单数调，早期应该是清不送气音。同语支语言中，"肠子"水语 haːi³，仫佬语 kyaːi³，佯僙语 thaːi³，锦语、莫语 zaːi³。壮语中有一类舌尖擦音 s，在壮语不同地区有 s、ɬ 和 θ 三个音位变体。这个音位甚至在河池、环江等地已并入 r 中（张均如等，1999：192）。那如何解释 s 与 ɬ 的对应关系，我们认为这组关系词的早期形式为 *sr。ɬ 是 sr 合音化的结果。贯洞侗语和水语的关系词读 h 则应该是 -r 后化为 ɣ 后清化的结果，佯僙语读 th 是擦音 s 受 r 的影响塞化，同时 r 清化造成的。锦语、莫语读 z 则是 s 受 r 影响浊化的结果。

"早""瞌睡""腋下"，这组关系词现在均出现了送气成分或读送气调，早期应该是清送气音。与 *sr 的关系词比较，可以看到这组关系词在早期侗语阶段就已经产生了送气特征，应该是 *shr 的形式。两者之间的差异也进一步证明侗台语的送气音应该是后起的。在同语支语言中，也有送气特征存在。"早"水语 ham¹，仫佬语 khɣam¹，佯僙语 tham¹，锦语、莫语 sam¹，"腋下"水语 haːk⁷，仫佬语 khɣaːk⁷，毛南语、锦语 saːk⁷。对于 *shr 中送气成分的来源我们认为和 *hr 有关。在侗台语中，送气擦音的产生非常晚。如果早期存在 *sh-r 类声母，那也应该存在 *sh 音位。但现代侗语中均没有 *sh 存在的痕迹。我们根据在 r 类单辅音上的分析，推测 *shr 中的送气成分应该来源于清化的 r，即 *s-hr，是前置辅音 *s- 与 *hr 结合的一类声母。在早期侗语中这个声母的送气特征被凸显，就形成了现代方言的对应格局。

"蚯蚓""蛇""吹"在现代方言中全读双数调，早期应该是浊的。亲属语言中，"蚯蚓"水语 han⁴，仫佬语 tan⁴，毛南语、锦语、莫语 zan⁴；"蛇"水语 hui²，仫佬语 tui²，锦语 zui²；"吹"佯僙语 thəp⁸，毛南语、锦语、莫语 zəp⁸。原始侗台语将这组关系词的声母构拟为 *zd。我们认为 *zd 并不能很好的解释 h 和 t 的来源。参考前述 *sr 和 *s-hr 的对应关系。这组关系词在早期侗语中的形式应该是 *zr。同样也是一个前置擦音与 r 结合的复辅音。现代方言中的 h 来源于 *-r- 的变化，现代方言中的 t 来源于 *z- 的塞化。

此外，在仫佬语中这类关系词的声母多读为 kɣ 或 khɣ，声调为单数调。金理新（2010）认为仫佬语的读音表现是双音节词单音化的结果，并指出在原始侗台语时期这类声母的模式应该为 *C-s。我们认为 *C-s 可能是更早期的原始侗台—南岛语的模式。仫佬语读 k，可能与前置擦音 s 和 *ʔr 的结合有关。

三、余论

通过关系词的分析比较，我们讨论了早期侗语中与 r 有关的声母形式以及演变情况。就侗语内部而言，r 类单辅音声母的变化呈现出一定的地域差异，处于侗语南部方言第二土语区大致朝着擦音化方向发展，其他方言土语则朝着半元音的方向发展。这种现象的产生可能与侗语北部方言更早与汉语、苗语等其他民族语言接触有关。

从 r 类声母的构成上看，我们认为早期侗语中含有 3 个彼此对立的单辅音声母，包括清的 *hr、浊的 *r 以及带先喉塞音的 *ʔr。这与早期原始语的鼻、边音声母形式类似。我们认为这种现象的产生与 r 的音质特点有关。舌尖浊颤音 r 发音部位与 n、l 一致，发音方法上三者的声带都要振动，使得其在听感上是相似的。在部分汉语方言中存在 n、l、r 的自由变读。因此，早期语言对这类浊音的区别特征处理应该是类似的。从同语族其他语言的关系词表现来看，这三个声母均应该是原始侗台语分化后才出现的，早期形式应该是带有前置音节的 *C-r-。台语支内部分化较早，其关系词的声母表现形式较为多样。侗水语支内部分化较晚，关系词的声母形式则较为简单。

此外，我们还讨论了早期侗语 r 类复辅音声母。从现代侗语方言的表现上看，我们赞同梁敏、张均如的观点（1996：85），认为在早期原始语中应该不存在 *tr 类的复辅音声母。原始台语中还构拟了与 r 有关的一套完整鼻、边复辅音（Li，1977）。龙润田（2022）对侗语的清鼻音和清边音进行了分析，里面已对相关的腭化鼻、边音进行了讨论。就侗语而言，我们认为在早期侗语阶段与鼻、边音有关的 r 类复辅音已经完全转变为腭化鼻边音了，也就不存在与 r 有关的鼻边复辅音存在。

最后，对于侗台语 r 音位的来源，我们认同金理新（2010）的观点。我们猜测侗台语中的这个 r 最早期很可能就是一个处于辅音后的抬舌动作，这个动作用于与不抬舌的常态辅音相区分，起区别性特征的作用，与现代汉语中的翘舌音和平舌音类似。在语言演变过程中这个动作被凸显，就成为 C-r，即 ʂ > sr，至此 r 才产生。这个 C-r 产生后，又与 C-l 形成了新的对立关系。

参考文献

[1] 金理新．2010．《侗台语的舌尖后音》，《民族语文》第 4 期．

[2] 李方桂．2011．《比较台语手册》，北京：清华大学出版社．

[3] 梁敏、张均如. 1996.《侗台语族概论》，北京：中国社会科学出版社.

[4] 龙润田. 2018.《侗语声调演变的合并趋势探析》,《贵州民族研究》第9期.

[5] 龙润田. 2019.《侗语声母系统演变研究》，中央民族大学博士学位论文.

[6] 龙润田. 2022.《侗语的清鼻音和清边音》,《民族语文》第1期.

[7] 卢勇斌. 2019.《侗台语r音类研究》，上海师范大学博士学位论文.

[8] 潘悟云. 1984.《非喻四归定说》,《温州师专学报》（社会科学版）第1期。

[9] 潘悟云. 2002.《流音考》，载潘悟云主编《东方语言与文化》第118–146页，上海：东方出版中心.

[10] 潘悟云. 2010.《从地理视时还原历史真时》,《民族语文》第1期.

[11] 韦树关、颜海云、黎莎. 2019.《国外壮侗语族语言词汇集》，广州：世界图书出版公司.

[12] 吴安其. 2002.《汉藏语同源研究》，北京：中央民族大学出版社.

[13] 吴安其. 2008.《侗台语语音的历史演变》,《语言研究》第4期.

[14] 吴安其. 2009.《侗台语的发生学关系》,《语言研究》第4期.

[15] 吴安其. 2018.《侗台语与汉语的历史关系》,《民族语文》第1期.

[16] 袁家骅. 1963.《壮语/r/的方音对应》,《语言学论丛》（第五辑）第187–218页，北京：商务印书馆.

[17] 曾晓渝. 1994.《汉语水语关系词研究》，重庆：重庆出版社.

[18] 占升平. 2012.《壮语/r/声类在布依语中的对应与演变》,《西北民族大学学报》（哲学社会科学版）第3期..

[19] 郑张尚芳. 2019.《上古音系》（第二版），上海：上海教育出版社.

[20] 朱玉柱. 2013.《壮语北部方言r音类研究》，中央民族大学硕士学位论文.

[21] Edmondson, J. A., & Yang Quan. 1988. Word-initial preconsonants and the history of Kam-Sui resonant initials and tones. In J. A. Edmondson, & D. Solnit (eds.), *Comparative Kadai: Linguistic Studies beyond Tai*, Vol. 86, pp. 143–166. Dallas: Summer Institute of Linguistics and University of Texas at Arlington.

[22] Li, Fangkuei. 1977. *A Handbook of Comparative Tai.* Honolulu: University of Hawaii Press.

[23] Luo, Yongxian. 1997. The Subgroup Structure of The Tai Languages: A Historical-Comparative Study, Journal of Chinese Linguistics, Monograph Series Number 12.

[24] Ostapirat, Weera. 2006. Alternation of tonal series and the reconstruction of Proto-Kam-Sui. In 何大安，张洪明，潘悟云，吴福祥,《语言暨语言学》专刊外编之六，山高水长：丁邦新先生七秩寿庆论文集，第1077—1121页. 台北："中央研究院"语言研

究所.

[25] Thurgood, G. 1988. Notes on the reconstruction of Proto-Kam-Sui. In Edmondson, J. A. & Solnit, D. (eds.), *Comparative Kadai: Linguistic Studies beyond Tai*, Vol. 86, pp. 179 – 218. Dallas: Summer Institute of Linguistics and University of Texas at Arlington.

龙润田　首都师范大学文学院

侗台语词义比较四例*

陈孝玲　莫育珍

摘　要： 民族语文的研究相比汉语起步较晚，词汇的研究相对滞后，在类型学视野下对民族语文词汇的研究更是薄弱。本文引入跨语言的词义比较，将汉语和侗台语的词义进行比较。比较的结果会有两种情况：一是类型学词义的比较；一是词族的比较。前者对汉语或侗台语内部词义的引申、词族的系联等与词义相关问题的研究很有启发意义；后者则是证明两种语言亲属关系的有力证据。

关键词： 侗台语　语义类型学　词族

一、引言

今侗台诸族的先民是古百越人，他们很早就与中原的华夏群团发生了密切关系。但侗台语和汉语到底是什么关系，一直是语言学界热烈争论的问题。侗台语和汉语无论是亲属关系还是接触关系，在词义上都是可以进行比较的。比较的结果有两种情况：

一是类型学词义的比较。这种比较对汉语或侗台语内部某一语言词义的引申、词族的系联、词的理据等与词义相关问题的研究很有启发意义，可以解决单独研究汉语或单独研究侗台语时比较困惑的一些语义问题。

比如，汉语"胡"本义为"牛颔垂也"，后相关引申指"胡须"，因为胡

---

* 本文为国家社科基金一般项目"侗台语词源研究（ZZBYY180）"阶段性成果之一。

须长在"胡"这个部位。可以比较：印尼语 janggut "鬏，胡子；下巴颏"。对比汉语、印尼语这两个词，我们再看临高语 mum⁴ "胡子，胡须"和 mum² "人中"，就可以确定临高语这两个词是有词源关系的一组词：长在下巴上的是胡子，长在人中上的也是胡子，都属于身体部位和附着在该身体部位的相关物的关系。

再比如，单看英语 lip "嘴唇，唇状物，（器皿或凹洞的）边"和 rim "（尤指圆物的）边，缘"，我们很难把这两个词联系起来，但参考汉语"唇—涽"和印尼语词根为-b/pir-的一组词：bibir "嘴唇，唇；边沿", tubir "悬崖，绝壁；（深渊、火山口等的）边缘；陡岸；（海洋等的）深处，深谷", hampir "挨近，靠近，挨着"。我们就可以肯定英语 lip 和 rim 是音义都有关联的一组词了。

之所以可以在没有亲属关系的语言间进行这种类型学词义的比较，是因为人类思维方式、认知方式、心理特征等方面的一致性和普遍性，不同语言可能不约而同地产生共同的语义类型和词源结构。

如果在类型学词义比较中，我们发现参与比较的不同语言的几组词，它们的音义都能对应，那就是我们说的第二种情况——词族的比较。如果这样的词族对应不是偶然的、零星的，则是证明两种语言亲属关系强有力的证据。可以比较的词族越多，语言之间亲属关系的结论越可靠。

二、词义比较四组

（一）要—腰—中间部位

《说文·臼部》："要，身中也，象人要自臼之形。""要"*qews，小篆字形像一个人叉腰站立，是"腰"*qew 的本字。"要"的核心义是"居中"，由"腰"为人体中部这一部位特征产生，引申出"要求""需要""约定""邀请"等义。

《释名·释形体》："要（腰），约也。在体中，约结而小也。"意思是说，人的腰间都得约结裤带；因而要、约具有事理之必然联系，故二字相从为名。（章季涛，2000：97）腰、颈本是身体的重要部位，加之古代刑法有"腰斩""首斩"，使得它们的重要性更为突出。而要、约相通，二字一源。

泰语 ʔau² "要，需"，ʔeːu² "腰"。

壮语 au¹ "想要"，iːu¹ "腰身；腰围"。

布依语 ʔɐu²⁴ "要，拿，取"，ʔɐu²⁴ "需要；要求"。

邢公畹先生（1999：396、400、401）用"要"比较泰语等的 ʔau² "要，需"，又用"腰""约"二字对应泰语等的 ʔeːu² "腰"。

泰语 ʔau² "要，需"在侗台语内部的一致性非常强，在各语支内均有对应词，梁敏、张均如先生（1996：181、733）构拟为 *ʔiɛu。但 ʔeːu² "腰"，只出现在壮傣语支部分语言内，梁敏、张均如先生（1996：374、797）只列出了邕宁壮语 hliːt¹⁰、武鸣壮语 hɯət⁹、柳江壮语 hjɯːt⁷ 三个北部方言点和布依语 fɯːt⁷，拟为 *rɯet。

泰语还有 kra⁵ diːat⁹ "挟于腰间，[转]重视"。该词是否与武鸣壮语 hɯət⁹ 等有关系，待进一步研究。

又，腰在人身之中。因为所在位置的特点，又可引申指"事物的中间部分"，如"山腰""树腰"。这是基于事物间位置特征的相似性产生的隐喻，这种引申现象是许多语言的共性。

汉语方言中，"腰"表示"中间"的用例丰富：上海吴语"腰"，对折，折叠（许宝华，6626）。四川成都等地西南官话"腰劫"，半路拦截（许宝华，6627）。山西河津等地中原官话"腰路贼"，半路行劫者，土匪（许宝华，6630）。江苏盐城等地江淮官话"腰餐"，正餐之间的加餐（许宝华，6628）。

黄树先先生（2012：219）发现"腰"的词义引申规律：因为腰在中间，所以把纸张、瓜果等从中间切开也可以叫"腰"；用绳子等在物体中间捆扎一下也可以叫"腰"；用来捆扎的稻草绳也可以叫"腰（纆）"：陕西商县等地中原官话"腰"，截开（许宝华，6627）。上海等地吴语"腰"，对折，折叠（许宝华，6627）。上海等地吴语"腰断"，半中折断（许宝华，6628）。浙江金华等地吴语"腰"，用棍子等打，多指横打（许宝华，6627）。四川成都等地西南官话"纆"，用绳索简单地捆扎一下东西（许宝华，6373）。山西隰县等地晋语"腰子"，捆庄稼的禾杆（许宝华，6627）。

印尼语 pinggang "腰，腰部；山腰，山坡（= pinggangbukit；pingganggunung）"，peminggang "船身中部"。

泰语 ʔeːu² "腰部"，还可以转指"某些物件的中间细小部分"。

临高语 lɔu³ "腰，腰部"，lɔu² "紧紧搂抱或捆住"。对比汉语"腰"的词义引申，我们可以确定临高语这两个词有音义关系。

其他语言中平行的例子：英语 middle "中部，中间，当中；身体的中部，腰部"。还有 waist "腰，腰部；（提琴、鞋等）中间细的部分；［船］上甲板中部，船腰；飞机机身中部"。

表1 侗台语、印尼语、汉语"要—腰—中间部位"词义比较

侗台语	印尼语	汉语
泰 ʔau² 需要 ʔeːu² 腰 壮 au¹ 想要 iːu¹ 腰身，腰围 临高 lɔu³ 腰 lːu² 紧紧搂抱或捆住	pinggang 腰部，山腰	要 *qews -腰 *qew—在中间切断—在中间捆扎—捆扎的草绳

（二）子—籽

汉语"子""籽"关系密切。王力先生（2002：98）认为"子""籽"同源。"籽"，种子，是晚起字，字本作"子"。

汉语方言海南琼山等地闽语"树子"，水果（许宝华，3843）。

泰语 luːk¹⁰ "子女，儿女；（动物的）仔，崽；（植物的）果实"，luːk¹⁰ dok⁷ "多子女；果实累累"，luːk¹⁰ dɛːŋ² "婴儿，赤子；红色果实"。

壮语 luɯk⁸ "孩子，子女；儿子；幼苗；（缀）用于子实、果子、瓜果等"，如 luɯk⁸çit⁸ "荸荠，马蹄"，luɯk⁸ta¹ "眼睛"，luɯk⁸tin¹ "脚趾"。

黎语 tɯːk⁷ "儿子；孩子；苗"，tɯːk⁷tshai¹ "（树）树苗"。

侗台语"儿子"，梁敏、张均如先生（1996：379、806）拟为 *luɯak。郑张尚芳先生（2012）认为可以跟汉语"子"*slʼɯɯʼ 或"息"*slɯɯg 对应，还跟藏文 phrug "'崽'雏"有关。子，象形字，甲骨文像襁褓中的婴儿。本义是婴儿，后引申泛指儿女。《说文·心部》："息，喘也。从心，从自，自亦声。"古人大概认为，是从心里通过鼻子呼吸的。息，本义喘气，呼吸，后引申为生，养。《史记·孔子世家》"自大贤之息"司马贞索隐"息者，生也。"后又引申为子女，《资治通鉴·周纪五》"老臣贱息舒祺"胡三省注"息，子也。"

印尼语 zariah "种子，苗子；后裔，子孙"。benih "种，种籽；（动、植

物的）幼苗；（人或动物的）胚胎；病原体，疫苗；起源，起源，苗头；后代"，benih orang baik-baik "世家子弟"（orang baik-baik 有德望的人；有教养的人；有身份地位的人）。还有 anak "儿子；女儿；子女；后裔，后代，子弟；小孩，儿童，幼儿；仔，崽，雏（动物的幼儿）"，anakpisang "香蕉树的蘖枝；男家的后裔"（pisang 芭蕉属；香蕉），anakpadi "分蘖出来的稻秧"（padi 稻；稻谷）。还有 bibit "种儿，种籽；种畜；秧苗；疫苗；（事情的）起因；培养的对象，苗子"。

黄树先先生（2007）注意到汉语"孙""蘖""本""根""支（枝）""葉""苗""末"均有跨"子孙""草木"义域的意义。这种词义类型现象，表明人们普遍注意到子嗣苗裔的繁衍与草木植物的生长繁殖颇有相似之处，相似联想将二者关联起来。有了这些认识，我们再来看印尼语 buah "子实；水果；外有硬壳的果实"与藏文 bu "子女"，是完全可以比较的。

其他语言中平行的例子：英语 seed "种（子）；子孙，后代"。strip "世系，血统，种"。root "根；祖先，子孙多的人（或家庭）"。mother "母亲，妈妈；[喻] 根由"。fruit "水果，果实；成果，结果，产物；（人类的）子女"。fruitful "果实结得多的，多产的；收效大的，富有成效的；多子女的"。the fruit of sb's loins "某人生的孩子"。the fruit of the womb "子女，儿童"。

表2 侗台语、印尼语、汉语、藏语"子—籽"词义比较

侗台语	印尼语	汉语	藏语
泰 luːk¹⁰ 子女；（动物的）仔，崽；（植物的）果实		子 *sl'ɯɯ' 籽 *sl'ɯɯ' 息 *slɯg	藏 phrug 崽，雏
	buah 子实；水果；外有硬壳的果实		藏 bu 子女

（三）牙—芽—伢

汉语里"牙""芽"音义相关。婴孩初生无牙，生数月始出牙，故牙齿的"牙"引申为萌牙的"牙"。后人加艸为"芽"。（王力，2002：137）

布依语 ngaz¹ "芽儿"，ngaz² "牙齿；齿儿"。

侗语 ŋe¹¹ "冒芽；芽；齿"。

印尼语 taring "獠牙，长牙，犬牙"，taruk "芽，嫩芽"。还有 menjagung "（谷种等）发芽，（开始）长牙"。

獠牙跟枝桠、大腿以及相应的动作词也有关系。大象、野猪类的动物的獠牙，从嘴角两边伸出，跟从树干上旁斜逸出的枝桠，还有人从髋关节以下生出的两条腿确实都有相似之处。汉语"股"就有"树枝"的意思。《诗·小雅·采菽》"赤芾在股"郑玄笺："胫本曰股。"《广雅·释木》："股，枝也。"

泰语词 ŋa^2 "象牙"，ŋa^3 "桠杈，丫杈；张开，打开；举起"，ʔa^3 "张开，分开，伸开，伸展"，ra^3 "张开，大开"，kha^3 "树杈"、kha^1 "（人、动物的）腿，足"，它们音义相关，是一组同族词。老挝语 ŋa^2 可以指"象牙"，还可以指"河马等的长牙"。西双版纳傣语 ŋa^2 指"獠牙"。

汉语的"牙"，在甲骨文中像上下两臼齿相咬之形，与"齿"是区分明确的："两旁曰牙"，"口张乃现"为"齿"。但这应该不是"牙"最早的意义，它最早的意义当像侗台语那样，是指野猪、大象等的獠牙。《易经·大畜》"豶豕之牙"惠栋述："牙者，畜豕之杙。"

"牙"可能与"分开，散布"的枝桠类词有共同来源。沙加尔（2004：127）认为-r-中缀可以表示"成双或多歧分布物体的名称"，象牙、獠牙也正具备枝桠样的特点，从大象、河马、野猪等动物口腔两边旁斜伸出。黄树先先生（2010）在《汉语核心词"木"研究》中系联出一个"互"系列词，如"椏" *qraa// *qraa、"互" *gaas// *Gaas 等。"互"，《周礼·牛人》："凡祭祀共其牛牲之互。"孙诒让正义："县肉格即挂肉长杙也。"以"牙"为声符的"枒"，《说文·木部》段玉裁注："枒，其木叶在颠，略似樱树，而实大如瓠，系在颠若挂物。"

在汉语词源研究中，王力先生（2002：137）只把"牙""芽"系联为一组，王力先生宁缺毋滥，但过于谨慎。章季涛先生（2000：173）把"牙"跟"龀""咬"系联为一组，"丫""桠""芽""睚""娅"等词系为一组。后面一组的"丫""桠""芽""娅"在语音语义上是没什么问题的，但前面一组有些牵强，而且把"牙"与"芽"分开了。

泰语 ŋa^2 组词可以给我们在汉语"牙"组词的系联上提供了一些启示。"牙""椏""枒""丫""芽""睚"等表示"分开，散布"义的词可与泰语

ŋa² 组词比较，他们在语音语义上都是可以对应的。

印尼语 taruk "芽，嫩芽"，taring "獠牙，长牙，犬牙"，二词有音义关系。

印尼语还有 nganga "（嘴等）张开，张口；开绽，裂开"，buka "开，打开"，berangga "多叉的（如鹿角等）"，cangah "嘴张开着，张大嘴；开着，没有盖上；发呆，目瞪口呆"，canggah "有叉的木柱、竹竿等；分叉的树枝"，melangah "张口，目瞪口呆"，还有 paha "大腿"，都可以比较。

藏缅语也可以比较：克钦语 sumkha "大开；分开，扩展"，缅语 kà "展开的"，卢舍依语 ka "叉开（如腿）"，来自藏—缅语 *ka。（白保罗，1972：129）

语言中常用牙、芽、苗、藤、蔓等指孩子或后世子孙。汉语方言中的例子很多：

古方言、湖北西南官话、湖南湘语等的"牙儿"，婴、幼儿。宋孟元老《东京梦华录》五："浴儿毕，落胎发，遍谢座客，抱牙儿入他人房，谓之移窠。"（许宝华，673）。江淮官话、吴语"小牙儿"指小孩儿（许宝华，432）。广东广州粤语"牙呀仔"，婴儿（许宝华，680）。

吴语"芽儿"，儿子（许宝华，2438）。山东等地冀鲁官话"人芽儿"，孩子（许宝华，129）。东北官话、鲁冀官话"孩芽子"，表示对小孩的蔑称（许宝华，4535）。东北官话"苗子"比喻传宗接代的子女（许宝华，3151）。中原官话、西南官话"苗苗"，指幼苗，子女。西南官话还可以指幼子（许宝华，3151）。江淮官话、西南官话、赣语"小伢"指小孩，湘语指儿子（许宝华，419—420）。中原官话、西南官话、江淮官话、吴语、湘语、赣语等"小伢儿"指小孩儿（许宝华，437）。鲁冀官话"人伢儿"指孩子（许宝华，129）。

布依语 ŋe¹¹ "婴儿；孩子；我；嫩芽，苗"。

泰语 nɔ⁵ "芽，苗；子孙，子嗣，后裔"。

印尼语 tunas "芽；嫩枝"；bertunas "有芽；发芽，长芽；[喻]有子孙，有后代"。

英语 sprout "新芽，嫩枝；幼苗壮物；后代"。bud "芽；芽体；蓓蕾；未成熟的人（或东西）"。

表3　侗台语、印尼语、汉语、藏缅语"牙—芽—伢"词义比较

侗台语	印尼语	汉语	藏缅语
泰 ŋa² 象牙 ŋa³ 枝杈 ra³ 张开 ʔa³ 张开 kha³ 树杈 kha¹ 腿	nganga（嘴等）张开 buka 开，打开 berangga 多叉的（如鹿角等） cangah 嘴张开着，张大嘴 canggah 有叉的木柱、竹竿等 melangah 张口，目瞪口呆 paha 大腿	牙 *ŋraa 椏 *qaaʔ 枒 *ŋraa 丫 *qraa 芽 *ŋraa 睚 *ŋgrees 股 *klaaʔ	*ka 开，分开，伸开

（四）清—净—静—晴

在汉语里，"青"派生出"清""精""晴""净""静""靓"等词。董为光先生（2007：195—200）认为，"青"即绿色，江河湖泊之水，如果清澈不混，呈现出大片绿色，所以水之"青"，即水之"清"。此外，按照现代色彩心理学的研究，"青"代表的颜色是一种容易使人沉静下来的冷色调。景色的清幽、环境的洁净、环境的安静、心灵的宁静，其间的相关性显而易见。

泰语 kra⁵tsaːŋ⁵ "清楚，清晰，明显，明白；明亮，晴朗，明朗"，tsaːŋ⁵ "明亮，光明，分明，明显"，tsɛːŋ³ "亮，明亮；天亮；明白，清楚"。plɔːt⁹ proːŋ⁵ "晴朗，明朗；空旷；（头脑）清醒"。tsɛːm⁵sai¹ "明朗；爽朗，清醒"。

黎语 tshiːŋ² "晴；晴朗；干净；明净"。

布依语 kweːŋ³⁵ "放晴；晴朗"，kweːŋ³⁵ "看；看清"。

印尼语 hening "清澈的，透明的；纯洁的，洁净的；静的，安静的，寂静的，宁静的"，keheningan "清澈，透明；安静，寂静，宁静"。

黄树先先生（2012：407）认为印尼语-ning 对应汉语"宁"，"宁"字上古音 *neeŋ。印尼语还有 bening "清澈的，透明的"，tenang "安静，平静；冷静，镇静；安定，安宁，稳定"，跟上述两个词有音义关联。

泰语有 niŋ² "静止，不动；肃静，安静；沉默，静默"和 neːŋ³ "［古］静，不动"与印尼语-ning 和汉语"宁"对应，音义都能对应。

在词义上，"清"与"净""静"等关联的印尼语词还有：jernih "清澈的，晴朗的，明朗的；纯洁的"，penjernihan "净化；澄清（问题）"。还有

hijaumaya "碧绿色的"（hijau "绿的"，maya "清澈的，明亮的"）。cerah "晴朗（的），明朗（的）；明亮，皎洁；光明；（神采）奕奕，（容光）焕发"。bersih "干净，清洁；清澈，清新，新鲜，晴朗；清白，纯洁，纯真，圣洁；纯粹，纯净，纯正；清楚"。

藏语词族：thang "晴"，jathang "清茶"；dwangs "变清，晴"，dwangspo "清澈，晴"，jadwangs "清茶"。（张济川，2009：16）

英语 clear "清澈的，明亮的，明净的；晴朗的；清晰的，分明的，（目光）锐利的；安详的，宁静的"，a clear day（night）"晴天（夜）"，a clear sky "晴天"。

表4 侗台语、印尼语、汉语、藏语 "清—净—静—晴" 词义比较

侗台语	印尼语	汉语	藏语
泰 kra⁵ tsa:ŋ⁵ 清楚；晴朗 tsa:ŋ⁵ 明亮 tsɛːŋ³ 天亮		青 *shleeŋ 清 *shleŋ 晴 *zleŋ 静 *zleŋʔ 净 *shreeŋ	thang 晴 dwangs 变清，晴
泰 niŋ² 静止；安静 neŋ³ 静	bening 清澈的 hening 清澈的；宁静的	宁 *neeŋ	

由以上四组词义比较的例子可看出，在侗台语和汉语中都出现了语音、语义皆可对应的词族，这就是词族和词族的比较。

汉语及其亲属语言大部分都缺乏形态现象，所以潘悟云等先生（2005：275；2011：25）一致认为，在汉语及其亲属语言历史比较的目前发展阶段上，词族的比较是比较有效的。词语之间的借用比较容易，但是一种语言把另一种语言的整个词族都借过来，就比较困难。两种语言之间如果有好多个词族都有语音上的对应关系，那么它们之间存在同缘关系的可能性就很大。

三、结语

中国人不是由单一民族发展而来，这已经成为考古学家、民族学家、人类学家的共识。童恩正先生（2004：138）指出：中国古文化的形成是多元的，其发展序列是积累的。中国最下或最古的基层文化可能是以滨海的夷越文化为代表的海洋文化，以后这种文化与华夏族为代表的大陆文化融合，才

形成辉煌的殷商文化。如果夷越文化是殷商文化的主源之一，而夷越又与现今侗台诸族有渊源关系，那我们就有理由相信汉语和侗台语确实是存在亲属关系的语言。

　　古史茫昧，远古时代各群团的历史渊源有待考古学的更多成果提供更充分的证据。东亚语言的分化和接触是相当复杂的，给我们今天对它们谱系关系的认识带来了极大的困难，加上语言本身长期的发展、演变，汉语和侗台语的同源词不可能俯拾皆是，有些同源词只有放在词族的比较中才能发现。

　　词族属于词源研究的范畴，汉语的词源研究，成果非常丰富，但民族语文的研究还很薄弱，用类型学来研究词汇大有可为。侗台语词源研究以及侗台语与南岛语、汉藏语词源的比较研究目前见到的不多，需充分认识到其在历史比较语言学中的重要意义，着力挖掘侗台语各语言中的词族，从语言本身去寻找证据，配合历史学、民族学、人类学、考古学等学科的成果，探明汉和侗台语的历史关系。

参考文献

[1] P·K. 本尼迪克特. 1984.《汉藏语言概论》（内部），J·A. 马提索夫编，乐赛月、罗美珍译，瞿霭堂、吴妙发校，北京：中国社会科学院民族研究所语言室.

[2] 北京大学东方语言文学系印度尼西亚语言文学教研室. 1997.《新印度尼西亚语汉语词典》，北京：商务印书馆.

[3] 董为光. 2007.《汉语研究论集》，武汉：华中科技大学出版社.

[4] 广州外国语学院. 2003.《泰汉词典》，北京：商务印书馆.

[5] 广西壮族自治区少数民族语言文字工作委员会壮汉英词典编委会. 2005.《壮汉英词典》，北京：民族出版社.

[6] 黄树先. 2007.《比较词义的几个问题》，《汉藏语学报》第 1 期.

[7] 黄树先. 2010.《汉语核心词探索》，武汉：华中科技大学出版社.

[8] 黄树先. 2012.《比较词义探索》，成都：巴蜀书社.

[9] 梁敏、张均如. 1996.《侗台语族概论》，北京：中国社会科学出版社.

[10] 潘悟云. 2005.《对华澳语系假说的若干支持材料》. 载王士元主编、李葆嘉主译《汉语的祖先》，北京：中华书局.

[11] 潘悟云. 2011.《汉语与侗台语的发生学关系》. 载丁邦新、孙宏开主编《汉藏语同源词研究（四）上古汉语侗台语关系研究》，南宁：广西民族出版社.

［12］沙加尔. 2004.《上古汉语词根》. 龚群虎译, 上海：上海教育出版社.
［13］童恩正. 2004.《南方文明》, 重庆：重庆出版社.
［14］王　力. 2002.《同源字典》, 北京：商务印书馆.
［15］邢公畹. 1999.《汉台语比较手册》, 北京：商务印书馆.
［16］许宝华, 宫田一郎. 1999.《汉语方言大词典》, 北京：中华书局.
［17］张济川. 2009.《藏语词族研究》, 北京：社会科学文献出版社.
［18］章季涛. 2000.《实用同源字典》, 武汉：湖北人民出版社.
［19］郑张尚芳. 2012.《华澳语言"子、婿"与汉语的对当词根》,《民族语文》第 4 期.

陈孝玲　广西民族大学国际教育学院
莫育珍　广西民族大学

"心"的比较词义探索[*]

吴宝安　田诗媛

摘　要：本文对"心"在古今汉语、方言和其他自然语言中的共同演变进行探索。研究发现，"心"在汉语、方言和其他语言中有共同的引申。通过研究，我们共整理出了7组"心"的共同演变模式。

关键词："心"　比较词义　词义演变模式

身体词是核心词汇中的特种部队，每一种语言都有这一类词。人们认识世界，近取诸身，远取诸物，对身体词进行研究，不仅可以探索词汇的奥秘，而且对探讨人类共同的认知有较大的价值。

所谓"比较词义"，就是在类型学的视野下，观察语言中某一个核心概念，会有哪些共同的演变（黄树先，2007：127—142）。人类在思维以及认知上有许多相通的地方，表现在词义上，人类自然语言的词义发展就会有许多共同的演变。"心"作为身体词中最重要的概念，学者们关注较多，研究成果也比较多。这些研究成果主要有两个类别：

第一类是"心"的汉语本体研究。有侧重于研究"心"在汉语史中的表现的，如：汪维辉先生《汉语核心词的历史与现状研究》中有关"心"的研究。该部分对"心"的音、形、义、词性、组合关系、聚合关系、历时演变、方言差异等几个方面进行了全面的研究（汪维辉，2018：220—225）。有侧重于研究"心"的文化内涵的，如侯玲文的《"心"义文化探索》。该文认为"心"由"心脏"义引申出"思维器官"和"中心"是受到了中国传统文化

---

[*] 国家社会科学基金"上古汉语核心词研究"项目（项目编号：19BYY162）。

和佛教文化的双重影响,体现了汉民族的整体观念和人文精神(侯玲文,2001:54—60)。还有侧重研究汉语"心"的认知研究的,如张建理的《汉语"心"的多义网络:转喻与隐喻》。该文认为"心"的一些词义引申分别涉及隐喻和转喻认知,并且转喻是主导的,隐喻是辅助的(张建理,2005:40—43)。

第二类是"心"的比较研究。有和亲属语言比较的,如黄树先《汉语身体词探索》中"heart 心"条。该条用三级比较法和比较词义理论,对"心"系列(包括心、念、癃、恁、性、想、悠、忧等词)和"顋"系列(包括思、顋、宁、颡、脑等词)的音义关系及其在亲属语言中的对应关系进行了研究(黄树先,2012:259)。有进行英汉对比,并从认知语言学的角度来进行阐释的,如:张建理《英汉"心"的多义网络对比》(2006:161—168),齐振海、覃修贵的《"心"隐喻词语的范畴化研究》(2004:24—28),齐振海、王义娜的《"心"词语的认知框架》(2007:61—66),孙毅、杨秋红的《跨语言"心"(heart)多义图谱的认知功能说略》(2013:75—79)。

本文旨在对"心"在不同语言中的共同演变进行探索。

汉语传播时间久,覆盖范围广,它在不同时代、不同地域往往并不同质,因此我们在做比较词义时,把不同时期的汉语、各地方言当作独立的语言来处理。

《说文》:"心,人心,土藏,在身之中。象形。""心"最早见于甲骨文,它的基本义几千年都没有变化,是汉语中最稳定的身体词之一。"心"有双音化形式"心脏",但"心"单用比双音化形式更常见。由于认知水平有限,我们的先人们一直认为[1],"心"除了推动身体的血液循环,给人体提供养分和氧气外,还是人的思维器官,也因此,"心"有众多的与思维、意念、情感有关的引申义。

根据"心"在《汉语大字典》、《汉语大词典》以及《现代汉语词典》中

---

[1] 不止汉民族,在我们所调查的几种语言中,几乎所有的"心"都可以表示思维器官,都可以表示思维、情绪、情感。这种认知上的误会可能有生理机制。在内脏器官中,人类虽然看不见心脏,但能通过心跳感受它的变化,尤其是情绪与心跳密切相关。而人们的大脑,则如同黑箱一个,感觉、思维、情绪等在大脑中怎么运作,人们完全没有任何感知。这可能可易让人误会"心"就是情感体验器官,就是思维器官。

的义项分布,参考其他语言词典的相关义项,我们整理出了"心"这一概念在我们考察的语言中的共同引申 7 对。它们或因相似,或因临近和凸显,把"心"与其他事物和动作联系到了一起。

一、基于隐喻的共同演变

在认知隐喻中,源域往往基于相似性投射到目标域,这种投射结果经常以多义词的方式保存在语言之中。不同的语言往往有共同的投射。通过研究,我们发现,"心"这一概念基于形状相似、功能相似、位置相似等在不同的语言中衍生出很多相同的引申。

心与中心、中央

《说文》说"心"是"在身之中"。如果以人体来隐喻空间,"心"就处于空间的中央,这是一种基于位置相似的方位隐喻。体现在词义上,"心"与"中"同义。

"心"的"中心"义在古汉语中常见,如:

(1) 菜不食心,以其有生意,唯食老叶而已。(《南史·孝义传上·江泌》)

(2) 九轨徐行怒涛上,千艘横系大江心。(宋·陆游《度浮桥至南台》)

现代汉语中,"心"多和别的词相组合,表示某物的中心,如"核心、菜心、空心、花心、手心、眉心"等。

"心"还可专指木上的尖刺、花蕊或草木的芽尖等,如:

(3) 凯风自南,吹彼棘心。(《诗·邶风·凯风》)

(4) 握手河桥柳似金,蜂须轻惹百花心,蕙风兰思寄清琴。(前蜀·薛昭蕴《浣溪沙》)

尖刺、花蕊、牙尖多位于草木的中央,所以这也是一种方位隐喻。

"心"还可专指包子心、饺子馅,也是位置相似的引申。

"心"的这一义项在方言中常见。

"心"在多个方言中可指"中心,中央的部分",如济南的"白菜心";太原的"灯心、圆心";丹阳的"江心、头顶心里";杭州的"圆心、中心、手心";黎川的"包子心"、于都的"脚底心"(李荣,2002:739)。

温州的"心"有"中心、中央"义:苹果吃肉不吃心。(李荣,2002:740)

"心"在江淮官话(安徽铜陵)、西南官话(广西桂林等地)、吴语(上海等地)、客话(福建连城庙前等地)有"馅儿"义,如"这包子心是豆沙的(广西桂林)"(许宝华、宫田一郎,1999:936)。"馅儿"处于面点的中心位置,这里的"心"实际由"中心"义引申而来。

闽语(福建崇安)中,"心"还可指"轴、车轴"(许宝华、宫田一郎,1999:936)。"轴、车轴"通常装在车轮的圆中心,因此这一引申义也来源于"心"的"中心"义。

其他自然语言中,"心"这一引申义也是常见的。

英语中,heart 有"中心,核心,中间"的引申义。如"the heart of the city 市中心","the heart of the matter 问题的核心","the heart of a severe winter 严冬中期","the heart of a tree 木髓","the heart of an apple 苹果核","the heart of a flower 花芯","the heart of a cabbage 菜心"等。

西班牙语中,"corazón 心,心脏"有"核心、中心"义,还可专指"中指",与"中心"意义也有关联。

日语中,"こころ【心】心脏"有"物の中心(物体的中心)"义。

印度尼西亚语中,"hati 肝,肝脏;心,心脏,心肝"有"(一些果实、树茎等中的)中心部分"义。

壮语中,"sim 心;心脏"有"中心;中间"义。如"Go faex neix sim naeuh gvaq 这根木头中间烂了。"

二、基于转喻的共同演变

在转喻认知中,人们经常用临近和凸显来构建事物之间的关联,常见的有部分代整体，事物代功能等。

（一）心与珍爱之人/物、最重要的东西

"心"是人和动物最重要的内脏器官，它除了推动血液在全身循环，给人提供养分和氧气外，古人还认为是它是人的思维器官、情绪承载器官。重要的东西可以部分代整体，所以"心"就产生了"心爱之人/心爱之物、最重要的东西之义"，这是典型的转喻。

古代汉语中，"心肝"一起可指最亲切、心爱之人，"心上人"则指心爱的人，如：

(5) 陇上壮士有陈安，躯干虽小腹中宽，爱养将士同心肝。（《晋书·刘曜载记》）

(6) 宝玉滚到贾母怀里，贾母笑的搂着叫"心肝"。（《红楼梦》第四十回）

(7) 你情知谢氏是我的心上人，我看你怎么相见？（元·关汉卿《谢天香》第四折）

(8) 你向来有了心上人，把我冷落了多时。（《二刻拍案惊奇》卷十四）

这些表达一直沿用至现代。现代汉语中，表达心爱之人的词还有"心尖尖、心尖子"，如：

(9) 马长青心里一阵难受，那马英是他们夫妇的心尖子。独生的女儿，有几个不是掌上明珠？（顾笑言《你在想什么？》七）

"心尖尖、心尖子"也可表示心爱之物，如：

(10) 这匹小青骡子，就是赶车人的心尖子，他怎么肯累着它呀！（魏巍《山雨》）

方言材料中，"心"可指心爱之人，尤其是小孩子。

晋语（陕西北部）"心儿"可指"孩子"，1983年第6期《新华文摘》："憨娃娃，你还不赶紧寻个婆姨，操心把心儿耽误下。"（许宝华、宫田一郎，

1999：937）孩子是宝贝，自然是心爱之物。

东北官话的"心头肉"可指最喜爱的人，东北官话、北京官话、冀鲁官话、西南官话用"心尖子、心肝宝贝"来称呼最心爱的人（许宝华、宫田一郎，1999：943）。

徐州的"心"可称最亲热最心爱的人（多用于年幼的子女）（李荣，2002：739）。

"心尖儿"在哈尔滨、万荣指"最喜爱的人（多指儿女）"。"心肝"在忻州、南昌称"极疼爱的年幼的子女或晚辈。"（李荣，2002：742）

其他语言材料中，这个引申义也常见。

英语中，"heart"可指"心肝、心爱的人"，如"sweet heart，dear heart 亲爱的"，也可代指人，如"Poor heart 可怜的人"，"heart of oak 勇敢的人，坚强的人"。

西班牙语，"corazón m. 心、心脏"有"心肝儿，宝贝"义。

印度尼西亚语有两个词有这个引申义，分别是：

"hati"指"肝，肝脏；心，心脏，心肝"，"buah hati"指"心肝儿，心上人，情人"。

"jantung hati 心脏"可指"情人，爱人；［口］亲爱的"。

泰语中，"duːaŋ²tsai² 心，心脏"可喻指"心爱的人"。

壮语中，"sim 心；心脏"，"simdaep"指"心肝（称最心爱的人）"。

（二）心与胸腔、胸部

在语言中，临近部位发生语义转移是常见的现象。心脏位于胸腔，胸腔位于胸部，因此，在很多语言中，"心"也就有"胸腔、胸部"的引申义。这个词义引申基于临近而发生，这也是典型的转喻类型。

古代汉语中，"心"的"胸腔、胸部"义常见，如：

(11) 其里之丑人，见而美之，归亦捧心而矉其里。（《庄子·天运》）

(12) 扪心无愧畏，腾口有谤嗤。（唐·白居易《和梦游春诗一百韵》）

成语"扪心自问"沿用至今。

方言中,"心"的这一引申义很常见。

吴语(浙江温州、衢州)、闽语(福建顺昌、浦城等地)、土话(湖南临武)中,"心头"指"胸脯"(许宝华、宫田一郎,1999:937)。

"心口"在太原既可指"胸口",也可指"胃"(李荣,2002:740)。

"心口窝子"在银川指"胸口","心口窝儿"在徐州指"胸口"(李荣,2002:740)。

其他语言中,"心"的这一义项也常见。

英语中,"heart 心"有"胸(口)"义。

法语中,"coeur 心,心脏"有"胸口,胸,胸脯"义。

西班牙语中,"corazón 心"有"胸部"义。

德语中,"Herz 心"有"胸部"义。

(三)心与胃部

心可转指胸部,也可转指胃部。这个引申也是基于临近而发生,属于转喻。

"心"指胃部在古代文献中就有用例,如:

(13)心痛,即胃脘痛。(元·朱震亨《丹溪心法·心脾痛》)

(14)补中益气汤……煎一钟,空心热服。(明·陈实功《外科正宗·溃疡主治方》)

方言中,"心"指胃部常见。

北京官话(北京)中,"心"可指"胃",如:吃多了甜的,心里不好受。(许宝华、宫田一郎,1999:936)

"心口"在太原既可指"胸口",也可指"胃"。在西宁,"心口子疼"指胃部疼痛。"心口疼"在济南、徐州、扬州、武汉、乌鲁木齐、太原、忻州等地指"胸口疼",一般指胃痛。(李荣,2002:740)

从汉语和汉语方言的情况来看,"心"在古代汉语中多出现在医籍之中,在方言中则多指胃不舒服。另外我们还发现,有些语言中的"心"可指多个内脏器官,有时候可同时指心肺、有时候甚至可以指所有内脏,如汉语的

"小肚",西南官话指肾,闽语指膀胱,客话和粤语指小腹(许宝华、宫田一郎,1999:421)。汉语的"心"在方言中可指胃,如北京:吃多了,心里不好受(许宝华、宫田一郎,1999:936)。胶辽官话"心口窝"指的是"胃部"(许宝华、宫田一郎,1999:942);吴语"心肝头"指的是胃部(许宝华、宫田一郎,1999:944)。所以黄树先先生认为,内脏器官具有模糊性(2012:144)。

(四)心与思维器官

通过研究,我们发现,很多国家和民族的语言中,"心"都可指"思维器官"。可见,对"心"的功能的误解在人类早期,可能是一个普遍的现象。"心"虽然是内脏器官,但心跳我们能感知,而且心跳与情绪密切相关。情绪当然和思考不是一回事,但情绪是人的一种内在的感受,思考本身也会引起情绪的变化,所以,我们的祖先就误认为"心"是思考器官了。作为思考器官是"心"的功能,所以,这是器官转指功能,也是典型的转喻。

在汉语的语言系统中,在"思考器官"这一义项上,"心"自古至今都代用"脑",如:

(15)心之官则思。(《孟子·告子上》)

(16)夫民虑之于心,而宣之于口,成而行之,胡可壅也。(《国语·周语上》)

(17)故心之照理,譬目之照形。(南朝梁·刘勰《文心雕龙·知音》)

我们现在弄明白了"心"不是思维器官,"脑"才是,但语言有其约定俗成性,所以我们现在还说"心想、心说、铭记心中"。

方言材料中,"心"多有"思考器官"义,如:

南京、西安、西宁、乌鲁木齐、万荣、苏州、宁波、南昌、梅县、海口"心"通常也指"思想的器官"和"思想、感情"等(李荣,2002:740)。

银川"心"指思维器官和思想、感情,如:用心读书、操心。另还可指心思,如:人小心大(李荣,2002:740)。

绩溪"心"指思维器官和思想、感情,如:学书要用心点。另还可指对人的态度（李荣，2002：740）。

英语中，人们也认为心脏主宰人的精神意识和思维活动，在功能意义上相当于头脑，故英语 heart 可指代思维、记忆，如 by heart "记住"，in one's heart "在心里"。

日语的"こころ【心】"有"思考・考え方・意思（想法，心思，意思）"义，如"こころを決める（下决心）"。

（五）心与思虑、谋划

古人认为"心"是思维器官，因此在语言中，"心"多有"思虑、谋划"的引申义。思考、谋划也是"心"的功能，属于转喻。

古代汉语中，"心"就有"思念、谋虑"义。黄树先（2012：259）曾说："汉语的'心'也有动词义，《尔雅·释言》：'谋，心也。'郭在贻先生说，心字古有思念、谋虑之义。今试举例以证之。《诗·郑风·子衿》：'青青子衿，悠悠我心。'郑笺释心为思。又下文云'青青子佩，悠悠我思。'心、思对文，明心即思义（郭在贻《楚辞解诂（续）》，《训诂丛稿》1985：17—18）。"

我们再补充一些文例：

（18）纣虽多心，弗能知矣。（《吕氏春秋·精谕》）

（19）在一日，管一日。替你心，替你力。（《古今小说·滕大尹鬼断家私》）

汉语方言材料中，"心"有"思虑、谋划"义，如："心劲儿"哈尔滨可指"心计、计谋"：讲动心劲儿谁也动不过他（李荣，2002：740）。"心思"乌鲁木齐可指"思索、思考"：我心思底这个事情不是这么容易。（李荣，2002：740）

"心"的动词引申义除了"思考、谋划"，还有"挂心、关怀"，如：

（20）奉命东征，屯次乡里，北望贵土，乃心陵墓。（三国魏·曹操《祀故太尉桥玄文》）

（21）两公者，一日居乎其位，一日心乎其民者也。（明唐·顺

之《与吕沃洲巡按书》)

(22) 吾不敢谓其即继武于杜甫、元结之徒,而亦可谓心乎国家矣。(林纾《赠李拔可舍人序》)

(六) 心与思想、意念、感情

如上所述,在很多国家和民族的语言中,"心"是思考和生发情感的器官。因此,在很多语言中,"心"也就有了思考、思想、意念、感情等引申义。思想、意念、情感是"心"的思考功能和情感体验功能进行思考和体验之后的结果,是事物代结果,因此也是转喻。

"心"的"思想、意念、感情"义在古代汉语中就很常见,如:

(23) 二人同心,其利断金。(《易·系辞上》)
(24) 他人有心,予忖度之。(《诗·小雅·巧言》)
(25) 义不苟取比周于朝,以移主上之心。(汉·邹阳《狱中上书自明》)
(26) 丛菊两开他日泪,孤舟一系故园心。(唐·杜甫《秋兴》诗之一)
(27) 谁分江湖摇落后,小屏红烛话冬心。(清·龚自珍《己亥杂诗》之二五〇)

现代汉语中,"思想、意念、感情"是"心"的主要义项之一。在包含"心"一语素的词中,有很多是表示"想法、思想"的,如"谈心、交心、将心比心、心心相印"等。

在包含"心"一语素的词中,有很多是表现意念、注意力的,如表示集中意念的"细心、留心、关心、精心、一心一意、万众一心",表示分散注意力的"粗心、分心、闲心、二心、三心二意、离心离德",表示特定意念和愿望,如"归心似箭、回心转意、居心叵测",表示意念得到满足的,如"随心、遂心、舒心、称心、心满意足",表示褒扬性的意念,诸如情操、修养和素质类,如"决心、信心、恒心、耐心、壮心、责任心、事业心",表示歹意的邪念,如"歹心、黑心、贪心、野心、贼心、祸心、邪心"。

包含"心"的词表示情绪、情感在现代汉语中更多,有表示喜悦的"称心、可心、舒心、心花怒放、大快人心",有表示难过的"伤心、寒心、痛心、心酸、心碎、万箭攒心",有表示抑郁的"心死、心惊了半截、心灰意懒",有表示怨恨的"心头之恨、痛心疾首",有表示害怕的"心有余悸、心惊肉跳、触目惊心",有表示情绪稳定的"安心、放心、定心、宽心、静心、清心",有表示情绪不稳的"忧心忡忡、心神不宁、心烦意乱、焦心",还有表示喜欢的"心爱、心仪、心醉、痴心、倾心;欢心、偏心、平心"……

可见,在现代汉语中,"心"多表"想法、意念、情绪、情感"。

在方言材料中,"心"的这一义项多见。

冀鲁官话(河北石家庄)"心儿"可指"心思、心情":考试没发榜,大家伙儿都没心儿看戏(许宝华、宫田一郎,1999:936)。

武汉话的"心"可指思想、意志(李荣,2002:740)。

南京、西安、西宁、乌鲁木齐、万荣、苏州、宁波、南昌、梅县、海口等地的"心"既可指思想的器官,也可指思想、感情等(李荣,2002:740)。

银川"心"可指思维器官和思想、感情,还可指心思,如"人小心大"(李荣,2002:740)。

绩溪的"心"可指思维器官和思想、感情,另还可指对人的态度(李荣,2002:740)。

崇明话"心功巧"用来"形容人脑子好使,学手艺活学得快。"(李荣,2002:742)

在外语资料中,"心"的这一义项也常见。

英语中,"heart 心"可代指"心思,想法",如"two hearts、double heart 指不忠诚或背叛";还可指"目的,意愿,欲望",如"after one's own heart 正合己意的,如愿的"、"find it in one's heart to do 意欲做,打算做"。

"heart"还可指喜爱、爱情、同情、关心等情感,如"to have/gain/obtain one's heart 赢得芳心""give/lose one's heart to 爱上,喜欢上""close/dear/near to one's heart 为……所爱""to have a heart 同情""have one's heart in 热衷于,对……关注"。

"heart"还可喻指人的性格特征,表"心肠,心地"和"热情,热忱"。如"a heart of gold 心地善良""a warm heart 热心"。

西班牙语中,"corazón m. 心,心脏"有"内心,心地,心肠;表情;勇气,胆量"义。

日语中,"こころ【心】(心脏)"有"精神または精神活动の场(心,精神,灵魂)"义,有"感情・気持ち(心情,感情)"义,还有"思考・考え方・意思(想法,心思,意思)"义。

印度尼西亚语中,"sanubari 心脏"有"内心,心灵"义。

泰语中,"tsit⁷心"可指"心理,心灵;精神"。"tsai²心,心地,心肠"可指"心脏"。

壮语中,"sim〔ʃim1〕心;心脏"有"心;心思;心情"义,如"Goumbouj miz ~ caeuq mwngz gangj riu. 我没有心思跟你开玩笑。"

三、结语

从以上的材料中,我们可以看出,"心"这一概念,在语言中,基于位置相似性,产生了"中心、中央"的引申义;基于它的重要性,产生了"珍爱之人/物、最重要的东西"的引申义;基于内脏器官的模糊性,产生了"胸部"和"胃"两个引申义;基于它的我们祖先误用的思维功能,产生了"思维器官"、"思考、谋划"、"思想、意念、感情"等引申义。从认知的角度来看,"心与中心、中央"是相似隐喻,"心"的其他几个引申义或因部位临近而产生,或因功能相关而产生,或代指整个整体,属于转喻。从本文所考察的语言来看,这些语言的引申义具有普遍性,词义的演变脉络非常清晰。所以,我们认为,核心概念在自然语言中有共同的词义演变模式应该是一种普遍的现象。

参考文献

[1] 吴宝安. 2011.《西汉核心词研究》,成都:巴蜀书社.
[2] 汪维辉. 2018.《汉语核心词的历史与现状研究》,北京:商务印书馆.
[3] 侯玲文. 2001.《"心"义文化探索》,《汉语学习》第3期.
[4] 张建理. 2005.《汉语"心"的多义网络:转喻与隐喻》,《修辞学习》第1期.
[5] 黄树先. 2012.《汉语身体词探索》,武汉:华中科技大学出版社.

[6] 张建理. 2006.《英汉"心"的多义网络对比》,《浙江大学学报》(人文社会科学版)第3期.

[7] 齐振海、覃修贵. 2004.《"心"隐喻词语的范畴化研究》,《外语研究》第6期.

[8] 齐振海、王义娜. 2007.《"心"词语的认知框架》,《外语学刊》第1期.

[9] 孙毅、杨秋红. 2013.《跨语言"心"(heart)多义图谱的认知功能说略》,《外语学刊》第5期.

[10] 汉语大字典编辑委员会编. 1987.《汉语大字典》(全8册), 武汉:湖北辞书出版社, 成都:四川辞书出版社.

[11] 罗竹风. 1993.《汉语大词典》(全12册), 上海:汉语大词典出版社.

[12] 中国社会科学院语言研究所词典编辑室编. 2016.《现代汉语词典》(第7版), 北京:商务印书馆.

[13] 李荣. 2002.《现代汉语方言大词典》, 南京:江苏教育出版社.

[14] 许宝华, 宫田一郎. 1999.《汉语方言大词典》, 北京:中华书局.

[15] 新村. 2008.《广辞苑》(第6版), 东京:岩波书店.

[16] 霍恩比编, 李旭译. 2018.《牛津高阶英汉双解词典》(第9版), 北京:商务印书馆/伦敦:牛津大学出版社.

[17] 黑龙江大学俄语语言文学研究中心辞书研究所编. 2001.《大俄汉词典》, 北京:商务印书馆.

[18] 张怡荪编. 1993.《藏汉大词典》, 北京:民族出版社.

[19]《新西汉词典》组编著. 1982.《新西汉词典》, 北京:商务印书馆.

[20] 徐悉艰等编. 1983.《景汉词典》, 昆明:云南民族出版社.

[21] 广州外国语学院编. 1990.《泰汉词典》, 北京:商务印书馆.

[22] 北京大学东方语言文学系印度尼西亚语言文学教研室《新印度尼西亚语汉语词典》编写组编. 1989.《新印度尼西亚语汉语词典》, 北京:商务印书馆.

[23] 广西壮族自治区少数民族语言文字工作委员会研究室编. 1984.《壮汉词汇》, 南宁:广西民族出版社.

吴宝安　湖北大学文学院
田诗媛　湖北大学文学院

甲骨文核心词 "女"*

郑春兰

摘 要：本文依据国际通行的 W. Swadesh《百词表》，考察甲骨文"女"这个核心语义及其相关词汇语义，将其分为三类进行了研究：性别类、配偶类和称谓类，借以揭示核心词"女"在殷商时代的概貌，为甲骨文基本词汇、核心词汇以及相关研究奠定基础。

关键词：甲骨文 核心词 女 语义

"女"位于 W. Swadesh《百词表》[①]第 16 位，它是所有表示"女"这个概念的词汇的上位词，而其下既包括女性类词，又包括与"雄"相对的"雌"。甲骨文中关于"女"的词汇在某种程度上还带有社会历史发展进程的痕迹，它们中的某些词汇既是母系社会的见证词，又是父系社会所沿用的词汇。

从汉语史的角度来看，关于古汉语中与"女"相关的词汇的研究，尚未从核心词的角度进行。个别研究者所做的研究多从归纳整理的角度进行，而缺乏对与"女"相关词汇内部的研究，而甲骨文中的这部分词的研究则更为少见。我们以《百词表》为参照系，考察甲骨文中"女"及其相关的词汇[②]。

---

* 国家社科基金一般项目"清末至民国时期甲骨文字研究资料的整理与研究（18BYY144）"、国家社科基金重大项目"草创时期甲骨文考释文献的整理与研究（20&ZD307）"。
① 该词表是在印欧语的研究中总结得出的，其选词原则是"语素项目必须是世界共同的、非文化方面的，容易辨认的广阔的概念，在多数语言中有一个单词可以对应的"（徐通锵，1991：454）。《百词表》是 W. Swadesh 在其《两百词表》基础上提炼出来的，据词汇的变化率以考证语言衰变的年代。
② 文中甲骨刻辞后编号未注明出处的均取自《甲骨文合集》，参照《殷墟甲骨刻辞类纂》《殷墟甲骨刻辞摹释总集》。编号前罗马数字表示刻辞分期。刻辞中"□"表示残缺一字，"…"表示残缺多字，"[ ]"表示据文补出的文字。

一、匕/妣、牝、羘、豼

甲骨文中被隶定作"匕"的"𠤎",据考古和文献分析,其形如匙,本义作饭匙。《说文·匕部》谓:"匕,相与比叙也。从反人。匕,亦所以用比取饭,一名柶。"段注云:"比者,密也;叙者,次第也。"即比较排序,又谓"匙即今之饭匙也"。而在甲骨刻辞中借音用作"妣",是对"各代祖母辈的通称,即对自己的、父辈的,乃至再上几辈的祖母皆称妣。"(赵诚,1988:44),作为先祖之配偶称谓是刻辞中最常见的"匕"的用法之一。

1. 戊辰卜,有㞢妣己一女,妣庚一女。(Ⅳ32176)

以一女报祭妣己,一女报祭妣庚。妣己、妣庚乃祖乙之配偶。

2. 御妣己 御妣甲 御妣庚。(Ⅳ32739)

御祭妣己、妣甲、妣庚。

"妣"常与天干相配而用,干日即此人的庙号。

金文中"妣"的语义和用法同甲骨文,如"我乍/作御䘏/恤祖乙、妣乙、祖己、妣癸"。我方鼎其中的妣同甲骨文,祭祀祖乙、妣乙、祖己和妣癸。

甲骨文中"匕"有时也借音表示雌性动物,刻辞中有"匕犬""匕牛"等用法,即母犬、母牛。

3. 王…若。乙丑允伐,右卯暨左卯,惟匕牛。(Ⅰ16131 正)

从书写形式来看,除了分开写的之外,刻辞中还可以见到合写的表示母牛、母羊等的合文,它们只占一个字的空间,但实际上是两个字。在某种意义上,它们可以看作是由两个语素组成的一个词,而在后世则逐渐发展成为专门表示雌性动物的词。甲骨文中可以见到相当一部分这样的合文,如"牝"写作𤚐,即母牛;"羘"写作𦍧,即母羊;"豼"写作𢑚,即母猪。

4. 翌乙巳侑祖乙宰有牝。(Ⅰ6653 正)

5. 己丑卜,其有岁于二司一羘。(Ⅲ27582)

以此类推,凡表示雌性动物的词,都有由该动物与"匕"构成合文,即"牛匕"、"羊匕"、"豕匕"等,后世的使用中逐渐将其固化为合体字,即成为所谓的形声字，动物乃形符，"匕"乃作了声符①。这个字即词，《说文·牛部》谓："牝，畜母也。从牛匕声。《易》曰：'畜牝牛，吉。'"从汉字的演变流程来看，"匕"当为"牝"之初文。在后世的文献中，"牝"成为专表雌性的词语，而甲骨文中所见的羓（羊匕）、豟（豕匕）等词则被其收纳，换言之，"牝"的语义是词汇发展融合的结果。就"牝"本身来看，其义位由殷商时代的下位义变成了后代的上位义，这是词义扩大的表现（如下图所示），是将甲骨文中表示雌性动物的词的语义进一步抽象提炼而成。如羓（羊匕）、豟（豕匕）这样的词在语言的使用中逐渐淡出，而"牝"则最终被作为语素保留了下来，常常能与某类动物搭配使用，如"牝牛""牝马""牝豕"，表示母牛、母马、母猪，《尚书·牧誓》："牝鸡无晨。牝鸡之晨，惟家之索。"

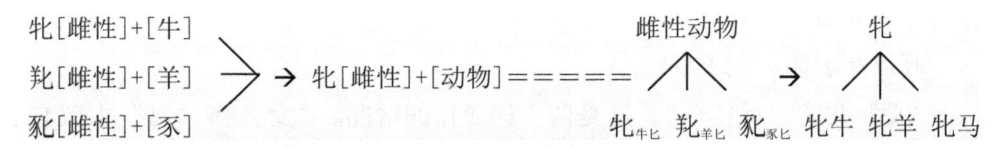

牝[雌性]+[牛]
羓[雌性]+[羊] > → 牝[雌性]+[动物] ===== 雌性动物 → 牝
豟[雌性]+[豕]   牝牛匕 羓羊匕 豟豕匕   牝牛 牝羊 牝马

"牝"词义扩大表现图

二、女、母、妇、妻、妾、奭

"女"在甲骨文中写作"𡥪"或"𡢘"，母在甲骨文中写作"𡣥"，这两个词在甲骨文中常常相通互作。姚孝遂先生指出："𡥪可以是'女'，也可以是'母'，但'女'不得作𡣥。"（姚孝遂，1983：99）"母"是由"女"所分化。类似的情况在甲骨文中除了"女""母"之外，还有很多。这说明文字的在造字之初，其使用尚未定型、固化。

"女"在甲骨文中表示女性，是个泛指词，因此在刻辞中要根据辞意来其明确它的具体的语义指向，例如：

6. 甲申卜，𣪘贞：[妇]好娩嘉。王固曰：其惟丁娩嘉。其惟庚娩，弘吉。三旬又一日，甲寅娩不嘉，惟女。

---

① 于省吾先生："牝是甲骨文匕牛的合文，意思是母牛，这二个字的合文被后世作为一个字后，字形保持原来的形状作牝，从牛、匕。"（于省吾，1979：331）

甲申卜，殻贞：妇好娩，不其嘉。三旬又一日，甲寅娩，允不嘉，惟女。（Ⅰ14002 正）

上辞中的"女"是指妇好所生的孩子，故此"女"指女孩。辞是在贞问妇好生孩子的日子哪天更好。其中的丁、庚日生孩子嘉，而甲寅日，日子不好，因为占卜到会生女孩。

从祭祀刻辞来看，女常常被作为祭牲，故此类刻辞中的"女"作女奴讲。

7. 戊辰卜，有艮妣己一女，妣庚一女。（Ⅳ32176）

以女奴艮祭妣己和妣庚。

相对于上述的"子女之女"和"女奴"之外，刻辞中的"女"还可以指"女子"，可以认为是一种泛指，如：

8. …亥卜，女娩。（Ⅰ13994）

9. 呼取女。

呼取女于林。（Ⅰ9741 正）

"女"常常表示"母"，这是两个词通作的情况。"女"作"母"大致有三种含义：第一，表示王的配偶；第二，表女性长辈①，下一辈对上一辈的称呼；第三，祭祀神灵。

10. 贞燎于王亥母豚。

勿燎于王亥母。（Ⅰ685 正）

贞问是否用豚燎祭于王亥之配偶。

11. …巳贞：其侑三匚母豕。（Ⅳ32393）

用豕侑祭报乙、报丙、报丁之配偶。

12. …辰贞：其盉生于祖丁母，妣己。（Ⅳ34083）

求子于祖丁之配偶妣己。

13. 壬戌卜，侑母壬卢犬。

壬戌卜，侑母癸卢豕。

癸亥卜，侑母庚卢豕。（Ⅰ20576 正）

这三条刻辞是同版刻辞，意思是用犬、豕祭祀三位女性母辈先祖。从三条刻辞中可以明显地看到"女""母"互作的情况，以"女"作"母"，称代

---

① 这种用法常常和天干相配使用，这个干日即该女性的庙号。

上一辈的长辈，其义等同于母亲。①

14. 贞：燎于东㈱母三豕。（Ⅰ14340）

"东母"此作"东女"，刻辞中还见"西母"，故此条中之"女"与"母"同。

"母"② 除了上述和"女"一样的用法之外，还在刻辞中表示女性长辈，是个通称性质的词，赵诚先生："甲骨文的㈱（母），是各代君主对母辈的通称。不管是亲生还是叔伯关系，皆称为母。"此用法和上述"母"与干日相配的用法相比，与干日配称的母"是对母辈中某一位具体的人的称谓"。（赵诚，1988：45）

15. 甲申卜，王，大卫于多母。（Ⅰ19971）

"多"作众多讲。

此外，"母"在刻辞中还可以表示性别，如：

16. 丁卯卜，侑萑㹪母豕。（《怀》1588）

这里的"母豕"即"母猪"。

"妇"在甲骨文中写作㈱、㈱、㈱，"㈱、㈱"乃象帚之形。甲骨文中当先有"帚"，借"帚"作"妇"，以之表示妇女的"妇"，在刻辞中表示一种妇女的身份，后来才产生了从女之妇。黄树先先生从汉藏语比较的角度，从"孛" *bət 有"扫、扫帚"义出发，将帚（妇）*bjəɡ 联系起来，通过民族语言材料的印证，得出"甲骨文'帚'有一个音读作 *bjəɡ，和'妇'同音，所以用'帚'表示'妇'。"（黄树先，1992：96—97）此推理分析甚塙。

"妇"在刻辞中表示诸妇之名，是一种身份的象征。刻辞中这样的记载不为少见，最典型的就是武丁之妻妇好。

17. 已丑卜，㱿贞：翌庚寅妇好娩。（Ⅰ154）

18. 辛丑卜，㱿贞：妇好有子。三月。王固曰：好其有子御。（Ⅰ94正）

19. 壬午卜，争贞：妇妌娩嘉。二月。（Ⅰ14314）

---

① 陈梦家先生对刻辞中的诸母进行了研究。从其研究结果来看，陈先生将先王的配偶分作两类：一类是法定配偶；一类是旁系配偶及直系非法定配偶。其中如我们前面所述的"匕庚、匕甲"等属于第一类，而"母/女庚、母/女癸"等则属于第二类。

② 甲骨文"每"常用作母，"每"之甲骨文作㈱。于省吾先生认为："每字的造字本义，系于母字的上部加一个Ⅴ划，作为指示字的标志，以别于母，而仍因母字以为声。"（于省吾，1979：455）《说文·屮部》谓："每，艸盛上出也。从屮母声。"许说不确。可比照台语"每"作 mu⁶、mə⁶、mɯa⁶ < *m-。（邢公畹，1999：100）每、母当同源。

20. 乙亥卜，古贞：妇娸娩嘉。（Ⅰ641正）

除了上面所举之例外，还有妇妏、妇侄、妇嫊、妇娘、妇妵，等等①。这是一批在殷商时代有着特殊地位的人，她们有的是王之配偶，有的是有权势的上层人物，拥有政治、军事等大权。《说文·女部》谓："妇，服也。从女持帚洒扫也。"而刻辞用作表示妇女身份的"妇"，应该不是其本义，我们考察同时期的彝器铭文，发现在殷代彝器中记载有"妇闔乍/作文敱姑日癸陴/尊彝。"妇闔鼎器中的"妇"与"姑"相对，作已婚女子讲，这个意义当是"妇"的本义。而表示妇女身份的"妇"是其引申义，由"已婚女子"又进一步引申出丈夫之妻，以及一般意义上的女性，这是殷商之后的事情了，如西周中期彝器记载有"易/赐女/汝"。县妃簋器中的"妇"即可理解为"女"。《周易》："有男女，然后有夫妇。""妇"与"夫"相对作妻讲。

"妻"在甲骨文中作𡜎，其形从手持女子头发。相关的研究显示，这是上古抢婚制的反映。从"妻"所出现的刻辞来看，它在甲骨文中表示与夫相对的"配偶"。《说文·女部》谓："妻，妇与夫齐者也。从女从屮从又。又，持事，妻职也。"许说是其本义，但谓"从屮"不确。

21. 丁丑卜，㱿贞：子雍其御王于丁妻二妣己，𢦔羊三，用羌十。（Ⅰ331）
22. 王固曰：有祟，其有来嬉，迄至九日。辛卯允有来嬉自北。𡩜妻笶告曰：土方侵我田十人。（Ⅰ6057反）

此条中的"妻"据刻辞可知指𡩜之妻笶。

23. 贞：侑于示壬妻妣庚宰，惟勿牛七十。二告。（Ⅰ938正）

此辞中之"妻"作配偶之妻讲，即示壬的妻子妣庚。刻辞中还可以看到同类的搭配：

24. 辛丑卜，王三月，侑示壬女妣庚豕，不用。（Ⅰ19806）
25. 贞：来庚戌，侑于示壬妾妣［庚］牝羊豕。（Ⅰ2385）

我们可以比较上述刻辞23、24、25，不难发现其共性：

示壬＋妻＋妣庚

---

① 甲骨文中出现的相关诸妇还有：妇嫜、妇𡛷、妇笶、妇𥬰、妇姘、妇娸/果、妇婞、妇姘、妇嫌、妇嬢、妇侄、妇多、妇妹、妇妌、妇䣛、妇姓、妇𡜎、妇妽、妇妭、妇良、妇嫊、妇嫜、妇妤、妇妊、妇鼠、妇爵、妇姜、妇娥、妇妸、妇姛、妇如、妇晏、妇媟、妇妥、妇井、妇寳、妇喜、妇嫯、妇禾、妇利、妇㷃、妇女，等等。

示壬＋女＋妣庚

示壬＋妾＋妣［庚］

这3条刻辞中的示壬和妣庚没有变，指的是同样的两个人，而变化的只是表明妣庚与示壬关系的"妻、女、妾"这三个词。"妻"作配偶"妻子"讲，那么女、妾在辞中也应该是用作配偶妻子义。三辞都是贞问对示壬之配偶妣庚进行祭祀的事情。因此，"女"在刻辞中的义位还有引申作配偶妻子讲这一条。

而"妾"在甲骨文中作𡚽。有研究认为，妾字上部之符乃罪奴之标记；也有研究认为，妾字上部之符号乃女子头饰，而非罪奴之标记。我们认为这两种看法各有其合理之处。从刻辞来看，妾的身份地位有时是和妻、女相当，有时"妾"也不免作为人牲以祭祀。《说文·䇂部》谓："有辠女子，给事之得接于君者。从䇂从女。《春秋》云：'女为人妾。'妾，不娉也。"

26. 癸丑卜，王㞢…宰示癸妾妣甲。（Ⅰ2386）

辞谓示癸之妾妣甲，刻辞还有"王亥妾"即王亥妻之义。

27. 贞：今庚辰，夕用虎小臣三十、小妾三十于妇。九月。（Ⅰ629）

这是一条祭祀刻辞，其中反映出为了祭祀"妇好"，用30个"妾"作为人牲，可见其地位和奴隶相当，这和"女"在刻辞中作"女奴"讲是相似的。此外，赵锡元先生又进一步指出："在殷代妾不过是一般女人的泛称，没有高低贵贱的身分之别，如王亥妾，就是王亥的女人，主壬妾就是主壬的女人，引申之，就成了配偶或者妻子。至于当作人牲的妾，也只不过是说俘来的女人而已，如妾媚就是女媚，或媚族的女人。"（赵锡元，1957：29）其说可从。

甲骨文中表示配偶的词还有𡚽。此甲骨文诸家考释不一，释作奭则后世文献无可考，释作爽则如于省吾先生所言："爽为匹配之义，已无可疑……《说文》爽字段注云：'爽本训明，明之至而差生焉，故引申训差也，按《诗·氓》：女也不爽'，《蓼萧》：'其德不爽'，传并云'爽差也'差次与匹配之义相因。一说爽为相之借字，爽相古韵同隶阳部……相之通诂为辅相为佐助，亦与匹配之义相因也。"（于省吾，1979：41）从其说，在刻辞中，它和"女、母、妻"等用法同，但也有细微差别。如陈梦家先生所言："商人致祭先王的配偶，其称上一代为母如母甲，称上二代或二代以上为妣或高妣如妣己、高妣。其称先王的配偶关系则曰'妻''妾''母'和'奭'……刻辞的奭，无论它是否假借为后妃之后，它必然代表一种特殊的配偶关系。"（陈

梦家，1988：379）

28. ［壬］午卜，尹贞：王宾大庚奭妣壬，翌［无］尤。（Ⅱ23312）
29. 己巳卜，行贞：王宾祖乙奭妣己䇂，［无尤］。

辛未卜，行贞：王宾大甲奭妣辛䇂，无尤。在八月。

壬子卜，行贞：王宾大戊奭妣壬䇂，无尤。（Ⅱ23314）

刻辞中的"奭"常见其介于先公/王与先妣之间，有时也放在先公/王先妣之后。如上揭辞条所示乃常见之用例，其辞义大致皆言商王䇂祭大庚、祖乙、大甲、大戊之配偶妣壬、妣己、妣辛、妣壬，这种祭祀中先妣是主祭者①。商代彝器中"才/在正月遘遘𠂤/于𠂤/妣丙彡/肜日大乙奭。"二祀卬其卣大乙之奭妣丙。

由上文可知，甲骨文中与"配偶"之义相关的词主要有母、妻、妾和奭。其中"女"和"母"常常通作，故也可以表示配偶，而"妇"是表示妇女的一种身份，但"妇+×"这类人的实际身份是某王或某贵族的配偶，比如"妇好"是武丁的配偶。此外，赵诚先生还认为"妃"也作配偶讲，但在甲骨文中专用于指"𩂣"之配偶，即"𩂣妃"，此备一说。下面我们将刻辞中涉及"配偶"之义的词作一归纳小结，以明了其细微差异：

"配偶"义位词例

义位	词目	女性	时王配偶	先王配偶	先公配偶	神灵配偶
配偶	女	+	+			
	母	+	+	+		
	妻	+	+			
	妾	+	+			
	奭	+			+	
	妣	+		+	+	
	妇	+	+	+		
	妃	+				+

---

① 罗振玉认为，凡刻辞上称'王宾某'，下称'奭某'者，其卜日亦依奭名，皆专为妣祭而卜。其上必冠以'王宾某（如大乙大甲之类）奭'者，所以别于其同名之他妣（罗振玉，1927）。

三、毓

甲骨文中有一个表示妇女产子之字形，写作🉐或🉐、🉐或🉐，从人、女或母，义通互作，又从倒子形。从字形上看，古人的造字用意是不言而喻的，字的左上部的符号表示"正在分娩之女子"，右下部的符号表示"头朝下出生之婴儿"，隶作"毓""后"。王国维谓："倒子形即《说文》云𠫓字……∴∵者，则象产子时之有水液也。"（王国维，1917：8）可见，造字之初二字均表示女性生子之事。《说文·𠫓部》："育，养子使作善也。从𠫓肉声。《虞书》曰：'教育子。'"徐锴曰："𠫓，不顺子也。不顺子亦教之，况顺者乎？"育的或体或从每作🉐，实际上与甲骨文相近，每即母也，母女又可通用，故毓即"育"，本义当作生子。许君所释非其本义，而由本义可引申作养育，再引申作教育讲，徐锴所言即是。而刻辞中毓用作"后"。据学者研究来看，"后"为"毓"之后起字，如西周金文"毓文王"班簋，"毓"即'后'，君后、后文王。

甲骨刻辞中"毓"，用作先公、先王、先妣之尊称，如：

30. □丑卜，其告在毓祖丁，王受佑。（Ⅲ27320）

辞中的"毓祖丁"即谓"后祖丁"，后世文献中也有记载。《尚书·大禹谟》："后克艰厥后，臣克艰厥臣。"《诗经·商颂·玄鸟》："商之先后。"笺："后，君也。"将"毓"作为后代王的尊称，是母系社会的遗留，也反映了那个社会女性因为生育子女、繁衍后代而备受尊崇的社会地位。正如郭沫若所解释："后当是母权时代女性酋长之称。母权时代族中最高之主宰为母，母氏最高之德业为毓，故以毓称之也。毓字变为后，后义后限用于王妃，亦犹其古义之孑遗矣。"（郭沫若，1983：17）

除此之外，甲骨文中还有大量从女之字（其中有些字尚未隶定），它们构成了一部分与"女"相关的词。但这些词大多都是借作人名、地名等，极少部分用作本义，还有部分的本义尚待考证。下文将这部分词作一归纳总结，以便将来作进一步的研究探讨。

除了上文提及的一部分用作诸妇之名的词之外，还有如下（以下统计主要根据《殷墟甲骨刻辞类纂》）：

委、婢、嫒、娥、妳、媚、姷、婴、婪、魄、孃、劝、婞、妌、琢、孋、
佗、㵁、娣、嬠、妄、婥、媰、姺、娴、媛、婴、奻、倭、㚤、姐、妙、妖、
㚣、姬、姬、㚸、娗、汝、㛥、妞、奴、妊、孃、娍、等等，共计 178 个，
其中还包括尚未隶定之字。

和《说文》所收之女部字（共计个 246 个，不含重文）① 相比较，从数
量上看，《说文》时代这部分词明显增多。同时，甲骨文中的某些女部字到
《说文》时代已经消失了，有些却仍然保存了下来。

在甲骨文中的这部分词，大多用作妇女之名、人牲祭祀名、地名等。而
到《说文》中，某些从甲骨文中沿袭下来的词已经有了意义的引申甚至转移。
譬如，"姓"在甲骨文作妇女之名，这个字按照文字发展的规律来看，应该是
个后起字，是在"生"的基础上加上"女"旁来专用于女性。"生"甲骨文
作￥，乃草生发之形，在刻辞中引申作生育，故有"奉生""受生"之说：

31. 癸未贞：其奉生于高妣丙。（Ⅳ34078）

32. 丁酉卜，旁贞：妇好有受生。（Ⅰ13925 正）

33. 癸酉卜，有生豕。（Ⅰ15068）

辞 31 是向先祖祈求生子，32 是贞问妇好有无得子，而 33 就是很明显的
生育之用法，生作动词用。

因此，不难看出，"姓"当与生育有关，而加"女"旁乃强调之意，故
"姓"字本义当与生育有关，而刻辞所见用其为妇女之名、人牲祭祀名、地名
等，疑为借用②。

《说文·女部》谓："姓，人所生也。古之神圣母感天而生子，故称天子。
从女从生，生亦声。《春秋传》曰'天子因生以赐姓'。""姓"的本义当作生
讲，作为姓氏的姓是其引申，徐灏注笺云："姓之本义谓生，故古通作生。其

---

① 女姓姜姬姞嬴姚嬏妘姺㜣敃娸妃媒妁嫁娶婚姻妻婦妃媳妊娠嫡孂婴婗母嫗媼姁姐威妣姊妹娣婿
媱婬娷嫨媾姼妭媛婢奴妣蟒媧娀娥嫐妸颏婕嫚嬰嫽妖嫔姶改妊妐姻始娟嫵媄嫿嬬媿妤嫙娿
奴姣嫖娧媌嫴娟嫭孅娈婉𡝠嫣妠嫩娛嬝姽嬐姙嫙㜖姈嬥嫆姞嫌齍姞嫭媫嫫媞婺媚婴婜娱
姎娷娗嫡孋婉婷婥媊如媜婕婘嬄婼昙嬟嬞娞姷婞婋妓嬰𡠔媛娉婌妆嬐嫙嬢嬩婆嬖嬖嫎妒媚娗侒
孿嫪姻姿孂妨妄婾㜁婞娙俆灿嫌婚婼嫳嬌娎㜙姘妍娃陊婌婤嫸嫝娍嫖姪婞婎嫼媿奻姦婙姐嫱嬋娟𡢡姤姕
嬋嫪䧻嬾妻㚢娆婺嬰姍嫙娄妿孂孂嬓孌婟婈嬵婬妌奸婡嫇嫲娷婳妸嫰嫨姐嬌婰娟𩎟姤姜

② 但我们也猜测这些词当中的部分词有可能在造字之初本来就是专门造来用作地名、人名等的，而
不是借用情况。这还有待今后深入考察研究。

后因生以赐姓，遂为姓氏字。"

再如"妹""姘"，《说文·女部》："妹"言其本义作"女弟也。""姘"作"静也"，和甲骨文中"妹""姘"之用法也大相径庭，显然是意义上发生了引申或者转移。

四、结语

上文我们对甲骨文中与"女"相关的词进行了分类讨论，可以得出如下结论：1. 甲骨文中与女相关的词包括三大部分：一是与性别相关的一类词，二是与配偶相关的一类词，三是与妇女称谓相关的一类词。作为配偶的词常常附于其相应的庙号称谓前面。在甲骨文时代，这些词常常可以因为义近而通用。但到先秦的时候，这些词的分工逐渐细化。2. 从汉藏语系的角度来看，汉语中的"女"这个上位词和藏缅语中表示"妇女"的词是相对应的。白保罗将藏缅语中表示"妇女"的词构拟为 *mow，甲骨文中"女"是这些与女相关的词汇的上位词。"女"的下位词仍然为后世所使用，但是某些词逐渐被其他词所取代，比如"毓"被"后"所取代。由于这些词是具有时代特征的词，因此从词的义位来看，有些义位是后世没有的，比如作人牲的"女奴"。3. 甲骨文所见从女之字比较多，这在甲骨文时代除了是一种语言现象之外，同时也是一种社会现象的体现。"母系"社会的某些遗制在殷商时代仍得以保存。

参考文献

[1] 徐通锵. 1991.《历史语言学》，北京：商务印书馆.

[2] [东汉] 许慎. 1963.《说文解字》，北京：中华书局.

[3] [清] 段玉裁. 1988.《说文解字注》，上海：上海古籍出版社.

[4] 赵诚. 1988.《甲骨文简明词典——卜辞分类读本》，北京：中华书局.

[5] 郭沫若主编. 1982.《甲骨文合集》，北京：中华书局.

[6] 姚孝遂主编. 1988.《殷墟甲骨刻辞摹释总集》，北京：中华书局.

[7] 姚孝遂主编. 1989.《殷墟甲骨刻辞类纂》，北京：中华书局.

[8] 张亚初. 2001.《殷周金文集成引得》，中华书局.

［9］ 于省吾.1979.《甲骨文字释林》，北京：中华书局.
［10］姚孝遂.1983.《古文字的符号化问题》，载《古文字学论集初编》第 99 页，香港：香港中文大学.
［11］黄树先.1992.《说甲骨文"帚"》，《语言研究》第 2 期.
［12］邢公畹.1999.《汉台语比较手册》，北京：商务印书馆.
［13］华东师范大学中国文字研究与应用中心编.2001.《金文引得》（殷商西周卷），南宁：广西教育出版社.
［14］赵锡元.1957.《关于殷代的"奴隶"》，《史学集刊》第 2 期.
［15］罗振玉.1927.《增订殷虚书契考释》，东方学会石印本影印.
［16］于省吾.1940.《释爽》，载于省吾《双剑誃殷契骈枝》第 41 页，北京虎坊桥大業印刷局影印.
［17］陈梦家.1988.《殷虚卜辞综述》，北京：中华书局.
［18］王国维.1917.《戬寿堂所藏殷墟文字考释》，上海仓圣明智大学石印本影印.
［19］郭沫若.1983.《卜辞通纂》，北京：科学出版社.
［20］白保罗.1984.《汉藏语言概论》，乐赛月、罗美珍译，瞿霭堂、吴妙发校，北京：中国社会科学院民族研究所语言室.

郑春兰　四川大学中国俗文化研究所，文学与新闻学院

中古"油脂"语义场及其类型学研究[*]

龙 丹 金佳敏

摘 要:"油"是中古"油脂"语义场的新词,它和水有一定关系。从类型学的视角来看,油脂义可引申出"用油脂涂抹""肥腻的""有光泽,光润""油滑(用于人及其行为)""肥沃""美味可口""油水,利益"等意义,表现出人类思维的共性特征。人们对动物油和植物油的区分及对动植物油的不同喜好也反映出语言是一种世界观的哲学理念。

关键词:核心词 油 类型学

动植物油、矿物质油都是人类赖以生存的重要物质。油,在 M. Swadesh《百词表》中居32位。"油"是中古时期出现的新词,笔者《魏晋核心词研究》(2015)曾指出表示"油脂"义的"油"最早用例当为东汉《释名·释饮食》:"柰油,捣柰实和以涂缯上,燥而发之,形似油也。柰油亦如之。"《汉语大词典》例为(晋)张华《博物志》卷四:"积油满万石,则自然生火。武帝泰始中武库火,积油所致。"例子嫌晚。《释名·释饮食》:"(柰油)形似油也",这是指一种水状的植物油,和水在形态上有相似之处。《玉篇·水部》:"油,麻子汁也。"即表示芝麻等植物压榨出来的油脂。显然,这里的油指的是植物油。段玉裁等考察《齐民要术》,认为"柰油"当作"枣油"(任继昉,2006:222)。先秦"油"例均不指称"油脂"义,仅见"油油""油然"例。魏晋时期见"油膏、膏油"例,很明显,"油"和"膏"为同义

---

[*] 教育部人文社科一般项目"类型学视阈下汉语动植物类核心词研究(21YJA740021)"阶段性成果。国家语委"十四五"科研规划2022年省部级一般项目(YB145—69),海南省普通高校教改项目(HNJG-2022-0441),2022年湖南省研究生教育教学改革项目成果。

连用，如《出曜经》（卷五，T04，p0633b）①："可以灰土澡尽除去膏油。"

一、新词"油"产生的原因

《说文·水部》："油水，出武陵孱陵西，东南入江。"段玉裁注文曰后俗用为"油膏"字。也就是说，表示"油脂"义的"油"是借用了"油水"之"油"的字形，产生了新词。这里不得不提到"石油"这种矿物质油的发现历程。《易经》中有"泽中有火"的记载，但根据杨文衡和邢润川（1982）考证，认为这并不是记载我国古代石油、天然气的最早文献，仅仅是望文生义。最早的关于石油的记载应是东汉《汉书·地理志》："高奴（今延安一带），有洧水可蒻（蒻，古燃字）。"这种可燃的"水"，实际上就是石油，可以作为照明、润滑等用。魏晋南北朝称"石漆、水肥"，北魏郦道元《水经注》卷三："故言高奴县有洧水，肥可，水上有肥，可接取用之。《博物志》称酒泉延寿县南山出泉水，大如筥，注地为沟，水有肥如肉汁，取著器中，始黄后黑，如凝膏，然极明，与膏无异，膏车及水碓釭甚佳，彼方人谓之石漆。水肥亦所在有之，非止高奴县洧水也。"根据《汉语大词典》"石漆"条：即石油。隋唐称"石脂水"，唐段成式《酉阳杂俎·物异》："石漆，高奴县石脂水，水腻，浮水上如漆，采以膏车及燃灯，极明。"直到宋代才出现"石油"的称谓，宋沈括《梦溪笔谈》卷二十四："石油生于水际砂石。""鄜延境内有石油。旧说'高奴县出脂水'，即此也。"可见，早在汉代人们就已经发现有石油这种类似水一样的油，可以燃烧，静置之后与膏无异。古人的认知是细致的，具体的。"石油"这一新事物的出现，让他们的生活更加便利，也在语言中留下了痕迹，"油"这个新词的产生与此应有一定关联。此外，人们对固态油和液态（或半液态）油的区分也可能是新词"油"产生的原因。

黄树先师（2012）认为从汉语的情况来看，早期的油脂应该是动物油，植物油比较晚起。关于动物油，在文字和文献中都有诸多记载。汉字"炙"就很形象地为我们描画了一幅先民们在火上烤肉的情景，类似于现在的烧烤。

---

① 译经来自日本《大正新修大藏经》1934年，出处依卷数、册数、页数、栏数的顺序记录。

《说文》:"炙,炮肉也。"烧烤的时候,油脂就会滴下来,并散发出香气。可见,肉和动物油有着天然的联系。《论语·述而》记载:"子在齐闻《韶》,三月不知肉味。"肉对孔子那个时代的人来说是很重要的,一般人是没法天天吃肉的。古代入学敬师的礼物就是束脩①(肉干),这里的"肉"实际上就和动物油有密切关系。上古时期"油脂"语义场的成员"膏、脂、肪、臁"等其实都是出自动物脂肪的油。

植物油的出现虽然晚一些,但在先秦时期也已经产生了。《墨子·旗帜》:"凡守城之法:石有积,樵薪有积,菅茅有积,蘺苇有积,木有积,炭有积,沙有积,松柏有积,蓬艾有积,麻脂有积,金铁有积,粟米有积。"按:麻脂,用麻类植物种子榨的油,为液体。只是并非用"油"来指称,而是用"麻脂"这一说法。

黄树先师(2012)认为作植物油脂的词语,可能跟水有密切关系。他进一步推测当植物油讲的"油 *luw∥ *k-lŭw"应该来自"潦、漻"一类的词。潦 *reew∥/ *rewˇ,《说文》:"潦,雨水也。"漻 *rɯɯw∥ *g-rɯw,大水,《说文》:"漻,清深也。"或者还有一种可能,汉语的"油"就是"臁"一类的音变,比较"臁" *reew∥ *raw 跟"油" *luw∥ *k-lŭw 的读音。《说文》:"膫,牛肠脂也。臁,膫或从劳省声。"我们认为后一种推测比较可信,"油脂"语义场的固有词产生了音变,然后借用一个新的书写形式"油",从而产生新词。

我们还可以对比不同的语言:

藏缅语 *ryak"动物脂、油、汁液"(白保罗,1972:注#458)。缅语 tshi"油",ătshi"肥",藏语 tshil"脂油",缅语 ti。肥肉跟油脂关系密切。和现代人一样,古人早期也是食用动物油脂(肥肉)的。

藏缅语 *sa·w"油,肥肉,油脂"。可与汉语"臊" *saw/sâu"猪、狗的肥肉"进行比较。(Bodman,1980/1995:93)

藏缅语 *ryak"动物脂、油、(果、菜等的)汁"和汉语的 ziǎk/iǎk"液体的,潮湿"有关系。汉-藏语和藏缅语 *ry-后来转变为 *ly-(白保罗,1972:

---

① 据《汉语大词典》"束脩"条:古代入学敬师的礼物。《论语·述而》:"子曰:'自行束脩以上,吾未尝无诲焉。'"邢昺疏:"束脩,礼之薄者。"

376）另外，现代泰文中 น้ำมัน 表示"植物油"，很明显就是 น้ำ "水"和 มัน "油"构成的，其中 มัน 转写为 man，可表示"油脂"。

二、词义引申及类型学研究

"油脂"语义场的"膏、脂、油"以其核心义"油脂（动植物油及矿物油）"为中心，引申出了不少义项，如"用油脂涂抹""肥腻的""有光泽，光润""油滑（用于人及其行为）""肥沃""美味可口""油水，利益"等。这种引申模式不仅仅是在汉语中，在其他语言中也呈现出类似的情况。

（一）油脂和用油脂涂抹

"油脂"语义场的主要成员"膏、脂、油"都有名动同形的特征。早期的"膏、脂"既可以用作名词"脂肪"义，如《汉语大词典》："膏，脂肪。"《汉语大词典》："脂，油脂；脂肪。亦泛指动植物所含的油质。"又可以用作动词义。《汉语大词典》："膏，灌注涂抹使之美润或滑润。《礼记·内则》：'脂膏以膏之。'"《汉语大词典》："脂，以油膏涂物。《诗·邶风·泉水》：'载脂载舝，还车言迈。'高亨注：'脂，抹油于车轮上。'"沈家煊先生（2016）在《名词和动词》一书中就提出了"名动包含"理论，即汉语是以名词为本，动词属于名词，名词包含动词。这一点和印欧语系的"名动分立"，以动词为中心的特点有很大差异。

新词"油"最初也只表示名词义，后来也产生了"用油涂物"的动词义。宋蔡襄《茶录·色》："茶色贵白，而饼茶多以珍膏油其面。"为古方言。这种词义类推现象蒋绍愚先生（2005：82）称之为"相因生义"[①]。同样，汉语方言和其他语言里表示"油脂"义的词也是既可以用为名词，也可以用为动词的。

《现代汉语方言大词典》中所列的不同方言区的"油"，济南 iou^{42}、牟平 iou^{51}、乌鲁木齐 iɣu^{51}、武汉 iou^{213}、贵阳 iou^{31}、西安 iou^{24}、万荣 iəu^{24}、萍乡 iu^{44}、太原 iəu^{11}、丹阳 ɣ^{24}、崇明 ɦiə^{24}、上海 ɦiɣ^{13}、杭州 ɦiø^{213}、宁波 ɦiɣ^{24}、

[①] 蒋绍愚．古汉语词汇纲要［M］．北京：商务印书馆，2005．并参见笔者《魏晋核心词研究》（2015）"油"语义场的相关论述，第183—184页。

温州 jiau¹¹、娄底 io¹³、南昌 iu³⁵、广州 iɐu²¹、福州 ieu⁵³、厦门 iu³⁵、雷州 iu¹¹。这 21 个点的方言中,"油"都可以表示动植物的脂肪、植物油或者或矿产的碳氢化合物的混合液体之义。其中济南、牟平、乌鲁木齐、武汉、万荣、萍乡、太原、丹阳、温州、广州、厦门、雷州方言中可以表示动词"涂抹"义,为古方言的遗留。

其他语言的材料如下:

古希腊语:διά-χρισις:涂油。(罗念生、水建馥,2005:204)

διά-χρισμα:油膏,药膏。(P204)

λίπασμα:①油的东西,肥的东西;②油膏,药膏。(P509)

λιπαίνω:①(往身上)涂抹厄莱亚油(橄榄油);②(给机械)上油(免得生锈)。(P509)

λιπάω[及物]涂厄莱亚油(橄榄油)。(P509)

英语:grease［名］①油脂,润滑油②(炼过的)动物油脂;［动］给……加润滑油;在……上涂油(或抹油、擦油);oil［名］①石油,原油②燃油,润滑油③食用油,如橄榄油④防护油,润肤油,护发油。［动］给……加润滑油;lard "猪油;涂猪油于";fat①脂肪,肥肉;②[动]在……中加入脂肪①。(陆谷孙,2010:818、1357、1073、677)

德语:öl 油;石油;ölen[动词]上油;抹油。(张才尧、高年生、张载扬等,2004:1118)

印尼语:minyak 油,油脂,脂肪,meminyakkan 把油涂在……;lemak 脂肪,肥肉,油脂,melemaki 把油脂涂在……上。balasm(balsem)(作药用的)油膏;清凉油。membalsa(i)涂上油膏,抹上清凉油。gemuk 肥胖;脂肪,肥肉;肥料。menggemukkan 使肥胖,使发胖。(梁立基,1989:438、438、385、385、48、48、198、198)

法语:graisse "脂肪,油脂",graisser "涂油;使沾上油污"。(陈振尧,2008:1266)

huile(矿物、动物或植物)油;huilé,e 上了油的,涂了油的。(P1350)

拉丁语:pinguitiēs 含脂率,含油度,肥沃性。(谢大任,1988:418)

---

① ［名］、［动］代表词性。

pinguis 抹（擦）上油的，擦上香膏的。(P418)

ūnctum 香脂，香油。(P557)

ūnctūra ①擦油；②给死人涂抹油膏。(P557)

ūnctus² 搽油，涂上香液。(P557)

ūnctus¹ ①涂油的；②涂上油脂的。(P557)

西班牙语：aceite 油。(孙义桢，2012：14)

aceitar ①给……加上食物油 ②给……涂油；给……上油；加油于。(P14)

lardo 猪油；动物油脂。(P914)

lardar；lardear 涂猪油（或其他动物油脂）于（烤制的食品上）。(P914)

ungüento ①软膏，油膏，药膏。ungir ①给……涂（油），给……搽（油）②［宗］给……涂圣油；③带有……的味道。

untadura ①涂油，搽油，沾上污油；②（涂抹用的）油膏，油脂，涂料。(P1555)

untura ①涂，搽，抹；②油脂，油膏，软膏。(P1556)

塞尔维亚克罗地亚语：mâst ①脂肪，油，油脂；②（药）膏，软膏，油膏；鞋油，润（滑）油。(《塞尔维亚克罗地亚语词典》，241)

mástiti 涂油，擦油，上油漆。(P241)

mäzati ①涂，擦，刷，抹（油脂等）。(P242)

màziv 润滑的，涂抹的。(P242)

mäzivo ①润滑（油）；②油脂，胭脂，香脂，化妆品。(P242)

smòla ①树脂，松香，松焦油。smòliti 使浸于树脂，把…涂上树脂。(P576)

ûlje ①油；②油画；油画颜料；油彩。ûljiti 煎，炸；往…上面浇油。(P665)

zéjtin 植物油，（有时）动物油。zéjtinit 往…浇油，倒上油，拌上油。(P736)

俄语：жир ①油脂，脂肪；②［复］<化>脂肪族。(《大俄汉词典》，528)

жнровáть¹：<技>上油、涂油，加润滑油。(P529)

蒙古语：түрхэц ①镀；涂，抹，擦，搽；②软膏，药膏，油膏，擦剂。

(《新蒙汉词典》,1139)

这种动静共名的现象是很值得关注的。除了名词义"油脂"和动词义"用油脂涂抹"共现,人类语言中还有许多类似的情况,如藏缅语族里"耳朵"和听有关,古汉语的"乳"和现代汉语的"奶"都可以指"喂奶,奶孩子"等①。

(二) 油脂和"肥的、油腻的"

很多语言中,"油脂"义还能引申出"肥的、油腻的"这类形容词的用法,先来看材料:

古希腊语:πιαρ:脂肪,板油,肥肉;厄莱亚油,奶油;πιαρός:肥的。(《古希腊语汉语词典》,685)

ΠΙΩN:①肥的,肥胖的,丰满的;②有肥油的,有肥膘的(牲畜)。(P689)

λίπασμα:①油的东西,肥的东西;②油膏,药膏;(P509)

λιπαρός:①油似的,油亮的,涂了油的;②肥的,油腻的。(P509)

英语:grease①油脂,润滑油②(炼过的)动物油脂;greasy①多油的,油污的,沾油脂的②油腻的。(《英汉大词典》,818)

oil [名] ①石油,原油②燃油,润滑油③食用油,如橄榄油④防护油,润肤油,护发油。oily①含油的,油污的,涂油的。(P1357)

fat①脂肪,肥肉;②肥的、胖的,油腻的。(P677)

德语:öl"油;石油";ölig 沾满油的,油腻的。(《新编德汉词典》,1118)

法语:graisse 脂肪,润滑脂,油脂;graisseux, euse 脂肪的,油脂的,肥的。(《新世纪法汉大词典》,1266)

suif①动物脂;油脂②类似(动物脂的)植物脂;suiffeux, se①脂质的,②<贬>肥胖的,油腻的。② (P2543)

huile (矿物、动物或植物) 油;huileux, se①油质的,含油的。(按:

---

① 龚群虎,人体器官名词普遍性的意义变化及相关问题,语文研究,1994,第45页。
② 材料来自陈振尧主编. 新世纪法汉大词典 [M]. 北京:外语教学与研究出版社,2008.

huile 是现代法语，来源于古法语 oile，uile "油"，为橄榄油①）（P1350）

拉丁语：adeps①油脂；②肥，胖。（《拉丁语汉语词典》，12）

adipātus①肥胖的，多脂肪的。（P13）

adipeus①胖的，肥胖的；②脂肪的，油脂的。（P13）

pinguis①肥的，养的肥胖的，营养充足的；含油的，油腻的，脂油丰富的。（P418）

pinguitiēs 含脂率，含油度，肥沃性。（P418）

ūnctum 香脂，香油。（P557）

ūnctiusculus 够肥的，很油（腻）的。（P557）

ūnctus¹①涂油的；②肥胖的，多脂肪的。（P557）

西班牙语：aceite 油。（《新西汉词典》，P14）

aceitoso，sa ①含油多的，油腻的；②含油质的；③油状的。（P14）

gordura ①肥胖 ②Amér. 脂肪；③Amér. 奶脂，奶油。（P761）

grasa①脂肪；②油脂；③润滑油；④（衣服上的）油污，油垢；⑤＜口＞鞋油。（P767）

grasiento，ta ①含有油脂的；油脂过多的；有油垢的 ②有油垢的，有油污的。（P767）

graso，sa ①油性的 ②（多）脂肪的。（P767）

grasoso，sa ①含有油脂的；油垢过多的；②有油垢的，有油污的。（P767）

manteca①黄油；奶油 ②猪油，动物（脂肪）油；③从某些果子中提取的固态脂肪；④pl. ＜口＞胖 ⑤油膏；香脂；发膏。mantecoso，sa adj. ①多油的，多脂肪的。（P984）

pringue m. f. ①（动物）油脂。pringoso，sa adj. ①油腻的；油污的。（P1234）

sebo m.①动物油脂，脂肪；②脂肪过多；肥胖；③皮脂，油脂；④＜口＞油污，油腻。（P1400）

seboso，sa adj.①多脂肪的；油脂的 ②肥胖的。（P1400）

---

① 来自于词源网站 https：//www.etymonline.com/search？q＝oil.

unto① （涂抹用的）油脂，油膏，软膏；②（动物的）脂肪。untuoso, sa adj. 1. 油腻的；滑腻的。(P1555、P1556)

塞尔维亚克罗地亚语：lôj：①脂肪；②脂油，荤油。(《塞尔维亚克罗地亚语词典》，P228)

löjast, löjav 沾满脂油的，涂满脂油的，浸在油脂里的，油汪汪的。(P228)

mäslo：①奶油，黄油；②食用油，植物油。(P241)

mäslen：油腻的，肥的，抹上油的，涂油的，沾上油污的。(P240)

masnòća：①含脂量，含脂率；肥膘；②［多用复数］油（脂），脂肪；油腻的食品。(P241)

mâst：①脂肪，油，油脂；②（药）膏，软膏，油膏；鞋油，润（滑）油。(P241)

mástan：①油多的，油腻的，肥的；②含脂肪的；脂肪的，脂性的；③＜转＞有油水的，收入大的，获利多的；富足的，富裕的；大量的，过多的，过大的，过高的；④油污的，油渍的；⑤油光闪亮的，如同涂油的，擦油的，富饶的，肥沃的；⑥肥胖的。(P241)

pretilìna①肥胖；油脂；脂肪；prètio ①肥胖的；粗壮的；油腻的；②＜转＞丰富的，富足的，肥的。(P467)

smòla：①树脂，松香，松焦油。smölav：①含树脂的；②油糊糊的，油污的。(P576)

u'lje ①油；②油画；油画颜料；油彩。uljèvit 油质的，含油的。u'ljni 含油的，油质的，油性的。(P665)

zéjtin 植物油，（有时）动物油。zéjtinast 油似的，油光光的，油滑的，油腻的。(P736)

sälo ①脂肪，油脂；sälast 有脂肪的；多脂的，肥的。(P545)

俄语：жир①油脂，脂肪。(《大俄汉词典》，528)

жирно［复合词第一部］表示"油的""含脂的""肥的"。(P528)

жнрнова́тый ＜口语＞有一点肥的；有一点油腻的。(P528)

жн рный：①油多的，油腻的，肥的；多脂的，脂肪的；②肥的，肥胖的；＜口语＞肉多肥厚的，丰满多汁的（指植物）。(P528) прежирный［形］<口语>很油腻的，油很多的；很肥胖的。（P1720）

тук［阳］①<旧>脂肪；油（脂）。②<旧>腐殖土，肥土。（P2399）

тучный［形］①胖的；肥的，有膘的。②饱满的（指谷粒）；茂盛的（指草）。③肥沃的。④<旧>含油脂多的。（P2404）

泰语：man²①油，脂，脂肪；②肥，油腻①。（《泰汉词典》，515）

蒙古语：нүнжнг①油脂，肥腻。（《新蒙汉词典》，766）

нүнжнггэй①多油脂的，肥腻的；有营养的。（P766）

өөх（он）①油脂，脂肪；②肥胖，肥肉。（P855）

өөхтэй［形］多油脂的，多脂肪的，含脂肪的；肥的。（P855）

тослог①油腻的，脂肪的，含油的；②脂肪油分，油脂，含油脂成分。（P1084）

壮语：lauz［laːu²］〈名〉脂肪②；lawh［lauɯ⁶］〈形〉油腻。

景颇语：sau<名>油；<形>①肥：Wa shanndai grai ~ ai. 这块猪肉很肥。②油性大：Nbu si ~ ai. 核桃油性大。（《景汉词典》，721）

sausau①有点肥的；②有点油性的。（P721）

汉语方言：上海、杭州、宁波等地"油"还可以表示"肉肥"义。（《现代汉语方言大词典》，2389—2390）。

巴克（2017：5.79③）对"oil"这个词的来源进行了考察，英语中的 Oil 来自拉丁语 oleum：油，橄榄油，与 olive（橄榄）同源。他说橄榄是（欧洲）南部地区一种重要的物质，通常用作清洁身体和灯中的照明液体（即灯油），后来又作为润滑剂或燃料的使用。英语 oil、德语 öl、法语 huile 都是来自拉丁语或古希腊语。

（三）油脂和"有光泽、光润"

汉语"油"既可以表示油脂，也可以表示"光润貌"，如"油油"。《尚书大传》卷二："〔微子〕乃爲麦秀之歌曰：'麦秀渐渐兮，禾黍油油。'"晋束皙《补亡诗·南陔》："循彼南陔，厥草油油。"

---

① 广州外国语学院编，《泰汉词典》，北京：商务印书馆，1990。
② 有意思的是，壮语中还有一个词 maenz 可以指薯类，还可以指脂肪，方言为 sawz，类似于汉语的红薯和苕之间的关系。壮语中，maenz 是 lauz 的方言说法。
③ 5.79 是巴克《印欧语语汇比较词典——作为思想史研究的补充》一书中词条标目，第 380 页。

古希腊语：λίπασμα：①油的东西，肥的东西；②油膏，药膏；③［喻］油亮的东西。(《古希腊语汉语词典》，509)

λίπαρός：①油似的，油亮的，涂了油的；②闪亮的，亮光光的。P509

λιπάω：①发出油亮亮的光，光滑。(P509)

泰语：man²①油，脂，脂肪；②发亮，光润，有光泽。(《泰汉词典》，515)

塞尔维克罗地亚语：löjan ①脂肪的；脂油的，荤油的；脂肪制的；②<转>有光泽的，亮晶晶的。(《塞尔维克罗地亚语汉语词典》，228)

màst：①脂肪，油，油脂；②（药）膏，软膏，油膏；鞋油，润（滑）油。(P241)

mástiti se：①变得油光光的，冒油；②<转>闪亮，发亮。(P241)

西班牙语：lustre ①（物体表面）光亮，光泽，光洁；②鞋油。(《新西汉词典》，961)

拉丁语：pinguitùdō①含脂量；肥沃性；肥胖；②明亮，鲜艳（指色彩）。(《拉丁语汉语词典》，418)

pinguis①肥的，养得肥胖的，营养充足的；含油的，油腻的，脂油丰富的；②明亮的，鲜明的，显明的。(P418)

蒙古语：нүнжнг①油脂，肥腻；②光泽，光滑，光润，漂亮(《新蒙汉词典》，766)

нүнжнггэй①多油脂的，肥腻的；有营养的；②光泽的，光滑的，光润的，漂亮的；优质的。(P766)

（四）油脂和（人或其行为）油滑

除了名动同形，在不少语言中，"油"语义场还有一个共同引申方式，"油"还可以表示（人或其行为）油滑的。人的行为或处事方式的油滑和油脂的润滑之感有相似之处，属于隐喻方式产生的新义。"隐喻是从一个具体的概念域向一个抽象的概念域的系统映射"[①]。隐喻是人们用来理解抽象概念的一种重要方式，这种认知的基础源于人们的生活经验和知识体系。同时，我们认为其演变途径应该是从"油脂"义引申为"多油的、油腻的"，再引申

---

① 李福印，《认知语言学概论》，北京：北京大学出版社，2008，第131页。

为"油滑"义,即"油脂→多油的;油腻的→油滑的"。"油滑"和"多油的,油腻的"均为形容词义,且有相似的性状特征。《汉语大词典》:"油"条就有"浮滑;不诚实"义,浩然《机灵鬼》:"可是,当我跟他交谈几句话之后,看法变得糟糕透了:年纪小小的人儿,怎么这么'油'呢?"这种用法在现代汉语普通话中仍在使用,如"油嘴滑舌"。《现代汉语方言大词典》中济南、牟平、乌鲁木齐、武汉、贵阳、西安、万荣、萍乡、太原、丹阳、上海、杭州、福州、厦门方言中"油"均可以表示"油滑"义①。

英语:grease①油脂,润滑油②(炼过的)动物油脂;greasy(人或其行为)圆滑的,滑头的,虚情假意的。(《英汉大词典》,818)

oil [名] ①石油,原油②燃油,润滑油③食用油,如橄榄油④防护油,润肤油,护发油。oily(人或举止)油滑的,油腔滑调的,奉迎的。(P1357)

德语:öl 油;石油;ölig <贬> 油滑的,柔滑的②。(《新编德汉词典》,1118)

拉丁语:adeps①油脂;②傲慢,夸口。(《拉丁语汉语词典》,12)

adipātus①肥胖的,多脂肪的;② <转> 夸夸其谈的。(P13)

景颇语:sau <名> 油;<形> 轻佻:Dingla ndai ~ nga ai. 这老头真轻佻。(《景汉词典》,721)

从以上材料可以看出,并不是所有语言中的"油脂"义都和"(人或行为)油滑"义有关联,比如塞尔维克罗地亚语和俄语中就没有这样的词义引申模式。俄语中可由"光滑、滑溜"义转指"(人的)油滑",如скользкий [形] ①滑溜的;光滑的;<转> 滑头的,油滑的(指人)。

(五)油脂和味道

汉语"油"语义场的"膏"还可以表示甘美,即美味③。《周礼·考工记·梓人》:"宗廟之事,脂者、膏者以爲牲。"郑玄注:"致美味也。"《山海经·海内经》:"〔广都之野〕爱有膏菽、膏稻、膏黍、膏稷,百谷自生。"郭璞注:"言味好,皆滑如膏。"不仅是汉语,其他语言中也有类似的情况,"油

---

① 参考李荣《现代汉语方言大词典》,南京:江苏教育出版社,2002,第2389—2390页。
② 张才尧等,《新编德汉词典》o_lig翻译为假意温存,假装柔和的。
③ "油"并没有"味道甘美"之义,可见以"语义场"为单位进行类型学的比较分析是非常必要的。

脂"义还可以引申出"美味可口的，甜味、滋味"等义。油脂与饮食文化是息息相关的，自从火出现以后，人们就改变了茹毛饮血的饮食习惯。一块肉放在火上烤，滴下来的油脂香气四溢，而烤出的肉也是相当美味的。从"油脂"引申出和味道相关的语义显然是意料之中的。相关语料如下：

克钦语 sau"油，肥肉，脂肪，油的，美味可口的"，卢舍依语 thau"肥肉，脂肪，胖的"，加罗语 tho，迪马萨语 thau"油"，博多语 thau"油"，gathau"甜味，滋味"，藏缅语 *sa·w。（白保罗，1972#272）

印尼语：gemuk 肥；脂肪，肥肉；（土地）肥沃；lemak 脂肪，肥肉，油脂；含脂肪的，多脂肪的；美味的，可口的。（《新印度尼西亚语汉语词典》，198、385）

泰语：man²①油，脂，脂肪；②香甜；使人口馋，使人手痒。（《泰汉词典》，515）

古希腊语：λίπασμα：①油的东西，肥的东西；②肥美的食物；③油膏，药膏；④［喻］油亮的东西。（《古希腊语汉语词典》，509）

拉丁语：ūnctum①香脂，香油；②丰富的食物，美味的菜肴。（《拉丁语汉语词典》，557）

ūnctiusculus 够肥的，很油（腻）的；好吃的，美味的。（P557）
ūnctus1 丰富的，豪华的；美味的，好吃的；多油的。（P557）

（六）肥和肥沃

人或者动物油脂丰富，表示为"脂肪多的，油脂多的，肥的"等义，继而人们又用这个词来指称土地的肥沃，这也属于隐喻的方式产生新义。

汉语：肥①油脂。②谓禽兽之肉含脂肪多。③丰满，肥胖。④肥沃，多指土地。

德语：fett①脂肪多的，油脂多的，油腻的；②肥沃的。（《新编德汉词典》，524）

法语：gras, se①脂肪的，油脂的②肥胖的，肥的③＜转＞肥沃的，丰富的。（《新世纪法汉大词典》，1269）

西班牙语：pingüe ①油脂多的，胖的，肥的 ②＜口＞丰盛的，丰厚的，肥沃的。（《新西汉词典》，1185）

拉丁语：pinguitiēs 含脂率，含油度，肥沃性。（《拉丁语汉语词典》，

418）pinguitùdō 含脂量；肥沃性；肥胖；肥沃。(P418)

pinguis①肥的，养的肥胖的，营养充足的；肥沃的（土地）；②使之肥沃的；(P418)

壮语：biz <形> （方：noengz；oem）①肥；胖。②肥沃。

印尼语：gemuk 肥胖；脂肪，肥肉；肥料；menggemukkan 使肥胖，使发胖；使（土地）肥沃，施肥。(《新印度尼西亚语汉语词典》，198)

古希腊语①：πιαρ，τό，①脂肪，板油，肥肉②［喻］精华，（土地的）肥沃。(按：很明显表示土地的肥沃是比喻义)(《古希腊语汉语词典》，685)

πιαρós：肥的，肥沃的。(P685)

ΠΙ′ΩΝ：①肥的，肥胖的，丰满的；有肥油的，有肥膘的（生畜）；②丰饶的，肥沃的（土地）。(P689)

λίπασμα：①油的东西，肥的东西；②油膏，药膏；λιπαρós：肥沃的（土地）。(P509)

塞尔维亚克罗地亚语：mâst①脂肪，油，油脂；②（药）膏，软膏，油膏；鞋油，润（滑）油。(《塞尔维克罗地亚语词典》，241)

mástan①油多的，油腻的，肥的；②含脂肪的；脂肪的，脂性的；③油光闪亮的，如同涂油的，擦油的，富饶的，肥沃的。(P241)

tüst：①肥胖的，有膘的，脂肪多的；②<转>肥沃的，高产的；丰收的。(P652)

俄语：жир①油脂，脂肪。(《大俄汉词典》，528)

жнрнозём：<方>肥壤，膏腴土壤；没耕过的黑土。(P529)

жн рный：①油多的，油腻的，肥的；多脂的，脂肪的；②肥的，肥胖的；<口语>肉多肥厚的，丰满多汁的（指植物）；③<口语>油垢的，油污的；④［只用长尾］油渍的，有油迹的；⑤肥沃的；（内质）丰富的。(P529)

тук［阳］①<旧>脂肪；油（脂）。②<旧>腐殖土，肥土。(P2399)

тучный［形］①胖的；肥的，有膘的。②肥沃的。(P2404)

蒙古语：тослог①有利益的，肥沃的；②脂肪油分，油脂，含油脂成分。

---

① 参见罗念生，水建馥编，《古希腊语汉语词典》，北京：商务印书馆，2005，第 685 页。

(《新蒙汉词典》，1084)

（七）油脂和油水、利益

汉语中"脂"除了表示"脂肪"义外，还可以表示"禄养美厚"。汉扬雄《太玄·童》："出泥入脂。"范望注："脂，美也，谓荣禄也。"这里的"禄养美厚"实际上也和"油水、利益"有一定关联。在其他语言中，我们也找到了一些"油脂"义和"油水、利益"义相关的例子。

塞尔维亚克罗地亚语：mäslo ①奶油，黄油；②食用油，植物油；③<转>油水，利益，好处。(《塞尔维亚克罗地亚语汉语词典》，241）

mâst ①脂肪，油，油脂；②（药）膏，软膏，油膏；鞋油，润（滑）油。(P241)

mástan①油多的，油腻的，肥的；②含脂肪的；脂肪的，脂性的；③<转>有油水的，收入大的，获利多的；富足的，富裕的。(P241)

西班牙语：unto ①（涂抹用的）油脂，油膏，软膏；②（动物的）脂肪；③<口>贿赂的钱（或物）。（按：贿赂的钱（或物）也类同于"油水，利益"）(《新西汉词典》，1555)

此外，西班牙语中的"油水"义也有间接和"油脂"义相关的例子，西班牙语 mondongo 指动物（尤指猪）的肠子或肚子，口语中又可以表示"有利可图的事，有油水的事"。动物的肠子和肚子本就是油脂丰富的部位，由此引申出有油水的事，这也可以归入此类语料。有的语言中，"油水"还可以从"汁、液"等词义引申而来，西班牙语：zumo①（草、花、水果等的）汁、液；②得益，好处，油水。"汁液"和"油"的液体属性有一致性。

三、语言是一种世界观

值得我们注意的是，在不同语言中，对于动物油和植物油［或者从深层次来说，是固态和液态（半液态）的区别］，有的语言是严格区分的，有的语言中除了"油脂"这个上位词以外，还有专门指称动物油脂（脂肪）的词，比如：

台语"猪油"，壮语 la:u² mou¹，布依语 la:u² mu¹；"牛油"，壮语

laːu²ᵛaːi 2，侗语 laːu²tu²；"鸡油" laːu² kai⁵；布依语 laːu² kai⁵；"油渣"壮语 laːu²；布依语 kwaːp⁷ laːu²；kwaːm⁵ laːu²。这些都是指的动物油。台语里，植物油从不称 laːu²。（黄树先，2003）。

泰语 man²，老挝 man²，版纳 man²，德宏 man²，水语 man²，莫语 man²，标语 man²。一般表示"荤油"，即动物油。很少用于植物油，仅有个别例外。（陈孝玲，2011）

禄劝彝语：tsʰɒ²¹ 油，猪油（指动物类的油脂，非动物类的油，彝语另有单字表示）① ʑi³³ 植物油②。滇南彝语③：me⁵⁵ 油脂，脂肪。zɤ³³ 植物油，同时 ʑi²¹ 也表示"油"，例句是"菜油、香油、花生油、芝麻油、核桃油"。（按：滇南彝语中 me⁵⁵ 虽然没有明确指出是动物油，但从不同的词形来看，当为动物油脂。）

壮语：youz① <名> 油；油脂：~ duh，豆油。| ~ lwgraz，芝麻油。| ~ doengz，桐油。| ~ daeng，灯油；煤油。| ~caet，油漆。② <名> 脂肪：Mou gwn maenz ~ lai. 吃薯类的猪脂肪多④。（按：youz 是壮语"油脂"的总称，既可以指动物油，如释义②，也可以指植物油，如①。另有一词 haj [ha³] 〈名〉①（方：youz）脂肪：~ vaiz，牛油 | ~ mou，猪油。可见，这个词是特指动物油脂的。）

汉语方言：潮州"猪油" ₋lɑ⁵⁵（膫）⑤；闽语，"猪油"，蒲田"膫油" ₋liŋ ₋iu；龙溪，膫⊆loi，永安"豨膫" ˈkʼyi ₋liɯ；沙县"豨膫" ˈkyi ₋loi⑥。在汉语里，"膫"也不用来称植物油。（黄树先，1991）

英语：grease [名] ①油脂，润滑油②（炼过的）动物油脂。oil [名] ①石油，原油；②燃油，润滑油；③食用油，如橄榄油；④防护油，润肤油，护发油。（按：Oil 这个词最初应为"橄榄油"，其词源来自

---

① 禄劝彝族苗族自治县民族宗教事务局编，张晋智主编. 简明彝汉字典（禄劝版），昆明：云南民族出版社，2014，第 39 页。感谢师妹吴娟提供的材料。
② 根据中国社科院民族研究所普忠良研究员提供材料，植物油为 ʑi³³，谨致谢忱。
③ 普璋开《滇南彝文字典》，云南民族出版社，2005. ʑi²¹ 也同时表示"水，汁，液体"，也很好地证明了植物油和水的关系。
④ 壮语的材料来自于蒙元耀《壮汉词汇》，未出版，谨致谢忱。
⑤ 北京大学中文系《汉语方言词汇》，北京：文字改革出版社，1964。
⑥ 李如龙、陈章太《论闽方言内部的主要差异》载《中国语言学报》总 2 期。

于拉丁语 oleum "油，橄榄油"。直到 1300 年，它的意思开始扩展到任何脂肪，油脂物质。①）

法语：graisse 脂肪，润滑脂，油脂；huile（矿物、动物或植物）油。

西班牙语：aceite 油，如 aceite vegetal 植物油，aceite comestible 食用油。(《新西汉词典》，14)

grasa①脂肪；②油脂；③润滑油。

lardo 猪油；动物油脂。

manteca①黄油；奶油 ②猪油，动物（脂肪）油；③从某些果子中提取的固态脂肪。

俄语②：жир（油脂，脂肪）的出现取代了旧词 тук（脂肪，油脂）。жир 指的是肚子上堆积的那部分，现在的意义为"油（脂），脂肪"，如гусиный жир（鹅油），животные жиры（动物油，动物脂肪）。сало "动物身体的脂肪层"，乌克兰语 сáло，白俄罗斯语 сáла（猪油），保加利亚语是 сáло，塞尔维亚—克罗地亚语是 сàло，斯洛文尼亚语是 salo，捷克语是 sádlo（包括猪油，牛油是 luj），斯洛伐克语是 sadlo，波兰语是 sadło，高地卢日支语是 sadło。

масло "从牛奶中、一些植物或矿物中提炼出的油" 11 世纪的古俄语和古斯拉夫语中 масло 指树脂，植物油。乌克兰语是 масло，但通常олíя 指植物油，мастило 是润滑油，白俄罗斯语是 масла，通常 алей 是植物油，保加利亚语是 масло，塞尔维亚－克罗地亚语是 мäсло（只指奶油，酥油），斯洛文尼亚语是 maslo，捷克语是 máslo, olej（植物油），波兰语是 masło, olej 指植物油，高地和低地卢日支语是 masło，（按：很明显，俄语中 жир 应该指是"脂肪、油脂"义；сало 也是指"动物身体的脂肪层"；масло 则是指"从牛奶中、一些植物或矿物中提炼出的油"和前面的两个词有明显差异。）

---

① 词源网站 https：//www.etymonline.com/search？q＝oil。
② 转引自王丽媛博士学位论文《俄语身体词研究》，武汉：华中科技大学，2013。据作者介绍，这些材料部分来自《俄汉大辞典》，部分来自俄语词源词典 Г. П. Цыганенко.《ЭТИМОЛОГИЧЕСКИЙ СЛОВАРЬ РУССКОГО ЯЗЫКА》. Издательство《Радянська школа》1989，с изменениями。

现代方言中，很多方言里都有"荤油"的说法，如济南、徐州、扬州、南京、武汉、贵阳、柳州、洛阳、西安、西宁、银川、太原、忻州、丹阳、崇明、上海、苏州、杭州、长沙等地"荤油"都是指食用动物油，一般指猪油，跟"素油"相对（汪维辉，2018）。这里的荤油实际上就是动物油，素油即植物油。

《本草纲目》："（脂膏）时珍曰：'凡凝者为肪为脂，释者为膏为油。'"可见，在汉语里，人们对于油脂这一类的事物也是有所区分的，凝固的就是脂肪，稀释的（或者液态的）则为膏、油。但也有例外，笔者博士学位论文专门讨论了"膏、脂之辨"这一问题，笔者认为脂、膏之间应为"对文有别，散文则同"的关系。也就是说如果在文中同时出现这两个词，那么"凝者为脂，释者为膏"，如《礼记·内则》"脂膏以膏之。"孔颖达疏："凝者为脂，释者为膏。"这里的"对文之别"即为凝释之说。汪维辉（2018：88）也指出"脂"和"膏"在早期存在过"用于人还是用于动物"以及"固体还是半液体"的差别。他认为这和古人的基本认知层次更具体，更加个别化有关。而现代人的认知方式更概况、更抽象，现在一个"油"字就可以概括所有的油，不论是动物油、植物油还是矿物油，也不管是固体、半液体还是水状液体的。当然，这也和汉语双音化的发展有关，汉语的双音化早在先秦就已经开始，到中古时期这一趋势日益显著。汉语的双音化从认知的角度来说，也是汉民族思维从具象思维到抽象思维的一种反应，是这种思维模式变化后在语言上的一种体现。

中古时期，人们有意识地将动物油和植物油（或者是基于不同形态的油）区分开来，创造了一个新词"油"。但在创造新词的时候，人们并没有采用固有的旧词字形，而是直接创造一个新词，并将其形态等特征在字形中体现出来。"语言是各个民族的世界观"，这一观点可以很好地解释这一现象。语言世界观最早是德国哲学家、语言学家威廉·洪堡特提出来的。洪堡特（1963）指出："每一语言里都包含着一种独特的世界观""每一种语言都在它所隶属的民族周围设下一个圈子，人只有同时跨进另一种语言的圈子，才有可能从原先的圈子里走出来。所以，学会一种外语或许意味着在迄今为止的世界观领域里赢得一个新的出发点。"① 正如西红柿到底是属于水果还是蔬菜，这在不同语言中的分类情况是不同的一样。我们通过语言这个透视镜，可以看到不同民族的概念和意义体系，从更深远的意义上说，这其实也就是不同民族世界观的体现。

另外，从文化心理上来说，中国比较喜欢用动物油，而西方却钟爱植物油②。中国是食文化大国，做菜讲求色香味俱全，炒菜都主张用动物油，尤其炒素菜，用猪油炒会更香更美味。即使是现在，老百姓家里除了用茶油、菜籽油、大豆油之外，还要另外再准备一点猪油来炒菜用。而西方则更喜欢植物油，这也和《圣经》文化在西方的盛行有很大联系。《圣经》上有"香膏（ointment）"一词。《圣经》中提到"膏油"有200多次，这种膏油含有多种珍贵药材，如没药、肉桂、菖蒲、桂皮和橄榄油。其中最早提到膏油的是《出埃及记》"The Anointing Oil and Incense（制圣膏的规定）"③。不同民族对动物油和植物油的偏爱不同，这既是一种文化的不同，也是他们不同世界观的再现。

总之，语言是人类交际的工具，也是人们认识世界的方式。从中古"油脂"语义场的词义演变来看，不同语言之间的确是具有相同的词义演变模式的。究其根源，我们认为这是由于人类的认知模式具有同一性造成的。认知模式的同一性导致人类自然语言词义演变的基本模式也大致相同。

参考文献

[1] 北京大学东方语言文学系印度尼西亚语言文学教研室.1997.《新印度尼西亚汉语词典》，北京：商务印书馆.

[2] 陈孝玲.2011.《侗台语核心词研究》，成都：巴蜀书社.

[3] 陈振尧主编.2008.《新世纪法汉大词典》，北京：外语教学与研究出版社.

[4] 胡明扬主编.1988.《西方语言学名著选读》，北京：中国人民大学出版社.

[5] 黄树先.1991.《诗诂旁证》，《语言研究》第2期.

---

① 洪堡特.K.W. 论人类语言结构的差异及其对人类精神发展的影响，伍铁平、姚小平等译，胡明扬主编《西方语言学名著选读》，北京：中国人民大学出版社，1988，第45—46页.

② 感谢学友李鸿健先生提供的意见和材料.

③ 参见《圣经》出埃及记，第30章，第20—31节.

[6] 黄树先.2003.《汉缅语比较研究》,武汉：华中科技大学出版社.

[7] 黄树先.2012.《汉语身体词探索》,武汉：华中科技大学出版社.

[8] ［英］霍恩比.2009.《牛津高阶英汉双解词典（第七版）》,北京/牛津：商务印书馆/牛津大学出版社（香港）.

[9] 蒋绍愚.2005.《古汉语词汇纲要》,北京：商务印书馆.

[10] 广州外国语学院编.1990.《泰汉词典》,北京：商务印书馆.

[11] 卡尔·达令·巴克.2017.《印欧语语汇比较词典——作为思想史研究的补充》,上海：中西书局.

[12] 李福印.2008.《认知语言学概论》,北京：北京大学出版社.

[13] 李荣.2002.《现代汉语方言大词典》,南京：江苏教育出版社.

[14] 龙丹.2015.《魏晋核心词研究》,成都：巴蜀书社.

[15] 禄劝彝族苗族自治县民族宗教事务局编,张晋智主编.2014.《简明彝汉字典（禄劝版）》,昆明：云南民族出版社.

[16] 潘再平.2000.《新德汉词典》,上海：上海译文出版社.

[17] 普璋开.2005.《滇南彝文字典》,昆明：云南民族出版社.

[18] 任继昉.2006.《释名汇校》,济南：齐鲁书社.

[19] 杨文衡,邢润川.1982.《我国古代对石油和天然气的开发利用》,《学术研究》第1期.

[20] 于新春.2010.《石油天然气在我国古代的开发和利用》,《现代交际》第9期.

[21] 汪维辉.2018.《汉语核心词的历史与现状》,北京：商务印书馆.

[22] 张才尧、高年生、张载扬、王昭仁、宋钟璜.2004.《新编德汉词典》,北京：外语教学与研究出版社.

[23] N. C. Bodman（包拟古）.1980.《Proto-Chinese and Sino-Tibetan》,潘悟云译.1995.《原始汉语与汉藏语》,北京：中华书局.

[24] P. K. 本尼迪克特（白保罗）.1972.《Sino-Tibetan: A Conspectus》,剑桥大学出版社. 乐赛月,罗美珍译.1984.《汉藏语言概论》,中国社会科学院民族研究所语言室.

龙　丹　中南大学文学与新闻传播学院
金佳敏　中南大学文学与新闻传播学院

《黄帝内经》"头"词义探析*

黎金娥

摘　要：本文意在探讨中医学经典《黄帝内经》中"头"的使用情况和词义。经过考察"头"的使用情况，可发现"元"字没有头的含义，"首"的固定表达占了近一半；"头"的出现频率约是"首"的五倍。考察词义可发现，"头"义词除了指本体，还可以：（1）映射在其他物体域，如眉头、草焦上首；（2）与身体其他部位互喻，如"头"与"项"、"脑"与"心"。

关键词：头　词义　映射

《周易·系辞下》将人类思维特征总结为"近取诸身，远取诸物"。人类在认知世界时，首先会从人体自身出发，因而人体是人类认知的起点，是词义扩展的重要源头。"头"在斯瓦迪士《百词表》中居第38位，是表示人体部位的词之一。上古汉语表示"头"义的词主要有"首""元""頭（头）"。王凤阳（1993）、吴宝安（2006）和汪维辉（2018）认为"头"义上曾发生"首"取代"元"、"头"再取代"首"的过程。

对中医学经典《黄帝内经》统计发现，与"头"有关的词共有18个，分别是：（1）表示"头"的"首、头、元"；（2）表示"头"的一部分的"天、脑、颠、巅、癫、颅、囟、顶、额、颡、庭、面、颜、阙、颊"。其中"元"的本义为人头，《尔雅·释诂》："元，首也。"《黄帝内经》两卷《素问》和《灵枢》中"元"字虽然共出现19次，其中关元（穴位名）6次、元5次、天元7次、本元1次，取"本"或"气"义（周海平，2008：82），

---

* 湖北省教育厅哲学社会科学研究项目"中医身体词汇类型学研究（2022Y082）"阶段性成果。

但均没有头部义。故本文选取了首、头、天、脑、颠、巅、癫 7 个词频居前的词进行考察。

一、首

"首"的本义为头，象形。金文字形，上面是头发和头皮，用以表示头盖，下面是眼睛，用以代表面部。"首"字在《黄帝内经》共出现 36 次。

1. 指人体头部，因头部位于人体之首。

（1）单音节词（5 次），《素问·生气通天论》："因于湿，首如裹。"

（2）与其他部位名词并列构词，如头首（2 次）、面首（1 次）、首面（4 次）。《素问·刺热论》："热病始于头首者，刺项太阳而汗出止。"《素问·至真要大论》："太阴司天，客胜则首面胕肿，呼吸气喘。"

（3）也有固定表达形式，如稽首（13 次）、斩首（1 次）和俯首（1 次）。

（4）病症名首风（2 次），《素问·风论》："新沐中风，则为首风。""首风之状，头面多汗，恶风……"新浴之后感受风邪，证见头痛恶风，头面多汗，或眩晕，或偏头痛的病患。周海平（2008：672）认为"首"是"湿"的音转。

2. 黔首（1 次），是战国及秦代对百姓的称呼，秦始皇时期开始使用。《史记·秦始皇本纪》："分天下以为三十六郡，郡置守、尉、监。更名民曰'黔首'。"《素问·宝命全形论》："故针有悬布天下者五，黔首共余食，莫知之也。"

3. 植物的枝尖（2 次）。

《素问·五常政大论》："其病咳，政暴变，则名木不荣，柔脆焦首，长气斯救。"《素问·至真要大论》："生菀于下，草焦上首，心胁暴痛。"

4. 始，初，第一（3 次）。

《素问·五运行大论》："五气之各主岁尔，首甲定运，余因论之。""首甲"即第一个甲子之年，五运六气以六十年为一个周期，每周期以甲子年为起始年。《素问·阴阳类论》："上合昭昭，下合冥冥，诊决死生之期，遂合岁首。"张灿玾（2016：622）译"岁首"为"一岁之中六气何气为首"。

5. 作量词用（1次）

《素问·方盛衰论》："是以圣人持诊之道，先后阴阳而持之，奇恒之势乃六十首。"

二、头（頭）

《说文》："頭，首也。""头"在战国时期才出现，逐渐取代"首"，一直沿用至今（黄树先，2012）。《黄帝内经》中"头"共出现154次，单独出现57次，词组97次，且构词形式非常灵活，具体如下：

《黄帝内经》中"头"词组

并列式 (17次)	头 + 名词	头角 (2)；头项 (10)；头首 (2)；头面 (2)；头身 (1)
偏正式 (6次)	头 + 名词	头气 (1)；头毛 (1)；头脉 (1)；头横骨 (1)
	名词 + 头	眉头 (2)
主谓式 (74次)	头 + 形容词	头倾 (2)；头眩 (1)；头目眩 (1)；头热 (1)；头重 (9)
	头 + 动词	头痛 (52)；头疾痛 (1)；头顶痛 (1)；头目痛 (1)；头脑户痛 (1)；头囟项痛 (1)；头背痛 (1)；头目苦痛 (1)；头脉痛 (1)

这些词里面"头"的词义主要体现在以下四点。

1. 多指人的头部，构词时基本上是作为前语素。

上表中主谓式词组皆为病症名词，仅头痛就出现了52次，包括厥头痛、真头痛、冲头痛等疼痛之症。具体解读和出处详见周海平先生的《黄帝内经大词典》，此处就不赘述了。

2. 物体的前端。

《灵枢·九针十二原》："镵针者，头大末锐，去泻阳气。"头大末锐，即针头大而针尖锐利。《素问·气府论》："两眉头各一，入发至项三寸半。"眉的内端称为眉头，外端称为眉梢。

3. 人迎（穴位名）。

《素问·阴阳别论》："三阳在头，三阴在手，所谓一也。"张灿玾（2016：54）注："头，指人迎，诊人迎脉可测知三阳经的虚实；手，指寸口，诊寸口脉可测知三阴经的虚实。所以说三阳在头，三阴在手。诊脉的部位，虽有不同，但作为诊察人体疾病的环节，二者是相互补充的，它们的作用也是统一的。"人迎穴位于颈部，喉结旁，当胸锁乳突肌的前缘，颈总动脉搏动处。

4. 作"项"。

《素问·痹论》："肾痹者，善胀，尻以代踵，脊以代头。"张灿玾（2016：277）注："肾为胃之关，肾痹关门不利，胃气不转，故腹部善胀；肾脉入跟中，贯脊属肾，肾主骨，肾痹气衰，骨失其养，下肢弯曲不伸，故以尾骨代足而行，颈骨前曲，头项倾俯，脊骨高出而代头。王冰注：尻以代踵，谓足挛急也。脊以代头，谓身蜷屈也。"

此句中"头"作"项"解，"项"本义指颈的后部，泛指脖子。黄树先（2012：161）论证汉语"头"和"胆"的关系，并引用郑张尚芳先生的观点，认为头和脖子部位相近，部位相近的身体词，词义容易发生改变。

三、天

"天"是会意字，甲骨文字形下面是个正面的人形（大），上面指出是人头，小篆变成一横。《说文解字》："天，颠也。……颠者，人之顶也。""天"字在《黄帝内经》中共出现746次，但与头部有关的词义仅有1处。

《灵枢·五变》："皮肤薄而其肉无䐃，其臂懦懦然，其地色殆然，不与其天同色，污然独异，此其候也。"此处的"天"指的是前额部位。郭霭春（1989：328）译："皮肤薄而肌肉没有突起的，它的臂膊柔弱，下巴颏发黑色，和额前色泽不同，就象罩着汗浊之色，而和其他地方的色泽不一样，从这些现象就可观察它的病因了。"苏颖（2003：282）："天，即天庭，前额。"

国医大师李今庸（2018：19）认为《黄帝内经》中人体部位名词"天"可作四解。一解如上文，指前额，其他三解如下：

1. 释为"身"。

汉语里，"天年"一词首见于《黄帝内经》第一篇。《素问·上古天真论》："上古之人，其知道者，法于阴阳，和于术数，食饮有节，起居有常，不妄作劳，故能形与神俱，而尽终其天年，度百岁乃去。"李今庸认为此"天年"的"天"字，当释为"身"字。同一篇又说："夫道者，能却老而全形，身年虽寿，能生子也。"正作"身年"，可证。

罗竹风（1994）在《汉语大词典》中将"天年"作"自然的寿命"讲，张灿玾（2016）也注：人的自然寿命。故《黄帝内经大词典》把"天年"解作"自然寿命"，更加合理。

2. 指上半身。

《灵枢·经水》《灵枢·阴阳系日月》："腰以上为天，腰以下为地。"《黄帝内经大词典》中亦是作此解。

3. 指头。

《灵枢·经别》："手少阳之正，指天，别于巅，入缺盆，下走三焦，散于胸中也。"李今庸认为《灵枢·邪客》说："天圆地方，人头圆足方以应之。"其"天"字亦有"头"的意思，可证。此解有待商榷。

在《黄帝内经》中，人体前额部，既叫作"天"，又叫作"庭""颜""颡""阙"等。阙，阙中、印堂，即鼻根部上两眉毛之间的部位。天庭，人体部位名，又名阙庭，额的中央，是望诊诊察头面部疾患时诊视内容之一。《灵枢·五色》："阙者，眉间也；庭者，颜也。"又"庭者，首面也"。颡大，额之大角，从额之大角入发际五分为头维穴。《灵枢·根结》："阳明根于厉兑，结于颡大，颡大者钳耳也。"

四、脑（腦）

脑，篆文作"𦠄"。《说文》："𦠄，头髓也。从匕。匕，相匕著也。巛象发，囟象𦠄形。"《黄帝内经》用"脑"字45次，包括脑髓（10次）、脑风（1次，病症名，同"首风"）、脑户（3次，穴位名）、脑痛（1次，病症名）、脑转（3次，病症名）、脑烁（1次，病症名）等中医名词。

中医认为脑是奇恒之府之一。《素问·五藏别论》："脑、髓、骨、脉、胆、女子胞，此六者，地气之所生也，皆藏于阴而象于地，故藏而不泻，名曰奇恒之府。"《灵枢·经脉》："人始生，先成精，精成而脑髓生……"《素问·五藏生成》："诸髓者，皆属于脑。"

《素问·奇病论》："当有所犯大寒，内至骨髓，髓者以脑为主，脑逆故令头痛，齿亦痛，病名曰厥逆。"周海平认为此句中"脑"为"寒"之音转。郭霭春（1992：280）注："脑逆：大寒之邪，深入骨髓而上逆于脑。"姚止庵说："脑为髓之海，而脑实在头之中，大寒入骨髓。则寒邪之气由标及本上逆于脑。"

中医学认为，人的精神思维活动主要与心关系密切，但同时也认为与脑有关。《素问·灵兰秘典论》："心者，君主之官，神明出焉。"精神思维活动又分属其他四脏，《素问·宣明五气》："心藏神，肺藏魄，肝藏魂，脾藏意，肾藏志。"脑"藏精气而不泻"，为元神之腑，主宰人体全身各部组织之知觉和运动，是人体生命之所在。失常则诸神不守而发生病变，甚至危及生命。《灵枢·口问》："故上气不足，脑为之不满，耳为之苦鸣，头为之苦倾，目为之（苦）眩。"《灵枢·海论》："髓海不足，则脑转耳鸣，胫酸眩冒，目无所见，懈怠安卧。"《灵枢·厥病》："真头痛，头痛甚，脑尽痛，手足寒至节，死不治。"

李今庸先生（2018：84—85）认为："脑之主宰人体各部组织之功能活动，有赖于心气上入脑中以支配脑神。心气入脑，脑始发挥其正常功用；加之'囟'为'脑盖'，而'心''囟'声同，故'脑'亦称为'心'，犹'脑'亦称为'头'也。……故古书多以'心'字称'脑'也。"

五、颠（巅、癫）

汉语"颠"是头，头顶。《说文》："颠，顶也。"再如，颠毛（头发），颠顶（头顶）。

巅，形声。从山，颠声。本义为山顶。

癫，形声。从疒，颠声。本义为精神错乱，言语行动失常。

黄树先（2015）讨论头与头部疾病的关系，汉语用"颠"来命名头部的疾病名，后世通作"癫"，或作"巅"。从《黄帝内经》中可以找到更多的语言例证。这3个词在该书中的使用情况统计如下：

颠：颠疾（3次）；颠倒无常（1次）

巅：巅（9次）；巅上（2次）；巅疾（10次）；狂巅（1次）

癫：癫疾（19次）；癫病（2次）；癫狂（1次）

"颠"通"巅",头顶。《灵枢·邪气藏府病形》:"微涩为血溢,维厥,耳鸣,颠疾。"又如《灵枢·经脉》:"膀胱足太阳之脉,起于目内眦,上额交巅。"《灵枢·邪气藏府病形》:"肺脉,急甚为癫疾。"《素问·通评虚实论》:"帝曰:癫疾何如?岐伯曰:脉搏大滑,久自已;脉小坚急,死不治。""癫"通"巅",头顶部。癫疾,指头部疾患。

癫病,病证名词,癫痫之病,突然发作的暂时性大脑机能紊乱。癫疾,病证名词,(1)通"巅疾"。(2)癫痫之病。《灵枢·癫狂》:"癫疾始生,先不乐,头重痛,视举目赤。"(3)癫狂之疾。《素问·厥论篇》:"阳明之厥,则癫疾欲走呼,腹满不得卧,面赤而热,妄见,而妄言。"

六、结语

《黄帝内经》是中国最早的医学典籍,传统医学四大经典著作之一。对于此书的成书时代,主要有三种观点:先秦时期、战国时期、西汉时期。后世较为公认的是此书最终成型于西汉,是由中国历代黄老医家传承增补发展创作而来。

通过考察书中"头"的使用情况,发现"元"字没有头的含义,"首"的固定表达占了近一半;"头"的出现频率约是"首"的五倍。正如汪维辉等学者所发现的,西汉后期"头"基本上取代了"首","脑"在西汉就可以指"头"。

考察词义发现,"头"义词除了意指本体,还体现在:(1)映射在其他物体域,如眉头、草焦上首;(2)与身体其他部位互喻,如"头"与"项"、"脑"与"心"。

参考文献

[1] 郭霭春.1989.《黄帝内经灵枢校注语译》,天津:天津科学技术出版社.

[2] 郭霭春.1992.《黄帝内经素问语译》,北京:人民卫生出版社.

[3] 黄树先.2015.《比较词义再探》,成都:巴蜀书社.

[4] 黄树先.2012.《汉语身体词探索》,武汉:华中科技大学出版社.

[5] 李今庸.2018.《中医学研究资料汇编》,武汉:湖北科学技术出版社.

［6］罗竹风.1994.《汉语大词典》，上海：汉语大词典出版社.

［7］苏颖.2003.《黄帝内经灵枢译注》，哈尔滨：黑龙江人民出版社.

［8］汪维辉.2018.《汉语核心词的历史与现状研究》，北京：商务印书馆.

［9］王凤阳.1993.《古辞辨》，长春：吉林文史出版社.

［10］吴宝安.2006.《西汉"头"的语义场研究——论身体词频繁更替的相关问题》，《语言研究》第4期.

［11］张灿玾等.2016.《黄帝内经素问校释》，北京：中国医药科技出版社.

［12］周海平等.2008.《黄帝内经大词典》，北京：中医古籍出版社.

黎金娥　湖北中医药大学外国语学院

"肉"的语义演变研究*

张　倩

摘　要："肉"是斯瓦迪士"百词表"里的核心词。在使用过程中，"肉"又派生出一系列派生义。本文以汉语为依托，借助词义比较，对"肉"的词义演变进行探讨。本研究除了有助于我们深入了解该词的语义演变脉络外，对具体语言词义的梳理，也有一定的意义。

关键词："肉"　语义演变　比较词义　语义类型

"肉"是语言的基本词，在斯瓦迪士《百词表》里居29位。在频繁的使用过程中，"肉"又发展出许多派生义。《汉语大字典》共收录了"肉"的11个义项，很明显这些义项之间存在着一定的横向交叉或纵向层级关系。本文以汉语为依托，借助词义比较，对"肉"派生出来的一系列词义进行梳理和讨论，旨在厘清"肉"各个语义发展的脉络，弄清词义演变的规律。这种研究方法对具体语言核心词词义的梳理，有一定的借鉴意义。

一、"肉"的语源

（一）"肉"与"肌"

肉，甲骨文作⃞[1]，小篆作⃞，《说文·肉部》"肉，胾肉。象形。""胾，大脔也。从肉，𢦔聲。""臠，臞也。从肉，䜌声。一曰切肉臠也。"段玉裁注："肉，胾，大臠也，谓鸟兽之肉。"同时段氏依据《广韵》改"切肉臠"为

---

* 首都师范大学2022年高水平学术创新项目"尼瓦尔语身体词研究（001-2255067）"阶段性成果。

"切肉"。此外，《字汇补·肉部》："齺，同齾。"《说文》"腜，有骨醢也。齺，腜或从齺。"醢，《说文》："肉酱也。"故"齾"亦"齺"，均指"带骨的肉酱"。对比"肉"的古文字形体，我们可以推断"肉"的本义应该就是切成大块的肉，更准确地说是成块的带骨头的肉。再看"肌"，《说文·肉部》："肌，肉也。从肉，几声。"古汉语中，"肌"与"肉"在语义上是否有别？"肉"是泛称，还是专指动物的肉？《说文解字注》指出"人曰肌，鸟兽曰肉"。《说文通训定声·孚部》"肉"注云："在物曰肉，在人曰肌。"《说文句读》于"肉"下按："鸟兽之肉而后有形可象，故象其为载，而人身体之字亦从之。"显然，以上三家一致将"肉"的所指缩小为专指"动物的肉"，继而在学界也普遍形成了先秦时古汉语中"肉"指"兽肉"，"肌"指"人身上的肉"一般不混的认知（蒋绍愚，2001：159）。这一点也体现在各类字典辞书对"肉"的语义注释中，如《汉语大词典》（第二版）即将"供食用的禽兽肉"和"人的皮肤、肌肉和脂肪层"分别列为"肉"的两个独立的义项，而且将后者放在第一义项的位置。

然而，更多的研究表明"在人曰肌"是确定无疑的，"在物曰肉"却不是绝对的。杨凤仙（2006）指出，在十三经中用"肌"字之处只有一见。相对于"肉"，"肌"的产生应较晚，"肌"最初专指"人肉"的意义是由"肉"来统管的。黎李红（2010）通过对史书、佛经、医术三类文献资料的考察，得出"肉"在先秦时就可以用于指"人"。可见，如果认为"肉"的本义仅指"鸟兽之肉"，显然是缩小了"肉"的语义范围。"肉"的本义应该就是指"人或动物的肌肉"。因此，也可以肯定《词源》《王力古汉语字典》等对"肉"语义的注释更为准确："动物的肉，也指人的肌肉"。

（二）"肉"与"野兽"

古时"野兽"是先民获取肉食的主要来源，所以，语言里的"肉"跟"野兽"或"鱼""鹿"等动物可共用一个词。白保罗（1984：112）认为，在藏缅语言中前缀 *s-多与表示身体部位和动物的一些词有关，故将藏缅语族中"肉"的古音形式构拟为 *sya。金理新（2012：216）也肯定了汉语以及藏缅语族、苗瑶语族的语言中"肉"与"野兽"共词的普遍现象，同时又指出，在具体语言中，"肉"跟某种动物共词的现象，主要是源于各地人们获取"肉"的具体来源不同。"肉"与不同的动物共词的现象，也反映出物种对自然地理环境的依存关系，也映射了人类"靠山吃山，靠水吃水"的生存观念。此外，我们通过比较 CLICS³（跨语言共词化数据库，Database of Cross-Linguistic Colexifications）对 < MEAT（肉）> 这一概念的共词化分析的结果发现，语言中 < MEAT（肉）> 与表示动物的词语共词的现象非常普遍，且 < MEAT（肉）> 与 < ANIMAL（动物）>、< MEAT（肉）> 与 < FISH（鱼）>、< MEAT（肉）> 与 < Deer（鹿）> 的共词化频率是相对较高的。通过对比文献，我们也看到，< MEAT（肉）> 与 < Deer（鹿）> 共词、与 < FISH（鱼）> 共词的语言，实际上要比 CLICS³ 统计的更为丰富。如，汉语方言中"肉"跟"鹿"共词，《礼记·内则》"肉曰脱之"郭璞注："今江东呼麋鹿之属，通为肉"；克钦语 çan "肉、鹿肉、鹿"；侗水语支中，表示"肉"这一概念的 "naːn⁴"，在拉珈语中是"小兽"，在壮语的一些地方指"麂子"（梁敏、张均如，1996：323）。生活在印度阿沙姆东北部，以那加（Naga）山为中心的那加人其中的万乔（Wancho）一支，据研究是从中国迁入印度的，与我国西南操藏缅语的民族又较深的历史渊源（何耀华、何大勇，2007），在他们所说的万乔语中"mai"，既有"肉"的意思，又可以表示"鹿"的统称。

语言中"肉"与某种动物共词的原因还有很多。在古英语中 muscle "肉" 和 mussel "贻贝、珠蚌、河蚌"实为一词，均源自拉丁语 musculus "小老鼠"。黎金娥（2011）对此曾有过论述。她认为拉丁语 musculus "小老鼠" 在英语中演变成 mussel "贻贝、珠蚌、河蚌"，因为两者在颜色和形状上相似性，而人类肌肉的形状以及在运动时的跳动感，也易让人将老鼠联想起来，如德语 Maus "鼠；牛（或猪）腿肉；拇指肌（手掌上靠近大拇指根部的球形肌肉）。"

（三）"肉"与"烹制"

人们对不同的食材有着不同的烹制方式。研究发现，语言中许多食物的名称跟表示烹制方式的词语共享同一语言形式。譬如我们日常所说的"烧烤""小炒""叉烧"等食物，实际上得名于同形的表示烹饪方式的动词。同样，语言中的表示"肉"类的词在语源上也多和烹制方式有关。如《盐铁论·散不足》中"肴旅重叠，燔炙满案"中"肴""旅""燔""炙"均指肉食。其中，"肴"指熟的肉食，《说文·肉部》："肴，啖也。"段玉裁注："按：许当云啖肉也，谓熟馈可啖之肉。今本有夺字。"《广雅·释器》："肴，肉也。"

《楚辞·招魂》注："鱼肉为肴。""肴"字又做"骰"，《仪礼·特牲馈食礼》注："凡骨有肉曰骰。"《经典释文》则谓："熟肉有骨曰骰。"可以说，"肴"特指带骨头的熟肉。"旅"《说文通训定声·豫部》："旅，叚借爲膂。"《正字通·方部》："脊骨曰旅。""旅"可以理解为"脊骨肉"。"燔"与"炙"，黄树先先生（2010）曾有过精彩地论述："燔"字用作名词，或作"膰"，是蒸煮好了的熟肉；"炙"做名词，或作"脓"，是炙烤的肉类，火熟之肉，"燔"和"炙"均与表示烹制动词"燔""炙"有关。

"燔"与"炙"词义上的异同，古文献中也有体现。"燔"，《说文》："燔，爇也。"又《广韵·元韵》："燔，炙也。""炙"，《说文》："炙，炮肉也。从肉在火上。"统言，"燔"与"炙"均指用火加工而成的肉类；析言，即见我国古代用火熟食方式的多样性。《诗·小雅·楚茨》疏曰："燔者火烧之名，炙者远火之称，以难熟者近火，易熟者远之，故肝炙而肉燔。"《诗·大雅·生民》传："傅火曰燔，贯之加于火曰烈。"《礼记·礼运》注："炮，裹烧之也。燔加于火上也，炙，贯之火上也。"大概根据各种肉质的易熟程度，针对不容易烤熟的肉类，靠近火源来烘烤，叫作"燔"；容易烤熟的肉类，需远离火源以免表层烧焦而里面却没烤熟，便用树枝串着架在火上，小火慢烤，这种方式叫作"炙"。

跟"燔"、"炙"相同——做动词时表示制作方式，做名词时表示经过这种方式加工而成的肉制品，比较典型的还有"段"与"腶"。《说文》："段，椎物也。"表"捶打"之意，"腶"则表示"在石头上捶打制作的肉干"。黄树先先生（2012b：86—87）不仅讨论了"段"与"腶"在词义上的派生关系，也注意到了两者语音上声母清浊的变化。仅据《说文》可知汉语中从烹制方式得名的表示"肉"的词语还有很多，如"脍""腌""腊""脯"等，这里不一一赘述。

二、"肉"的语义发展

"肉"作为语言里的核心词、常用词，在使用的过程中，派生出了许多新的意思。下面我们就"肉"的各引申义，尤其是其中语义比较隐晦的义项，分别说明。

(一)"肉"与"物质"

"肉"可以指人体的肌肉,因此,"肉"可以表示"肉体",转喻"人"或"心爱的人"。如,汉语"肉"可以指孩子、爱人;英语 all flesh "人类,众生",muscle "肌肉"也可指"打手,保镖"。当"肉"作"肉体、肉身"讲时,常与"皮"联言,与"灵魂""精神"对立。为了生计,出卖肉体的性工作者,也常用与"肉"相关的词语表示,如汉语"皮肉生意";英语 meat 可指"生殖器官,嫖妓",meat market 在俚语表达中是"性市场"的意思(黎金娥,2011)。不论是人身体上的肌肉,还是动物身上的肉,亦或是蔬果可食用的部分,在词义理据上都是相似的,均指构成有机体的重要组成部分,且大多有柔软的特点。在此基础上,就不难理解古汉语中"肉"指"泥土"和"当中有孔的圆形物质边体"这两个义项了。

人身上的"肉"固然宝贵,同样,在物质匮乏的年代里"动物的肉"是人们获取蛋白质和脂肪的主要来源之一,也实属难得。因此,"肉"既可以指"宝贝的人或物",又继而演变出了"怜惜""吝惜"之义,如汉语方言江淮官话、北京官话、吴语中"肉疼",用来形容心疼、舍不得,粤语中也有"肉紧""肉痛"表"疼爱"一说。

(二)"肉"与"音乐"

《论语·述而》:"子在齐闻韶,三月不知肉味。"《晋书·孟嘉传》曰:"丝不如竹,竹不如肉。"《世说新语·识鉴》曰:"'听伎,丝不如竹,竹不如肉,何也?'答曰:'渐近自然。'"以上诸"肉"均指从人口中发出的歌声,是相对乐器之声而言。"丝",指弦乐器;"竹",指箫笛一类的吹管乐器。《周礼·春宫·大师》:"皆播之以八音:金、石、土、革、丝、木、匏、竹。"郑玄注:"丝,琴瑟也。竹,管箫也。""丝不如竹,竹不如肉"反映的是中国人"近自然""近人声"的音色审美观。"丝"与"竹"同为作人造的乐器,与"嗓音"唱和的乐音相比,后者更接近人内在的生命本体,在表达内心情感上也更直接、更真切。总之,相对"丝"与"竹","肉"这种天然的"乐器",是人的内心情感真切外化的最直接、最自然的媒介(黄汉华,2002)。

从语音学的角度上看,"丝""竹""肉"三者音质上的差异,与发音体的不同有直接关系。"丝""竹"的发音体是人工做成的管弦乐器,"肉"的发音体是柔软而富有弹性的声带。而用手指弹奏，或是以肺部气流吹奏，又体现了发音动力上的不同。在了解了"丝""竹""肉"三者的内涵之后，我们发现"肉"指"歌声"之意时，凸显的是发音体和发音动力的"肉质"的物理属性。此外，在"从人口中发出的歌声"的基础上，"肉"继而发展出"形容声音丰满洪美"的义项。

（三）"肉"与"好处"

具体说来，"禽""兽""畜"是古人是人们获取"肉"食的主要来源。《孟子·梁惠王章句上》："鸡豚狗彘之畜，无失其时，七十者可以食肉矣。"由此可知，普通人家最需要的是家禽、家畜带来的经济利益。对大多数人来说，以这些动物为食是比较难得的。同样，想要通过狩猎来获得兽肉，也具有很强的不稳定性，因为经常会有长期打不到猎物的情况。在食物极其匮乏的情况下，食肉动物吃剩的肉，也是人们获取肉食的一种来源，如满语 gasan"狼残"指的就是"被虎、狼、雕、鹰抓到后吃剩下的野兽或飞禽的肉"。正因为人们获取肉食的不稳定性，所以在语言中与"肉"相关的词，同时具有"偶然，凑巧"之义。如西班牙语 cazuela"炖鸡汤，炖肉汤；（做肉汤的）肉和排骨；偶然，碰巧"。满语 seksen i yali 指掉在冰窟窿里、被冰冻住的野兽肉，也指运气好、凑巧捡到的食物（尹鹏阁，2018：59）。

"肥肉"跟"好处"的语义联系比较显豁，容易看出它们之间的语义关联。汉语中有很多与钱财、利益、好处等语义相关的词语都与"肉"有关。如，"民脂民膏"《说文》"膏，肥也"；"肥，多肉也。从肉马"，跟"臞"相对。"脂，戴角者脂，無角者膏。从肉，旨聲"。《古今韵会举要》："凝者曰脂，泽者曰膏，一曰戴角者脂，无角者膏。"《本草纲目·兽部·豕》："（脂膏）时珍曰'凡凝者为肪为脂，释者为膏为油。'"不论是从动物之分，还是从状态之别，我们都能明显看到"脂""膏""肉"三者之间的语义联系。这种相关性，在其他语言中也很普遍，如德语 fętt，形容词"油腻的（饭菜）；肥沃的（耕地）；茁壮的、丰茂的（小麦，草地）；有利的，优厚的（职位）"，名词"脂肪，板油，润滑油"；短语"das fett abschopfen"，在德语中意为"撇油，[转，口]捞取最好的"。法语 graisse"脂肪，油脂"也可以指"油水，便宜，好处"。印尼语 daging"肉，肌肉；果肉，硬壳内的肉；肉体"；berdaging"有肉的，肌肉丰满的；有油水的，富有的"。

(四)"肉"与"福气"

我们认为,语言中"肉"跟"福"也有语义关系。古汉语"福"可以指祭祀用的酒肉。"福"已见于甲骨文,罗振玉先生《增订殷虚书契考释》:"(甲骨文)象两手奉尊于示前,或省廾,或并省示,即后世之福字。在商则为祭名。祭象持肉,福象奉尊……今以字形观之,福为奉尊之祭。致福乃致福酒,归胙则致祭肉。故福字从酉,胙字从肉矣。"《说文》"胙,祭福肉也",指祭祀求福用的肉。在文献中,"福""胙"常常并举,《汉语大词典》中亦指出"福"可以指祭祀用的酒肉。黄树先先生(2012a:168)认为,"福"字由"福胙"而引发出"福气"的意思。在西方文化中,也有将没有疾病的、初生的动物献给诸神以求赦罪、庇佑的习俗。而且这些被献上的肉食,常被看作是经过神明或先祖祝福的,通常在祭祀结束后被众人当作礼物分享,预表着已经领受了"福气"。

汉语中与"福"义相关的还有"禄"。上文也提到语言中"肉"与"鹿"共词的现象,我们猜测汉语中"鹿""禄"同音,与"鹿"这种动物的特点及其与人类的渊源有一定的联系。据动物学家调查研究,我国是世界上鹿类动物分布较多的国家之一。早在新石器时期,鹿类动物就是居民的主要捕猎对象和食物来源。通过甲骨卜辞中相当多的关于"麇擒""逐鹿""射鹿""获鹿""画鹿""获獐"之类的文字,亦可知鹿类很早就是重要的捕猎对象。据袁靖(1999)统计,我国各地区新石器时代的遗址或文化层中,出土的动物骨骼主要集中于梅花鹿、麋鹿、獐等鹿科动物。在《齐名要术》有关加工烹饪方法的记载中,獐、鹿肉出现的次数远超过除鱼之外的其他所有野生动物(王利华,2002)。可见,鹿肉在当时确实是比较常见、易得的野味。

实际上,鹿类动物不仅是人们获取美味的来源,在医药、服饰、游戏、信仰、文学艺术等方面,也均有重要的价值。我们甚至可以说,鹿类动物所代表的文化,在不同民族中均有一定的"认同度",如满族无论是皇室还是民间都对鹿推崇备至,在祭祀中鹿同样成为重要的祭品,有着不可替代的作用(阎丽杰 2019)。鹿在世界文化中,也大多具有美好的寓意。日本《万叶集》中讴歌、咏诵鹿的和歌多达60多首(刘蔚三,2016);在希腊神话中,鹿被狩猎女神阿尔忒弥思视作最神圣的动物;美洲土著认为鹿角是"生命之树"

和"太阳光芒"的象征（贾利芳，2020）；就连现代的圣诞老人的交通工具都是用鹿来拉雪橇。

《说文·示部》："禄，福也。従示，录聲。""禄"何以有福气之意，陆宗达、王宁（1983：105—106）认为"禄"的音义均来自"鹿"：《说文·水部》"漉"或作"淥"，《竹部》"簏"或作"籙"，可知"簏"与"錄"作声母时曾多次互换，并且古代惯于通用；《说文·示部》："禄，福也。""禄"之训"福"，则从"鹿"得义。《说文·鹿部》"麗"字下说："禮，麗皮納聘，蓋鹿皮也。"《心部》"慶"字下说："吉禮以鹿皮为贄。"在婚礼上庆贺他人，并以"鹿皮"为见面礼，主要源于"鹿"的吉祥寓意。而且，以鹿为吉祥物的观念由来已久，据研究从殷周时期已然如此（吕梁、吕友仁，2015）。

（五）"肉"与"柔韧"

《释名》曰："肉，柔也。""肉"没有具体的外形，手感上比较柔软，也可以形容人"性子缓慢，动作迟钝；懒惰，不求上进"，继而又引申出"软弱无能，窝囊；傻；遇事畏缩，不敢出面"的义项（许宝华、宫田一郎，1999：1984）。在中原官话、兰银官话中，也可以形容"慢性子"的动物，如肉马，与烈马相对（许宝华、宫田一郎，1999：1984）。在河南信阳方言中，"肉"还有"不酥，不脆"之意，如"锅巴肉了""肉瓢西瓜"。法语 chair "肌肉，肉；肌肤；（作食品的）肉；果肉；肉体；肉欲"，短语 netre ni chair ni poisson "［转］优柔寡断，没有主见"。西班牙语 carne "禽肉"，短语 carne de cogote 指 "受气筒，受虐待的人"。我们还看到，在汉语江淮官话、吴语中，"肉"可用作动词，表示"纠缠"之意，大概也能与"肉"所引申出的"缓慢，软弱"的语义特征联系起来。

上述分析，侧重体现"柔"的一面，实际上也是"肉"与"骨"在语义特征上对立的根源。"骨"是人和脊椎动物体内起支持身体、保护内脏作用的坚硬组织。中医上讲"肾主骨，脾生肉"，以肾阴滋补骨阳，以脾阳调和肉阴，"肉"至于"骨"亦相当于"阴"至于"阳"（林子瀚，2021）。

"肉"又具有一定的韧性，《玉篇》："肕，坚肉也。""肕"与"韧"同。在一些语言中，"肉"又可以形容人"固执，不通情理；脾气犟"（许宝华、宫田一郎，1999：1984）。在汉语江淮官话、中原官话中，也有这种用法，北方方言里的"滚刀肉"形容的也是这类人。尼泊尔境内的尼瓦尔语是藏缅语族中一种古老的语言，该语言中 pyatha 名词指"柔韧不好切的肉；面色和蔼，嘴巴灵活，但不按规则办事，不肯让步的人"；pyanuye 动词表示"切不动，不好切（肉）；不好相处，难以说服（虽然说话温和，和蔼可亲，但永远不会屈服）；拖延（口头承诺，却不行动）"。法语 coriace "啃不动的（指肉），[转] 不让步的，固执的，难对付的"；viande "（家禽、牲畜的）肉，肉类"，短语 viande trop cuite 戏谑为"鞋底"，是因为鞋底软而耐磨的特点与"肉"的"柔韧"具有相似性。

（六）"肉"与"挖苦"

语言中名词"肉"与动词"吃肉"之间的语义关系无须赘述。需要特别指出的是，在汉语江淮官话中，"肉"可以用作"讽刺，挖苦；令人难堪"之意（许宝华、宫田一郎，1999：1984）；法语 lard，名词"猪膘，肥肉；[引] 鲸脂；[俗]（人的）脂肪"，lardonner，动词"把（膘）切成细条；（在瘦肉里）夹塞猪膘；[转] 讽刺，嘲笑，挖苦"。"肉"发展出"挖苦"义，我们认为可能与古汉语中的"朒"相对应。《说文·肉部》："朒，挑取骨间肉也。从肉，叕声。"《集韵·末韵》："取肉骨中曰朒。"

三、"肉"语义演变的脉络

以上我们对汉语中"肉"的各种义项进行了分析，并对每个义项的引申路径加以说明。接下来，我们将对各个义项之间的关系进行简要梳理。通过以上分析可见，"肉"的本义是"人体及动物的肌肉"。《汉语大字典》《古汉语词典》把肉分列为"动物的肉"和"人体的肉"两个义项，或是把"人体的肉"作为第一义项，我们认为均是不恰当的。人类或动物的肌肉，都有一定的柔韧性和伸展性，在维持机体的运动、保护骨骼等方面有重要的作用，是有机体的重要组成部分。"肉"表示"蔬果等的可食部分"以及"中间有孔的环状物的体部"之义，即是根据与人类以及动物机体的相似性类推而来的。"肉"派生出的其他义项，均是由表示"人的肌肉"和"动物的肉"引申而来的。下面就这些引申义画出一个语义地图，使路径更加清晰明了：

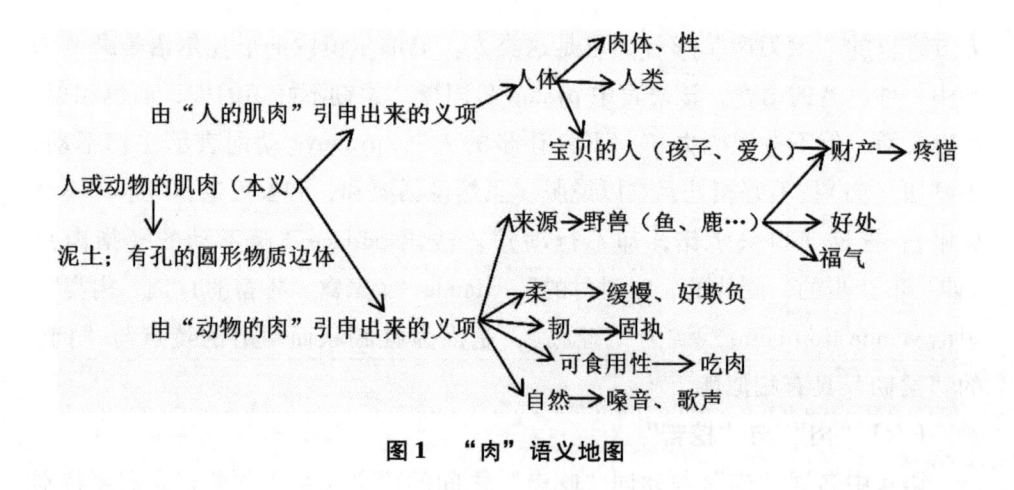

```
                                    →肉体、性
                                  人体→人类
              由"人的肌肉"引申出来的义项↗
                                ↗   ↘宝贝的人（孩子、爱人）→财产→疼惜
   人或动物的肌肉（本义）
              ↓                   来源→野兽（鱼、鹿…）→好处
   泥土；有孔的圆形物质边体                              ↘福气
                                ↘ 柔——缓慢、好欺负
              由"动物的肉"引申出来的义项→ 韧——固执
                                  可食用性→吃肉
                                  自然→噪音、歌声
```

图1　"肉"语义地图

四、结语

　　考虑到人类思维模式的基本一致性和心理感知的共通性，我们认为人类用语言来认知世界的途径有一定的相似之处。"肉"是语言中的核心词，用语义类型学的视角来研究汉语中"肉"的语义发展演变的方式，相比传统的、仅依靠汉语材料的研究，这种研究视野更加开阔，得到的研究结论也应更具有说服力。本文对比《汉语大字典》《汉语方言大辞典》，对"肉"的各个义项进行了系统的划分和整理，在梳理各个义项的发展路径以及各个义项之间的关系时，为了增强理据性、系统性，我们也采用了跨语言的词义比较。需要特别指出的是，本文也非常注重挖掘汉语方言材料在研究词义发展演变中的价值。黄树先先生（2019）指出，较之"刻板"的通语，方言没有规范，没有使用的限制，因而创新更多更快，语义演变的路径更广，是我们研究语言，尤其是语义类型学上佳的材料。因此，方言材料在语义研究中的价值确实值得引起我们重视。综上，我们认为本文通过对比其他语言、汉语方言，对"肉"的各义项的发展路径、各个义项之间的关系进行梳理并加以说明，不仅使"肉"的义项更加清晰化、系统化，而且对同类型的研究也有一定的借鉴意义。

参考文献

[1] 本尼迪克特.1984.《汉藏语概论》,乐赛月、罗美珍译,北京:中国社会科学院民族研究所语言室.

[2] 汉语大字典编辑委员会.2010.《汉语大字典》(第二版),武汉:崇文书局.

[3] 黄树先.2010.《食物名探源》,《民族语文》第5期.

[4] 黄树先.2012a.《比较词义探索》,成都:巴蜀书社.

[5] 黄树先.2012b.《汉语身体词探索》,武汉:华中科技大学出版社.

[6] 黄树先、吴娟.2019.《论汉语方言的语义类型学意义——兼谈语义类型视野下汉语方言大型词典的编撰》,《语文研究》第4期.

[7] 黄汉华.2002.《言之乐与无言之乐——声乐与器乐之联系与转化的美学思考》,《中国音乐》第4期.

[8] 何耀华、何大勇.2007.《印度东喜马拉雅民族与中国西南藏缅语民族的历史渊源》,《西南民族大学学报》(人文社科版)第5期.

[9] 蒋绍愚.2001.《汉语词汇语法史论文集》,北京:商务印书馆.

[10] 金理新.2012.《汉藏语系核心词》,北京:民族出版社.

[11] 贾利芳、曾岚等.2020.《"鹿"意象的传统文化内涵阐释》,《银山学刊》第1期.

[12] 陆宗达、王宁.1983.《训诂方法论》,北京:中国社会科学出版社.

[13] 梁敏、张均如.1996.《侗台语族概论》,北京:中国社会科学出版社.

[14] 刘根辉.1998.《说"肉"》,《古汉语研究》第4期.

[15] 刘蔚三.2016.《浅谈日本和歌中的"鹿"和"鞍"》,《文化学刊》第11期.

[16] 吕梁、吕友仁.2015.《试说〈礼记〉中"儺皮"的吉祥寓意》,《历史文献研究》第35期.

[17] 黎李红.2010.《"肉"与"肌"的演变考察》,《内江师范学院学报》第11期.

[18] 黎金娥.2011.《英语核心词"flesh"语义研究》,《湖北经济学院学报(人文社会科学版)》第4期.

[19] 林子瀚.2021.《南北朝中的"骨""肉"喻书现象》,《中国文字博物馆辑刊》.

[20] 王利华.2002.《中古华北的鹿类动物与生态环境》,《中国社会科学》第3期.

[21] [汉]许慎撰,[清]段玉裁注.1981《说文解字注》,上海:上海古籍出版社.

[22] 许宝华、宫田一郎.1999.《汉语方言大词典》,北京:中华书局.

[23] 杨凤仙.2006.《从古汉语词"肉"谈常用词研究的重要性》,《长春师范学院学报(人文社会科学版)》第3期.

[24] 尹鹏阁.2018.《满语饮食服饰词语文化语义研究》,博士研究生学位论文:哈尔滨:

黑龙江大学．

[25] 袁靖．1999．《论中国新石器时代居民获取肉食资源的方式》，《考古学报》第1期．

[26] 阎丽杰．2019．《满族祭祀占卜中的鹿祭品》，《满族研究》第4期．

张　倩　首都师范大学文学院

类型学角度的"教师"词汇研究

钱萌萌

摘 要:"教师"这个概念与教育的发展、教师职业的形成紧密相关。简单回顾教育史,我们发现"教师"与"长者""官吏""学者""神职人员"这些概念密切相关,这与我们跨语言词义比较的结果高度一致。通过跨语言的词义类型学研究,可发现"教师"与"官员""行家""父辈""神职人员""榜样"的语义联系广泛存在于人类自然语言里。跨语言词义比较研究的结果可以作为史学研究的补充,为人类普遍认知规律、社会风俗、文化思想等方面的研究提供语言学上的依据。

关键词:教师 词义比较 词汇研究 词义类型学

一、引言

古代原始部落的氏族首领和具有生产、生活经验的长者,为了部落自身的生存和发展,会把生产知识、生活经验,特别是风俗习惯、行为准则,有意地传授给年青一代,这类"长者"就是最早的兼职教师。

随着社会政治经济的发展,出现了不同性质的"专职教师"。在我国,西周时期,实行"政教合一""官师一体",官学中设有专职的教育官"师氏",有"大师""小师"之分;战国时期,韩非子主张以法为教,以吏为师;秦始皇帝三十四年(公元前213年)采纳丞相李斯"若欲有学法令,以吏为师"的建议,实行"吏师制度";汉代以后,中央及地方官学中有"博士""祭酒""助教""直讲""典学"等专职教师。除官学外,春秋战国之后,私学兴起,既有官吏兼任或辞官还乡专任教师,也有名儒大师不愿出仕,退而授徒，还有清贫文人担任乡间塾师、书师。在西方，古希腊时期出现的"智者派"是最早的职业教师。中世纪，僧院学校、教会学校多以僧侣、神甫、牧师为师。

简单回顾教育史，我们发现"教师"与"长者""官吏""学者""神职人员"这些概念密切相关，"教师"这个概念与教育的发展、教师职业的形成紧密相关。这一结果与我们跨语言词义比较的结果高度一致。

二、词义类型学研究

词义类型学是语义类型学的一个分支，是基于跨语言比较的词义研究。不少学者对其研究范围进行了定义。如 Koch 给出了词义类型学的研究框架：词义类型字的研究包括名称学角度和符号学角度。从名称学角度进行研究，内容包括词义的范畴、范畴的切分、词义的理据；从符号学角度进行研究，则包括词义多义性和构成多义性的理据（Koch，2001：1144）。总体来看，词义类型学通过比较各种语言对于语义范畴切分方式的异同，归纳词义历史发展路径、变异范围，揭示语言中词义演变共同的规律性，探求不同而语言词汇化模式的一致性。其中，词汇的多义性和异质多义性是词义类型学研究的重要组成部分。多义性的类型学研究揭示出在不同语言中（包括非亲属语言）很多不同的概念总是用同一词位来表达。例如在很多语言中"孩子与枝丫""毛发与枝丫""骨与核"（黄树先，2012）等众多概念都是用同一词位来表达的，相似的语义联系模式大量存在于人类语言中。

三、类型学角度的"教师"词汇研究

语料的收集要兼顾谱系与地域平衡性。本文共搜集希腊语、德语、英语、拉丁语、法语、西班牙语、意大利语、俄语、捷克语、塞尔维亚克罗地亚语、波斯语、土耳其语、汉语、蒙语、越南语、藏语共16种语言（多从外语教学与研究出版社出版的双语词典中选取）进行类型学角度的词义类型比较。

在我们调查的语言里，"教师"常常与"官员""行家""父辈""神职人员""榜样"这些概念发生词义联系。韩愈《师说》："师者，所以传道授业解惑也。""教师",在《现代汉语词典》中的释义为"传授文化、技术的人或在某些方面值得学习的人"。教师主要的职责是传授知识,这就需要教师自身拥有知识。"拥有足够的知识"就是教师必备的素质。"官员"(学而优则仕)、"行家"、"神职人员"往往都受过教育,接受过专业的训练,"父辈"拥有丰富的人生阅历。我们认为这些都是它们与"教师"存在语义联系的原因。另外,"教师"也是学生"效法""模仿"的"榜样","教师"与"榜样"之间的词义联系与"模仿"这种学习方式有关。"教师"与"神职人员"之间的词义联系,不仅是因为"神职人员"有知识、有智慧,也与"传教"与"教学"在形式上存在相似性有关。

(一)教师与长官

"教师"与"长官"存在词义联系,体现了"学在官府""官师不分"的教育体制特征。学在官府是夏、商、西周文化教育制度的特点。其表现有二:一是官师合一。由国家职官师氏、保氏、大司乐、乐师等掌握学术,担任各级学校的教师。二是政教合一。学校既是施教的场所,又是进行政治活动的宫廷。清代章学诚云:"理大物博,不可殚也,圣人为之立官分守,而文字亦从而纪焉。有官斯有法,故法具于官。有法斯有书,故官守其书。有书斯有学,故师传其学。有学斯有业,故弟子习其业。官守学业,皆出于一,而天下以同文为治,故私门无著述文字。"

章太炎(2014:208)认为表示"仕/学"的"宦",表示"习猒"的"靦",表示"劳"的"券"与表示"劳"的"勤",均孳乳于"掼"。"遺""掼"均表示"习","遺"是"掼"的变易,它们均来自表示把持,把玩义的"毌"。这一组同源词体现了"学""出任""教"三者之间的关系,符合"学而优而任",古代社会学者往往是"官吏"的实际情况。章太炎(2014:424)认为"弋"孳乳出表示"记微/职志/官职"的"职",以及表示"事/士师"的"士";"职"又孳乳出表示"记事者"的"史",以及"治人者"的"吏";"士"则孳乳出表示"学/宦学"的"仕"。并强调"古之学者以吏为师",体现了"教师与官吏""学生与教师""学生与学者(掌握知识的人)"之间的词义联系。

"教师"与"长官"存在词义联系不仅体现在传统词汇学相关研究中,在文献中也有所体现:

"师"可指长官，首领。《周礼·天官·序官》："甸师，下士二人。"郑玄注："郊外曰甸，师犹长也。"也指专司一事的神道或官员。《楚辞·离骚》："鸾皇为余先戒兮，雷师告余以未具。"特指乐官，乐师，后发展出教师，先生的意思。《论语·为政》："温故而知新，可以为师矣。"

通过跨语言的考察，"教师"与"长官"存在广泛的语义联系：

古希腊语：καθηγεμών 领导，教师；领导人。

英语：master 主人，雇主；男教师；（对宗教或领袖的称谓）大师，师傅。缩写自古英语 maegester，主人，控制者，来自拉丁语 magister，首领，头，来自 PIE *mag-yos-tero，伟大的，来自 *meg，巨大的，词源同 magnate。引申词义有能手，大师，师父等。

拉丁语：tutor 管理员；家庭教师。magister 教师；顾问；首长。法语：maître, maîtresse 指挥者，官；主人；教师，导师。

土耳其语：usta 工长，领班；（传授技艺的）师父，教师。

波斯语：atābak 古代首相的头衔；宫廷教师。khāje 官长，长官，官吏；教师。

藏语：དབུ་འདྲེན་པ་ 官，宦，吏，头目，老爷；师长，教师。

我们列举了汉语文献、传统词汇学研究的大量材料，说明在汉语里"教师"与"长官"有密切的语义关联。在此基础上，我们对印欧语系的诸多语言，以及土耳其语等其他语系的语言进行了考察，发现在这些语言里，"教师"与"长官"同样有语义关系。因此，我们认为在人类自然语言里，"教师"与"长官"存在语义联系。

（二）教师与专家

各行各业，新手入门时，负责培训任务的都是业内经验丰富的专家。尤其是在学校教育中，某个专业的任课教师，往往是该专业的学者。"拥有足够的知识"是教师必备的素质，由专家担任教师再合适不过。我们发现在很多语言里，"教师"与"专家"往往用一个词来表示。

"教师"这个概念，可以通过派进的方式，用"专家"来表示：

"师"特指乐官、乐师，也指专精某种技艺的人。《孟子·告子上》："今有场师，舍其梧槚，养其樲棘，则为贱场师焉。"赵岐注："场师，治场圃者。"后发展出教师，先生的意思。

"匠"本义是木工。指在某一方面造诣高深的人,也可指"教"。《汉武帝内传》:"夫人既已告彻篇目十二事毕,必当匠而成之,缘何令人主稽首请乞,叩头流血耶?"

"教师"与"专家"有语义上的关系,不仅见诸汉语文献,在其他语言里也有丰富的例子。在很多语言中,某个专业的"教师"与"专家"用一个词来表示:

古希腊语:σοφιστης 智者,修辞学教师。

德语:akademiker 受过大学教育者;大学教师,科学工作者,学者。英语:sophist:哲学教师,哲人,智者;诡辩家。master 能手;男教师。

法语:maître 大师,名家,巨匠;教师;临时代课教师。rhéteur 雄辩术教师;演说家;辞藻华丽的作家。patron 医学教授,指导医师;医务主任;指导教师。grammairien 语法学家;语法教师。拉丁语:cathedrārius 学术的;学者气的;教授的。西班牙语:magister 教师,先生;大师。maestro(中小学)教师,教员;导师;(艺术)大师,名家;能手,老手。

捷克语:fyzik 物理学家;物理教师。němčinář 德语教师(或学生);德语专家。latinář拉丁语教师;拉丁语学者。fyzik 物理学家;物理教师。

波斯语:mollā 通晓宗教知识的人;学者,有学问的人,神学教师。astād 教授;教师;师傅,技师,工匠,能手;手巧的,技术好的。

土耳其语:usta 工匠,手艺人,技术熟练的手艺人;能手,行家;巧手,巧匠,能工巧匠;老手,专家;大师;(传授技艺的)师父,教师。latinci 拉丁语专家;拉丁语教师。felsefeci 哲学家;哲学教师。

越南语:thàyđồ 私塾的先生;村学究。

"拥有足够的知识"是教师必备的素质,由专家担任教师再合适不过。我们列举了汉语文献的相关材料,说明在汉语里"教师"与"专家"有密切的语义关联。在此基础上,我们对印欧语系的诸多语言,以及土耳其语等其他语系的语言进行了考察,发现在这些语言里,"教师"与"专家"同样有语义关系。因此,我们认为在人类自然语言里,"教师"与"专家"存在语义联系。

(三)教师与父辈

首先从家庭教育来说,"孩子"是学生,"父母"是教师,"教师"与

"长辈"之间存在词义联系十分自然。而在学校教育中,"学生"往往是"年轻人",这点从"学生"与"年轻人"这个词义联系中就可以看出,而教师往往是比他们年长的,或是"父辈的"人。老人代表着权威(在"老"与"尊"有所体现),生活阅历丰富,技能技艺也比年轻人纯熟(在"老"与"老练"有所体现),由老人、父辈他们担任教师是最自然不过的事情。另外,因"一日为师终生为父"这种传统思想,用"父辈"称呼教师,是对教师的尊敬与亲近。

章太炎(2014:312)认为"父"(《说文》:"父,巨也。家长率教者。从又举杖。"),有"巨大/率教"义,亦曰大人(汉世谓父曰大人),孳乳出了"甫",谓男子之美称。又强调"始冠称甫,引申出始、大二义。'始'义或借方为之,后造'昉'。"又由"家长率教",产生"法度辅相"之义,孳乳出表示"法"的"模",表示"规"的"摹","规模即模仿"。

我们在汉语方言里找到了"老师"与"父辈"存在词义联系的例子,其中"父""爸"也起到指称性别的作用:

北方方言:"师父"在胶辽官话(山东临朐)、中原官话(山西襄汾等地)中,表示教师;老师。"师爹"在官话中,表示师傅。

闽方言:"师爸"在闽语(福建大田前路)中,表示师父。

在其他语言里,我们也找到了"教师"与"父辈"具有语义联系的例子:

拉丁语:nūtrīcius 养父;教师。ēducātor 家庭教师;养父。西班牙语:maestro(中小学)教师,教员;导师;老手,长者,尊者。cucho 老人;教师。

捷克语:pěstoun 养父(母),寄父(母);训导者,培养者。

波斯语:atābak 祖父,长者;宫廷教师。khāje 教师;老人,长者。

阿拉伯语:ya shaykh 老人家,老大爷,老爷子,老先生,教师。

"长辈"生活阅历丰富,技能技艺也比年轻人纯熟,担任教师是最自然不过的事情。汉语中用"父辈"称呼"教师"也是"一日为师终生为父"传统思想的体现,在汉语方言里也有类似的表达。我们对印欧语系的诸多语言,以及阿拉伯语等其他语系的语言进行了考察,发现在这些语言里,"教师"与"长辈"同样有语义关系。我们认为,在人类自然语言里"教师"与"长辈"存在语义联系。

(四) 教师与榜样（效法对象）

《说文》："教，上所施下所效也"。仿效是最常见的一种学习方式。教师是学生学习，模仿的对象，是榜样，是典范。教师是学生学习、模仿的对象，自然是一种"榜样"。汉语"范"本义是模型，引申出规范、榜样，教师又称"师范"。

汉语文献里，"教师"与"榜样"存在词义联系的例子：

"师"也可指榜样。《玉篇·巾部》："师，范也。"《战国策·赵策一》"前事之不忘，后事之师。"《法言·学行》："师者，人之模范也。"

"师范"指学习的模范。《北史·杨播传论》："恭德慎行，为世师范。"也指师法，效法。刘勰《文心雕龙·通变》："今才颖之士，刻意学文，多略汉篇，师范宋集。"也指师父；教师。《西游记》第七七回："保护唐僧，拜为师范。"

我们在西班牙语中也发现了类似的表达：maestra（中小学）女教师，女教员；教育人的事；[泥] 标线；标线板条。

我们找到了汉语文献的相关例证，说明在汉语里"教师"与"榜样"存在语义关联。另外，我们在西班牙语中也发现了类似的表达。因此，我们认为，在人类自然语言里"教师与榜样"存在语义联系。

(五) 教师与神职人员

中世纪时期基督教在欧洲占统治地位。教育乃传教所必需的，基督教会承担起了教育的重任，教会是中世纪期间学术保存和传播的主要机构，而教会学校是其主要教育形式。(2008：133)，在学校中担任"教师"的往往就是神职人员。而且"传教"与"教学"在形式上存在相似性。二者产生词义联系十分自然合理。而在这次我们的调查中，发现不只是欧洲，在很多地方"教师"与"神职人员"都可以用一个词来表示，尤其是在宗教发达的国家。另一种情况，就是，教师会赢得人们的尊重，为表达对各宗教的神职人员的尊重，也叫他们"教师"。

在汉语文献中，"教师"这个概念，可以通过派出的方式表示"神职人员"：

"师"指教师，先生。还是对僧、尼、道士的尊称。如：法师；禅师。

"教师"对僧侣的尊称。王建《寻李山人不遇》诗："从头石上留名去，独向南峰问教师。"

"教师"与"神职人员"有语义上的关系，不仅见诸文献，在汉语方言里也有相关的例子：

北方方言："师傅"在晋语（河北成安）中，表示对和尚、尼姑、道士的尊称。

闽方言："师傅"在闽语（福建厦门）中，表示对和尚、尼姑、道士的尊称。

上面我们列举了汉语中体现"教师"与"神职人员"这种语义联系的词，包括汉语文献和汉语方言。在其他语言里，"教师"与不同宗教的"神职人员"也有广泛的语义联系：

古希腊语：ἐξηγητής 指导者；（宗教秘仪中的）引导师，导引师。

英语：mallam 穆斯林宗教教师；玛拉姆（有时用作尊称，指学者、大学教师等。pundit 印度教的祭司，教师，乐师。也行来自印度语。payndit 学者，大师，教师。lector 读经者（被任命为向人民诵读圣典的小神职人员之一）；大学讲师。

波斯语：heerbad 祆教僧人；教师，师长。ākhond 阿訇；私塾教师。mollā 神学教师；（伊斯兰教）传教士，毛拉。

土耳其语：müderris 教授；宗教学校的教师。hoca 伊斯兰教神职人员；教师，大师；教练。蒙语：nomči 经师，禅师，法师；好说教的人。

藏语：བླ་མ་ 上者，上师，师长，喇嘛。སྟོན་པ་ 本师，导师（一般指宗教创始人），师长，教师。

"教师"与"神职人员"二者间的语义关系与"传教"与"教学"形式上存在相似性有关。另外，在"教会学校"担任"教师"的往往就是神职人员。在中国，为了表达对各宗教神职人员的尊重，也叫他们"教师"。我们列举了汉语文献、方言的相关材料，说明在汉语里"教师与神职人员"存在语义关联。在此基础上，我们对印欧语系的诸多语言，以及土耳其语等其他语系的语言进行了考察，发现在这些语言里，"教师"与"神职人员"同样有语义关系。我们认为，在人类自然语言里，特别是宗教发达地区的语言中，"教师与神职人员"存在语义联系。

四、词义类型学研究对史学研究的意义

通过对表达"教师"概念的词进行跨语言的词义比较，考察其在人类自然语言中的多义性表现，我们总结出了一系列与"教师"存在语义联系的概念。这些语义联系频繁出现在不同的语言之中，对语言学研究有重要意义，从共时角度可以揭示某一概念在不同语言中相似的词汇化方式；从历时角度可以帮助我们发现词义演变的相同轨迹，揭示人类语言中共同的语义演变模式以及词义发展的方向。更重要的是，这些语义联系可以为人类认知规律、社会风俗、文化思想等方面的研究提供语言上的依据。

李福印（2008：214）指出："词义不止源于语言系统内部，植根于人类与世界互动过程形成的经验，所以，一词多义其实是人类认知概念的多义性在语言上的体现。"人类认知构成依赖于生活经验的积累，而人类的生产、生活经验又大同小异，这就导致很多转喻模式是全世界人类所共有的，一个词发展出的不同义项也会出现共同规律。只有具备知识的人，才可以教授给其他人。"专家"具备专业知识，而知识的积累需要时间；"父辈"生活阅历丰富，技能、技艺比年轻人纯熟，由他们担任"教师"是最自然不过的事情。而同样具有这种属性的不仅是"教师"，还会是首领、长官。"模仿""倾听"是学习最常见的手段，相对应的"被模仿""说教"就是教学常见的手段。这些人们对于教师的"认识"都反映在了词义上，反映在了具有共性的语义联系上。这些都可为教育学史中"教师"概念形成的研究提供语言学上的依据。

五、结语

本文通过对表达"教师"概念的词进行跨语言的比较，考察这个概念在自然语言中词义发展的共性，发现"教师"常常与"官员""行家""父辈""神职人员""榜样"这些概念发生语义联系，这与教育史中"教师"概念的形成高度一致。充分说明了词义类型学研究成果可以作为史学研究的补充，可以为人类普遍认知规律、社会风俗、文化思想等方面的研究提供语言学上

的依据。

参考文献

[1] 黄树先. 2012.《比较词义探索》,成都:巴蜀书社.
[2] 黄树先. 2010.《汉语核心词探索》,武汉:华中师范大学出版社.
[3] 加布里埃尔·孔佩雷. 2013.《教育学史》,济南:山东教育出版社.
[4] 蒋绍愚. 2005.《古汉语词汇纲要》,北京:商务印书馆.
[5] 李福印. 2008.《认知语言学概论》,北京:北京大学出版社.
[6] 张　莉. 2013.《词义类型学研究》,《语言研究》第 3 期.
[7] 张　莉. 2016.《类型学角度的"孩"研究》,《外语学刊》第 5 期.
[8] 章太炎. 2014.《章太炎全集》,上海:上海人民出版社.
[9] 张斌贤. 2008.《外国教育史》,北京:教育科学出版社.

钱萌萌　首都师范大学政法学院

"毛发"义词的词义比较及语义图构建

郐国庆

摘　要："毛发"义词是语言中的基本词。本文用比较词义的方法对几种语言的"毛发"义词进行了词义比较，探索"毛发"义词的语源及词义发展；并且根据 Haspelmath 所提出的绘制语义图的原则及方法，为"毛发"概念构建了语义图。

关键词：毛发　词义比较　语义图

一、"毛发"义词的语源

（一）尾巴与毛发

汉语"毛"或源自"尾"一词。《说文》："毛，眉发之属及兽毛也。"言其本义为眉毛、头发或兽毛，即动物皮上所生的丝状物。《说文》："尾，微也。从倒毛在尸后。古人或饰系尾，西南夷亦然。"可见"尾"的本义是人的尾巴。仅仅从词义角度看不出两者同源关系，但若从汉藏历史比较的角度看，二者有可能是同源关系。

"毛"的上古音为 *maaw（郑张尚芳，2003）。或 *mɯ（金理新，2012：346），可与藏缅语的"尾巴"比较。白保罗将原始藏缅语的"尾巴"构拟为 *r-may，或可与郑张尚芳的拟音比较。此外，许多藏缅语的"尾巴"一词可与金理新的拟音比较，如：吕苏 mu³³，卓戎 ymi，日戎、观戎、业戎 lmi，贵琼 mi⁵⁵，独龙语 mi⁵⁵，缅语 mri，载瓦 myi⁵⁵，浪速、波拉 myi³¹，勒期m̥ɯ⁵⁵，哈尼 mi³¹，基诺 mi⁴⁴，嘎卓 m̥ɯ⁵⁵。

"尾"的上古音为 *mɯlʔ（郑张尚芳，2003）或 *merʔ（金理新，2012：

349），可与藏缅语"毛发"比较。白保罗把原始藏缅语的"毛发"构拟为 *mul =（s-）mul～（r-）mil～（r-）mul 等几种不同的形式，可与郑张尚芳的拟音比较。此外，许多藏缅语"毛发"一词也可与之比较，如吕苏 mu^{53}，木雅 mo^{24}，格什扎、格西 rmi，景颇 mun^{33}，独龙 mɯn^{55}，阿侬 min^{55}，达让登 m̥^{55}，格曼登 bɯl^{35}，博嘎尔 mɯ，阿昌、仙岛 mui^{31}，载瓦 mui^{21}，浪速 muk^{55}，勒期 mou^{55}，傈僳 mɯ^{35}，基诺 mɯ^{44}，拉祜 mv^{33}。还有一些藏缅语的"毛发"一词，可以与金理新的拟音比较，如普米 mɛ̰，日戎 mər^{53}，却隅 m̥e^{33}，怒苏 m̥e^{55}。

不难看出，汉语"毛"和"尾"在藏缅语中存在词义交替。这种词义交替现象表明：在原始汉藏缅语中，"毛发"与"尾巴"曾用一个词表示，后因语言分化和词义演变，才形成现如今这样复杂的对应关系。

"毛"与"尾"同源除亲属语言的证据外，汉语文献也有迹可循。《尚书·禹贡》："齿革羽毛。"汉孔安国传曰："毛，旄牛尾也。"清代段玉裁《说文解字注》："凡经云干旄、建旄、设旄、右秉白旄、羽旄、齿革干戚羽旄，今字或有作毛者，古注皆云旄牛尾也。旄牛即犛牛，犛牛之尾名氂。"毛、旄、犛和氂的上古音都是 *maaw（郑张尚芳，2003）。黄树先也曾指出汉语"毛"与"牦"存在紧密的词义联系（黄树先，2012：133）。

（二）头发与毛发

"头发"指生长在人头部的毛发，即"毛发"的一种；语言中的"头发"义词很容易词义扩大，发展出"毛发"义。印欧语各语言中的"毛发"义词就源自于"头发"义词，比如英语 hair"头发；毛发"，德语 haar"毛；发"，西班牙语 pelo"毛；头发"，葡萄牙语 cabelo"头发；毛发"。汉语"头发"义与"毛发"义也存在紧密的语义联系。虽然汉语表"头发"义的"发"没有发展出"毛发"义，但汉语表"毛发"义的"毛"却发展出了"头发"义。如《左传·僖公二十二年》："君子不重伤，不禽二毛。""二毛"言鬓发有黑白两种颜色，特指老年人。因此，"毛"在这里指鬓发、头发。

（三）羊毛/兽毛与毛发

有一些语言的"毛发"义词源自"羊毛"义词或"兽毛"义词。印欧语先民是游牧民族，游牧的主要动物是羊、牛或马，因此一些印欧语语言的"毛发"义词来源于"羊毛"义词或"兽毛"义词。例如英语 wool"羊毛；

毛"源自古英语 wull "羊毛；一些动物身上柔软的毛发"，英语 fleece "羊毛；毛"，西班牙语 pelo "毛；（动物的）毛"，俄语 шерсть "（哺乳动物的）毛，兽毛；（人体上浓密的）毛发"。虽然我们不能确定汉语有没有"羊毛"义词或"兽毛"义词发展出"毛发"义，但我们可以肯定汉语"毛发"义与"兽毛"义存在紧密的语义联系。

二、"毛发"义词的词义发展

（一）毛发与毛状物

1. 毛发与草木、庄稼

汉语毛发与草木、庄稼存在语义联系，汉语闽语、中原官话和西南官话等方言都有类似用法（黄树先，2012：194）。从认知语义学角度看，毛发与草木、庄稼存在相似性，故可以用"毛发"义词表示草木或庄稼。如《公羊传·宣公十二年》："君如矜此丧人；锡（赐）之不毛之地。"不毛之地即不长草木、庄稼的土地。其他语言也有相似的用法：如俄语 поросль "小木丛，灌木丛；蘖，蘖枝，萌芽，萌发枝；幼林"，俄语 растительность "毛发，汗毛；（某一地区的）植物（总称）；植物界；植被；明蘖，嫩枝，幼苗"。

2. 毛发与霉菌

霉菌是一种真菌，其特点是菌丝比较发达。菌丝与毛发都是细丝状，二者十分相似，故"毛发"义词可以指霉菌。现代汉语"衣服长毛了"中的毛，就是指霉菌。

3. 毛发与流苏

汉语"毛"与流苏存在语义联系。流苏即一种下垂的以五彩羽毛或丝绒等扎成的如禾穗状的饰物，也叫旒、缨或穗子，常系在服装或器物上。汉语流苏跟草有密切的语义联系（黄树先，2012：197）。"毛"有"草"义，"流苏"义即在"草"义基础之上产生的。其他语言也有类似的语义发展，例如印尼语 rambu "流苏，（帐幕旌旗、披巾等物上的）穗状饰物；腋毛，阴毛；rambut '头发'，rumbai '穗子，缨子'，berum-bai-rumbai '有穗的，穗状的，垂悬着，垂挂着'，rumbai '莎草科植物（可以编席）'"；西班牙语 cairel "假发套；秃顶；（衣物的）流苏，穗子"（黄树先，2012：197）。

（二）毛发与带毛的兽皮

"毛"可以指带毛的兽皮。《左传·僖公十四年》："皮之不存，毛将安傅？"可见，古人对"毛"与"皮"互相依存的紧密关系已有非常深刻的认识。从认知语言学角度看，认知域相近可以产生转喻。因此汉语"毛"可转指带毛的兽皮，例如《吴越春秋·勾践阴谋外传》："越王夏被毛裘，冬御絺绤，是人不死，必为对隙。"毛裘即由带毛的兽皮制成的衣服。其他语言也有类似的表达，如德语 haar "毛发；毛皮"。

（三）毛发与兽类

人们在给事物命名时，通常以事物最凸显的特征为其命名。兽类最明显的特征就是身体被毛，因此人们经常以"毛发"义词指称兽类。汉语"毛"可以指兽类。比如《文选·左思·蜀都赋》："毛群陆离，羽族纷泊。"唐李善注曰："毛群，兽也。"虽然在我们考察的其他语言中，"毛发"义词不可以特指兽类，但是巴西西班牙语 cabeludo 一词可以特指僧面猴，这种猴子最突出的特征就是全身毛发长且密。

（四）毛发与毛制品

毛发与毛制品之间存在语义联系。从认知语言学角度看，原材料和产品之间经常产生转喻，以原材料指产品是非常普遍的现象。汉语"毛"可以指毛笔（黄树先，2012：197）。虽然很多语言的"毛发"义词可以指毛制品，但是所指的具体毛制品却大不相同。例如：俄语 растительность 指"毛线，毛纺线；毛料衣服"，英语 woolly 指"羊毛内衣；毛线衣"。

（五）毛发与容貌

毛发与容貌存在语义联系。《释名》："毛，貌也，冒也，在表所以别形貌，自覆冒也。"《说文》："皃，颂仪也。从人，白面，象人面形。籀文从豹，省作貌。"可见，毛发与相貌存在语义联系。其他语言也有类似的表述，例如西班牙语 pelaje "浓密的头发；仪表，相貌没，装束"。

（六）毛发与拔草、采摘

毛发与拔草、采摘不存在直接的语义联系，而是通过草木义间接发生联系。草木与拔草、除草存在语义联系（黄树先，2012：147）。从认知语言学角度看，动作和动作对象之间常常存在转喻现象，以动作对象指称动作是语言中普遍现象。汉语汉语"茇"指草根，又指草木初生，字或作"拔"，可作动词,拔草。例如《周易·泰》:"拔茅茹。"王弼注:"茅之为物,拔其根而相牵引者。"(黄树先,2012:198)又汉语芼 *maaws 有采摘义,例如《诗经·关雎》"参差荇菜,左右芼之。"

(七) 毛发与粗糙的、未加工的

"毛"有"粗糙、未加工"义,例如杨朔《蓬莱仙境》:"炕上坐着个青年妇女,穿着一身白,衣服边是毛的,显然正带着热孝。"又如:"大理石地面太滑,需请专家来打毛。"打毛又称拉毛,即把光滑的墙面弄粗糙,使瓷砖能贴牢墙面。

(八) 毛发与小

"毛"的"小"义是从毛发细小特征引申出来的。《西游记》:"你是哪路毛神?"这时的"毛"还带有贬义色彩,现在已变为中性词。现代汉语普通话及方言的"毛"都有"小"义。普通话有"毛贼""毛孩子"等;临沂话有"毛毛雨",丹阳话有"(小)毛毛"(李荣,2002:336)。其他语言中也有类似的表达,例如西班牙语 pelo "毛;些微,细小,一点儿",德语 haarfein "(头发般)纤细的"。

(九) 毛发与行为急躁/马虎粗心

"毛"有行为急躁义。比如毛躁,就是形容一个人性格鲁莽,做事不沉稳。心理学研究表明,急躁会导致一个人做事马虎。从认知语言学的角度看,原因和结果之间通常存在转喻现象,因此语言中可以用表"急躁"义的词表"马虎粗心"义。汉语"毛"亦可以表马虎粗心,例如"毛手毛脚",就是指一个人做事冒失、粗心大意。

(十) 毛发与发怒

毛发与发怒存在密切的语义联系。从认知的角度看,人们通常倾向于用事物最凸显的特征为事物命名。《荆轲刺秦王》:"士皆瞋目,发尽上指冠。"可见古人对毛发与发怒之间的关系已有深刻的认知。因此汉语"毛发"义词可以转指发怒。例如沙汀《烦恼》:"她身坯高大,平日可吓怕刘洪顺,因为个子虽然比她要小一半,一惹毛了,他可动不动就会打人。"又如西戎《女婿》三:"老汉不但不支持她的意见,反而嫌她话多,发毛道:'你懂啥!不懂就少说两句。'"在我们考察的其他语言中,未发现此类用法。

（十一）毛发与害怕、惊慌

毛发与害怕、惊慌存在语义联系。黄树先（2012：200）指出汉语"毛骨悚然"与毛发存在密切的联系。毛骨悚然的原因即是害怕、惊慌。古人对毛发与害怕、惊慌的关系已有深刻的认知。比如《晋书·夏统传》："闻君之谈，不觉寒毛尽战，白汗四帀。"桂馥也说，凡有怪异惊恐，辄云"汗毛起"（黄树先，2012：200）。汉语"毛"有"害怕、惊慌"义。例如《老残游记》："不意今日遇见这大的风浪，所以都毛了手脚。"又如《官场现行记》第四七回："钦差还没有下来，这里官场上得了信，早已吓毛了。"其他语言也有类似的表达，例如葡萄牙语 porse cabelos empe "毛骨悚然"。

（十二）毛发与模糊

毛发与模糊也存在语义联系。汉语"毛"有此义。例如明代袁宏道《雾中望山》："日无光而毛，天不昏而睡。"又如克非《春潮急》："李克抬头望天，一弯毛月，几颗疏星。"其他语言也有类似的表达，例如英语 woolly "羊毛的；朦胧的；模糊的；不鲜明的"。

（十三）毛发与贬值

毛发与货币贬值存在语义联系。北方方言"钱毛了"，指货币不值钱了。古代中国使用金属货币，因此人们会根据重量来衡量货币的价值，久而久之，就在人们心里形成了轻即为价值小，重即为价值大的思想观念，这种思想观念一直影响至今。因此，"毛"的"贬值"义大概是基于毛的轻盈特征所引申出来的意义。在我们考察的其他语言中，没有发现这种词义引申。

（十四）"毛发"义词的特指用法

"毛发"义词，比如"毛"，作为"毛发"语义场的上位词，经常可以用来特指羽毛或胡须。"毛"可以特指羽毛，但是否指羽毛要根据具体语境判断（龙丹，2008）。例如《战国策》卷十七："公举而私取利，是以国权轻于鸿毛，而积祸重于丘山。"鸿毛即大雁的羽毛。毛可以特指胡须，例如《周礼·秋官·司仪》："王燕则诸侯毛。"郑玄注曰："谓以须发坐也。朝事尊尊，上爵；燕则亲亲，上齿。"又如《汉书·东方朔传》："口无毛，声謷謷。"

三、"毛发"概念语义图构建

曹晋总结了 Haspelmath 所提出的绘制语义图需要遵循的步骤和原则：先通过跨语言的调查，列出所调查语言形式在不同语言里面所表现出的不同功能；然后绘制语义图，即把不同的功能性用法放在语义图上（曹晋，2012）。绘制语义地图必须遵循 Croft（2001）所提出的"语义地图连续性假说"，即任何特定语言或者特定构式相关的类别应该投射到概念空间连续的区域上。

根据上文我们对"毛发"义词的词义比较，我们可以构建"毛发"概念语义图，如图1所示：

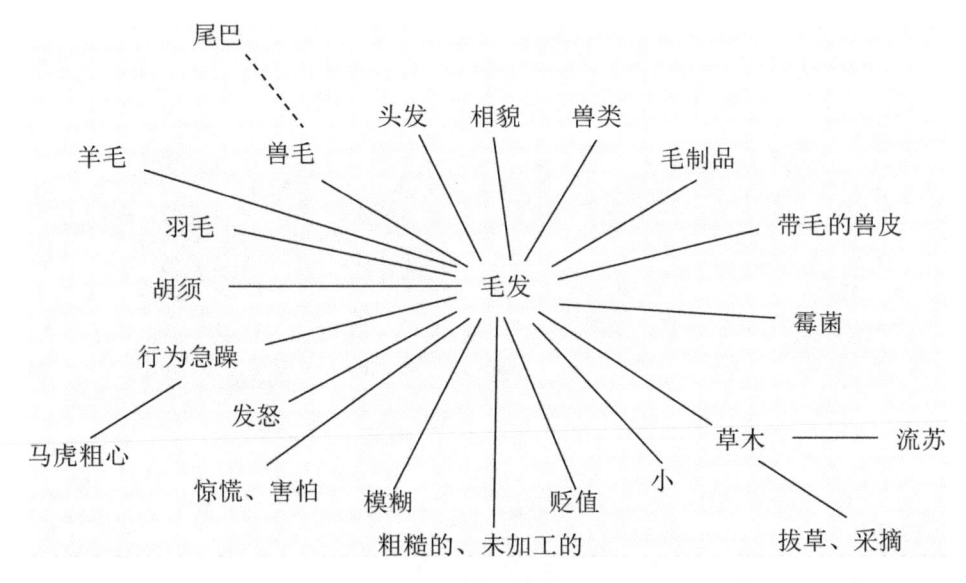

图1　"毛发"概念语义图

说明：虚线表示词义演变时可能没有经过这个过程

参考文献

[1] 曹晋. 2012.《语义地图理论及方法》,《语文研究》第2期.
[2] 黄树先. 2012.《比较词义探索》,成都：巴蜀书社.
[3] 黄树先. 2012.《身体词探索》,武汉：华中科技大学出版社.
[4] 金理新. 2012.《汉藏语系核心词》,北京：民族出版社.

[5] 李荣. 2002.《现代汉语方言大词典》, 南京：江苏教育出版社.

[6] 龙丹. 2008.《魏晋"羽毛"语义场探微》,《郧阳师范高等专科学校学报》第1期.

[7] 潘悟云. 2000.《汉语历史音韵学》, 上海：上海教育出版社.

[8] 郑张尚芳. 2003.《上古音系》, 上海：上海教育出版社.

邰国庆　首都师范大学文学院

苗瑶语中的"天"和"地"

胡晓东 胡朝君

摘　要：无论是思维认知还是语言认知，"天"和"地"都是人类首先必须面对的自然存在。正因如此，无论在人类哪一民族的语言和文化中，"天""地"都是最为核心的词汇和概念。苗瑶语是我国汉藏语系的四大语族之一，"天"和"地"同样是其中最核心的概念和词汇。但是在具体的语言中，苗瑶语的"天"并不同源，其中分布最广的是舌根音声母类型，其次是舌尖音声母类型，最少的是唇齿音声母类型。而"地"却相对要统一得多，都是舌尖音声母类型，其中在苗语支各语言中声母和声调高度同一。

关键词：苗瑶语　"天""地"语音类型　语源分析

一、引言

自李方桂先生的汉藏语分类（丁邦新、孙宏开，2001）出现以后，苗瑶语就被认为是汉藏语系下面的一个语族，并下辖苗语支和瑶语支。对于苗瑶语之间的同源关系，目前学者们已多有讨论，甚至已寻找并确定了数以百计的苗瑶语与汉语的"同源词"（陈其光，2001；2013）。这些同源词（也可以称之为核心词），不少都在苗瑶语中表现出高度的一致性。以目前语料最为丰富的王辅世、毛宗武先生的《苗瑶语古音构拟》（以下简称《构拟》）和陈其光先生的《汉语苗瑶语比较研究》（以下简称《研究》）中的"太阳""月亮"和"风""雨"材料为例：

表 1　《构拟》中的"太阳"①

汉义	语音点					
	养蒿	吉卫	先进	石门	青岩	高坡
太阳	n̥he¹	n̥he¹	n̥o¹	n̥u¹	n̥oŋ¹	n̥hən¹
	宗地	复员	枫香	七百弄	瑶里	文界
	noŋ¹ᵇ	naᴬ	n̥hoŋ¹	n̥ɔŋ¹	n̥ɔ¹	ne¹
	长峒	多祝	江底	湘江	罗香	长坪
	n̥ɔ¹	nɔ¹	n̥ɔi¹	n̥wa¹	n̥ɔi¹	nwai
	樑子	览金	东山	三江	大坪	
	nɔi¹'	n̥ɔːi¹'	n̥wai¹	nwei¹	nai¹	

从表 1 中这些材料看，"太阳"在苗瑶语族语言里都是同源的。

表 2　《研究》中的"太阳"②

汉义	语音点							
	嘎奴	郭雄	嗷孟	郭苗	巴哼	优诺	东努	努努
太阳	n̥ɛ¹	n̥e¹	no¹	na¹	n̥ei¹	no¹	n̥oŋ¹	noŋ¹
	霍讷	炯奈	巴那	优勉	金门	标敏	藻敏	
	nɔ¹	n̥o¹	ni¹	n̥ɔːi¹	noːi¹	n̥ɔi¹	nai¹	

从表 2 中这些材料看，"太阳"在苗瑶语族语言里同样都是同源的。吴安其先生把原始苗瑶语的"太阳"构拟为 *s-no-ɣ，并认为应来自南亚语。③

表 3　《构拟》中的"月亮"

汉义	语音点					
	养蒿	吉卫	先进	石门	青岩	高坡
月亮	l̥ha⁵	l̥hɑ⁵	l̥i⁵	l̥i⁵	l̥e⁵	l̥hɑ⁵
	宗地	复员	枫香	七百弄	瑶里	文界
	li⁵ᵇ	laᶜ	l̥ha⁵	ɬo⁵	lhou⁵	ɬa⁵
	长峒	多祝	江底	湘江	罗香	长坪
	l̥e⁵	ne⁵	ɬa⁵	ɬa⁵	la⁵④	la⁵
	樑子	览金	东山	三江	大坪	
	la⁵'	la⁵'	ɬa⁵	lu⁵	lɔu⁵	

从表 3 中这些材料看，"月亮"在苗瑶语族语言里同样都是同源的。

---

① 在《构拟》中标注为"天（日）"，为了与本文与"地"相对的"天"相区别，此处依《研究》标注为"太阳"。声调原著同时标注调值和调类，此处则只标注调类以便于比较，以下同。

② 陈其光先生的原著中只标注调值，现为了方便比较而改为调类。其中各语音点第 1 调所对应的调值是：嘎奴 33，郭雄 35，嗷孟 43，郭苗 31，巴哼 35，优诺 44，东努 33，努努 33，霍讷 22，炯奈 44，巴那 13，优勉 33，金门 11，标敏 33，藻敏 44。

③ 见吴安其《汉藏语同源研究》第 286 页。

④ 在《构拟》中，王辅世和毛宗武先生指出声母不合，但在当前中部苗语中，声母 [l̥h] 变为 [l] 的现象很普遍，故此处罗香的声母 [l] 也应该算是合理的音变。

表 4 《研究》中的"月亮"①

汉义	语音点							
	嘎奴	郭雄	噉孟	郭苗	巴哼	优诺	东努	努努
月亮	ɬha⁵	ɬɑ⁵	ɬi⁵	ɬa⁵	ɬa⁵	la⁵	ɬo⁵	lo⁵
	霍讷	炯奈	巴那	优勉	金门	标敏	藻敏	
	ne⁵	ɬe⁵	la⁵	ɬa⁵	la⁵	ɬa⁵	lɔu⁵	

从表 4 中这些材料看，除了霍讷语音点的声母［n］与其他语音点的声母略有差别之外，核心词"月亮"在所有苗瑶语族语言里同样也都是同源的。即使有一些词语音不完全相同，但仍然有明显的对应关系。如：

表 5 《构拟》中的"风"

汉义	语音点					
	养蒿	吉卫	先进	石门	青岩	高坡
风	tɕen⁵	—	tɕua⁵	tɕa⁵	—	tɕɑ⁵
	文界	宗地	复员	枫香	七百弄	瑶里
	tɕi⁵	—	tɕiᶜ	tɕa⁵	tɕi⁵	tɕi⁵
	长峒	多祝	江底	湘江	罗香	长坪
	tʃi⁵	ki¹②	dʑja:u⁵	dʑja⁵	dʑau⁵	dʑjau⁵
	樆子	览金	东山	三江	大坪	
	ɟa:u⁵	ɟa:u⁵	hja⁵	jau⁵	dʑau⁵	

从表 5 中这些材料看，除苗语支语言的吉卫、青岩和宗地三个语音点没有材料外，核心词"风"的声母在各语音点中的表现形式有［tɕ］、［tʃ］、［k］、［dʑ］、［dʑ］、［ɟ］、［h］甚至［j］等，但从中也能够看出它们是可以有共同来源的，而且声调都同为第 5 调，故可视为同源。再如：

表 6 《构拟》中的"雨"

汉义	语音点					
	养蒿	吉卫	先进	石门	青岩	高坡
雨	noŋ⁶	noŋ⁶	naŋ⁶	nau⁶¹	naŋ⁶	nɑŋ⁶
	文界	宗地	复员	枫香	七百弄	瑶里
	mo⁶	naŋ⁶	noŋᶜ	naŋ⁶	nɔŋ⁶	nŋ⁶

---

① 陈其光先生的原著中只标注调值，现为了方便比较而改为调类。其中各语音点第 5 调所对应的调值是：嘎奴 44，郭雄 53，噉孟 44，郭苗 24，巴哼 55，优诺 54，东努 41，努努 13，霍讷 33，炯奈 35，巴那 35，优勉 24，金门 31，标敏 13，藻敏 42。
② 在《构拟》中，王辅世和毛宗武先生指出声调不合。

续表

长垌	多祝	江底	湘江	罗香	长坪
nɐŋ⁶	nuŋ⁶	bjuŋ⁶	buŋ⁶	bluŋ⁶	bloŋ⁶
櫟子	览金	东山	三江	大坪	
buŋ⁶①	buŋ⁶②	blə⁶	pljɔŋ⁶③	biŋ⁶	

从表 6 中这些材料看，核心词"雨"的声母在各语音点中的表现形式，苗语支语言主要表现为［n］④，而在瑶语支语言中则有［bj］、［b］、［bl］以及［plj］等。表面上看，不但苗语支语言和瑶语支语言各自对应明显，就是整个苗瑶语各语言之间的演变关系似乎也可以成立，而且声调都同为第 6 调，故也可视为同源。例如：

表 7 《构拟》中的"稻子"

汉义	语音点					
	养蒿	吉卫	先进	石门	青岩	高坡
稻子	na²	nɯ²	mple²	ndlfi²	mpla²	mplæ²
	文界	宗地	复员	枫香	七百弄	瑶里
	mpfijo²	mplæ²	—	—	nt ɬe²	mjuɔ²⑤
	长垌	多祝	江底	湘江	罗香	长坪
	mpla²	pja²	bjau²	bau²	blau²	blau²
	櫟子	览金	东山	三江	大坪	
	blau²	blau²	blau²	plɔu²	bjau²	

但是，在苗瑶语这些数以百计的同源词中，核心词汇"天"和"地"并不包含在内。

二、"天"和"地"的语音类型

作为一个核心词汇，苗瑶语的"天"和"地"也广受学者们的关注。在

---

① 在《构拟》中，王辅世和毛宗武先生指出声调不合。
② 在《构拟》中，王辅世和毛宗武先生指出声调不合。
③ 在《构拟》中，王辅世和毛宗武先生标注的声调是 c，但《构拟》没有列各语音点具体的语音系统。从该核心词"雨"在苗瑶语大多数语言中的声调和便于比较，此处改标为第"6"调。
④ 按照《构拟》中的说明，此处所说的"苗语支"语言应指养蒿、吉卫、先进、石门、青岩、高坡、宗地、复员、枫香、七百弄、瑶里、文界和长垌共 13 个语音点，"瑶语支"语言应指江底、湘江、罗香、长坪、櫟子、览金、东山、三江和大坪共 9 个语音点，多祝语音点则为"畲语支"。从具体语音情况和便于比较，此处将多祝语音点也归于"苗语支"语言叙述。
⑤ 在《构拟》中，王辅世和毛宗武先生指出韵母不合。

这里，我们同样主要以《构拟》和《研究》的语料为例：

表8　《构拟》中的"天"①

汉义	语音点					
	养蒿	吉卫	先进	石门	青岩	高坡
天	vɛ²	—	nto²	ndfiu²	ntoŋ²	Nqəŋ²
	文界	宗地	复员	枫香	七百弄	瑶里
	vfiɔ²	ntoŋ²	Nqwaŋ^A	Nqoŋ²	ŋkuŋ²	ŋkɔ²
	长垌	多祝	江底	湘江	罗香	长坪
	ŋkuŋ²	kwaŋ²	—	—	guŋ²	ðuŋ²
	樑子	览金	东山	三江	大坪	
	guŋ²	guːŋ²	—	—	vaŋ²	

从表8中材料看，苗瑶语各语言中的"天"并不同源。除吉卫、江底、湘江、东山和三江语音点缺少语料之外，各语音点声母主要表现为唇齿音（养蒿、文界、大坪）、鼻冠舌尖音（先进、石门、青岩、宗地）和舌根音（包括舌根、鼻冠舌根与鼻冠小舌音，具体语音点有高坡、复员、枫香、七百弄、瑶里、长垌、多祝、罗香、樑子、览金）三种类型，也就是《构拟》中的"天一"、"天二"和"天三"。至于长坪中的[ð]，从其发音部位来说可归结为舌尖音一类。

在《研究》中，陈其光先生所列举"天"的语言材料，除苗语支的郭雄之外，只有苗语支语言的材料，没有瑶语支语言的材料。

表9　《研究》中的"天"②

汉义	语音点							
	嘎奴	郭雄	㦗孟	郭苗	巴哼	优诺	东努	努努
天	vɛ²	—	nto²	ŋqwaŋ²	waŋ²	ŋo²	ŋkwuŋ²	kwoŋ²
	霍讷	炯奈	巴那	优勉	金门	标敏	藻敏	
	kwaŋ²	ŋkwaŋ²	gwaŋ²	—	—	—	—	

从表9中材料看，仅列举的苗语支材料中也可以划分为唇齿音（嘎奴、巴哼）、舌尖音（㦗孟）和舌根音（郭苗、优诺、东努、努努、霍讷、炯奈、

---

① 在《构拟》中，除"天（日）"属[*ŋw]母之外，"天"有"天一"、"天二"和"天三"，分属[*NGw]母、[*nd]母和[*v]母。此表所列例词可以说是"天一"、"天二"和"天三"所列例词的总和。
② 陈其光先生的原著中只标注调值，现为了方便比较而改为调类。其中各语音点第5调所对应的调值是：嘎奴55，郭雄31，㦗孟31，郭苗31，巴哼33，优诺13，东努13，努努42，霍讷31，炯奈33，巴那313，优勉31，金门331，标敏31，藻敏53。

巴那）三类。当然，声调都是统一的第 2 调。

此外，在苗瑶语的语音和词汇研究中，学者们经常使用到的语料还包括原中央民族学院苗瑶语研究室编的《苗瑶语方言词汇集》（以下简称《词汇集》），其中所反映的苗瑶语"天"的声母形式又不一样。

表 10 《词汇集》中的"天"

汉义	语音点				
	黔东苗	湘西苗	川黔滇苗	滇东北苗
天	vɛ²	tɑ¹pɹɑ¹	nto²	ntu²
	布努瑶	勉瑶	标敏瑶	
	ta¹ŋkuŋ²ʼ	luŋ²	luə²	

从表 10 中材料可以看出，苗瑶语"天"的声母在各语音点中的表现形式，除湘西苗语不同源之外，在前面所说的唇齿音、舌尖音和舌根音之上还多出了另外一类舌边音声母［l］，并且都是在瑶语支语言（勉瑶、标敏瑶）里面。那么，这是语言调查记录中的问题还是语音演变的问题呢？

在毛宗武先生的《瑶族勉语方言研究》（以下简称《勉语研究》）中，所列举的瑶族勉语语料可以说是最丰富和最全面的，从中我们也能够看出苗瑶语核心词"天"在瑶族勉语中的声母分布情况。

表 11 《勉语研究》中的"天"

汉义	语音点				
	庙子源	江底	梁子	东山	大坪
天	luŋ³¹	guŋ³³	lwŋ³¹	vaŋ⁵³	luŋ³¹
	长坪	罗香	滩散	石口	牛尾寨
	ðuŋ³¹	guŋ³³	guːŋ³¹	thjen³³	ɣɯ⁵³

在表 11 中所列举的材料中，江底、东山和庙子源三个语音点的声母都是［l］，可以归结为"舌边音"声母一类；梁子、罗香和滩散三个语音点的声母都是［g］，可以归结为"舌根音"声母一类；大坪语音点的声母是［v］，可以归结为"唇齿音"声母一类；石口语音点的声母是［thj］，可能是当地汉语借词，但也可以归结为"舌尖音"声母一类。至于长坪语音点的声母［ð］按其发音部位可以归结为舌尖音声母一类已如前述，而牛尾寨语音点的声母［ɣ］，按照苗瑶语语言的声母演变规律应该是［l］的变化[1]，故可以归结为"舌边音"声母一类。

---

[1] 胡晓东《上古汉语部分"来"母字在苗瑶语中的对应》。

而在《瑶族布努语方言研究》(以下简称《布努语研究》)中,蒙朝吉先生也列举了不少布努语各方言土语中的词汇语料,其中对"天"等核心词汇也多有涉及。

表12 《布努语研究》中的"天"

汉义	语音点		
	布努	包瑙	努茂
天	ŋkuŋ²	ŋkɔ²	ŋkuŋ²

从表12中材料看,在布努语三大方言中,苗瑶语核心词"天"的声母表现形式是高度统一的,即都是鼻冠舌根音声母[ŋk]。

故总起来说,在苗瑶语的具体语言中,核心词"天"并不同源。其声母在各语言中的演变和分布主要有四种表现类型,即舌根音、舌边音、舌尖音和唇齿音。

下面再来看"地"的情况。

表13 《构拟》中的"地"①

汉义	语音点					
	养蒿	吉卫	先进	石门	青岩	高坡
地	ta¹	tɯ¹	te¹	ti¹	ta¹	tæ¹
	文界	宗地	复员	枫香	七百弄	瑶里
	to¹	tæ¹	ti^A	ti¹	te¹	tei¹
	长垌	多祝	江底	湘江	罗香	长坪
	ta¹	ta¹	dau¹	dau¹	—	—
	檓子	览金	东山	三江	大坪	
	—	—	—	—	—	

从表13中材料看,与核心词"天"完全不同的是,苗瑶语核心词"地"在苗语支各语言中的声母和声调都高度统一,即都是声母[t]和第1调。而在瑶语支语言中,虽然罗香、长坪、檓子、览金、东山、三江和大坪七个语音点没有材料,但从江底和湘江两个语音点的材料来看,瑶语支语言的"地"也应该与苗语支同源,只不过是以浊声母[d]对应于苗语支语言的清声母[t],声调都同为第1调。

再看《研究》中陈其光先生所列举的"地"的语言材料。

---

① 此处的"地"是指与"天"相对的"地",而不是指"土地"的"地"。

表 14　《研究》中的"地"

汉义	语音点							
	嘎奴	郭雄	噉孟	郭苗	巴哼	优诺	东努	努努
地	ta¹	tɯ¹	tei¹	te¹	to¹	tau¹	te¹	te¹
	霍讷	炯奈	巴那	优勉	金门	标敏	藻敏	
	ta¹	ta¹	ta¹	dau¹	—	—	—	

从表 14 中材料看,苗瑶语核心词"地"在苗语支各语言中的声母和声调也高度同一,即都是声母 [t] 和第 1 调①。而在瑶语支语言中,虽然金门、标敏和藻敏三个语音点没有材料,但从优勉语音点的材料来看,瑶语支语言的"地"也应该与苗语支同源,并且是以浊声母 [d] 对应于苗语支语言的清声母 [t]。

同样,我们也还可以使用《词汇集》中所列举的语料对"地"的情况作进一步的说明。

表 15　《词汇集》中的"地"

汉义	语音点			
	黔东苗语	湘西苗语	川黔滇苗语	滇东北苗语
地	ta¹	tɑ¹tɯ¹②	te¹	pi¹ti¹③
	布努瑶语	勉瑶语	标敏瑶语	
	ka¹te1④	dau¹	dəi⁵	

从表 15 中材料可以看出,除了标敏瑶语中的声调不合之外,苗瑶语核心词"地"的声母在各语音点中的表现形式都完全相同,只不过苗语支的语言是清声母 [t] 而瑶语支的语言是浊声母 [d]。

在毛宗武先生的《勉语研究》中,我们同样能够看出苗瑶语核心词"地"在瑶族勉语中的声母分布情况。

---

① 按照陈其光先生在《研究》中的说明及笔者在本文前面的界定,此处的嘎奴、郭雄、噉孟、郭苗、巴哼、优诺、东努、努努、霍讷、炯奈和巴那十一个语音点应可归结为苗语支语言,而优勉、金门、标敏和藻敏四个语音点则可归结为瑶语支语言。
② 按照湘西苗语的构词方法,此处的 [tɑ¹] 应是词头,真正的词根应是 [tɯ¹]。
③ 此处的 [pi¹] 是词头,真正的词根是 [ti¹]。
④ 此处的 [ka¹] 是词头,真正的词根是 [te¹]。

表16 《勉语研究》中的"地"

汉义	语音点				
	江底	梁子	东山	大坪	庙子源
地	dau¹	ni¹	dəi¹	a¹nɛi¹①	dau¹
	长坪	罗香	滩散	石口	牛尾寨
	tei¹	tei¹	ni¹	ti¹	ŋwjei¹

在表16中所列举的材料中，除牛尾寨语音点的声母可能不同源之外，江底、东山和庙子源三个语音点的声母都是浊音的［d］，而长坪、罗香和石口三个语音点的声母都是清音的［t］。至于樑子、大坪和滩散三个语音点的声母［n］则应该是现代汉语"泥"的借音。

另外，在此还需说明的是，对于苗瑶语的"土"与"地"问题，潘悟云先生也曾在相关著述中论及（潘悟云，2013）。但是，潘悟云先生所述的"地"是与"土"相关联的"地"，而不是本文所说的与"天"相对应的"地"。至于他所说的苗瑶语"土"的声母主要有 l- 和 t- 两大类，而且 l- 和 t- 可能来源于一个共同的声母 tl-，并且可能是 pl- > tl- 或者 kl- > tl，则可能与我们的话题有关。因为在《构拟》中，我们虽然没有找到"土"，但却找到了"旱地"，其中只有瑶语支语言的语料。例如表17：

表17 《构拟》中的"旱地"

汉义	语音点					
	养蒿	吉卫	先进	石门	青岩	高坡
	宗地	复员	枫香	七百弄	瑶里	文界
旱地	—	—	—	—	—	—
	长垌	多祝	江底	湘江	罗香	长坪
	—	—	dei⁶②	tei⁶	tei⁶	tei⁶
	樑子	览金	东山	三江	大坪	
	—	tei⁶	təi⁶	ti⁶	ti⁶	

在所列举的瑶语支语言材料中，不管是清声母［t］还是浊声母［d］，声调都是第6调。表中虽然没有列举出苗语支语言的材料，但笔者的母语黔东南白午苗话中，"（土）地"的语音正是［la⁶］，恰与前面潘悟云先生的论述相符。再如《词汇集》所举语料，在此也可说明：

---

① 此处的［a¹］是词头，真正的词根是［nɛi¹］。
② 虽然《构拟》指出声调不符，但从与其他语音点的对应看就应该是第6调。

表18 《词汇集》中的"（土）地"①

汉义	语音点			
	黔东苗语	湘西苗语	川黔滇苗语	滇东北苗语
（土）地	la⁶	lu⁵	te¹	ti¹
	布努瑶语	勉瑶语	标敏瑶语	
	cɣ⁴ti⁶②	dei⁶	təi⁴	

在表18所列材料中，川黔滇苗语的［te¹］和滇东北苗语的［ti¹］显然是将"（土）地"的"地"理解成了"（天）地"的"地"。而从现实情况看，苗瑶语"（土）地"中的"地"应是第6调字，湘西苗语和标敏瑶语为何分别变为第5调和第4调，需要进一步的分析和比较。至于《布努语研究》中的材料，则是"（土）地"的"地"和"（天）地"的"地"相混淆。例如：

表19 《布努语研究》中的"地"

汉义	地			土		
语音点	布努方言	包瑙方言	努茂方言	布努方言	包瑙方言	努茂方言
例词	laŋ⁵	lɔŋ⁵	lou⁵	ka³te¹③	kə³tei¹④	ta¹

显然，从表19中的材料看，在布努语三大方言中，"地"的声母都是舌边音［l］，按照本文前面的论述应为"（土）地"中的"地"，而"土"的声母都是舌尖音［t］，并且声调都是第1调，故按照本文前面的论述应为"（天）地"中的"地"。至于布努语三大方言中"（土）地"的"地"声调为何变成了第5调，这也许与《词汇集》中湘西苗语"（土）地"的"地"为第5调有所关联。

三、"天"和"地"的语源分析

先来看"天"。

汉语词汇的"天"，郑张尚芳先生构拟为 *qhl'iin // t-hiin 两种形式⑤。我们在前面的论述中将苗瑶语核心词"天"的声母划分为四种类型，也就预示

---
① 在《词汇集》中标注为"地（一块~）"，此处为便于论述而改为"（土）地"。
② 此处的［cɣ⁴］是词头，真正的词根是［ti⁶］。
③ 此处的［ka³］是词头，真正的词根是［te¹］。
④ 此处的［kə³］是词头，真正的词根是［tei¹］。
⑤ 见郑张尚芳先生《上古音系》第479页。

着它们似乎有四个不同的来源。

(一) 舌尖音声母

按照《构拟》,苗瑶语核心词"天"的舌尖音声母表现类型主要有先进、石门、青岩、宗地和长坪五个语音点,也就是以苗语西部方言为主。如表20:

表20 《构拟》中的"天"

汉义	语音点					
	养蒿	吉卫	先进	石门	青岩	高坡
天	—	—	nto²	ndfiu²	ntoŋ²	—
	文界	宗地	复员	枫香	七百弄	瑶里
	—	ntoŋ²	—	—	—	—
	长垌	多祝	江底	湘江	罗香	长坪
	—	—	—	—	—	ðuŋ²
	檑子	览金	东山	三江	大坪	

按照《研究》,苗瑶语核心词"天"的舌尖音声母表现类型主要有噉孟一个语音点,也是以苗语西部方言为主。如表21:

表21 《研究》中的"天"

汉义	语音点							
	嘎奴	郭雄	噉孟	郭苗	巴哼	优诺	东努	努努
天	—	—	nto²	—	—	—	—	—
	霍讷	炯奈	巴那	优勉	金门	标敏	藻敏	

按照《词汇集》,苗瑶语核心词"天"的舌尖音声母表现类型主要有川黔滇苗语和滇东北苗语两个语音点,也是以苗语西部方言为主。如表22:

表22 《词汇集》中的"天"

汉义	语音点						
	黔东苗	湘西苗	川黔滇苗	滇东北苗	布努瑶	勉瑶	标敏瑶
天	—	—	nto²	ntu²	—	'	

这也就是说,在苗瑶语核心词"天"的当代各语音点声母表现中,除《构拟》中长坪勉语的[ð]之外,舌尖音声母类型主要分布在苗语西部方言,并且具体表现形式是清鼻冠舌尖塞音声母[nt]及其浊音形式[nd]。至于具体来源如何,或者是否与汉语的"天"有关系,尚需更进一步的讨论。

(二) 舌边音声母

按照《词汇集》,苗瑶语核心词"天"的舌边音声母表现类型主要有勉瑶语和标敏瑶语两个语音点，也就是以瑶族勉语为主。如表23：

表23　《词汇集》中的"天"

汉义	语音点						
	黔东苗	湘西苗	川黔滇苗	滇东北苗	布努瑶	勉瑶	标敏瑶
天						luŋ²	luə²

按照《勉语研究》，苗瑶语核心词"天"的舌边音声母表现类型主要有江底、东山和庙子源三个语音点，同样也是以瑶族勉语为主。如表24：

表24　《勉语研究》中的"天"

汉义	语音点						
	江底	梁子	东山	大坪	庙子源	长坪	
天	luŋ³¹	—	lwə³¹	—	luŋ³¹	—	
	罗香	滩散	石口	牛尾寨			
	—	—	—	ɣɯ⁵³			

另外，根据瑶族勉语中的语音演变和对应规律，在表24中，牛尾寨的舌根擦音声母［ɣ］应该与其他语音点的舌边音声母［l］有演变和对应关系。

由此可以说，苗瑶语核心词"天"的舌边音声母表现类型只在瑶语支语言中分布。

（三）舌根音声母

在苗瑶语核心词"天"的声母分布类型中，可以说舌根音类声母是最多的。如表25：

表25　《构拟》中的"天"

汉义	语音点					
	养蒿	吉卫	先进	石门	青岩	高坡
天	—	—	—	—	—	Nqən²
	文界	宗地	复员	枫香	七百弄	瑶里
	—	—	Nqwaŋᴬ	Nqoŋ²	ŋkuŋ²	ŋkɔ²
	长峒	多祝	江底	湘江	罗香	长坪
	ŋkuŋ²	kwaŋ²			guŋ²	
	檑子	览金	东山	三江	大坪	
	guŋ²	guŋ²	—	—	—	

显然，在表25中，高坡、复员、枫香、七百弄、瑶里、长峒、多祝、罗香、檑子和览金共十个语音点的"天"都属于"舌根音"类型，而且同时分布于苗语支和瑶语支语言。

而在《研究》中，苗瑶语核心词"天"的"舌根音"声母表现类型主要分布在郭苗、优诺、东努、努努、霍讷、炯奈和巴那七个语音点上面。如表26：

表26 《研究》中的"天"

汉义	语音点							
	嘎奴	郭雄	噉孟	郭苗	巴哼	优诺	东努	努努
天	—	—	—	ŋqwaŋ²	—	ŋo²	ŋkwuŋ²	kwoŋ²
	霍讷	炯奈	巴那	优勉	金门	标敏	藻敏	
	kwaŋ²	ŋkwaŋ²	gwaŋ²	—	—	—	—	

而且，这些语言主要分布在苗语支语言。

同样，在《词汇集》中，苗瑶语核心词"天"的"舌根音"声母表现类型只分布在布努瑶语一个语音点上面。如表27：

表27 《词汇集》中的"天"

汉义	语音点						
	黔东苗	湘西苗	川黔滇苗	滇东北苗	布努瑶	勉瑶	标敏瑶
天	—	—	—	—	ta¹ŋkuŋ²'	—	—

布努瑶语属于苗语支语言。

在《勉语研究》中，苗瑶语核心词"天"的"舌根音"声母表现类型分别出现在樑子、罗香和滩散三个语音点上面。如表28：

表28 《勉语研究》中的"天"

汉义	语音点				
	江底	梁子	东山	大坪	庙子源
天	luŋ³¹	guŋ³³	lwə³¹	vaŋ⁵³	luŋ³¹
	长坪	罗香	滩散	石口	牛尾寨
	ðuŋ³¹	guŋ³³	guŋ³¹	thjen³³	ɣɯ⁵³

而在《布努语研究》中，苗瑶语核心词"天"的"舌根音"声母表现类型则是分布在所有三个方言上面。如表29：

表29 《布努语研究》中的"天"

汉义	语音点		
	布努	包瑙	努茂
天	ŋkuŋ²	ŋkɔ²	ŋkuŋ²

由此可以看出，苗瑶语核心词"天"的"舌根音"声母表现类型虽然在苗语支语言和瑶语支语言都有分布，但却是以苗语支的语言为主。

（四）唇齿音声母

按照《构拟》所列语料，苗瑶语核心词"天"的"唇齿音"声母表现类型分别出现在养蒿、文界和大坪三个语音点上面。如表30：

表30 《构拟》中的"天"

汉义	语音点					
	养蒿	吉卫	先进	石门	青岩	高坡
天	vɛ²	—	—	—	—	—
	文界	宗地	复员	枫香	七百弄	瑶里
	vɦɔ²	—	—	—	—	—
	长垌	多祝	江底	湘江	罗香	长坪
	—	—	—	—	—	—
	㯃子	览金	东山	三江	大坪	
					vaŋ²	

在表中，苗瑶语核心词"天"的唇齿音声母［v］显然在苗语支语言和瑶语支语言中都有分布。

其实，在上述关于苗瑶语核心词"天"的这几种声母类型中，除舌尖音类声母［nt］（包括浊音形式［ndà］和［,]）比较难理解之外，剩余的舌边音、舌根音和唇齿音三类声母都是同源的。

首先，舌边音声母和舌根音声母经常结合在一起，构成所谓"塞音＋流音"的［kl］或［ŋkl］类声母，然后［*kl］＞［k］／［l］或者［**ŋkl］＞［*ql］＞［q］／［l］。

其次，舌根音声母和唇齿音声母可以转换，① 尤其是由舌根音声母［k］向唇齿音声母［f］（包括［v］）的转换（对应）。如表31：

表31 汉语［k］→苗语［f］、［v］

汉语［k］	广	瓜	系	挂	缺	锅	坩
苗语［f］、［v］	faŋ³	fa¹	fi²	fi⁶	fi⁸	vi⁴	va¹

而在由舌根音声母［k］向唇齿音声母［f］（包括声母［v］）演变的过程中，汉语似乎还经历了一个［h］② 声母的阶段。如表32：

表32 汉语：［k］→［h］

汉语［k］	光	艮	工	共	垢	告	高	骨	戈	果	亘
汉语［h］	恍	很	虹	哄	后	浩	蒿	滑	划	踝	桓

那么，［h］（甚至［k］）又怎样想［f］（或者［v］）演变的呢？其实在

---

① 按照本文前面的分类，此处的舌根音包括Nq、Nqw、ŋk、kw、g、ŋqw、ŋ、ŋkw、gw。
② 实际读音应为［x］。

我国南方很多地区，比如贵州省黔东南州的镇远汉语方言中（王贵生2007），声母［x］和声母［f］是不分的。如表33、34：

表33　汉语：［x］→［f］

汉语［x］	会	灰	回	话	花	华	换	欢	环
汉语［f］	fei⁴	fei¹	fei³	fa⁴	fa¹	fa³	fɛ⁴	fɛ¹	fɛ³

表34　汉语：［f］→［x］

汉语［f］	费	飞	肥	放	方	防	饭	翻	烦
汉语［x］	xuei⁴	xuei¹	xuei³	xuaŋ⁴	xuaŋ¹	xuaŋ³	xuai⁴	xuai¹	xuai³

由此可以看出，在苗瑶语核心词"天"的声母演变类型中，舌根音声母［k］与唇齿音声母［v］同源是有理据的。

至于"地"的语源，则要简单得多。

首先，在苗瑶语的核心词体系中，"土地"的"地"有［l］和［t］（包括浊音形式［d］）两种声母类型，并且声调都是第6调。而与"天"相对的"地"有［t］和［n］两种声母类型，并且声调都是第1调。

其次，与"天"相对的"地"有［t］和［n］两种声母类型，［n］也许与［t］一起是［nt］声母鼻冠成分的分化留存，也许是汉语"泥"的借词。如果是后一种情况，那么还需考虑声调的对应。

第3，在"土地"的"地"中，上述湘西苗语和布努语各方言点的声调都由第6调变成了第5调，具体原因还需更进一步分析和研究。

四、结语

民族语言不但是一个民族特有的思维工具和交际工具，也是一个民族传统文化知识传承和文化创造的手段。任何一种语言都是一个民族或者人类群体的知识体系，都是一个民族或者人类群体关于外在客观世界的认知及其经验结晶。在人类任何一个民族或者人类群体中，无论是思维认知还是语言认知，"天"和"地"都是人类首先必须面对的自然存在。正因如此，无论在人类哪一个民族或者人类群体的语言和文化知识中，"天"和"地"都是最为核心的词汇与概念。

苗瑶语是我国汉藏语系的四大语族之一，"天"和"地"同样是其最核心的概念和词汇。但是在具体的语言中，苗瑶语的"天"语音形式并不相同，其中分布最广的是舌根音（包括舌根、鼻冠舌根与鼻冠小舌音）声母类型，其次是舌尖音声母类型，再次是舌边音声母类型，最少的是唇齿音声母类型。而"地"却相应要统一得多，都是舌尖音声母类型，其中在苗语支各语言中声母和声调高度同一，即声母大部分为［t］声母，少部分为［d］声母，声调都是第1调；而在瑶语支语言中，声母都是［t］及其浊音形式［d］。

从历史比较的角度出发，在上述关于苗瑶语核心词"天"的几种声母类型中，除舌尖音类声母［nt］（包括浊音形式［ndɦ］和［ð］）比较难理解之外，剩余的舌边音、舌根音和唇齿音三类声母都应该是同源的。其中，舌边音声母［l］可以与舌根音声母［k］结合在一起，构成"塞音+流音"的［*kl］或［*ŋk¹］类复辅音声母，然后［*kl］>［k］/［l］或者［**ŋkl］>［*ql］>［q］/［l］；同样，舌根音声母［k］和唇齿音声母［f］（包括声母［v］）也可以转换，尤其是由舌根音声母［k］向唇齿音声母［f］（包括［v］）的转换（对应），只不过在由舌根音声母［k］向唇齿音声母［f］（包括声母［v］）演变的过程中，汉语似乎还经历了一个［h］声母的阶段。至于舌边音声母［l］似乎也可以与舌尖音声母［nt］或［nd］相结合，并构成"塞音+流音"的［*ntl］或［*ndl］类复辅音声母，然后［*ntl］>［nt］/［l］或者［*ndl］>［nd］/［l］。

尤其有意思的是，在我国侗台语中，"天"的声母虽然与苗瑶语核心词"天"的唇齿音声母类型略有区别，声调的调类也不一致，但"日（太阳）"却与苗瑶语核心词"天"的"唇齿音"类型如出一辙。至于苗瑶语核心词"天"中"齿唇音"类声母与侗台语有没有关联，则还可继续讨论。

参考文献

[1] 陈其光.2001.《汉语苗瑶语比较研究》，载丁邦新、孙宏开主编《汉藏语同源词研究——汉藏、苗瑶同源词专题研究》（二），南宁：广西民族出版社.

[2] 陈其光.2013.《苗瑶语文》，北京：中央民族大学出版社.

[3] 陈孝玲.2011.《侗台语核心词研究》，成都：巴蜀书社.

[4] 胡晓东.2008.《上古汉语部分"来"母字在苗瑶语中的对应》，《贵州民族学院学报》第3期.

[5] 胡晓东.2011.《瑶语研究》，成都：西南交通大学出版社.

[6] 金理新.2012.《汉藏语系核心词》,北京:民族出版社。

[7] 李锦芳.1999.《布央语研究》,北京:中央民族大学出版社。

[8] 毛宗武.2004.《瑶族勉语方言研究》,北京:民族出版社。

[9] 蒙朝吉.2001.《瑶族布努语方言研究》,北京:民族出版社。

[10] 潘悟云.2013.《东亚语言中的"土"与"地"》,《民族语文》第5期。

[11] [日]林巳奈夫.2002.《中国古代的日晕与神话图像》,载[日]西江清高《扶桑与若木——日本学者对三星堆文明的新认识》,成都:巴蜀书社。

[12] 孙宏开、江荻.2000.《汉藏语系研究历史沿革》,载丁邦新、孙宏开《汉藏语同源词研究——汉藏语研究的历史回顾》(一),南宁:广西民族出版社。

[13] 王辅世、毛宗武.1995.《苗瑶语古音构拟》,北京:中国社会科学出版社。

[14] 王贵生主编.2007.《黔东南方言至》,成都:巴蜀书社。

[15] 吴安其.2002.《汉藏语同源研究》,北京:中央民族大学出版社。

[16] 吴晓东.2002.《苗族图腾与神话》,北京:社会科学文献出版社。

[17] 燕宝.1993.《苗族古歌》,贵阳:贵州民族出版社。

[18] 杨鹓、胡晓东.1986.《试论苗族远祖传说对"盘古"神话的影响》,《民族文学研究》第4期。

[19] 袁珂.1983.《山海经校注》,上海:上海古籍出版社。

[20] 袁珂、周明编.1985.《中国神话资料萃编》,成都:四川省社会科学院出版社。

[21] 曾晓渝.2015.《基于〈百夷译语〉的傣语汉语历史语音探讨》,《民族语文》第1期。

[22] 郑张尚芳.2003.《上古音系》,上海:上海教育出版社。

[23] 张济民.1993.《仡佬语研究》,贵阳:贵州民族出版社。

[24] 中国社会科学院语言研究所词典编辑室.1998.《现代汉语词典》(修订本),北京:商务印书馆。

[25] 中央民族学院苗瑶语研究室.1987.《苗瑶语方言词汇集》,北京:中央民族学院出版社。

[26] 中央民族学院少数民族语言研究所第五研究室.1985.《壮侗语族语言词汇集》,北京:中央民族学院出版社。

胡晓东　贵州民族大学文学院
胡朝君　中国社会科学院大学

缅甸语核心词 "人" 来源研究*
——兼论社会文化对词汇意义形成的影响

张　芳　曹泗梅

摘　要： 本文搜集《缅汉词典》中与核心词"人"有关的词语，着眼于词义的关联性，观察缅甸语词中作为喻体的"人"的词汇的来源。研究发现，缅甸语核心词作为喻体的"人"的来源与佛教、用具用品、动物、植物、皇权等有很大的关系。由此可看出，缅甸社会环境、文化、宗教、习俗对词汇意义的形成具有很大的影响。

关键词： 核心词　"人"　词义演变　隐喻与转喻　社会文化

一、引言

《说文·人部》："人，天地之性最贵者也。""人"是核心词，在斯瓦迪士（M·Swadesh）的《百词表》中居第 18 位，在郑张尚芳先生的《华澳语言比较三百核心词表》（征求意见稿）中带"﹡"号标记，是最核心的词之一。在黄布凡先生的《藏缅语 300 核心词词表》中为三级核心词。

缅甸语是缅甸的官方语言，属于汉藏语系藏缅语族缅语支。缅甸语由于使用人口众多，历史悠久，又有极为丰富的文字记载，是汉藏语系语言中除了汉语、藏语之外的另一种重要的语言，对研究汉藏语系诸民族的政治、经济、历史、文化等具有重要意义。

"人"，根据语义类别，可以分为两类：有直接指称的人，比如"ပန်းရံ

---

* 本文为江汉大学（2021）校级研究项目："'一带一路'背景下汉缅语核心词的跨文化交际研究（编号：202154）"的研究成果。

[p-yan]（泥瓦匠）"、"ဆင်ဂ[hsin ga]（篾匠）"；也有不少是来源于比喻的人，例如"ခုံတုံး[khu'don:]（垫脚木头）"，比喻被人利用的人，汉语叫做"垫脚石"，我们把这些叫做喻体为"人"的词语。

语言是文化的一部分，也是文化的基石；另一方面，语言又受文化的影响，反映文化。罗常培先生认为，从语词的语源和变迁可以看过去文化的遗迹，从造词心理可以看民族的文化程度。本文试图以《缅汉词典》为依托，着眼于词义的关联性，观察缅甸语词中作为喻体的"人"的词汇的来源，考察社会文化对词汇意义形成的影响。

由此，本文收集《缅汉词典》中明确含有比喻义项的"人"的条目，凡92例。有些词语在词典中第一个义项为比喻义，很难判别其本体，我们不把它们纳入考察的范围之内。还有一例，与政治法律有关，通过政治法律中所规定的对象来比喻"政治犯"，我们也没有把它归入讨论。

二、总体概览

通过对所收集条目的分析，缅甸语中作为喻体的"人"从来源上分析大体与佛教、生活、动物、植物、皇权、故事传说、戏剧表演、身体部位等有关。具体情况见表1：

表1 缅甸语中作为喻体"人"词汇来源分布

佛教	生活	动物	植物	皇权	神话传说	身体部位	合计	
例证	15	30	23	10	5	7	2	92
比例	16.3%	32.6%	25%	10.9%	5.4%	7.6%	2.2%	100%

首先，在所有含有比喻义项的"人"的词条中，与生活有关的喻体"人"占据明显的优势地位。例如：

(1) ငါးခုတ်တုံး[ng-khout ton:]①剁鱼用的墩子②（喻）憨厚的人，169页。（隐喻）

(2) ဓားမနောက်ပိတ်ခွေ[d-ma'naut peit khwei:]①刀柄末端的金属箍②（喻）无用之辈，无名小卒，433页。（隐喻）

以上两例，前者用剁鱼用的墩子来比喻憨厚的人，后者用刀柄末端的金属箍来比喻无用之辈、无名小卒,二者都属于词语的隐喻用法。汉语里憨厚之人有人也称"憨坨","坨"是指形状大小不一的坚实团块,这跟"墩子"有异曲同工之妙。

其次是与动物有关的喻体"人",它们与生活有关的喻体"人"占据了一半以上的缅甸语喻体"人"的形成情况。例如:

(3) စွယ်စုံ [swe zon] ①有一对牙的象 ②(喻)多面手,博学者,257页。(隐喻)

(4) တောကြက်တောငှက် [taw: gyet taw: hnget] ①野鸟 ②(喻)野蛮的人,不文明的人,350页。(隐喻)

以上两例,前者用有一对牙的象来比喻多面手、博学者,后者用野鸟来比喻野蛮的人、不文明的人,二者也是隐喻的结果。一对牙的象来比喻多面手、博学者大体与大象在成年之后才会长象牙有关,野鸟比喻野蛮之人、不文明的人大体也与野鸟性情野蛮有联系。

其三,与佛教有关的喻体"人"也占有比较重要的比例,占到 16.3%。例如:

(5) ဘုရားအရေတော် [ph-ya:a-yei daw] ①佛衣,僧衣 ②(喻)罗汉,629页。(转喻)

(6) ဒေဝဒတ် [dei w-dat] ①【佛】提婆达多(释迦牟尼叔父斛饭王之子) ②(喻)专门干坏事的人,422页。(转喻)

以上两例,前者是佛衣、僧衣转喻的结果,表示罗汉,很有点像用红领巾表示少先队员的意思;后者用提婆达多——释迦牟尼叔父斛饭王之子,一个为佛世时犯五逆罪、破坏僧团、与佛陀敌对的恶比丘,来代指专门干坏事的人,它同样是转喻的结果。

然后依次是与植物有关、与皇权有关、与神话传说有关、与身体部位有关的喻体"人"词语。例如:

(7) ပန်းပြားပင် [pan:bya:bin] ①[植] 菖蒲，莺尾，香蒲②（喻）随风倒的人，539 页。（隐喻）

(8) ထီး [hti:] ①阳伞，雨伞②（王族，皇帝用）一种伞状仪仗③（喻）王位，皇帝④佛塔顶端伞状物⑤（供奉佛像等用的）小纸伞⑥泛指伞状物，或喻为用于安身不受外界侵犯之物，392 页。（转喻）

(9) စကားတောင်စာ: [z-g- daun za:] ①缅甸一著名故事集名②该故事集中的主人公③（喻）能言善辩者，192 页。（转喻）

(10) ဇော [zaw] ①缅甸木偶戏中的仙人舞②（喻）最杰出的（人或事），299 页。（转喻）

(11) လက်ရုံး: [let yon:] ①臂根部②战斗力③左右手，（喻）得力助手，股肱④缅甸牛车车身两侧栏杆上的横木⑤船的两侧扶手⑥（缅甸弯琴的）琴颈，881 页。（隐喻）

以上几例，例（7）是用菖蒲比喻随风倒的人，汉语称作"墙头草"。例（8）用王族、皇帝用的伞状仪仗来表示王位、皇帝，这是二者转喻的结果，同时还可以表示佛塔顶端伞状物，可以类比"ကျောက်ထီး [kyaut hti:] 佛塔旁的石伞"，也表示应受尊重的人或物。例（9）、例（10）是用缅甸著名故事集或者该故事集中的主人公、缅甸木偶戏中的仙人舞或者仙人舞中的主角来表示能言善辩的人、最杰出的（人或事），二者具有一致性，这是借喻的结果。例（11）是隐喻，用臂根部来比喻得力助手，汉语"肱股之臣"也是同样的道理。

三、具体情况

（一）与佛教有关

缅甸语中，作为喻体的"人"跟佛教有关的有 15 例。具体如下：

(12) ဘုရားအရေးတော် [ph-ya:a-yei daw] ①佛衣，僧衣②（喻）罗

汉，629 页。（转喻）

（13）ထေရ်ရဝါရ [htei ya'wa ya']①高僧②（喻）长者，414 页。（转喻）

（14）ကျောက်ထီး[kyaut hti:]①佛塔旁的石伞②（喻）应受尊重的人或物，55 页。（转喻）

（15）မွန္တရာယ်[d-man d-re]①佛法的劫难②（喻）丧门星，尅星，436 页。（转喻）

（16）ဇောတိက[zaw:ti'ka']①佛在世时一个富翁的名字②（喻）富翁，300 页。（转喻）

（17）ပဗဝတီ[pa'ba'w-di]佛本生经中一美女名，（喻）美女，美人儿，487 页。（转喻）

（18）မဟော်သဓာ[m-haw th-hta]（巴）①十大佛本生故事里一位智者的名字②（喻）智者，足智多谋者，653 页。（转喻）

（19）မင်းကုသ[min:ku'tha']①【佛】佛本生经故事中的一位即将成佛者的名字②（喻）长相丑陋的人③（喻）善于追求女人者，678 页。（转喻）

（20）ဒေဝဒတ်[dei w-dat]①【佛】提婆达多（释迦牟尼叔父斛饭王之子）②（喻）专门干坏事的人，422 页。（转喻）

（21）ဝေဿန္တရာ[wei than d-ya]①【佛】佛本生故事《威丹德耶》一书的主人公，以乐善好施而闻名②（喻）慷慨的人，乐善好施的人，932 页。（转喻）

（22）ဇူဇကာ[zu z-ka]①【佛】本生经故事中一贪婪的婆罗门的名字②（喻）贪吃的人，299 页。（转喻）

（23）ဝါငယ်[wa nge]资历浅，僧腊小，工龄短，（喻）才疏学浅的人，926 页。（隐喻）

（24）မသလလင်[m-ga'lu'lin]帝释青年时的名字，（喻）热心公益的人，643 页。（转喻）

（25）မာတလိ[ma d-li']①天帝的御车夫②（喻）联络人，交通员，655 页。（隐喻）

(26) မှန်ကူ [hman gu] ①菱形②印度婆罗门教徒和一部分印度人在眉心上点的吉祥痣③（喻）高贵者，贵人④杰出的人物，出色者⑤中心（地点）⑥【植】阔叶胡颓子，739 页。（隐喻）

可以看出，在缅甸语里，与佛有关的喻体"人"还是比较多的。主要表现在两个方面：其一，缅甸语作为喻体的"人"许多时候是用佛教佛本生故事里的典型人物来充当。通过这些人物来借指富翁、美女、智者、长相丑陋的人、专门干坏事的人、慷慨的人、贪吃的人、才疏学浅的人、热心公益的人，等等。例如以上 ဇော်တိက [zaw: ti'ka']、ပဗဝတိ [pa'ba'w-di]、မဟော်သဓာ [m-haw th-hta]、မင်းကုသ [min: ku'tha']、ဒေဝဒတ် [dei w-dat]、ဝေဿန္တရာ [wei than d-ya]、ဇူဇကာ [zu z-ka]、မဂ္ဃလုလင် [m-ga'lu'lin] 等皆是如此。"မာတလိ [ma d-li'] 天帝的御车夫"，用来比喻联络人、交通员可能也与佛本生经故事有关系，有点类似于英语的 Jack，它不是某个特定的人的名字，而是代表这一类人。其二，缅甸语里作为喻体的"人"可能还与佛教的特征、习俗、习惯和经历等有关系。例如用"ဘုရားအရေတော် [ph-ya:a-yei daw] 佛衣，僧衣"表示"罗汉"，用"ကျောက်ထီး [kyaut hti:] 佛塔旁的石伞"来表示"应受尊重的人或物"，用"ဝါငယ် [wa nge] 僧腊小"来比喻"才疏学浅的人"，用"မှန်ကူ [hman gu] 吉祥痣"来比喻"高贵者、杰出人物"等。此外，缅甸语里可以通过高僧来比喻长者，这也是借喻的一种表现。

（二）与生活有关

缅甸语中，作为喻体的"人"与生活有关的有 30 例。具体情况为：

(27) ငါးခုတ်တုံး [ng-khout ton:] ①剁鱼用的墩子②（喻）憨厚的人，169 页。（隐喻）

(28) ဓားမနောက်ပိတ်ခွေး [d-ma'naut peit khwei:] ①刀柄末端的金属箍②（喻）无用之辈，无名小卒，433 页。（隐喻）

(29) ခုတုံး [khu'don:] ①垫脚木头②牛食槽边的垫脚木头（牛吃草料时垫前脚用）③（喻）被人利用的人，99 页。（隐喻）

(30) ငုတ် [ngout] ①残桩，残梗，残根，茬②桩子③（喻）残

余，残余敌人，180 页。（隐喻）

（31）နောက်တွဲ［naut twe:］①拖车，挂车②（喻）妻室③梳在后脑勺的发髻，蒲甘皇朝的一种发髻，458 页。（隐喻）

（32）ကျောက်ခဲ［kyaut khe:］①石块②固执的人，（喻）不中用或不值钱的东西，54 页。（隐喻）

（33）ကွန်ချာ［kun khya］①鱼网的纲②网③网罩④（喻）高贵者，首脑⑤【医】一种非常厉害的高烧症，83 页。（隐喻）

（34）ခလောက်ဆန်I，［kh-laut hsan］①铃锤，铃舌②（喻）闹事者，惹事生非的人。II，［kh- laut hsan］闹事，惹事生非，拨弄是非，扰乱，96 页。（隐喻）

（35）ဂျင်［yin］①（儿童玩具）陀螺②一种赌博③（喻）老油子，油滑的人，163 页。（隐喻）

（36）ပန်ကာ［pan ka］（印）①电扇，螺旋桨②（喻）机灵的人，536 页。（隐喻）

（37）နှစ်ဘက်ချွန်［hn-phet khyun］①两头尖的棍棒或扎枪②（喻）不顾情面对双方都进行抨击的人，478 页。（隐喻）

（38）သံချောင်း［than gyaun:］①铁条，铁棍，铁柱②（喻）健壮者，健壮如牛者，986 页。（隐喻）

（39）သင်္ကြန်အမြောက်［dh- gyan a-myaut］①一种爆竹（泼水节时在竹筒内点燃蘸过石油的碎布使之作响）②（喻）空炮，牛皮大王，997 页。（隐喻）

（40）ရွှေတောင်စက္ကူ［shwei daun set ku］①瑞东生产的一种薄纸②（喻）很机灵的人，836 页。（隐喻）

（41）လက်ကသုံ:［let g-dhon:］①楼梯扶手的支柱②支撑的柱子③（喻）可靠的人，支柱，868 页。（隐喻）

（42）လက်ကိုင်တုတ်［let kain dout］①手杖②（喻）走狗，走卒，869 页。（隐喻）

（43）လည်ဆွဲ［le zwe:］①项链②（喻）宠爱的人（如：儿女，爱人等）③象颈部兜带，893 页。（隐喻）

(44) ရတနာ [y-d-na]（巴）①宝贝，宝物②（喻）心肝宝贝③【佛】三宝（佛教指佛、法，僧），764 页。（隐喻）

(45) မျက်ပွင့် [myet pwin']①加过工的宝石②（喻）（对子女的呢称）掌上明珠，宝贝③开扩眼界的，707 页。（隐喻）

(46) ရေမျောကမ်းတင် [yei myaw:kan:din]①水中捞上来的流散的木材②（喻）无人管教的流浪者，782 页。（隐喻）

(47) လောင်စာ [laun za]①燃料②易燃品③（喻）爱闹事的人，891 页。（隐喻）

(48) ဖွဲမီး [phwe:mi:]①谷糠火（由于火势均匀，常用来煮药）②文火③（喻）有恒心的人，606 页。（隐喻）

(49) မီးစာ [mi:za']①燃烧着的木头②火种③（喻）肇事者，660 页。（隐喻）

(50) မီးစာတဘက်ရေမှုတ်တဘက် I, [mi:za't-phet yei hmout t-phet] 一手点火一手又灭火，（喻）耍手腕，耍两面派。II, [mi:za't-phet yei hmout t-phet] 两面派，660 页。（隐喻）

(51) မျက်နှာဖုံး [myet hn-phon:]①假面具；面纱，面罩②（喻）伪装③书刊的封面，封底④名流，名人，705 页。（隐喻）

(52) သော့ကိုင် [thaw'gain]①出纳员，掌管钥匙的人②（喻）关键人物，981 页。（转喻）

(53) ဇာတ်ရံ [zat yan]①配角②（喻）帮衬，支持者，303 页。（转喻）

(54) လင်တရူး [lin da'yu:]①因急于嫁人或急于同原夫复婚而精神失常者②（粗）淫妇，荡妇③（喻）急于嫁人的女子，888 页。（转喻）

(55) မှော်ရူး [hmaw yu:]①学巫术不成而精神失常的人②（喻）精神病人，735 页。（转喻）

(56) ဇော် [zaw]①缅甸木偶戏中的仙人舞②（喻）最杰出的（人或事），299 页。（转喻）

可以看出，这些词语，作为喻体的"人"有些与人的生活用品用具有关，有些与人的生活习惯相关。在与人的生活用品用具有关的条目中，有许多是可以跟汉语对照的。就如上面所说"憨厚之人"，缅甸语用"剁鱼的木墩"比喻，汉语"憨厚之人"也称"憨坨"。除上述这则例子以外，缅甸语"石头"表示固执的人，汉语里也有类似的表达："这个人像茅坑里的石头一样又臭又硬。"缅甸语"垫脚木头"比喻被人利用的人，和汉语里"垫脚石"比喻成被人利用的人道理一样。缅甸语用"拖车、挂车"比喻妻室，汉语"拖油瓶"也用来表示再嫁时所带的前生子女。这样的例子还有不少，如汉语"巧舌如簧"是指一个人能言善辩、能说会道，类比缅甸语"ခေလောက်ဆန် [kh-laut hsan]①铃锤，铃舌②（喻）闹事者，惹事生非的人。"汉语"脑瓜子转得很快"用来表示"脑子机灵"，缅甸语"陀螺、螺旋桨"也用来比喻"脑子机灵的人、油滑的人"。缅甸语"铁条、铁柱"比喻健壮者，"楼梯扶手的支柱"比喻可靠的人，汉语在给小孩取名的时候，如果希望他可靠、实在、健硕，也可能会取名"铁柱、柱子"。此外，缅甸语"项链、宝物、加过工的宝石"用来比喻宠爱的人，这就好比汉语"掌上明珠"，用"明珠"来比喻心肝宝贝、钟爱之人。还有缅甸语爆竹比喻空炮、牛皮大王，易燃品比喻爱闹事的人，燃烧着的木头、火种比喻肇事者，汉语也有类似的比喻，汉语吹牛我们可以说"放空炮"，促使人发火或加重矛盾的人称作"拱火人"。喻体为"人"的词语除了与人生活的用品用具之外，还有些与人的生活及人的生活习惯相关。比如无论是汉语还是缅甸语，掌管钥匙的人都是关键人物，配角都是比喻做辅助工作的人。但缅甸语也有独特之处，比如缅甸语"ေဇာ် [zaw] 缅甸木偶戏中的仙人舞"用来比喻"最杰出的（人或事）"。

（三）与动物有关

缅甸语中，用动物来比喻人的词一共有 23 例。具体如下：

（57）စွယ်စုံ [swe zon]①有一对牙的象②（喻）多面手，博学者，257 页。（隐喻）

（58）မုန်သောက် [mon dhaut]①经常流耳后分泌物（雄象发情）的凶猛的象②（喻）智力过人的人，694 页。（隐喻）

（59）တောကြက်တောငှက် [taw:gyet taw:hnget]①野鸟②（喻）野蛮

的人，不文明的人，350 页。(隐喻)

(60) တောကြောင် [taw: gyaun] ①【动】山猫，野猫 Felis Chaus (cat, jungle) ②（喻）乘人之危进行抢劫的人，盗贼，350 页。(隐喻)

(61) ညိကြက် [ge gyet] ①（诱捕鸟的）囮鸡 ②（喻）引诱别人中圈套的人，373 页。(隐喻)

(62) နကျယ် [n-gye] ①【动】螺赢（一种寄生蜂）②（喻）抱养子女的人，收养螟蛉者 ③【植】翅桐，436 页。(隐喻)

(63) ခြ [khya'] ①【动】白蚁 ②（喻）贪污分子，贪污犯，135 页。(隐喻)

(64) ကျားနာ [ky-na] ①受伤的虎 ②（喻）恣意寻衅者，47 页。(隐喻)

(65) ကြောင်ဖား [kyaun ba:] ①一种山猫 ②大雄猫 ③（喻）专门占人便宜的坏蛋，75 页。(隐喻)

(66) ခွေးဝင်စား [khwei: win za:] ①由别处来后赖着不走的无主狗 ②（喻）趋炎附势的小人，寄人篱下的食客，149 页。(隐喻)

(67) ငါးကျည်းခြောက် [ng-gyi: gyaut] ①鲇鱼干 ②（喻）干瘪的人，又黑又瘦的人，168 页。(隐喻)

(68) ငါးဖောင်ရိုး [ng-phaun yo:] ①杨枝鱼 ②颌针鱼 ③（喻）身材细长的人，173 页。(隐喻)

(69) နွားမအုံနောက်ကျသား [n-m-o naut kya'dha:] ①母牛最后生的小牛 ②（喻）母亲年龄大时生的儿女，470 页。(隐喻)

(70) ပုတ်သင်ညို [pout thin nyo] ①【动】变色龙（蜥蜴类）②（喻）应声虫，唯唯诺诺的人，535 页。(隐喻)

(71) ပိုးဟပ်ဖြူ [po: hat phyu] ①一种刚脱壳的白色蟑螂 ②（喻）肤色苍白的人，514 页。(隐喻)

(72) ဖားတပိုင်းငါးတပိုင်း [pha: d-bain: nga: d-bain:] ①蝌蚪 ②（喻）脚踏两只船的人，骑墙派，579 页。(隐喻)

(73) သိုးကြောင် [tho: gyaun] ①阉割得不彻底的动物 ②（喻）花

和尚，985 页。（隐喻）

（74）ရေမြွေ［yei mwei］①水蛇②（喻）温顺的人，783 页。（隐喻）

（75）မြွေစွယ်ကျိုး［mwei zwe kyo:］①断了毒牙的蛇②（喻）没有能力再张牙舞爪的人，742 页。（隐喻）

（76）ရေဆေးငါး［yei zei: nga:］①用水洗过的鱼②（喻）皮肤细白的妇女，778 页。（隐喻）

（77）လိပ်［leit］①地址②【动】龟，乌龟③（喻）自私者④签名，署名，签姓名的首字母，896 页。（隐喻）

（78）သားကောင်［tha: gaun］①猎物，被捕食的动物②（喻）牺牲品，受害者，966 页。（隐喻）

（79）မြီးကောင်ပေါက်［myi: gaun baut］①刚长尾巴的动物②（喻）妙龄少女，小姑娘③新手，713 页。（隐喻）

大象在缅甸有着举足轻重的地位，据刘吉仙（2021），大象与缅甸人民的生活密不可分，缅甸人民形成了独特的象崇拜文化。在以上这些喻体为"人"的词语中，与大象有关的有两例，分别引申出博学者、智力过人的人。其次，缅甸语有些与动物有关的喻体"人"的词语，可以同汉语类比。比如"ခွေးဝင်စား［khwei: win za:］由别处来后赖着不走的无主狗"比喻"趋炎附势的小人，寄人篱下的食客"，汉语称作"哈巴狗"。"သိုးကြောင်［tho: gyaun］阉割得不彻底的动物"用来比喻"花和尚"，在笔者老家也有这样一句话，如果某人很花心，可以说"其怕冇卸（阉割）干净"。还有，缅甸语"လိပ်［leit］龟，乌龟"比喻"自私者"，汉语"乌龟"比喻胆小怕事的人，缅甸语"သားကောင်［tha: gaun］猎物、被捕食的动物"比喻"牺牲品、受害者"，汉语也是如此，比喻获取、占有的对象。缅甸语"မြီးကောင်ပေါက်［myi: gaun baut］刚长尾巴的动物"比喻"妙龄少女、小姑娘"和"新手"，汉语说某人年轻没长大、不懂事会用"毛没长齐"来表示。其三，中缅两国文化交流长达两千多年，有些缅甸语词语看起来跟汉语具有同样的语义演变关系，但它们却是汉语借词。例如"ဂငြကြက်［ge gyet］（诱捕鸟的）囮鸡"，比喻引诱别人中圈套的人，应该就是一个汉语借词，再如"ခင်္ဂျ [n-gye] 螺蠃"也是如此，古人误认为螺蠃不产子，螺蠃常捕捉螟蛉放在窝里，产卵在它们身体里，卵孵化后就以螟蛉为食物，喂养螟蛉为子，因此用"螟蛉"比喻义子（《现代汉语词典第七版》2017：917），从而螺蠃比喻抱养子女的人。寸雪涛（2016：149）指出，缅甸语同样是一种具有包容性开放性的语言，从汉语里借词的历史由来已久。中缅文化交流是缅汉借词产生的内因，华人华侨大量移居缅甸是缅汉借词产生的推动力。当然，缅甸语词义的演变也有它的独特之处，比如用杨枝鱼、颌针鱼来比喻身材细长的人，用水洗过的鱼比喻皮肤细白的妇女，用鲇鱼干来比喻干瘪的人、又黑又瘦的人，这与社会文化有着密切的关系。

（四）与植物有关

缅甸语中，通过植物比喻人的词有10例，具体如下：

（80）ပန်းပြားပင် [pan: bya: bin] ①[植] 菖蒲，鸢尾，香蒲②（喻）随风倒的人，539页。（隐喻）

（81）ကလိမ်ချုံ [k-lem gyon] ①【植】鹰叶刺②（喻）骗子，11页。（隐喻）

（82）ချဉ်ဖတ် [khyin bat] ①酸菜，泡菜②（喻）受人唾弃者，130页。（隐喻）

（83）ခေါင်ညွှန့် [gaun nyun'] ①树梢，嫩芽②蔓生植物的嫩枝③（喻）出类拔萃的人或物品，109页。（隐喻）

（84）ပွင့်လျာ [pwin'lya] ①花蕾②（喻）菩萨，574页。（隐喻）

（85）မုံ [mon] ①花蕾，花骨朵②（喻）蓓蕾状物③即将成佛的人，675页。（隐喻）

（86）ရွက်ကျပင်ပေါက် [ywet kya'bin baut] ①【植】屋顶长花生（落叶生根）②（喻）随遇而安的人，没准性的人，818页。（隐喻）

（87）မြေစာပင် [myei za bin] ①（两头水牛相斗）中间的葡匐冰草受其害②（喻）中间受害者，无辜受害者，受殃及者，716页。（隐喻）

（88）ပြုတ်မနူး [pyout m-nu:] ①煮不烂的豆粒儿②（喻）愚笨的

人，567 页。（隐喻）

（89）ရွက်ပုန်းသီး［ywet pon:dhi:］①隐于叶子中的果实②（喻）被埋没的人才③隐姓埋名；隐居者，819 页。（隐喻）

这些词义演变中，有些是可以跟汉语比较的。比如缅甸语菖蒲比喻随风倒的人，汉语用"墙头草"表示。缅甸语树梢、嫩芽比喻出类拔萃的人，汉语也有类似的词语，"颖"本义是禾的末端，后来比喻才能出众。缅甸语"မြေစာပင်［myei za bin］两头水牛相斗中间的葡萄冰草受其害"比喻中间受害者，汉语里"城门失火，殃及池鱼"，"池鱼"就用来表示中间的受害者。

（五）与皇权有关

缅甸语中，与皇权有关的喻体为"人"的词语有 5 例，具体如下：

（90）ထီး［hti:］①阳伞，雨伞②（王族，皇帝用）一种伞状仪仗③（喻）王位，皇帝④佛塔顶端伞状物⑤（供奉佛像等用的）小纸伞⑥泛指伞状物，或喻为用于安身不受外界侵犯之物，392 页。（转喻）

（91）တော်ဝင် I，［taw win］皇家的，王族的，御用的，高贵的。II，[taw win]（喻）像佛本生经中对自己丈夫最忠贞的四女子一样高尚的人，349 页。（隐喻）

（92）ပန်းတော်ကျ［pan daw gya'］①（神、帝王、后妃）戴过后扔掉的花②【喻】弃妇，536 页。（转喻）

（93）သရဖူ［th-r-phu］①王冠②（喻）高贵者③一种硬竹，958 页。（转喻）

（94）မှန်ကူ［hman gin:］①缅甸宫殿楼阁屋顶的装饰②（喻）高贵者③（喻）高贵物品，739 页。（转喻）

这些比喻大体皆与转喻相关，用阳伞、仪仗表示王位、皇帝，用王冠、宫殿楼阁屋顶的装饰来表示高贵者，用神、帝王、后妃戴过后扔掉的花比喻弃妇，用佛本生经中对自己丈夫最忠贞的四女子来比喻像佛本生经中对自己丈夫最忠贞的四女子一样高尚的人，这些都是词语的转喻用法。据贺圣达（2015），缅甸是一个历史悠久的文明古国，1044 年到 1885 年经历了长达八百余年的封建王朝，王朝的特征、形象、习俗自然也会对词义演变产生影响。

（六）与神话传说有关

缅甸语中，还有 7 例比喻"人"的词语与神话传说有关，具体如下：

（95）မယုငက် [m-sh-hnget]（巴）神话传说中的吝啬鸟（经典里常用来比喻贪心的人），649 页。（转喻）

（96）စကားတောင်စာ： [z-g- daun za:] ①缅甸一著名故事集名②该故事集中的主人公③（喻）能言善辩者，192 页。（转喻）

（97）ရေသူရဲ [yei dh-ye:] ①（传说中的）水鬼，水妖②（喻）游泳能手，786 页。（转喻）

（98）သောကြာလေအို： [thaut kya lei o:]（迷信）星期五出生而话多的人，（喻）话匣子，爱说话的人，982 页。（转喻）

（99）သောကြာသာ： [thaut kya dha:] ①星期五出生的人②（喻）话匣子，爱说话的人，982 页。（转喻）

（100）နတ်သမီး： [nat th-mi:] ①仙女，天仙，女神②（喻）妓女③一种树的名称，465 页。（转喻）

（101）မိုးကျရွှေကိုယ် [mo: gya'shwei ko] ①十全十美的人，超人②（喻）突然出现的事物③（喻）非土生土长的④（喻）上级直接任命或派出的人，高高在上的人物，672 页。（转喻）

它们有些来源古代或经典神话传说，例如"မယုငက [m-sh-hnget] 神话传说中的吝啬鸟"用来比喻贪心的人，"စကားတောင်စာ： [z-g- daun za:] 缅甸一著名故事集名及该故事集中的主人公"，用来比喻能言善辩者，这有点近似于专有名词。还有一些来源于一般的传说、迷信，例如"ရေသူရ [yei dh-ye:]（传说中的）水鬼，水妖"用来比喻游泳能手，"သောကြာလေအို： [thaut kya lei o:] 星期五出生而话多的人、သောကြာသာ： [thaut kya dha:] 星期五出生的人"用来比喻话匣子、爱说话的人。此外还有些与神宗有关，缅甸语用"နတ်သမီး： [nat th-mi：］仙女、天仙、女神"比喻妓女，用"မိုးကျရေကိုယ်［mo:gya'shwei ko］十全十美的人、超人"比喻高高在上的人物，汉语里这种人物经常也用"超凡脱俗、不是凡人、非人间所有"表示。

（七）与身体部位有关

缅甸语中，我们还发现2例与身体部位有关的比喻"人"的词语。例如：

（102）ခေါင်း①［khaun:］树洞，木槽②棺材③［gaun:］头④邮票、印花，⑤块茎、块根⑥首领⑦（喻）头发⑧硬币有头像的一面（正面）⑨老鸨，开设妓院为生的人，⑩物品的顶头部分，110页。（隐喻）

（103）လက်ရုံး：［let yon:］①臂根部②战斗力③左右手，（喻）得力助手，股肱④缅甸牛车车身两侧栏杆上的横木⑤船的两侧扶手⑥（缅甸弯琴的）琴颈，881页。（隐喻）

以上两例，前者用"ခေါင်း：［gaun:］头"比喻首领、老鸨，后者用"လက်ရုံး：［let yon:］臂根部"比喻得力助手，比较汉语"头领、鸡头、肱股之臣、左右手"。

四、讨论分析

（一）词义演变的共同规律

词义是语言最重要的组成部分（黄树先，2012）。过去这些年，以黄树先为代表的学者倡导比较词义的研究，基于类型学视角对汉语核心词以及其他自然语言中的核心词展开比较语义研究，并取得了丰硕的研究成果（黄树先，2012，2015）。本文以缅甸语核心词"人"为出发点，在比较汉语的基础上，也找到了缅甸语与汉语词义演变的许多共同之处。但由于文章篇幅的限制，并没有从类型学视角进行过多的词义比较研究。

在对缅甸语与汉语进行比较的过程中，我们可以看到：

首先，隐喻是词义演变的重要机制，隐喻在词义演变过程中发挥着重要作用。

　　缅甸语喻体为"人"的词汇的词义演变，多数都是隐喻造成的结果。例如缅甸语与生活、动物、植物和身体部位有关的喻体为"人"的词语，许多都是词汇隐喻的结果。比如剁鱼的木墩比喻憨厚的人，大体与剁鱼的木头结实、实在有关系；汉语倒不是用木墩来比较憨厚之人，但也同样用结实、实在的土块、团块"坨"来称代，称憨厚的人为"憨坨"。这样的例子还有不少，如缅甸语"ခေါင်း［gaun:］头"、"လက်ရင်း［let yon:］臂根部"可以跟"头领、鸡头、肱股之臣"比较，"ပန်းဗြာပင်［pan:bya:bin］菖蒲、鸢尾、香蒲"可以跟"墙头草"比较，"ခုံး［khu'don:］垫脚木头"可以跟"垫脚石"比较，等等。

　　其次，转喻也是词义演变的重要途径，转喻也是词汇词义演变的一种重要方法。

　　我们可以看到，缅甸语与佛教有关的、与神话传说有关的、与皇权有关的喻体为"人"的词语，其词义演变许多都是转喻机制造成的结果。汉语转喻类词语虽然不如缅甸语那么丰富，但语言中也有不少通过转喻形成的喻体为"人"的词语，比如"西施、包公、铁公鸡、（再世）华佗、陈世美、（貌比）潘安、泥菩萨、（再世）管鲍、（再世）观音"，等等。

（二）社会文化对词义演变的影响

　　正如黄树先先生（2012）在《比较词义探索·序》中所说："所谓跨语言词义比较，就是看某一个概念的词语，在各种语言里，有哪些基本一致的演变模式。当然，也可以比较同一类词有哪些差异。"那么，在比较差异的过程中，社会文化对词义演变的影响无疑是值得注意的因素，社会文化是影响词义演变的最为重要的要素之一。

　　就缅甸语核心词"人"的语义演变而言，我们至少发现了以下几点：

　　首先，佛教对词义演变的影响。缅甸是东南亚最具特色的"佛教之国"，在国家威权的庇佑下，佛教在缅甸享有千年的崇高宗教地位，佛法文化成为缅甸社会不可分割的一部分，深刻影响着缅甸人的日常行为，其中包括语言。缅甸语喻体为"人"的词语中，有不少是来源于佛经人物以及神话传说的典型人物，通过他们来类指这一类的人。

其次，社会生活对词义演变的影响。缅甸居民以农耕为生，鱼、虾是缅甸人喜食的佳肴，人们常把鱼、虾制成鱼干、虾干、鱼酱、虾酱、酸鱼、咸鱼、鱼露等，因此我们可以看到不少与鱼有关的隐喻。比如"ငါးကျည်းခြောက် [ng-gyi:gyaut] 鲇鱼干"比喻干瘪的人、又黑又瘦的人，"ငါးဖောင်ရှိ [ng-phaun yo:] 杨枝鱼，颌针鱼"比喻身材细长的人，"ရေဆေးငါး [yei zei:nga:] 用水洗过的鱼"比喻皮肤细白的妇女等。此外，缅甸的象崇拜、农耕文化、宗教信仰等也会对词义演变产生影响。

五、结论

总之，本文对缅甸语喻体为"人"的核心词的词义演变进行了考察，通过对缅甸语喻体为"人"的核心词的考察，发现缅甸语喻体为"人"的核心词的来源分别与佛教、生活、动物、植物、皇权、故事传说和身体部位等有关。

我们发现，与生活、动物、植物、身体部位相关的喻体"人"，绝大多数都来源于隐喻，"人"与本体之间的相似性是决定词义演变的最为重要的动因。与佛教、皇权和故事传说相关的喻体"人"，许多都来源于转喻，通过佛经故事、神话传说以及皇权的典型人物来借指这一类人，或者是通过某种物品表示某类人。概括起来分析，"人"从转喻而来的有28例，占30%，从隐喻而来的有64例，占70%。可见隐喻是一种相对优势的词义演变机制。

在词义演变的考察过程中，我们一方面既要注重从类型学视角考察跨语言语义演变的共性，还需同时注意到社会文化对词义演变的影响。缅甸语核心词"人"在词义演变的过程中，跟汉语有许多共性，但同时，宗教信仰、社会生活方式等也对词义演变产生了不同的影响。在共性研究的过程中也需注意到这种个性。此外，中缅文化交流源远流长，缅甸语中的汉语借词也是我们需要注意的对象。

参考文献

[1] 北京大学东方语言文学系主编.1990.《缅汉词典》，北京：商务印书馆.

［2］寸雪涛.2016.《缅汉借词的类型与文化成因》,《广西民族大学学报》(哲学社会科学版)第6期。

［3］贺圣达.2015.《缅甸史》,昆明:云南人民出版社。

［4］黄布凡.1997.《同源词比较词表的选词范围和标准—以藏缅语同源词比较词表的制定为例》,《民族语文》第4期。

［5］黄树先.2012.《比较词义探索》,成都:巴蜀书社。

［6］黄树先.2015.《比较词义再探》,成都:巴蜀书社。

［7］刘吉仙.2021.《缅甸象崇拜文化产生的原因探析》,《辽宁经济管理干部学院学报》第4期。

［8］王德仙.2010.《缅甸语第一人称代词的文化内涵—兼与汉语第一人称代词比较》,《保山学院学报》第3期。

［9］郑张尚芳.1995.《汉语与亲属语同源根词及附缀成分比较上的择对问题》,《中国语言学报》第2期。

［10］中国社会科学院语言研究所词典编辑室.2017.《现代汉语词典》(第七版),北京:商务印书馆。

张　芳　江汉大学武汉语言文化研究中心·人文学院
曹泗梅　冷水江市中连诚意学校

土家语核心词 "脚"*

熊 英 付成栋

摘 要：本文通过"语义场－词族－词"三级词义比较，根据语音对应和语义关联规则，分析土家语核心词 tɕi/dʑi"脚" < *kri < *gri"止" < *gre"肢"，与汉语、缅彝语、藏缅语语音对应规则。从亲源关系来看，土家语"脚"与缅彝语最接近，其语义演变类型与汉语、藏语、缅语等藏缅语族一致。

关键词：土家语 核心词 "脚"

土家语有方言分歧，大致可以划分为南、北两个方言，两个方言区的地理位置分离。南、北两个方言虽然在语法上的差异较小，但由于在语音、词汇上的差异较大，两个方言之间不能通话。较早的土家语研究文献《土家语简志》认为，南部方言具有一套北部方言所没有的浊塞音和浊塞擦音，声母比北部方言多八个，韵母比北部方言多六个，声调比北部方言多一个低升调13。笔者近年来对土家语声调的调查研究结果显示，与此记述稍有差异，另文有述。

对于土家语南、北部方言差异问题，共时差异及其差异原因，有学者进行过探讨。徐世璇先生根据土家语两个方言之间的差异考察土家语语音演变的进程和流向，认为土家语两种方言语音的系统性差异是由于语音演变和汉语的影响所造成，汉语影响在土家语语音演变中有着重要作用（徐世璇，2010：3—10）。还有学者将湘西土家语、苗语和汉语方言进行对比，提出大

---

* 本文系 2013 年度国家社会科学基金项目"土家语基本词研究"13CYY078 研究成果之一。

量浊声母汉借词的进入强化了湘西土家语、苗语浊声母的语音特征,延缓了其清化进程(瞿建慧,2012:53—58)。从目前所见研究成果来看,学者们大多认为,汉语的影响是导致土家语南北方言差异的原因,南部方言保留的浊塞音、浊塞擦音是因为当地汉语方言浊音的影响,而北部方言浊塞音、浊塞擦音均已清化亦是因为北部方言地区的汉语方言也没有这两类浊音只有相应的清音的影响。

从现代土家语的共时状态来看,汉语对土家语的影响不小,尤其是从土家语南北两个方言的共时差异来看,土家语或是受不同汉语方言的影响造成差异。然而,土家语作为一个独立的语言也应该是有自己的历史的,从历史语言研究的角度来看,土家语南、北部方言差异是否还有更重要的发生学因素导致了其差异呢?

"核心词"系列论文运用历史比较法,梳理土家语核心词汇及其语音发展轨迹,力图勾勒早期土家语语言面貌。具体做法是:1. 三级比较法,以《百词表》为依据,按照语义场 – 词族 – 词三级来整理土家语材料,并将土家语与汉语、藏缅语族亲属语言进行比较。2. 词义比较法,在类型学的视野下,研究土家语词义的演变,将土家语与亲属语言进行比较,整理土家语的语义系统。

"foot(脚)"是人类进行生产劳动的直接肢体部位名称,是语言里比较基本的词。居 M. Swadesh 的《百词表》46 位。

一、词源分析

土家语"脚"北部方言:tɕi^{22},tɕi^{22} pha^{22};南部方言:ʔa^{33} dʑi 35。"脚"所反映的对象是人类普遍认知的人体器官,这个概念一般不存在借用的问题。这个词南北部方言语音对应整齐,单音节词根形式为 tɕi、dʑi。清人的记述中"足曰骑"印证了这个词根形式(田恒金,2004:46—51)。南部方言保留了浊塞擦音 dʑ 和前缀音 a,有时发音前还带有喉塞 ʔ。

(一)北部方言词根 tɕi^{22}

北部方言 tɕi^{22},tɕi^{22} pha^{22} "脚"与缅彝语"脚"有着广泛的语音对应关系:

缅文 khre², 仰光缅语 tɕhe²², 阿昌语 tɕhi⁵⁵, 仙岛语 chi⁵⁵, 载瓦语 khji⁵¹, 浪速语 khjik³¹, 波拉语 khji⁵⁵, 勒期语 khjei³³, 碧江怒语 khɹi³⁵, 喜德彝语 tɕi³³ ɕi³³, 巍山彝语 khɯ⁵⁵phi³³, 南华彝语 tɕhi³³ɣɯ²¹, 武定彝语 tɕhi³³, 撒尼彝语 tɕhʑ¹¹be⁴⁴, 大方彝语 tɕhi³³pha³³, 南涧彝语 khɯ⁵⁵pi³³, 弥勒彝语 tɕhi³³ɣɯ²¹, 墨江彝语 gɯ²¹, 傈僳语 tɕhi³³phɛ³⁵, 绿春哈尼语 a³¹khɯ⁵⁵, 墨江哈尼语 ɔ³¹khɯ⁵⁵, 碧卡哈尼语 ɔ²¹tshi⁵⁵, 拉祜语 khɯ³³ɕɛ³³, 基诺语 ʃɔ³¹khi³³, 纳西语 khɯ³³。

舌根辅音的腭化，是藏缅语中普遍的语音演变规律，古缅文 khre²，到现代仰光缅语中演变为 tɕhe²²。缅彝支各语言除了墨江彝语是舌根浊音外，其他各语言均是舌根塞音或舌面塞擦音，与土家语语音对应整齐。土家语当是 tɕi < *kri "止" < *kre "肢"。

对比元音，缅彝语支中的缅语与土家语 tɕie²⁴ "手" 元音对应整齐。其中勒期语 khjei³³ 的元音保留了土家语 tɕie²⁴ "手"、tɕi²² "脚" 元音分化的中间状态。缅彝语支 "脚" 对应土家语的 "手" 和 "脚" 两个词，可以推测：早期土家语，"手""脚" 本由一个词 *kre "肢" 来指称，后来通过音变分化出 tɕie²⁴ 和 tɕi²² 分别指称这两个部位。

对比相近似的肢体部位名称 "脚踝"：缅文 khre²mjɑk⁴si¹, 仰光缅语 tɕhe²²mjɛ²⁴si⁵³, 阿昌语 tɕhi⁵⁵tɔ⁷⁵⁵, 仙岛语 chi⁵⁵tʂham³¹, 浪速语 khjik³¹tʃhɛ⁷⁵⁵, 波拉语 khji⁵⁵tʃhɛ⁷⁵⁵, 碧江怒语 khɹi³⁵tsi⁵³, 巍山彝语 khɯ⁵⁵n⁵⁵²mŋ³³sE²¹, 武定彝语 tɕhi³³bȵ⁵⁵, 傈僳语 tɕhɛ³⁵be³³tsi⁵⁵, 绿春哈尼语 khɯ⁵⁵tsŋ³¹, 拉祜语 khɯ³³mɛ⁵⁴ɕo⁴⁴, 支持以上推测：即土家语 tɕi²² "脚" < *kri "止" < *kre "肢"。

土家语 tɕi²² "脚" 对应汉语 "止"：

止 *kljǔ。《说文》："止，下基也。象草木出有阯，故以止为足。" 甲骨文的 "止" 字正像脚趾之形。汉语 "支" 既可以指手，也可以指脚，和表示脚的 "止" 有联系。（黄树先，2010：105—152）

包拟古 Bodman（1980：484）将汉语的 "止、趾" 和原始彝缅语的 *khriy比较。白保罗（1972：38）把包括缅文 khre² 在内的原始藏缅语 "脚" 构拟为 *kriy。包拟古 Bodman 和白保罗的研究结果支持以上推测：土家语 tɕi²² "脚" < *kri "止" < *kre "肢"，与缅彝语同源。

（二）南部方言 ʔa³³dʑi³⁵

前缀 a³³ - 在这里只充当了名词的词类标志，没有特殊的附加意义（田德生#等，1986：59）。词头 a-在藏缅语族中广泛使用，具有区分类别、构词和构形作用，其来源是多方面的（汪大年，1991：229—244）。ʔa³³dʑi³⁵ 的喉塞现象可能是源于语音演变，有待进一步考察。

比较词根 dʑi 与藏缅语族中的同族词：

"脚"：桃坪羌语 dʑi⁵⁵，木雅语 ŋgɐ²⁴，贵琼语 ŋga⁵⁵，gɯ³⁵，墨江彝语 gɯ²¹，义都珞巴语 a⁵⁵ge⁵⁵ɕa⁵⁵。

"腿"：夏河藏语 dʑə pa（小腿），阿力克藏语 ɣdzaŋ ŋər（小腿），桃坪羌语 dʑi³³sa³³，桃巴普米语 pʐɛ⁵⁵dʑɛ⁵³，甘洛尔苏语 ə³³ndʑi⁵⁵，南华彝语 gɯ²¹pɛ³³，土家语（南部）dʑi³⁵dʉ⁵⁵。

"脚踝"：巴塘藏语 dʑa⁵⁵tshi⁷⁵³，夏河藏语 dʑa tshəχ，缅文 khre²mjɑk⁴si¹，仰光缅语 tɕhe²²mjɛ²⁴si⁵³，阿昌语 tɕhi⁵⁵tɔ²⁵⁵，仙岛语 chi⁵⁵tʂham³¹，浪速语 khjik³¹tʃhɛ²⁵⁵，波拉语 khji⁵⁵tʃhɛ²⁵⁵，碧江怒语 khɹi³⁵tsi⁵³，巍山彝语 khɯ⁵⁵ņ⁵⁵ʔm³³sE²¹，武定彝语 tɕhi³³bɤ̱⁵⁵，傈僳语 tɕhɛ³⁵be³³tsi⁵⁵，绿春哈尼语 khɯ⁵⁵tsɿ³¹，拉祜语 ɕo⁴⁴khɯ³³mɛ⁵⁴ɕo⁴⁴。

"腋"：土家语（南）tsi²¹ka²¹la¹³。

"根"：巴塘藏语 ndʑɛ²⁵³，扎坝语 ndʑɿ⁵⁵，怒苏怒语 gɹɯ⁵⁵，碧江怒语 gɹɯ⁵⁵，喜德彝语 ndʑi²¹pa⁴⁴，拉祜语 ɔ³¹gɤ³³。

比较同族词，彝缅语大部分都是清声类，相近肢体部位名中只有墨江彝语保留了浊舌根辅音，在另一同族词"根"中，则有更多的彝缅语保留了浊声类。在藏缅语族其他语言中，藏羌支语言保留了浊舌根辅音和浊塞擦音。这些保留浊声类的藏羌支、彝缅支语言与土家语南部方言语音对应。

土家语当是 ʔa³³dʑi³⁵ < *gri"止" < *gre"肢"，与羌语、普米语、彝语、尔苏语有着共同来源原始藏缅语 *g(ɪ)re。

再对比白保罗（1972：265）提供的藏缅语材料：怒语 khri"痒"，ra-kyi tsip"腋窝" < *ra-kli（ra-"肩膀"），缅语 klăkí"痒"，gyak-kălí tshak-kălí lak-kălí"腋窝"（lak"臂"），克拉尔语 kili"痒"，ba-kəli"腋窝"，藏-缅语 *g-li；参见迪马萨语 sisi-khai"痒"，sisi-khor"腋窝"。白保罗的讨论结果支

持以上拟测：ʔa³³ dʑi³⁵ < *gri "止" < *gre "肢"。

土家语 ʔa³³ dʑi³⁵ "脚"可以与汉语"胻"比较：

"胻" *gaaŋs，"胫" *geeŋs，汉语的这两个词很古老。《说文》："胻，茎端也。"《广雅·释亲》："胻，茎也。"《说文》："胫，胻也。"段玉裁注："胫之言至也，如茎之载物。"《释名·释形体》："胫，茎也，直而长，似物茎 *greeŋ 也。""胻"，"胫"分别对应藏文 rkaŋ "脚，腿，干，茎"，keŋ "腿，脚"。（黄树先，2010：132）

土家语南部方言保留着成套的浊塞音、浊塞擦音，与北部方言的清塞音、清塞擦音整齐对应。

表1 土家语南、北部方言浊音对应表

	南部方言	北部方言
看	bo¹³	pa⁵⁵
萝卜	la³³ bɯe³³	la⁵⁵ pɯe⁵⁵
粒（一粒米）	bu²¹	pu⁵⁵
穿（穿衣）	do²¹	ta²⁴
痛	di²¹	ti³⁵
慢	dɯe⁵⁵	tie⁵⁵
渴	go³⁵	zɤ²⁴ ka²¹
咬	go¹³	ka²⁴
怕	ge³³	kɯ⁵⁵
手	a³⁵ dʑie⁵⁵	tɕie²⁴
脚	a²¹ dʑi³⁵	tɕi²², tɕi²² pha²²
追	ʔa²¹ dʑie¹³	tɕie³³, ta⁵⁵ tɕie⁵⁵
饭	dʐɿ³⁵	tsɿ³⁵

土家语"脚"北部方言 tɕi²², tɕi²² pha²² 与南部方言 ʔa³³ dʑi³⁵ 语音形式对应整齐。这个词的南、北方言形式也分别与缅彝语、藏缅语、汉语语音对应规则。早期土家语中，"手"和"脚"可能由一个词"肢" *kre < *gre 来指称，演变关系为：tɕi²², ʔa³³ dʑi³⁵ "脚" < *kri "止" < *gri "止" < *gre "肢" < 原始藏缅语 *g (l) ɹ 浊声类。

二、语义演变类型

"语言里原本只有核心词和核心义"（黄树先，2010：132）。每种语言的核心词数量有限却生命力旺盛，"语言里众多的词语都是由这些核心词派生出来的"（黄树先，2012：5—39）。有限的核心词和核心义派生出众多的词语意义，其派生类型在多种语言中表现出高度的一致和类似。土家语核心词"脚"的语义演变类型与汉语、藏语等多种藏缅语言一致。

（一）脚与腿、下肢部位名

藏文、藏语、缅文、缅语、彝语等等许多藏缅语言中，"脚"跟"腿"共用一个形式，或者由"脚"派生或者合成新的形式表示"腿"。土家语则由词根 tɕi^{22}，dʐi^{35} "脚"直接派生出来。

土家语：北部方言 tɕi^{22}，tɕi^{22} pha^{22}，南部方言 ʔa^{33} dʐi^{35} "脚"。北部方言 tɕi^{22} sʅ^{22} phə^{33}，南部方言 dʐi^{35} du^{55} "腿"。北部方言 tɕi^{22} mi^{53} "爪"。

汉语："脚"可以指下肢，也指足。在南方方言里，"脚，混称下肢或部分下肢"，见于西南官话、吴、赣、客、闽语（许宝华、宫田一郎，1999：5646）。金华话"脚"也有"腿"和"脚"两个意思（曹志耘，1993）。客家话"脚"kiok丨指"足"，也包括腿，跟吴语相同（黄雪贞，1994）。"爪"指手脚指甲，《史记·蒙恬传》："及成王有病甚殆，公旦自揃其爪以沉于河。"也指动物爪子，《韩非子·解老》："虎无所错其爪。"

缅文 khre^2 "脚，腿；根基，底，根部"（《缅汉词典》，1990：136）。

藏文 rkaŋ pa "脚，腿，干，茎"，keŋ "腿，脚"；拉萨藏语 rkaŋ^{55} pa^{53} "脚，腿"。

羌语（北）dʐi^{55} "脚"；dʐi^{33} sa^{33} "腿"。桃坪羌语 dʐi^{55} "脚"，dʐi^{33} sa^{33} "腿"。

阿昌语 tɕhi^{55} "脚"；tɕhi^{55} san^{55} "腿"。载瓦语 khji^{51} "脚"；khji^{51} "小腿"。

墨江彝语 gɯ^{21} "脚"；gɯ^{21} po^{33} "腿"。

（二）脚与根

汉语、缅彝语的"根"跟"脚"有关。

汉语"脚"的同族词有"基" *kɯ。《说文》:"基,墙始也。"本义指墙脚,引申有开始、根本、基础等义。藏文的词义也发生了这样的变化。"基"对应藏文 gzi"根基,始因"。

缅文 khre² "脚,腿;根基,底,根部"。

彝语(巍山)khɯ⁵⁵phi³³ "脚";khɯ⁵⁵tɕi³³ "根"。

哈尼语(绿春)a³¹khɯ⁵⁵ "脚";a⁵⁵tɕhi⁵⁵ "根"。

纳西语 khɯ³³ "脚";dzɚ²¹khɯ³³ "根"。

土家语"脚"作词根派生出"根"tɕi²⁴la²¹。

(三)脚与坐具

土家语坐具名跟"脚"关系密切,由词根"脚"派生出来。坐具为"歇脚"之物,使人得以休息,现代当地仍称"休息"为"歇脚"。例如:

表 2　土家语南、北方言中主要坐具名

	南部方言	北部方言
凳子	phɯe²¹ dzi³⁵	tsho⁵⁵ khɯe⁵⁵
长凳	phai³³ dzi¹³ ɣie³⁵	jian⁵⁵ tɕi²¹
板凳(歇脚休息用物)	(pe⁴⁴) dzi³⁵	(ian⁵⁵) tɕi²¹
高脚凳		kha²¹ tɕhi²¹
草凳(草墩)	ma²¹ ka²¹ phai³³ tɕi³³	
椅子	khuai²¹	phɯe²¹ dzi³⁵
小椅子	thau³³ tɕi³³ sa³³	
小板凳		tshuo⁵⁵ khɯ⁵⁵ pi²⁴

(四)脚与下部方位

脚处于人体的最下面部位,故土家语中表示抽象方位概念"下、下面、下方"的词由"脚"具象概念直接派生。

北部方言 tɕi²¹tha²¹,南部方言 ʔa³³di³⁵ "下面"。

(五)脚与肢体动作

土家语里,"脚"源于"肢",多个肢体部位动作词,尤其是下肢动作词也来源于"脚"或者"肢"。

"踢":坡脚话 tɕhie²⁴,tɕhi²⁴。tɕhie²⁴ 是 tɕie²⁴ "手"的送气形式,tɕhi²⁴ 是 tɕhie²⁴ 的将行貌,tɕi²⁴ "脚"的送气形式。

tɕhie²⁴ "踢"是下肢脚部动作,与"肢"关系密切,另一个手持工具、武器驱赶的"赶"也与"肢"密切相关。"赶"tɕie⁵⁵,tɕi⁵⁵是"赶"的将行貌。

由此,也说明早期土家语"手""脚"可能同用一个形式"肢" *kre 来表示。

ɕi⁵⁵脚部动作"踩",与"脚"有关。"跑"ɕi⁵⁵tsha²¹,也与"脚"紧密相关。
"骑":北部方言 tɕi⁵⁵,南部方言 dʑi¹³,也与"脚"有关。

与膝盖紧密相关的动作 khɤ⁵⁵"跪"、khɨ⁵⁵"跪"的将行貌形式,khɨ⁵⁵si⁵⁵"跳"与"脚"紧密相关,都源于"肢" *kre。

参考文献

[1] 曹志耘.1993.《金华汤溪方言词汇》,《方言》第1期.
[2] 黄布凡.1992.《藏缅语族语言词汇》,北京:中央民族学院出版社.
[3] 黄树先.2010.《汉语核心词探索》,武汉:华中师范大学出版社.
[4] 黄树先.2012.《比较词义探索》,成都:巴蜀书社.
[5] 黄树先.2012《汉语身体词探索》,武汉:华中科技大学出版社.
[6] 黄雪贞.1994.《客家方言的词汇和语法特点》,《方言》第4期.
[7] [美] Paul K. Benekict. 1972. Sino-Tibetan: A Conspectus, Cambridge University Press. 乐赛月、罗美珍译.1984.《汉藏语言概论》,北京:中国社会科学院民族研究所.
[8] 瞿建慧.2012.《湘西土家语、苗语与汉语方言浊声母演变》,《民族语文》第2期.
[9] 田德生等.1986.《土家语简志》,北京:民族出版社.
[10] 田恒金.2004《清代〈永顺县志〉中的土家语词》,《民族语文》第2期.
[11] 汪大年.1991.《藏缅语"a-"词头探源》,载《彝缅语研究》,成都:四川民族出版社.
[12] 熊英.2013.《土家语核心词"男"》,《宁夏大学学报》第6期.
[13] 熊英.2016.《当代土家语声调问题》,《民族语文》第5期.
[14] 许宝华、宫田一郎.1999.《汉语方言大词典》,北京:中华书局.
[15] 徐世璇.2010.《土家语语音的接触性演变》,《民族语文》第5期.
[16] 藏缅语语音和词汇编写组.1991.《藏缅语语音和词汇》,北京:中国社会科学出版社.
[17] 北京大学东方语言文学系缅语教研室.1990.《缅汉词典》,北京:商务印书馆.

熊　英　中南民族大学文学与新闻传播学院
付成栋　中南民族大学文学与新闻传播学院

基于《爨文丛刻》的彝语"脏器"类核心词研究*

崔云忠 吴 娟

摘 要：《爨文丛刻》是一部重要的彝文文献，涉及彝语东部方言、西部方言、中部方言、南方方言和北部方言。《爨文丛刻》中涉及彝语脏器类词有"心""肝""骨""卵""血"五类。对比五类核心词可关联彝语"心""肝""骨""卵""血"类词与汉藏语诸语言的同源关系。

关键词：《爨文丛刻》 "心" "肝" "骨" "卵" "血" 音义关系

彝语是藏彝走廊的重要语言，属汉藏语系藏缅语族彝语支。《爨文丛刻》（以下简称《丛刻》）是一部重要的彝文经籍文献，厘清《丛刻》中"脏器"类词语音形式和意义对理解《丛刻》甚至彝语词义发展路径都有重要的参考价值。《丛刻》中"脏器"类词根据其音义关系可分为"心""肝""骨""卵""血"五类。

一、心（heart）

"心"是语言中重要的身体词，在斯瓦迪士《百词表》中占52位。《丛

---

* 基金项目：山东省社科规划重点项目：日本山口县立图书馆等14馆藏汉籍编目与复制（编号：20BHBJ03）。

刻》"中心"语义场的词有：ni³³、nei³³、ne³³、ndi⁵⁵、du⁵⁵、tʰɤ³³、su³³、tɕi³³、ndzu²¹。

布莱德雷（1992：344）构拟原始彝语支"心"ni³；李永燧先生（2011：876—877）构拟原始缅彝语"心脏" *naʔ/naŋʔ，*n̥hak；吴安其先生（2002：185）构拟原始藏缅语"心" *s-niŋ，*s-lum。白保罗（1972：367）构拟原始藏缅语"心" *s-niŋ。彝语中，"心"早期应该有 s-前缀。试比较彝语威宁话 ni³³、禄劝话 n̩i³³、大方话 nɛ³³、路南话 ni³³、红河话 n̩i³³、巍山话 tʂʅ⁵⁵、ʔm³³ma³³、石屏话 n̩i³³、喜德话 tʂhu³³、hɛ³³、南华话 n̩i³³、tʂhu³³、永仁话 ni³³、隆林话 nei³³、撒尼话 tʂhz̩³³、武定话 tʂh̥y³³、n̩.thɯ³³。彝语的这些形式，可作如下比较：藏语 snyiŋ "心，头脑"，卡瑙里语 stiŋ，林布语 niŋ-wa，缅语 hnats < *hnik，卢舍依语（恩特方言） niŋ "心"，米基尔语 niŋ "心，头脑"，怒语 əniŋ，加罗语 təniŋ "脑"。藏缅语 *s-niŋ（白保罗，1972：367）。普沃语、斯戈语 nuʔ "脑子"；参见藏缅语 *nuk，如由克钦语 nu ~ ənu，缅语 ù-hnauk（缅语 ù "头"）所代表的（白保罗，1972：153）。黄树先（2012：176）认为，彝语以及藏缅语的 *nuk ~ sniŋ 可以对应汉语的"脑"和"囟"。"囟" *sɯɯl，《说文》："囟，头会脑盖也。或从肉宰。"表面看起来，"头脑"跟"心"语义不同，其实，这两个词有许多交集，语义是可以相通的。马提索夫（1976：4）说，语义上，brain "脑子"和 marrow "骨髓"这两个词在印欧语和汉藏语（卢谢语 thliŋ "骨髓"，迪马萨语 buthluŋ/bithlim "脑子"）中都有概念上的联系（马提索夫，1976：4）。汉语说"动脑子"，和"动心思"是一个意思。（黄树先，2012：176）

彝语 ni³³、ne³³、nei³³ 这几个形式，来自藏缅语 *s-niŋ 的 *n-，韵尾脱落，变成开音节；sa¹³、sl³³、dʑe²¹ 这几个形式，来自前缀 *s-，或者直接来自藏缅语 *sem，也是韵尾脱落。彝语-ei，是复合元音，应该是从单元音 *i 变来的。人类自然语言元音高化，高元音复合化，是元音大转移的基本规律。彝语 ndi⁵⁵，怎么来的，还值得研究。

彝语的"心"来自缅彝语支 *s-niŋ，这个形式相当古老，至少已经见于汉代文献。据黄树先先生，《白狼歌》"心慈归母"，汉字对译"仍路孳摸"，"仍" *njɯŋ // *njɯŋ，对译《白狼歌》的"心"，这个词应该是藏缅语的 *s-niŋ。（黄树先，2012：167）。

关于藏缅语收-m尾的"心",白保罗认为,藏语 sem(s)"灵魂,心", sem(s)-pa,完成体 sems ~ bsams"想",bsam-pa"思想",列普查语 a-sóm < */sam"精神,呼吸"(白保罗,1972:171)。藏缅语的"心"对应汉语的"心"*slɯm。《说文》:"心,人心,土藏也,在身之中。象形。博士说以为火藏。"俞敏先生(1949:88)认为,汉语古韵部覃甲,藏语韵类-em,藏语 sems"心",汉字"心"(施向东,2000:128)。下文这些藏缅语形式,可能都来自藏缅语的*sem:哈尼语绿春江话 nɯ³³ ma³³、哈尼语墨江话 nɯ³³ mɔ³³、基诺语曼斗话 nɤ⁴² sɤ⁴⁴、卡卓语兴蒙话 si³³ tsa³²³、拉祜语糯福话 ni³³ mɑ³³ ɕi¹¹、傈僳语里吾底话 ni³⁵ mɑ³³、怒苏语棉谷话 n̠i³³ lɔ⁵³、波拉语孔家寨话 nak̠⁵⁵ lam³⁵、浪速语允欠寨话 nak̠⁵⁵ lam³⁵、勒期语中山乡话 nək̠⁵⁵ lɔm³³、缅文 hnɑ¹ lum³。

(一)nɿ³³ // nei³³ // ne³³

龚煌城(2004:149)以汉语的"心"和藏文 sem(s)完成式 bsams,将来式 bsam"想",bsam"思想,思索"相比较。黄树先先生(2003:183)认为缅文 lum³"想法,念头"也可相比较。彝语 nɿ³³"念头,想法"也可比较。

《丛刻》中,nɿ³³指"心脏""心灵"。

(1) bu³³ dʑu²¹ tʰa²¹ tɕʰe²¹ nɿ³³ ɣɤ³³ tsʅ³³
佛　路　一　条　心　里　存
存一条为善之心（金石彝文选,179)①

《丛刻》中,nɿ³³有"胆,胆量,胆气"义。如:

(2) na³³ n̠i³³ dʑʅ³³ ma²¹ bu²¹ nɿ³³ yə³³ ma²¹ tʰi³³ tɕi³³
眼　观　比　不　上　胆　大　无所　怕
眼高手低,胆量大,无所畏惧。（玄通大书,1074)

---

① 为记述方便,文中用例仅引用原文出处,页码仍用《丛刻》中页码,如（训书,30）为《丛刻》中收录"训书"篇,第30页。

ni³³在《爨文丛刻》中表现出较强的构词能力，如 ni³³ dʑe²¹ "诚心"、ni³³ gɤ²¹ "高兴"、ni³³ ʑi³³ "心慈"、ni³³ tsʰʊ³³ "心急"、lo¹³ ni³³ "上心、专心"、ni³³ tʊ⁵⁵ "心思"、nə³³ ɖʐ²¹ "心飞、粗心大意"等。

与汉语等汉藏语诸语言不同的是，彝语中 ni³³ "心"还有"溺，淹没"之意。如：

(3) pu²¹li²¹ʑi²¹tsʰo²¹ni³³ȵo¹³ɣa³³to¹³li²¹tɕʰy⁵⁵
民 来 水 里溺仆 也 火 来 焚
万民水中溺，万民火里焚。(训书，30)

"心"跟沉溺有没有语义上的联系，还值得再研究。
《丛刻》中 nei³³ "心胸"。如：

(4) lɤ⁵⁵li²¹nei³³ȵi²¹du¹²nei³³ȵi²¹du¹²pʰɤ²¹pʰɤ²¹
娄 来 心 里 兴 心 里 兴 勃 勃
娄心胸宽广，兴致勃勃的。(祭龙经，298)

nei³³ȵi²¹du¹²（心里兴）意为"心中大"即"心胸宽广"之意。

(5) ɕi⁵⁵lo³³nei³³ŋɤ³³ŋɤ³³su³³lo³³nei³³pʰi²¹pʰi²¹
妖 乃 心 盼盼 魔 乃 心 憎憎
妖是心慊慊的，魔是气忿忿的。(指路经，545)

上例出自《指路经》，记述的是亡者经师指点去往"西克署钟"的情景。在西克署钟，亡者会遇到"妖魔"，妖性情谦和，魔性格乖戾。nei³³ŋɤ³³ŋɤ³³（心盼盼）、nei³³pʰi²¹pʰi²¹（心憎憎）为"性情谦和""性情乖戾"之意。nei⁵⁵ "心"，为"性情，性格"之意。又如：

(6) di⁵⁵ɣo¹³ʔhu²¹nei³³pʰu³³ndi²¹nei³³da³³li²¹tɕi³³
外面 山 心 翻 坝 心 恶 来 怕

外面山心翻，坝心恶来怕。(解冤经，492)

上例出自《解冤经》之"论及逐冤啊"篇，记述的是驱除冤愆的情景。把冤愆驱逐出去，不要驱逐到山外面，驱逐到山外面的话，会让人心绪翻腾，不得安宁；也不要驱逐到坝上，驱逐到坝上恐怕会让人恶心难受。nei³³pʰu³³"心翻"、nei³³da³³"心恶"意为"让人心绪不宁，恶心"之意。《丛刻》中，nei³³"心"表示人的"情绪、心绪"还如：

(7) na²¹ nei³³ su³³ ma²¹ dʑu²¹ʔ ho²¹ mə³³ tʰo¹³ guɤ²¹ guɤ²¹
    你   心   伤   唯   恐   马   好   步   匆匆
    唯恐你伤心，骏马匆匆驰。(指路经，538)

(8) ɖu²¹ dʑu²¹ ɲi¹³ yɤ³³ kʰɤ²¹ nei³³ kʰu³³ tʰe³³
    人   住   前   以   到   心   威   退
    来到人之前，人变得萎神倒气。(解冤经，379)

例（7）中 nei³³su³³（心伤）意为"伤心"，例（8）中 nei³³kʰu³³tʰe³³（心威退）意为"没有精气神""精神萎靡"之意。

古人认为"心"为人之"中心"所在，故由"心"可引申出"中心，中间"义。《太玄·中》"神战于玄"晋·范望注："在中为心。"《南史·孝义传上·江泌》："菜不食心，以其有生意，唯食老叶而已。"《丛刻》中 ne³³"心"也有"中心，中间"义。如：

(9) lu³³ ɲi²¹ dzo¹³ ne³³ tse¹³ ko³³ dzo⁵⁵
    龙   日   腰   心   节   处   在
    辰日在腰心处。(玄通大书，1726)

上例中，dzo¹³ne³³tse¹³（腰心节）即"腰凹进去的、中间的部分"。又如：

(10) ɣu⁵⁵ ɕe²¹ ne³³ nu³³ lo¹² və²¹ ɕe²¹ sɤ³³ ʔho²¹ lo¹²
     卖   主   心   软   呢   买   主   择   等   了

卖主心软呢，买主选购了。(献酒经，272)

汉语中"心，本性；性情。"《易·复》："复其见天地之心乎？"《韩非子·观行》："西门豹之性急，故佩韦以自缓；董安于之心缓，故佩弦以自急。"陈奇猷集释："性既自心而生，故此文心缓即性缓也。"

(11) ndi^{55} pa^{33} no^{33} ne^{33} mbɤ^{21}
　　　思伴　呢　心　向
　　　思虑伴心向。(献酒经，272)

ndi^{55} pa^{33} no^{33} ne^{33} mbɤ^{21}（思伴呢心向）意为"从心里思考（认真思考）"之意，ne^{33}为"内心""心里"之意。

(二) ndi^{55} ∥ du^{55} ∥ tʰɤ^{33}

彝语中ndi^{55}为心理行为动词，意为"想，思考，考虑，回忆"等义，也可以表示动作所代表的某种行为，如"想法，见解，愿望"等。彝语中ndi^{55}与彝缅语有对应关系，拉祜语"想"duh，缅语"想"htaŋ，傈僳语"想"du-^{5}ja^3，姆比语"想"teʔ^{4}po^1。ndi^{55}中n-为动词标记。可比较彝语南华话di^{21}、撒尼话n̩^{44}dʐ^{11}、巍山话di^{21}；ɡa^{21}、武定话nthɯ^{55}、喜德话ŋo^{21}ŋu^{33}、隆林话ndɯ^{55}、威宁话ndy^{55}。

《丛刻》中，ndi^{55}有"想，思考，回忆""想法，愿望"等意义。如：

(12) ȵdʑi^{33} m^{55} a^{33} tɕi^{33} ndi^{55} li^{21} a^{33} tɕi^{33} li^{21} ɤ^{33} di^{55}
　　　君　长阿基思　之阿基来即云
　　　君长阿基想了想说……　(金石彝文选，205)

例（12）中ndi^{55}意为思考。
《丛刻》中ndi^{55}还有"希望，想要"义。如：

(13) dʑu^{21} tʰu^{55} lu^{21} ze^{21} ɕe^{21} ɕi^{55} su^{33} lo^{33} ndi^{55} lɤ^{21}
　　　路　辟　乃　寿　长　系　人　为　想　矣

修路则长寿，凡人皆所想。（金石彝文选，206）

(14) ndə²¹ m²¹ ndi⁵⁵ ndʐʅ³³ vu³³ ŋɤ²¹ ndi⁵⁵ lɤ²¹
    平 事 想   了 愿 是 想 了
    想于平生能完成这件事，也算是了却了心愿。（金石彝文选，181）

例（13）中，ɕi⁵⁵ su³³ lo³³ ndi⁵⁵ lɤ²¹（系人为想矣）意思是"人们希望的"。ndi⁵⁵"想"，应作"希望"讲。例（14）中，ndə²¹ m²¹ ndi⁵⁵（平事想）意为"想要在有生之间完成这件事"，ndi⁵⁵"想"作"希望，想要"讲。例（16）ndʐʅ³³ vu³³ ŋɤ²¹ ndi⁵⁵ lɤ²¹（了愿是想了）意为"希望能够了却这个心愿"，其中ndi⁵⁵仍为"希望，想要"的意思。

《丛刻》中，ndi⁵⁵又"构思"义。如：

(15) kʰo¹² ɳdʐi³³ li²¹ du²¹ ndi⁵⁵ ʔhu²¹ m⁵⁵ li²¹ pʰi²¹ tʰʅ⁵⁵
    年 君 来 项 思   月 臣 来 封 赠
    年君思条理，月臣来定名。（献酒经，231）

例（15）记述的事年君和月臣各自的职责。年君负责拟定思路，月臣负责具体实施。其中 kʰo¹² ɳdʐi³³ li²¹ du²¹ ndi⁵⁵（年君来项思）即"年君思项（条理）"的意思，其中ndi⁵⁵为"构拟，构思"义。"构拟，构思"需要认真思考，ndi⁵⁵也有"考虑，深思"义。如：

(16) a²¹ ŋgɤ²¹ lɤ²¹ li²¹ ndi⁵⁵ zi²¹ tʰɤ³³ dʐu²¹ ndə²¹
    阿 格 妾 来 想   河 桥 路 平
    妾阿格深思，修桥通路。（金石彝文选，189）

彝语中，"想"动名同形，ndi⁵⁵也有"方法，方式""思想，想法"义。如：

(17) ɳe³³ zu³³ zo³³ ɣə³³ du³³ ndi⁵⁵ vi²¹ di¹² ku³³ ɣɤ³³ li²¹ bu³³ dʐu²¹ ndi⁵⁵

幼　子生　长　迹想　用云幼　打来佛　路　想
生幼子步长者之迹，为善修道。（金石彝文选，189）

上例记述的事妾阿格考虑修桥后的景象：租税通途，有利于子孙万代，新生的幼子就可以沿着长子的思想或方式继续进行下去，幼子继承长辈为善的思想。ɣə³³ du³³ ndi⁵⁵ vi²¹ di¹²（长迹想用云）即沿着之前（长子）的方式进行，ndi⁵⁵ "想"为"方式，方法"的意思；ku³³ ɣʁ³³ li²¹ bu³³ dʑu²¹ ndi⁵⁵（幼打来佛路想）即幼子承继前人为善（佛路）的思想，其中 ndi⁵⁵ 为"思想，观念"的意思。

《丛刻》中，ndi⁵⁵ 有"回忆，回想"义。如：

(18) ndi⁵⁵ tʰʁ³³ ŋʁ²¹ tʰʅ⁵⁵ tʰu²¹ dʑu³³ kʰu³³ m²¹ tsʰu³³ sɿ³³ so¹² la¹² lʁ²¹
　　 想　桥是　张设　享位　高烧　柴松枝足
忆桥之修建用了粮食，烧了松枝柴。（金石彝文选，192）

上例是记述大渡河石桥建成后，人们回忆当时建桥的情景：所用的粮食柴炭都是来自于民。ndi⁵⁵ "想"是"回想，回忆"意思。

nei³³ "心"、ndi³³ "思，想"是《丛刻》中出现最频繁的"心"类词。与"心"有关的还有 du³³ "关心""感念"、su³³ "愁"、tɕi³³ "怕""惧"、tʰʁ³³ "想""将要""希望"、ndzu²¹ "愿望，信念，许愿"等。

彝语 ndi⁵⁵ 跟下文我们要讨论的 du⁵⁵ "感念；关心"和 tʰʁ³³ "想；将要；希望"，应该是一个来源。只是我们目前尚不清楚这三个词是从哪里来的。

《丛刻》中，du⁵⁵ 表示心理活动，意为"感念""关心"。如：

(19) nɿ³³ ȵu³³ su³³ tʰa²¹ xʁ⁵⁵ du⁵⁵ ɖu²¹
　　 心　好　人　一些　念到
善心者感怀黎民。（金石彝文选，178）

tʰʁ³³ 为"想""将要""希望"义。如：

(20) a²¹ȵo¹²ka³³ʑi²¹ŋu³³bɿ¹²m¹¹tʰɤ³³su³³la¹²m³³su³³dʐu²¹
阿诺 命水五 出作想 人手为人 路
命阿诺，欲水出五孔，修桥又补路。（金石彝文选，190）

梅祖麟先生（2018）认为汉藏语 d-对应汉语 t-。就《丛刻》中的形式看，汉藏语 d-和 t-也有对应关系。上文 du³³为自动词，感念、关心的意思，tʰɤ³³表示希望义。"希望"为心里活动，与"心"有关，可比较汉语"欲" *log∥*〔g〕log。

（三） su³³∥tɕi³³∥ndzu²¹

《丛刻》中，su³³表示心理活动，意为"愁""发愁"。如：

(21) ʑi²¹bɤ³³ŋɤ³³ne³³su³³ʑi²¹dʐu²¹lo³³bɤ³³vi²¹
水 流视 而愁河 道 石流害
看到洪水发愁，河道成为祸患。（金石彝文选，179）

《丛刻》中 su³³为早期 *s-前缀发展为声母，原声母脱落造成。（吴安其，2002：162）藏缅语中 *s-为动词前缀。彝语中 su³³为动词，义为"看着心里发愁"，"愁"为心理活动，与心有关。可比较汉语"心"和"愁"。汉语"心" *slɯm，"愁" *zruɯ。汉藏语中-l-和-r-交替，汉语"心""愁"词根相同。"心"，名词，为清塞擦音是声母；"愁"，动词，为浊塞擦音声母。清浊交替或有区别名词和动词的作用。彝语 su³³来自 *s-niŋ 吞没声母的形式。梅祖麟先生（2018）认为，汉藏语中 *s-前缀有表示使动的作用，就例（21）中表现看，su³³有"使动"意味。再看：

(22) ɖʐ̩²¹no³³du²¹tsʰɤ²¹tsʰɤ²¹sɤ²¹no³³tɕi³³vu³³vu³³tsʰɿ²¹no²²tsʰu³³ʑi¹²ma⁵⁵
飞 是 翅塌 塌行 是 脚跛跛 此 是 愁夜梦
飞起来翅膀塌下，走路跛脚，这是愁梦兆。（解冤经，359）

例（22）中 tsʰu³³ 为使动词，为送气音。依梅祖麟先生的考察，送气音 tsh- 来自汉藏语 *s- 前缀。《丛刻》中 su³³ 和 tshu³³ 都有表示"让人发愁"的意思，二者来源相同。

《丛刻》中，表心理活动，意为"怕""惧"。如：

(23) na²¹ thu⁵⁵ kʰɤ²¹ lu²¹ no³³ pɤ³³ ɕie²¹ tɕi³³ ya³³ kʰo¹³ ma²¹ ɕie²¹ tɕi³³ ya³³ kʰo¹²

你　时　到　了　呢　师　主　惊　以　返　兵　帅　惊以　返

你到了此时，师主受惊而返，兵帅受惊而返。（指路经，540）

(24) ȵe³³ ɤɤ³³ ŋgu³³ li¹² dzu²¹ tʰa²¹ tʰu⁵⁵ tsʰ̩¹² lɤ²¹ tɕi³³

纳　之　租来路　一　时　缺了　怕

纳之租来路，怕有缺之时。（金石彝文选，186）

《丛刻》中，tɕi³³ 表示"惊怕"可与汉语"惊" *kreŋ 比较。

《丛刻》中，ndzu²¹ 为"愿望，信念，许愿"义。如：

(25) ndzu²¹ ndzu²¹ tsʰɤ²¹ ȵi⁵⁵ ndzu²¹

愿　愿　十　二　愿

许下十二种愿望。（献酒经，258）

"心"是彝语中重要的，表示身体部位的词。《丛刻》中与"心"有关的词有 9 个：ȵi³³、nei³³、ne³³、ndi⁵⁵、du⁵⁵、tʰɤ³³、su³³、tɕi³³、ndzu²¹。从形式上看，这 9 个词可以分为三类。一类是鼻擦音系列的 ȵi³³、nei²¹、ne³³。这三个词来自来自藏缅语 *s-niŋ 的 *n-，韵尾脱落，变成开音节。第二类是塞擦音系列的 su³³、tɕi³³、ndzu²¹。这三个词来自前缀 *s-，或者直接来自藏缅语 *sem，也是韵尾脱落。第三类是舌尖塞音系列的 ndi⁵⁵、du⁵⁵、tʰɤ⁵⁵。这三个词从形式上看应该有共同来源，语义相同或相近，应该是同源词，但是就本文的材料及现有材料的对比看，我们尚不能确定。

从《丛刻》中的语义表现看，鼻擦音系列的 nɿ^{33}、nei^{21}、ne^{33} 多为名词，表示身体器官的"心"，可引申出名词"想法"；塞擦音系列的 su^{33}、tɕi^{33}、ndzu^{21} 表示心理活动，多为动词。鼻擦音和塞擦音系列来源相同，我们可以推测原始形式分化后，鼻擦音系列开音节为名词形式；*s-前缀占位后，为动词，表示心理活动。舌尖塞音系列的 ndi^{55}、du^{55}、tʰɤ^{55} 多表示情感态度，其来源是否与藏缅语 *s-niŋ 有关，尚需进一步证明。

二、肝（liver）

肝是语言中重要的人体部位词，在斯瓦迪士《百词表》中占 53 位。《丛刻》中肝语义场的词主要是 sə^{55}、ʔu^{33}、ʔɤ^{33}。

彝语中 sə^{55} 当来自藏缅语 *sin，白保罗认为，缅语-ań 是晚起的：asaàń > *əTɛ̀"肝" < *m-sin（白保罗，1972：241）。白保罗同时也认为汉语的"辛"跟藏缅语的 *sin 相同：汉语 siěn "辛"，藏缅语 m-sin "肝" < *sin "苦，酸"（白保罗，1972：174）。龚煌城先生有类似的观点：藏语 mchin < *m-syin"肝"；汉语"辛" *sjin > sjěn；缅语 sâñ < *sîn，西夏语 sji^2"肝"（龚煌城，2000/2004：177）。彝语中：如彝语大姚话 sɿ^{21} tʰA^{21}、峨山话 sɚ^{21}、圭山话 si^{11}、赫章话 se^{55}、禄劝话 sɚ^{55}、弥勒话 i^{33} kɛ^{33}、南华话 se^{21}、撒尼话 sʐ^{11}、巍山话 sɿ^{21} tsE^{55}、武定话 sɿ^{55}、喜德话 si^{21}。后来的学者，大致跟白保罗的说法相同，如布莱德雷（1992：344）构拟原始彝语支"肝"（ʃ）-sin^2，李永燧先生（2011：841）构拟原始藏缅语"肝" *sheŋh，吴安其先生（2002：185）认为藏缅语中"肝"为 *m-krin，*s-grin。由吴安其先生的构拟看，藏缅语中"肝"有两个来源。试比较傈僳语里吾底话 si^{31}、纳西语大研镇话 sɚ^{55}、纳西语水田话 sɿ^{55}、纳西语棉谷话 tsəɿ^{55}、柔若语果力话 se^{33}、柔若语江末话 sẽ^{31} ʋu̠^{35} 中"肝"皆有 S 擦音；波拉语孔家寨话 saŋ^{35}、浪速语允欠寨话 saŋ^{35}、勒期语中山乡话 sɘŋ^{55} 中的"肝"词皆为塞音。

从吴安其先生的构拟中现原始藏缅语中"肝"或有舌根塞音，如撒都话中的 kə^{55}，但从白保罗，龚煌城，李永遂诸位先生构拟中可见，藏缅语中"肝"应有擦音，这从现代彝语方言中的情况也可观察。

（一）sə⁵⁵

《丛刻》中 sə⁵⁵ 为"肝"义，可与汉语"辛" *siN/slin∥*s 比较。

(26) tsʰo²¹ sə⁵⁵ sɿ³³ lu³³ ȵi²¹
　　　人　肝木　龙青
　　　肝属木而青。（训书，19）

(27) ȵie³³ se⁵⁵ sɿ³³ nɿ³³ tsʰo³³ tɕʰi⁵⁵ tsʰu³³ ʔɤ³³ ti³³ tʰu⁵⁵ mə³³ ɣɤ²¹ su²¹
　　　春　肝夏　心秋　肺　冬　肾四十　末得　找
　　　春肝夏心，秋肺冬肾，四时侯相从。（训书，21）

（二）ʔu³³∥ʔɤ³³

ʔu³³ 在《丛刻》中主要表示身体部位的"肝"，应该是原始汉藏语 *(s-) ka(-n)"肝"的分化形式。语言中早期"肝"和"肾"可能是同一个词。彝语中表示"肾"的 ʔɤ³³ 和 ʔu³³ 形式相同。Gonghuangcheng 先生（2004：57）便以汉语的"肝" *kan 比较藏文的 mkhal"肾"。吴安其先生也持相同的意见，并以汉语的"肾" *g-linʔ 比较藏文的"肝"。原始汉藏语中，"肝"的词根为舌根塞音，发展到汉语和彝语中仍然保留舌根塞音词根形式。《丛刻》中 ʔu³³ 和 ʔɤ³³ 分工较为明确，ʔu³³ 表示身体部位的"肝"，ʔɤ³³ 表示身体部位的"肾"。

《丛刻》中的用例为：

(28) ʔhu²¹ lu³³ sa¹² ʔu³³ dʐɿ¹³ vi²¹ ŋu²¹ no³³ mə³³
　　　马牛　心　肝头　切　用医吉
　　　配用牛羊五心肝胆药医吉。（玄通大书，758）

吴安其先生（2002：310）、黄树先先生（2003；2012：265）认为，汉语"肾" *g-linʔ 应来自汉藏语的"肝"。彝语 ʔɤ³³ 与汉语"肾"有共同来源。肾 *gjinʔ∥*gjiṅ < *g(y)al，藏缅语 *m-kal。彝语中 m-前缀脱落，藏缅语中 m-前缀有表示内脏部位的作用，m-前缀脱落后，词根辅音后化。彝语中，-l 脱落，前缀和后缀都脱落后，元音的管束弱化，有些方言中发展为后高元音，如禄劝话 ʔɯ³³、大方话 ʔɯ³³、路南话 xɯ⁵⁵；有些方言中发展为前高元

音，如威宁话 ʔy³³；有些发展为半高元音，如石屏话 ʔɤ³³，喜德话 o³³。

《丛刻》中，"肾" ʔɤ³³ 的用例为：

(29) və²¹ ʔɤ³³ kʰuɤ²¹ ndɤ³³ bu³³ ʑu²¹ ʔɤ³³ kʰuɤ²¹ ndɤ³³ ȵi¹²
    左 肾 冤   解   羊   右 肾 冤   解   猪
    左肾当做解冤羊，右肾当做解冤猪。（解冤经，421）

(30) ȵie³³ se⁵⁵ sɿ³³ nɿ³³ tsʰo³³ tɕi⁵⁵ tsʰu³³ ʔɤ³³ ti³³ tʰu⁵⁵ mə³³ ɣu²¹ su²¹
    春   肝 夏 心   秋   肺   冬   肾 四 时 未 得 找
    春肝夏心，秋肺冬肾，四时相随和。（训书，21）

彝语中肝语义场的三个词：sə⁵⁵、ʔu³³、ʔɤ³³，三者早期应该有共同的来源，就彝语方言即同族语的比较，sə⁵⁵ 为肝义源自藏缅语的 *sin，ʔu³³ 表示身体部位的肝，与表示身体部位的 ʔɤ³³ "肾"应该有共同来源。

三、骨（bone）

"骨"是语言中重要的身体部位词，在斯瓦迪士《百词表》中占31位。汉语及藏语中与"骨"相关的词有很多，如"骼""骸"等（金理新，2006：209）。《丛刻》中，与"骨"相关的词相对简单，有 ɣɤ³³、nɣ²¹、tse¹³、pʰi³³。

（一）ɣɤ³³

《丛刻》中 ɣɤ³³ 记作ꀎ，《简明彝汉字典》（贵州本）中，ꀎ，ɣɯ²¹，意为"繁殖，发展"（159）；ɣɤ³³ꀎ，"骨头"，《简明彝汉字典（禄劝篇）》（186）、《彝汉字典》（185）中："骨" ɣɯ³³，记作ꀏ。《滇川黔桂彝文字典》中：ꀐ ʐy³³ "骨""茎，杆""把儿，柄"。《简明彝汉字典》（禄劝篇：131）中：ꀐ ʐy³³ "骨"，又作 ɣɯ³³。

彝语中 ɣɤ³³ 可与汉语"骸"比较。"骸" *gruɯ，《说文》："骸，胫骨也"，后泛指骨头。白保罗（1972：419），藏缅语"骨" *g-rus < *k-rwet，吴安其先生（2002：185）构拟原始藏缅语"骨头" *k-ru-s，*k-ru-g。布莱德雷（1992：342）构拟原始彝语支"骨头" ʃə-ro²。从以上各家构拟看，缅彝语中"骨头"的早期形式中应该有舌根塞音和-r-音。可比较哈尼语绿春江

话 sa³¹jø³¹、哈尼语墨江话 ʃɔ³¹ji³¹、基诺语曼斗话 ʃə⁴⁴ɣɤ⁴⁴、卡卓语兴蒙话 γ³¹kɯ³⁵、拉祜语糯福话 ɔ³¹mv²¹ku³³、傈僳语里吾底话 o̠³¹to̠³³、纳西语大研镇话 O³³；so³³lo³³、纳西语水田话 ni³³zɛ⁵⁵tɕʰi³⁵、怒苏语棉谷话 ɣɹɯ⁵⁵、彝语南华话 ɣɯ²¹gɑ²¹、撒尼话 ɣɯ¹¹pv³³、巍山话 ʔʋu²¹dɑ⁵⁵dʐɤ³³、武定话 xɯ¹¹ɣɯ³³、喜德话 ʋu²¹du³³、缅文 ɑ¹ro³。通过比较可以看出，缅彝语中"骨头"有舌根音和-r-音，舌根音在-r-影响下有腭化趋势，如哈尼语、基诺语中 ʃ-声母。音尾脱落后，元音发展较为灵活，有后高音 u、ɯ 和低元音 ɑ。如：

(31) m³³ȵdʑi²¹ȵi³³ɣɤ³³tʰi³³
马　皮　牛骨包
马皮包牛骨。（玄通大书，954）

（二）nɤ²¹

《丛刻》中，nɤ²¹"肋""肋骨""肋部"。nɤ²¹与 ɣɤ²¹同源，彝语巍山话中 ɣu²¹和 ȵi⁵⁵均有"肋骨，骨头"义。《丛刻》中，

(32) va¹³ȵi⁵⁵nɤ²¹pʰi²¹dzo⁵⁵
猪日　肋部在
亥日在肋部。（玄通大书，1723）

（三）tse¹³

《丛刻》中，tse¹³指"骨节"。吴安其先生（2002：168—169）：骨节，藏文 tshigs，古藏羌语 *tshik-s，原始景颇语 *khrik，原始彝缅语 *tshik-s。白保罗（1972：64）构拟原始藏缅语"关节"tsik。彝语 tse¹³来自原始缅彝语 *tshik-s。《丛刻》中：

(33) tsʰɤ²¹sɤ²¹zo³³su³³tse¹³nu²¹pʰi²¹nu²¹ndi¹³dʑi²¹lu²¹ło³³no³³nə³³
十　三　生 者 节　痛　上　带病　神　龙 祭 则 吉
十三生者，骨节带病，祭献神龙则吉。（玄通大书，646）

彝语中，表示"关节"的 tse^{13} 应该与表示"膝盖"的 tse^{13} 有关。白保罗（1972：401c）siet"膝盖"；dza < tsik"腿，节"。《丛刻》中 tse^{13} 也有"膝盖"义。如：

(34)　ɣa^{33} ȵi^{21} tse^{13} tɕu^{55} dzo^{55}
　　　鸡　日　膝　间　在
　　　酉日在膝间。（玄通大书，1723）

（四）p^{h}i^{33}

《丛刻》中，p^{h}i^{33}，记作ɤ，为"胛骨"义。彝语 p^{h}i^{33} 之"胛骨"义应该由"肩膀""手臂"义派生而来。彝语表"手臂""肩膀"为同一词。《川滇黔桂彝文字典》（158）：bA^{33} "手臂，肩膀"。《丛刻》中 p^{h}i^{33} 为"胛骨""用胛骨占卜"义。

彝语 p^{h}i^{33}，来自"肩膀""手臂"，这也是一个古老的词语。郑张尚芳先认为，汉语"髆 *paag"、"臂" *pegs 跟藏 phrag"肩"，phjag←pheg"手"（敬）、泰文 ʔbaah（肩）对应（郑张尚芳，2001：180；182—183）。汉藏语的"臂"，又常跟"翼"同源。汉语"翼" *lɯg/b·lɯg// *lɯg，《说文》："䎈也。从飛，異声。籀文翼。"（1981：582）《周礼·梓人》："以翼鸣者。"汉语"翼"与职切。前面还应该有个 *p-声母。汉语"翼"跟南岛语、侗台语都有对应。学者有如下的讨论：潘悟云先生认为，"翅膀"在南岛语中为：pa'yaq，payaq，Ifugao 语；payak，Ilongot 语；pakpak，Manobo 语；pikpik，Tausig 语；payyɨk，Gaddang 语。（潘悟云，2002：76）邢公畹也认为，"翅膀"，傣雅 pik$^{1'}$，西双版纳 pik$^{1'}$，德宏 pik^1，泰语 piːk$^{1'}$ < *p-。比较汉语"翼"字（邢公畹，1999：126）。用肩膀指肩膀骨，是很自然的时期，如葡萄牙语 espádua "肩，肩膀；肩胛，肩胛骨；四足动物前腿的上部"。

彝语 p^{h}i^{33}，在《丛刻》中的用例如：

(35)　dɤ^{33} vi^{55} ʂʅ^{33} ma^{21} p^{h}i^{33}
　　　地　猪　黄　不　胛
　　　不卜猪胛骨。（呗耄献祖经，1971）

"骨"作为彝语中重要的基本词,在《丛刻》中主要指"骨头"。ɣɤ^{33}、nɤ^{21}可以泛指骨头,也可以指具体身体部位的骨头;tse^{21}指骨关节,也特指膝关节;p^{h}i^{33}特指肩关节,也指肩胛骨。《从珂儿》中 ɣɤ^{33}、nɤ^{21}是彝语中基本的表示骨头的词,tse^{21}和 p^{h}i^{33}分别来自"膝盖"和"手臂"义的引申。

四、卵(egg)

"卵"是语言中重要的身体部位词,在斯瓦迪士百词表中占33位。《丛刻》中"卵"语义场的词有 t^{h}ʋ^{21}和 fu^{33}。朱文旭先生(112—117)对彝语中"蛋"有详细的论述。朱文旭先生考察,彝语中"蛋"义词有"蛋""卵"两读现象,这是复辅音分化引起的。彝语东部方言中"蛋",武定话读作 b^{21},盘县话读作 b^{21},隆林读作话 u^{21};南部方言中,双柏话读作 fu^{21},墨江话读作 fu^{21};中部方言中,牟定话读作 fu^{21},大姚话读作 fu^{33};西部方言中巍山话读作 fu^{33}。朱先生认为彝语"蛋"早期的辅音形式为 *thr/-l 的复辅音声母,其演化形式为:*thr/-l→th→tɕ^h // l。今彝语西部方言、南部方言、中部方言的"蛋"读作 xu^{21},fu^{33}与复辅音声母的后置辅音 r 有关。就"蛋"之"蛋""卵"两读,朱先生认为:*thr/l→th→tɕ^h // *r→x→f,舌根音在介音-r-影响下腭化,发展为舌尖中塞擦音 t^h-。汉藏语诸语言"蛋"的语音形式为:

表1 汉藏语中"蛋"语音关系

藏语	拉萨	巴塘	下河	普米	却隅	缅语	阿昌语
sgo-ŋa	ko^{13}	gu^{13}	goŋ	ku^{55}	rgə^{13}	u	uʔ^{31}
载瓦	浪速	傈僳语	哈尼语	基诺语	纳西语	景颇语	靖西语
u^{55}	au^{55}	_o^{31}	_u^{33}	vu^{44}	kv^{33}	ti^{31}	t^{h}am^1
陵乐	瓦语	邕宁	噶卓	江底	桃化	桃羌	大坪
lam^1	katɔm	t^{h}am^1	fv^{33}	tɕau^{24}	tɕi^{24}	htə^{33}	tsu^{42}

(一)t^{h}ʋ^{21}

《丛刻》中 t^{h}ʋ^{21}为名词,鸡蛋;动词,生蛋。"卵"可以发展出跟卵有关的动词,如英语 egg "蛋,鸡蛋;卵;人,家伙;炸弹,手榴弹"动词,"烹调中把……用蛋黄或蛋白调和或覆盖;向……掷蛋;怂恿,煽动"。鸡蛋跟下蛋,语义关系就更加显豁。比较印尼语 telur "蛋;卵,卵状物",bertelur

"下蛋，产卵；大便，拉屎"。① t^hu^{21} 在《丛刻》中的用例如：

(36) $\gamma a^{33} \gamma \gamma^{33} t^hu^{21} nei^{33} t^hu^{21}$
　　　鸡　以蛋₁　铁　蛋₂
　　　母鸡生铁蛋。（解冤经，412）

上例中，t^hu^{21}（蛋₁）为名词"鸡蛋"；t^hu^{21}（蛋₂）为动词"生蛋"。

（二）fu^{33}

按照朱文旭先生的观点，彝语中 t^hu^{21} 和 fu^{33} 应该是一对同源词。如表1的比较，彝语中 fu^{33} 和汉藏语诸语言有一定对应关系。彝语 fu^{33} 或可以与汉语"蛋"相比较。据俞敏先生（1989），汉语"蛋"是汉语中比较晚期的词，朱文旭先生也持这一观点。黄树先先生在《说"鸟"》一文中，认为汉语声母 *t-和台语声母 *nl/r-、*hn-、*ɲ-、*r-是可以对应的。朱文旭先生认为，彝语中"蛋"声母的发展演变路径为：$t^hr/-l→r→x→f$。

《丛刻》中，fu^{33} 为"卵，蛋"义。如：

(37) $vu^{33} t^hu^{55} n\gamma^{21} \eta u^{33} \eta u^{33} vu^{55} fu^{33} t^hu^{13} l\gamma^{21} li^{21}$
　　　武面　红　多　多　鸡　卵　搜了来
　　　吴兵团团围，如搜捕鸡子。（古史通鉴，145）

上例引自《古史通鉴》之"吴三桂入侵彝地"篇，记述的是吴三桂侵占古卫大城时"比里岩之战"的情景。在比里岩前，吴兵以绝对的优势打败了彝兵。彝兵溃散，吴兵打败他们时就像"踩鸡蛋"一样。

"卵"是彝语中重要的基本词，在《丛刻》中主要是指家禽、鸟类等的"蛋"，有 t^hu^{21} 和 fu^{33} 两个形式。t^hu^{21} 即可为名词"（鸡）蛋"，也可以为动词"下蛋"。fu^{33} 在《丛刻》中主要为名词"鸡蛋"。fu^{33} 表示卵也有圆义，如 vu^{33} "圆；园"。彝语中舌尖中塞擦音的 t^hu^{21} 和唇擦音的 fu^{33} 可能是一对同源词。朱文旭先生（1997）认为二者为统一原始形式的不同分化结果。就《丛刻》

---

① 参见黄树先《比较词义探索》中"卵与卵状物"条

中的表现看，朱文旭（1997）的结论应该是信得过的。

五、血（blood）

血是语言中重要的身体部位词，居斯瓦迪士《百词表》第30位。《丛刻》中"血"语义场的词有：ɕi³³、sɿ³³。

彝语中"血"语义场词比较简单，皆为擦音声母。就彝语方言之间的比较可见，早期彝语中，血义词应该含塞擦音成分和-y韵尾形式。可比较彝威宁话ɕy³³、禄劝话sɯ³³、大方话ɕi³³、路南话sɿ⁵⁵、红河话sɿ³³、巍山话sɿ²¹、石屏话sɿ³³、喜德话sɿ³³、南华话si³¹、永仁话si²¹、隆林话ɕɯ⁵³、大姚话si²¹、峨山话s̩i³³、圭山话si⁵⁵、赫章话sy³³、武定话sɯ³³。

从彝语方言的比较可见，"血"早期有擦音成分。就彝语各方言分布看，血语义场词韵母有前高元音和后高元音。布莱德雷（1992：344）构拟原始彝语支"血" *swe²。白保罗曾以藏缅语的 *s-hwiy，与汉语"血" xiwet 比较。龚煌城先生（2004：218—219）认为，藏缅语的 *-y 尾跟汉语的 *-t 尾对应。李永燧先生（2011：387）构拟原始缅彝语 *shueh。擦音音尾-h 与-y 接近。彝语中音尾脱落，元音或保持后高元音，如禄劝话、隆林话、武定话中ɯ韵母；或受声母影响，变为前高元音，如路南话、红河话、巍山话、石屏话、喜德话的sɿ，南华话、永仁话、大姚话、峨山话、圭山话的si。

（一）sɿ³³

《丛刻》中，sɿ³³出自《呗耄献祖经》，为"血"义：

(38) tie⁵⁵mo³³pʰv²¹pʰv²¹nbo³³tie⁵⁵sɿ³³tʂu²¹tʂu²¹ʐɿ³³
雕 尸　卜　卜　滚　雕血 浙 浙 流
雕尸卜卜滚，雕血流如注。（呗耄献祖经，2007）

（二）ɕi³³

《丛刻》中，ɕi³³为血义，与sɿ³³同源，为同一根词的不同分化形式。《丛刻》中：

李方桂先生（1977；2011：281—284）记录的老挝语 khəːB1 "干" 在台语内部的对应形式有：龙州壮语 khaɯ，剥隘话 hɯ，阿含语 kheu，掸语 khaɯ，整董话 xaɯ，白泰语 xaɯ，黑泰语 khaɯ，侬语 khou，岱语 khou，武鸣壮语 haɯ，册亨语 heu。李方桂先生（1977；2011：181、254）构拟的原始台语这一词为 *xeɯ/ *xɛɯ。

梁敏、张均如先生（1996：420、600）列出的"干（口渴）"德宏傣语 xaɯ⁵，龙州壮语 khaɯ⁵，武鸣壮语 haɯ⁵，水语 siu⁵，毛南语 chiːu⁵，佯僙语 kheu⁵，锦语 ȶhəɯ⁵，仫佬语 ȶhəɯ⁵，黎语 khaɯ²。构拟原始侗台语这一词为 *xɛɯ。这些形式与上面的老挝语 khɛː⁵/khai⁵ 等语言中的"干"是对应的。

老挝语 khɛː⁵/khai⁵ 可以对应汉语"晞" *hlɯl。《说文·日部》："晞，干也。从日，希声。"《诗·秦风·蒹葭》："白露未晞。"毛传："晞，干也。"印尼语 ringkai "树叶等枯萎的，干瘪的"也可以纳入比较。

白保罗（1975：275）用原始印尼语 **kəɣiŋ，来自 *kəyiaŋ < *kaɣiaŋ < *Nqaɣiaŋ，对应原始台语 *xai，来自 *qayə < *qa(ɣ)ia(ŋ)；*heeŋ "干的，干涸的"来自 *hiaŋ < *q(h)(ɣ)iaŋ，*leeŋ "干"来自 *liaŋ < *[]riaŋ。构拟原始澳泰语"干" *(N)qaɣiaŋ。

老挝语中还有表"干"的两个词：

1. ແຂງ [khɛːnB1∥khɛːn³] "凝固的，干燥的"（《老挝语汉语词典》，189）。与泰语 khɛːn³ "干，硬"同源。陈孝玲（2011：342）提到泰语 khɛːn³ 与拉基语 khin⁵⁵ "干枯"可能同源，可以与汉语"坚" *kin 比较。《说文·臤部》："坚，刚也。"

2. ຂິງ [khiŋA1∥khiŋ¹] "干枯的，干缩的"（《老挝语汉语词典》，168），可以与汉语"硬" ŋgreːŋs 比较。

二、词义发展

上文讨论了老挝语"干"的来源与演变。下面我们对老挝语"干"的语义演变进行梳理。除了整理老挝语内部的材料，我们还根据词义比较理论，对老挝语的语义演变进行研究。老挝语"干"在亲属语言分化过程中发生了

"干、干旱"与"烘、烤、煎、烧、晒、热"等之间的词义转换。老挝语"干"可以引申指"干瘪""干枯""陆地""憔悴""渴""坚硬"等语义。

（一）干与烘、烤、煎、烧、晒、热

上文讨论到原始华澳语中"干，干旱；烘，烤，烧；煎；热；晒"是一个语义宽泛的词，老挝语 hɛːŋ³/lɛːŋ⁴"干，干旱"来源于原始华澳语。老挝语 bok⁷ 可以对应汉语表晒干义的"暴" *boog。"干""旱""烘烤""煎""晒"等都与水分的流失有关，产生语义联系很容易理解。这种语义演变在自然语言中很常见：古希腊语 'ΟΠΤΑΩ "烘烤；烤干（陶坯）；晒干"。拉丁语 assus "干燥的，晒干的；烤的，煎的", siccitās "干，干旱", siccō "晒干，烘干，晾干；使干燥"。土耳其语 kuru "干的；干旱的；晒干的，烤干的，烘干的"。法语 sec, sèche "干的；晒干的"。

（二）干与干瘪的

物体变干后会因缩水而变小，所以"干"发展出"干瘪"义很容易理解。汉语"干"也有干瘪义。老挝语 hɛːŋ³ 可以引申指"干瘪"。ปະເປົ່າແຫ້ງ [pa¹ pau¹ hɛːŋ³]（词头+口袋+干）"囊空如洗"。ທ້ອງແຫ້ງ [thɔːŋ⁴ hɛːŋ³]（肚子+干）"腹中空空，饿着肚子"。其他语言中也有类似的词义发展：保加利亚语 cyx "干的，干旱的；<转>干瘪的，干瘦的"。土耳其语 kuru "干的，干旱的，无雨的；瘦削的，干瘪的；枯瘦的，瘦弱的"。

（三）干与干涸、干枯

老挝语 hɛːŋ³ 也引申指"干涸、干枯"。如 ແຫ້ງລົງ [hɛːŋ³ loŋ²]（干+下）"干涸、干枯"。这种语义演变在自然语言中是常见的，可以比较：捷克语 suchý "干燥的；干旱的；干枯的"。荷兰语 droog "干的，干旱的；干涸的，干枯的"。土耳其语 kurak "干旱的，干的，干燥的，干涸的"。蒙古语 xaтax "变干，干涸，干枯"。因此用印尼语 ringkai "树叶等枯萎的，干瘪的"与老挝语 khai⁵ "干的，干燥的"比较也是合适的。

（四）干涸与陆地

老挝语 bok⁷ 指"干涸，水位下降"，也指"陆地"，《老挝语汉语词典》（812 页）将二者列为同音词。李方桂先生（1977；2011：62）列出"水退了、干地"泰语 bokD1S，龙州壮语 bukD1S，剥隘话 mookD1S。河、湖干涸后，露出来的是陆地，老挝语 bok[7] 与泰语 bokD1S 等对应，所指的"干涸，水位下降"与"陆地"应该有语义联系，可以归并为同一个词的不同义项。可以比较：荷兰语 droge, droog"干地，陆地"，drogen"擦干，拭干；使干燥，晒干；变干"。古希腊语 ΧΕΡΣΟΣ"陆地；干燥的，坚固的；干枯的，干涸的"。保加利亚语 cýшa[1] "干旱"，cýшa[2] "陆地"。

（五）干与憔悴

干是指水分缺少，人缺少水分会显得憔悴，老挝语中"干"可以引申出"憔悴"义。如ccʊɔ˘ɡccɔ˘ɡ [hɛːŋ³lɛːŋ⁴]（干+干旱）"憔悴、枯槁"。这种语义演变在其他语言中也存在，可以比较：捷克语 schnout"干，变干；（人）消瘦，憔悴"。拉丁语 āridus"干的，干燥的；苍白无力的；憔悴的"。蒙古语 xaтax"干涸，干枯；萎缩；憔悴"。

（六）干与坚硬

上文用"坚"对应老挝语 khɛːŋ³ "凝固的，干燥的"、khiŋ¹ "干枯的，干缩的"。物体水分变少后，会变硬，因此干与硬有语义联系是很正常的。这在其他语言中可以见到：汉语用"干硬"形容干燥发硬的物体。印尼语 ker-sang"干旱贫瘠的（土地）；粗硬的（头发等）"，dangkal"硬的，半生不熟的（果实）；干旱的"。葡萄牙语 ressesso"非常干燥的；变硬的"。蒙古语 гaнтaй"干旱的；坚硬的，刚强的"。

（七）干与渴

渴是因为缺少水分而产生的一种生理现象，干与渴可以很自然地联系起来，许多语言中"干"与"渴"是同一个词。汉语中"口渴"也可以说"口干"。老挝语 hɛːŋ³ 也可以指"渴"，ə˚ccʊ˘ɡ[khɔː²hɛːŋ³]（喉+干）"渴"。还可以比较：印尼语 ketohoran"干枯；渴"，vyprahlý"烤（晒）干了的，干旱的；干渴的"。葡萄牙语 sequioso"干渴的；干燥的，干旱的"。拉丁语 āridus"干的，干燥的；<诗>干渴的"。蒙古语 arшpax"变干；十分渴，渴极了，干渴"。

三、小结

老挝语 hɛːŋ³/leːŋ⁴ "干、干旱"来自原始华澳语 *qh[]raaŋ "干,干旱;烘,烤,烧;煎;热;晒"这一宽泛的概念。bok⁷ "干涸"可以对应汉语"暴"。老挝语 khɛː⁵/khai⁵ 可以与汉语"晞"比较,在南岛语中也可以找到对应。khɛːn³ "凝固的,干燥的",khiŋ¹ "干枯的,干缩的"可以与汉语"坚"比较。在词义上,老挝语"干"可以引申指"干瘪""干枯""陆地""憔悴""渴"等义,这种词义发展路径在其他语言中也很常见,是很自然的语义演变,符合人类认知发展的共性。

参考文献

[1] P. K. Benedict. 1975. Austro-Thai: Language and Culture, with a Glossary of Roots. HRAF Press.

[2] 白保罗(P. K. Benedict).1984.《汉藏语言概论》,乐赛月、罗美珍译,北京:中国社会科学院民族研究所语言室.

[3] 北京大学东方语言文学系印度尼西亚语言文学研究室.1989.《新印度尼西亚语汉语词典》,北京:商务印书馆.

[4] 北京外国语大学《新捷汉词典》编写组.1998.《新捷汉词典》,北京:商务印书馆.

[5] 陈孝玲.2011.《侗台语核心词研究》,成都:巴蜀书社.

[6] 陈用仪.2001.《葡汉词典》,北京:商务印书馆.

[7] 黄冰.2000.《老挝语汉语词典》,昆明:国际关系学院昆明分部.

[8] 黄树先.2012.《比较词义探索》,成都:巴蜀书社.

[9] 孔泉.2002.《现代荷汉词典(修订版)》,北京:世界知识出版社.

[10] 李方桂.2011.《比较台语手册》,丁邦新译,北京:清华大学出版社.

[11] 梁敏、张均如.1996.《侗台语族概论》,北京:中国社会科学出版社.

[12] 罗念生、水建馥.2004.《古希腊语汉语词典》,北京:商务印书馆.

[13] 潘悟云.1997.《喉音考》,《民族语文》第5期.

[14] 潘悟云.2005.《汉台关系词中的同源层探讨》,载丁邦新、余霭芹主编《汉语史研究:纪念李方桂先生百年冥诞论文集》第 27 - 55 页,台北:"中央研究院"语言学研究所.

[15] 武忠定.2012.《越南语核心词研究》,华中科技大学博士学位论文.
[16] 薛建成.2001.《拉鲁斯法汉双解词典》,北京:外语教学与研究出版社.
[17] 《新蒙汉词典》编委会.1999.《新蒙汉词典》,北京:商务印书馆.
[18] 杨燕杰等.2007.《保加利亚语汉语词典》,北京:外语教学与研究出版社.
[19] 中国人民解放军外国语学院《土耳其语汉语词典》编写组.2008.《土耳其语汉语词典》,北京:商务印书馆.

付　妮　广西警察学院公共基础教研部

塔芒语核心词 "月"

李 敏

摘 要："月"是斯瓦迪士（M. Swadesh）《百词表》中的核心词，是语言中一个很重要的基本词。本文运用历史语言学理论和成果对塔芒语及其亲属语言中的"月"进行整理，讨论了塔芒语核心词"月"的语音、词义演变以及与之关系密切的几个词，并与汉藏语等语言做一些音义比较。

关键词：塔芒语 核心词 月 比较

一、引言

塔芒人的语言称为塔芒语。据 2011 年尼泊尔调查的结果显示，在尼泊尔的 123 种语言中，塔芒语人口占 5.1%，有 130 多万人操塔芒语，居第五位。塔芒语属汉藏语系藏缅语族，主要分布在喜马拉雅南麓山区尼泊尔境内。一般来说，塔芒语有两种地方方言，笼统地可以分为东部塔芒语和西部塔芒语。使用西部塔芒语的大约有 32.3 万人，使用东塔芒语的大约有 75.9 万人说。

核心词是语言中最基本的词，每一种语言都必须包括这部分词。核心词有较强的稳定性，在相当长的时间内，这些词都有较为稳定的语音形式和较为准确的词义。研究语言的核心词，对我们认识语言的早期面貌、历史演变和语言之间的比较都有积极意义。不同语言之间核心词的比较研究，可以使我们对词汇有更深的认识（黄树先、郑春兰，2006：7）。国际上大多以斯瓦迪士（M. Swadesh）《百词表》为依据，把它们作为语言中核心词的标准。在斯瓦迪士（M. Swadesh）《百词表》中，"moon 月"居《百词表》第 73 位。

始复声母分化之后，汉语和诸多藏缅语言的"月"及其派生词"夕""夜晚""傍晚"等分别选择了不同的语音形式，塔芒语的 ʔlanyi"月亮"选取了流音声母 l-，而汉语的"月"则选取了鼻音声母 ŋ-，"夕"选取了流音声母 l-。从以上汉藏语材料比较来看，多数藏缅语言的"月"都采用了流音声母 l-，"夜晚""傍晚"则采用了鼻音声母 ŋ-、m-、n-、ȵ-。所以，我们看汉语"月"的声母与大多数藏缅语言"月"的声母就对不上号了。

"月 moon"是人类语言最重要的核心词之一，在语言中它具有超强的稳定性。语言经历了漫长的历史演变，对比汉藏语材料，语言的语音形式一直处于不断演进的过程中。以上通过对塔芒语"月"的研究，对"月"的语音、词义演变进行了梳理，并与汉藏语进行了比较。限于学力，一些复杂情况还需要进一步深入的调查和研究。

参考文献

[1] 白保罗. 1984.《汉藏语言概论》，乐赛月、罗美珍译，北京：中国社会科学院民族研究所.

[2] 陈孝玲. 2009.《侗台语核心词研究》，华中科技大学博士学位论文.

[3] 龚煌城. 2004.《上古汉语与原始汉藏语带 r 与 l 复声母的构拟》，《汉藏语研究论文集》，第 183–211 页，北京：北京大学出版社.

[4] 黄布凡主编. 1992.《藏缅语族语言词汇》，北京：中央民族学院出版社.

[5] 黄树先. 2003.《汉缅语比较研究》，武汉：华中科技大学出版社.

[6] 黄树先、郑春兰. 2006.《试论汉藏语系核心词比较研究》，《广东技术师范学院学报》第 2 期.

[7] 黄树先. 2010.《汉语核心词"星"音义研究》，《语文研究》第 1 期.

[8] 江荻. 1996.《藏语复杂声母系统及复杂演化行为》，《中国藏学》第 4 期.

[9] 江荻. 2000.《论汉藏语言演化的历史音变模型》，中国社会科学院博士学位论文.

[10] 梁敏、张均如. 1996.《侗台语族概论》，北京：中国社会科学出版社.

[11] 刘福铸. 2007.《莆仙方言边擦音［ɬ］声母探源》，《莆田学院学报》第 3 期.

[12] 陆绍尊. 1983.《普米语简志》，北京：民族出版社.

[13] 马学良主编. 1991.《汉藏语概论》，北京：北京大学出版社.

[14] 梅祖麟. 1981.《古代楚方言中"夕"字的词义和语源》，《方言》第 3 期.

[15] 潘悟云. 1997.《喉音考》，《民族语文》第 5 期.

[16] 孙宏开.1999.《原始汉藏语的复辅音问题——关于原始汉藏语音节结构构拟的理论思考之一》,《民族语文》第 6 期.

[17] 孙宏开.2001.《原始汉藏语辅音系统中的一些问题——关于原始汉藏语音节结构构拟的理论思考之二》,《民族语文》第 1 期.

[18] 宋金兰.2004.《汉藏语"日""月"语源考》,《汉字文化》第 4 期.

[19] 施向东.2004.《原始汉藏语的音节结构和构词类型再议》,《天津大学学报（社会科学版）》第 1 期.

[20] 吴安其.2002.《汉藏语同源研究》,北京：中央民族大学出版社.

[21] 吴安其.2017.《亚欧语言基本词比较研究（卷二）》,北京：中国社会科学出版社.

[22] 向平、黄树先.2014.《汉语核心词"月"音义研究》,《语言研究》第 1 期.

[23] 郑张尚芳.1990.《上古汉语的S-头》,《温州师范学院学报（哲学社会科学版）》第 4 期.

[24] 郑张尚芳.2003.《上古音系》,上海：上海教育出版社.

[25] 中国社会科学院考古研究所.2004.《甲骨文编》,北京：中华书局.

[26] Astro Thai：Language and Cultru，with a Glossary of Roots，Harf Press.

李　敏　　首都师范大学文学院
　　　　　武汉体育学院

浅析临高语核心词 "果"

陈丽荣　符昌忠

摘　要：文章结合"树"和"菜"对临高语核心词"果"进行词源和词义的分析，归纳出临高语核心词"果"对应汉语的"木"，相对的临高语核心词"树"和汉语的对应则转换为"本"；临高语核心词"果"和"菜"同源，分别来源于植物名称"木"和"毛"。

关键词：临高语　核心词　果　树　菜

　　临高语是包括临高全县和儋州、澄迈、琼山及海口市郊的一部分地区内约有五十万人使用汉藏语系侗泰语族壮泰语支的一种语言。本文围绕临高语的核心词"果"进行论述，采用的研究方法主要是"词义比较法"。相关研究材料主要参考临高县临波莲镇波莲话的田野调查、《临高汉词典》《侗台语族概论》等少数民族文献资料和《故训汇纂》等汉语文献资料。

一、"果"词源分析及词义发展

（一）词源分析

　　"果"在斯瓦迪士《百词表》中居第 24 位，在侗台语族各个语支中具有同源性。该词在临高语中读为 mak^8，在壮语、云南傣雅语、西双版纳傣语、泰语中读 $maːk^7$；德宏傣语中读 $maːkʔ^7$；老挝语中读 $maːk^9$；标语中读 lak^8。陈孝玲（2009：48）结合李方桂先生拟原始台语为 *hmak "fruit 水果"，梁敏

---

*　中国语言资源保护工程专项任务"民族语言调查·海南临高临高语临高土语（项目编号：YB1624A023）"。

先生拟原始侗台语为 *m̥ak"果子",并假设标语 lak⁸ 与台语支 maːk⁹ 同源,提出原始侗台语该词的拟音得添上流音,改为 *hmlak 或 *m̥lak。

邢公畹先生（1999：465）用汉语的"木 *muk。"与台语的"果实"进行比较。并用"桃子"泰语的发音 maːk⁷muan⁶（直译"木桃"），及《诗经》中的"木瓜""木桃""木李"的"可食"和投赠义，来论述"木"与"实"的对应关系。黄树先先生（2003：213）也认同此观点。

除了在水果名称音义上的对应之外，我们也可以借助以下两点进行验证。第一，通过古壮字的书写来验证。在古壮字中"果子"可以用形声的"果莫"或"百果"左右合体来表示（广西壮族自治区少数民族古籍整理出版规化小组，989：308）。其中"果"代表意符，"莫"或"百"代表声符。第二，通过临高语中相关语素"ma²"来验证。临高语中与"mak⁸ 果实"相对的还有"ma² 名词前缀，主要用于果类植物的名词"（刘剑三，2000：2；2009：11）这个语素。两者属于同一来源的词，通过韵尾变化来区别细微的词义：后者表示植物，前者表示植物产出的食物。没有韵尾的"ma²"可以和汉语的"木 *muk。"进行更严整的对应。"木，衆樹之緫名。《莊子·山木》'莊子行於山中見大木'陆德明释文引《字林》云。"（宗福邦等，2003：1064）

（二）词义发展

临高语中，mak⁸ 的基本词义是"（植物的）果实"（mak⁸len²【莲果】藕；dun³nə⁴dun³mən²teŋ¹ ~ 这棵树不结果）；在此基础上引申出（食物的）果肉（ma²huan¹nə⁴tsuaŋ¹ ~ hai⁴na¹ 这种荔枝果肉很厚）、某些植物的块茎（mak⁸həi²hɔu² 香附子，莎草的块根，用作中药）、特指番薯（kuʔ⁸ ~ 挖番薯），用于可食事物的前缀（~ fək⁸ 萝卜、mak⁸siŋ¹ 橙子）几个相关词义（刘剑三，2000：365，2009：11—12）。分析刘剑三先生在《临高汉词典》中 mak⁸ 一词下列举的相关词条（mak⁸da¹ 眼球；眼珠。mak⁸tim¹ 心，心脏。mak⁸fət² 坟地。mak⁸lan² 宅基地；地皮）（刘剑三，2000：365）可以看出，该词也可用于与"果实"或"块茎"形状相似的实物义。

相同的词义发展，也可以在同一语族的壮语中得到体现。如在《壮汉词汇》（1984：501—505）"mak 果子"词条及与下列条目可以看出，"果"同样既可以用于各类果实的前面做前缀（makbinzgoj 苹果；makgai 扁桃果；

等），也可以用作跟果实相似的实物（makraemx 水痘；makraem 睾丸；等）。

二、相关词义"树"和"菜"的词源分析

临高语中"mak⁸ 果"相对应汉语的"木 *muk₀"，那么在临高语中的与汉语词义相对的"树"又有什么来源呢？临高语中"mak⁸ 果"和"sak⁷ 菜"均来自于植物，且词形相近，或为同一词族，也是值得一起探讨的词。

（一）树

"树"在斯瓦迪士《百词表》中居第 23 位，临高语中"树"读作"dun³"（刘剑三，2000：197）。基本词义表名词"树"（sa¹ ~ 种树）（dun³fan¹【番树】凤凰树），引申为"棵，量词，用于花草树木"（dun³ki³ ~ 几棵树）（bɔt⁷ki³ ~ 几棵草）。

临高语中"树 dun³"在侗台语族各个语支中具有一定的同源性，只是词义略有偏移，主要对应其他语支语言的"棵，茎"义。老挝语中 ton⁴ 有"树，植物树身，植物的茎杆量词，棵"等义；泰语中的 ton³ 有"树干，量词，株、根"等义。

"果"在大类上属于"木"类。《说文·木部》："果，木实也。从木，象果形在木之上。"临高语的"mak⁸ 果"和"ma² 果类植物的名词前缀"与汉语的表示植物总称的"木 *muk₀"进行了对应后，表示植物总称的"dun³ 树"在汉语的对应中，就相应地转移至表示"棵，茎"义的词。邢公畹先生（1999：280）用汉语的"端" *₀twan 与台语的"棵，茎"（西双版纳傣语 tun³，德宏傣语、泰语 ton³）对应；作者认为也可以和"木下曰本"的"本" *pɯɯn?/ *pɯn（黄树先，2010：206）进行对应。汉语"本"除了当"树根"讲外，也作"树干"讲。《说文·木部》："木下曰本，木身亦曰本。"段玉裁注："榦，一曰本也。"王筠句读："本，今谓之榦者是也。"（宗福邦等，2003：1066—1067）

临高语"树 dun³"与汉语"本 *pɯɯn?/ *pɯn"的对应在藏缅语中也得到了一定的印证。藏缅语 *bul ~ pul：克钦语 phun 表示"树，灌木，草本植物的主茎，木"，加罗语 bol 表示"树"，卢舍依语 bul 表示"起因，开头，

根，树桩，树的底部，拐杖或杆等的尾部"（黄树先，2010：206）。

此外，邢公畹先生（1999：218）曾用汉语的"本 *ᶜpən"来对应台语的"桑树"（云南傣雅语 mon²，西双版纳傣语、德宏傣语 mɔn²，泰语 mɔːn⁵）一词。并认为"远古语'本'字自有'桑'义"，但"遗迹只见于《左传》这一处"。在临高语中"桑树"发音与"树 dun³"相近，直接称"bun²"（刘剑三，2000：196），不需再加其他成分，是否可以作为"'本'字自有'桑'义"的另一个例证？

（二）菜

"菜"虽不在斯瓦迪士《百词表》列表中，但在临高语中"果 mak⁸"与"菜 sak⁷"发音相近，来源相似，或为同一词族的词，也是值得一起讨论的。

在侗台语族中，"菜"是具有同源关系的一个词。临高语读 sak⁷，泰语、老挝语、版纳和德宏傣语读 phak⁷，龙州壮语读 phjak⁷，武鸣壮语读 plak⁷，梁敏、张均如先生（1996：456、585）将侗台语的"菜"构拟为 *xplak。临高语中"菜 sak⁷"的基本词义表名词"菜，蔬菜"（sa¹ ~ 种菜）（sak⁷kaʔ² 芥菜），泛指"蔬菜、蛋品、鱼肉等下饭之物"（ɔu¹ ~ mia²diu³fia⁴ 拿菜来下饭）。

刘剑三（2000：368—369）和高本汉（2021：463）均认为和汉语"蔌 *suk"同源。《诗经·大雅·韩奕》"其蔌维何"，毛传"蔌，菜肴也。"孔颖达疏"蔌者，菜茹之总名。"郭璞注"《尔雅·释器》'菜谓之蔌'"（宗福邦等，2003：1210）。"蔌"可以和"菜"对应是确信的。

临高语中的"菜"可以对应汉语的"毛"。首先，"菜"与"杂草"为同一词族的词，这在侗台语族内部及汉语等许多语言中可以得到印证。第一，两词的词族关系首先可以在侗台语内部得到印证。"杂草"的发音分别列举如下：壮语 hlok⁸，仫佬语 ɣɔk⁸，毛南语 wɔk⁸，标语 jɔːk¹⁰，可是拉珈语 wok⁸ 作"菜"讲（梁敏、张均如，1996：393）。第二，在汉语中的印证。"蔌"属于"艸"部，《尔雅·释草》："蔌，本又作蔤。"陆德明释文"蔌，牡茅"（宗福邦等，2003：1965）。其次，汉语及许多语言中"艸"与"毛 *maaw // *mow"也多为同一个词（黄树先，2010：194）。《广雅·释草》"毛，谓之草，因此菜茹亦谓之毛。"《左传·隐公三年》"涧溪沼沚之毛，蘋蘩蕴藻之菜"中的"毛"孔颖达疏"毛即菜也。"（宗福邦等，2003：1210）根据递推关系，临高语中的"菜 sak⁷"和汉语中的"毛 *maaw // *mow"可以进行对应。

"草/毛"和"木"具有同源性，两者均为可以生产食物的植物，印尼语很好地印证了这一点。印尼语"-mak"可同时指代灌木、杂草：semak（= semak-se-mak）"灌木，矮树"，menyemak"长满灌木，杂草丛生"（黄树先，2010：193）。

至此，可认为"菜""草/毛""木"三者具有同源性。联系前文"果"的词源分析部分所指出的"木"和"果"的同源性，可以推断"菜""草/毛""木""果"四者均具有同源性。

临高语很好地印证了"菜"与"果"的同源性。两者分别指代"草/毛"和"木"所产的食物名称。在临高语中"mak⁸ 果"和"sak⁷ 菜"分别指代"来自树木的"果实和"来自杂草的菜"。两者仅仅在语音上有细微区别，均可以跟汉语中的"木 *muk。"与"木"同源的词义为"草"的"莽 *maaʔ∥ *ma，*mooʔ∥ *mo"（既指众草，也可指木）或"毛 *maaw∥ *mow"进行对应。

反过来，临高语中"mak⁸ 果"和"sak⁷ 菜"的同源性，也论证了"草/毛"和"木"的同源性：验证了邢公畹先生（1999：368）将汉语"莽"跟台语"树林"做比较的合理性；验证了黄树先先生（2010：192）将藏缅语"草 *mrak"（卡瑙里语 myag，缅语 mrak）和"野草，垃圾 *mu·k"（列普查语 muk）与汉语"木 *moog∥ *mok"相对应的合理性。

综上，"果"和"菜"在汉语中分属不同的类，但在临高语中，均可表示食物义，属于同源词。两者通过清浊对立，来表示两类食物的主要来源和食用方式的不同。前者表示原料主要来源于"木"且不需要加工可以直接食用，后者取材于"毛"并需要烹饪后才能食用。

三、小结

文章通过对临高语内部系统的整理和跟亲属语言的比较分析，得出临高语中"果"与汉语的"木"对应；并和同为植物来源的食物义的"菜"（对应汉语的"毛"）具有同源关系；"木"本义的"树"在临高语中则转跟汉语的"本"对应。据此可以归纳出临高语"mak⁸ 果"的词义演变路径如图1所示："ma² 结果的植物'木'和'毛'"引申出"mak⁸ 果实"；"mak⁸ 果实"再引申出的"植物的果肉或块茎""类似于果实的实物""果实或块茎类名词前缀"等词义；"植物的果肉或块茎"根据主要来源"木"和"毛"引申出

"直接食用的'mak⁸果'"和"需要加工的'sak⁷菜'";"植物的果肉或块茎"根据形状引申出"特指番薯";"需要加工的'sak⁷菜'"再通过词义扩大的方式引申出"泛指蔬菜、蛋品、鱼肉等下饭之物"。

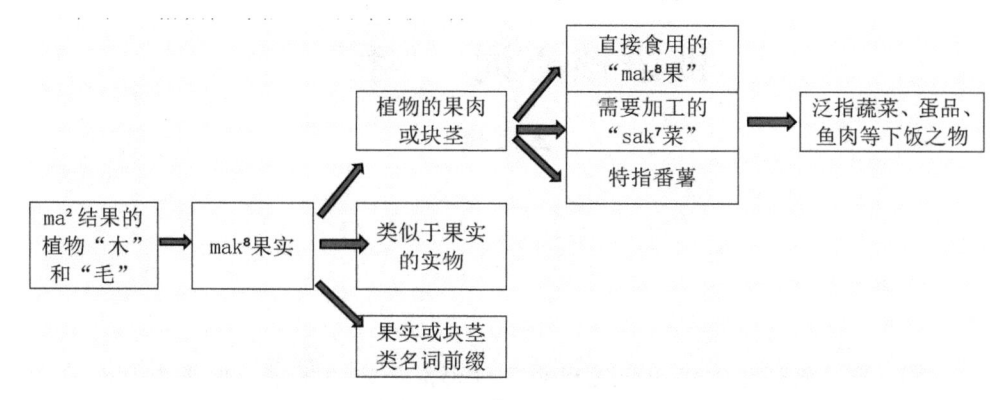

图1 临高语"mak⁸果"的词义演变路径

参考文献

[1] 陈孝玲.2009.《侗台语核心词研究》,华中科技大学博士学位论文.

[2] [瑞典]高本汉.2021.《汉文典：修订本》,潘悟云等编译,北京：中华书局.

[3] 广西壮族自治区少数民族古籍整理出版规划领导小组.1989.《古壮字字典》,南宁：广西民族出版社.

[4] 广西壮族自治区少数民族语言文字工作委员会研究室.1984.《壮汉词汇》,南宁：广西民族出版社.

[5] 黄树先.2003.《汉缅语比较研究》,武汉：华中科技大学出版社.

[6] 黄树先.2010.《汉语核心词探索》,武汉：华中师范大学出版社.

[7] 梁敏.1981.《"临高话"简介》,《语言研究》创刊号.

[8] 梁敏、张均如.1996.《侗台语族概论》,北京：中国社会科学出版社.

[9] 刘剑三.2000.《临高汉词典》,成都：四川民族出版社.

[10] 刘剑三.2009.《临高语话语材料集》,北京：中央民族大学出版社.

[11] 邢公畹.1999.《汉台语比较手册》,北京：商务印书馆.

[12] 宗福邦、陈世饶、萧海波.2003.《故训汇纂》,北京：商务印书馆.

陈丽荣 首都师范大学文学院 百色学院
符昌忠 广东技术师范大学民族学院

俄语核心词 "手"

王丽媛

摘　要：汉语核心词的研究现今已经形成一定的规模，但很少有人涉猎俄语核心词。斯拉夫语系的俄语核心词"手（рука）"语义场内成员词汇众多，其中最常用最核心的词是"手（рука）"。"手"部位的词语被分解为"手指，手掌，腕，前臂，肘，腋"这六个部分，它的语义演变途径主要是基于相似性和相关性，体现了斯拉夫民族固有的特性。

关键词：核心词　手　俄语

现今人类的语言有几千种，一般来说，每个民族都有自己的民族语言，语言是民族的重要特征之一。每种语言都有其最根本最核心的那部分词，这一部分词被称为"核心词""常用词""基本词"或"基本词汇"。虽然不同学者由于自身的理解不同，赋予这部分词以不同的名称，但各种语言都应该包括这部分词。王力先生认为："基本词汇包括名词、动词、形容词里的一部分词和代词、数词、联结词"（王力，2004：561）；符淮青、汪维辉等学者称之为常用词。汪维辉先生指出："常用词主要是指那些自古以来在人们的日常生活中都经常会用到的、跟人类活动关系密切的词，其核心就是基本词"（汪维辉，2000：11）；郑张尚芳、黄布凡、陈保亚、黄树先等称之为核心词。虽然学者的称呼有异，但所指的词汇范围大致相当。

一、核心词"手"的研究

"手"是核心词中的"身体核心词",在斯瓦迪士的《百词表》中位居第48位（M. Swadesh, 1990：33）。在郑张尚芳《华澳语言比较三百核心词表》（征求意见稿）中，"手"位居第95位,属于最核心的词（郑张尚芳,2005：461）。在黄布凡《藏缅语300核心词词表》中，"手"被列为一级核心词（黄布凡,1997：16）。在汪维辉《汉语核心词的历史与现状研究》中，"手"被列为100核心词表中稳定性最高的一级词（汪维辉,2018：12）。"手"是身体领域的词，也是词汇核心中的核心。

国内对核心词"手"的研究角度各异，大多集中在词义的考释和演变、汉字字形、跨语比较尤其是汉英比较研究等方面，如《说"手"》（黄树先，2004）、《汉英人体词汇隐喻的对比研究——以"手"为例》（马晓玲，2007）、《俄汉语认知域中的转喻与隐喻连续体现象——以俄汉语"手"的认知为例》（刘涛，2008）、《汉语"手"族词的认知研究》（孙肖茜，2011）、《英汉语中"手"的隐喻对比研究》（张丹，2013）、《英汉"手"词语的认知解析》（郭昕，2013）、《土家语核心词"手"》（熊英，2015）、《英汉人体词"hand"和"手"一词多义转义范畴认知对比研究》（刘志成，2015）、《英汉人体词"hand"和"手"一词多义认知对比研究》（刘志成，2015）、《从体验哲学看英汉"手"的概念隐喻》（林丽娟，2016）、《黎语核心词"爪子""脚""手"比较研究》（杨遗旗、唐元华，2016）、《"手"和"hand"语义结构的相似性认知分析》（曹莎，2016）、《湘语中"手"和"脚"的隐喻与转喻》（吴鹏、王用源，2016）、《"hand"与"手"的认知词义对比分析》（蔡菡丹，2018）、《汉语"手"的概念隐喻文献综述研究》（杨宇、李瑛，2019）、《人体词"手"古今研究评述》（詹静珍，2020）、《汉语"手"的认知语义分析》（杨宇，2020）、《基本词"手"的语义演变及类词汇化》（周湘娴，2022）等。这些文章从不同角度对核心词"手"进行论述。但从类型学角度对俄语核心词"手"进行研究，目前只有在为数不多的几篇硕博士论文中可见。

二、"手"的语义场成员

"语义场"理论是德国学者特里尔（J. Trier）最先提出的，他用语义场表示具有相同义素的词语的集合，比如"植物场""动物场""亲属场"等，"手"属于"身体场"。在国外从语义场角度研究身体词语，这方面首推马提索夫（Matisoff）。马提索夫1978年的"Variational Semantics in Tibeto-Burman"以身体词作为切入点用对比的方法讨论藏缅语族中各语言间的语义差异，他认为身体语义场是研究语言整体语义关系的"实验地"和"先驱"。探讨了身体词语的多义性，指出身体词语可根据不同的划分标准归属于不同的范畴。1986年马提索夫的"Hearts and Minds in Southeast Asian Languages and English"是研究东南亚国家（缅甸、泰国等国）语言如何运用内脏（"心脏"和"肝"）词语描述内心情感的专文。欧（Oey, 1990）对马来西亚语身体词语的研究结果也验证了马提索夫（1986）的发现，"内心活动不是发生在大脑里，而是在心脏和肝中"。可见从语义场理论研究身体核心词起步也较早。

俄语身体核心词"рука（手）"语义场内的成员并不是很多，其中最常见也是最常用的是"рука"，具体成员见表1。

表1 "рука"语义场成员

词	分类	意义
десница［阴］	<旧，雅>	右手，手。
запястье［中］	<解>	腕，腕骨，腕关节。
кисть［阴］		手（从腕到指尖）；（脊椎动物的）前爪。
кулак［阳］		拳头。
ладонка［阴］	<俗>	ладонь的指小。
ладонь［阴］		巴掌。
ладоши［复］		手掌。
ладошки［复］	<口语>	ладоши的指小表爱。
лапа	<俗，蔑>	②（一般指粗大的）手，脚，爪子；<转>魔掌（指势力、影响）
лапища［阴］	<口语>	лапа1，2解的指大。
лапка［阴］		лапа1，2，3解的指小表爱。

续表

词	分类	意义
лапушка［阴］	<口语>	①лапа1，2 解的指小表爱。
локоть		肘，胳膊肘，肘部。
мизинец［阳］		小（拇）指；小趾。
мышца［阴］	<旧>	<旧>手（常用作力量的象征）。
ноготок［阳］		①ноготь 的指小表爱；<转>（人的）烈性子，好斗的性格。
ноготочек［阳］		ноготок 的指小表爱。
ноготь［阳］		指甲；手指甲；脚趾甲。
ногтище［阳］	<俗>	ноготь 的指大。
перст［阳］	<旧，诗，讥>	①手指。
подмышка［阴］	<口语>	腋，腋窝；<口语>夹肢窝（指衣服上相应应的部位）。
предплечье［中］	<解>	前臂，下臂。
пястка	<口语，俗>	<口语>пясть1 解的指小表爱。②<俗>пясть2 解的指小表爱；=пясть2 解。
пясть［阴］		掌骨；手，手掌。
пятерня［阴］	<俗>	巴掌（伸开五指的手掌）。
пять［数量数词］	<俗>	手。
рука		①手，臂，胳膊；<转>（机器、工具等的）臂。
рученька［阴］	<口语>	рука1 解及ручка1 解的表爱。
ручища［阴］	<口语>	рука1 解的指大。
ручка［阴］		①рука1 解的指小表爱。
ручонка［阴］	<口>	рука1 解的指小表爱。
сустав［阳］	<解>	指骨，趾骨。

注：表中的意义来源于《大俄汉词典》，只列出与"手"有关的义项。

三、"手"的来源及用法

俄语核心词"手"语义场内的成员相对来说不是很多，其中最常用意义较稳定的是"рука（手）"。

（1）рука 指"人体上肢前端能拿东西的部分，是天然的劳动工具"。其在斯拉夫语系的其他语言中的形式为：乌克兰语 рука，白俄罗斯语 рука，保

加利亚语 ръка，塞尔维亚—克罗地亚语 pука，斯洛文尼亚语 roka，捷克语 ruka，斯洛伐克语是 ruka，波兰语 ręka，高地卢日支语 ruka、ručny，低地卢日支语 ruka、rucny，拉巴河斯拉夫语 rōka，11 世纪的古俄语为 *rǫка（рука），他的形式与波罗的海一代表示"手"意义的词相一致。立陶宛语 ranka，拉脱维亚语 ruoka，古普鲁士语 rancko。"рука（手）"这个词在俄语中有 150 多个词义。除俄语外其他语言中：立陶宛语 riňkti 意义为"收集、采集、带走"。希腊语 αγοστος 意义为"手掌、手"，由最初的意义为"收集工具"而来。《大俄汉词典》中列出了"手"的 13 个义项。"手"的基本意义为"手，臂，胳膊；<转>（机器、工具等的）臂"。如：заложить руки за спину（倒背着手），держать ребёнка за руку（拉着孩子的一只手），сильные руки（有力的手臂），Он вывихнул себе руку（他的一只胳膊脱臼了），рука крана（吊车臂）。рученька、ручища、ручка、ручонка 都是其同根词。рученька 是 рука 的表爱词，也是口语词，常用于口语中。ручка 和 ручонка 是 рука 基本意义的指小表爱词。这两个词的区别在于 ручка 的使用场合比较宽泛，既可以用在口语中，也可以用在书面语中，而 ручонка 是口语词，经常使用在口语中。ручища 是 рука 的指大词，和指小词是相对的，也是一个口语词，如：Он протянул свою ручищу。（他伸出了一只大手）。

（2）десница，这个词和地理专名 Десница 有关，也就是与俄罗斯和乌克兰交界的杰斯纳河密切相关。Десница 指"右手"，这是一个旧的文雅词。

（3）ладонь 指"手的指尖到腕部的内部"，方言中其意义为"打谷场的平坦地方"。ладонь 在方言中经常是 долонь，其最初意义为"打谷场"。在其他的斯拉夫语言中，这个词相对应的是：古教会斯拉夫语 длань，方言 долонь，书面语 длань。ладонь 一词第一次出现在俄语词典中是 1704 年；它的指小形式 ладошка 出现于 1759 年，1780 年出现在词典中；古俄语的书面语直到 18 世纪才有 долонь 的记载，而在 17 世纪初就有 долнь 这个形式。ладонь > лодонь 是由 лодонь 音节置换形成的。долонь 的词源可以参看 длань，即"打谷场、打谷场的平地"义。ладонь 现在多用来指"手指和手腕之间的手掌内部"，如：загрубелые ладони（粗糙的手掌），колос пшеницы в ладонь（巴掌大的麦穗）。ладонка、ладоши、ладошки 都是 ладонь 的同根词。ладонка 是个俗语词，是 ладонь 的指小形式。ладоши 是名词 далонь 的复数形式，指"手掌"义，如 Одной ладонью в ладоши не хлопнешь（一个巴掌拍不响），бить в ладоши в такт песни（合着歌的节奏击掌打拍子）。ладошки 是口语词，是 ладоши 的指小表爱形式，只用复数的形式，指"拍手游戏"义。

（4）запястье 是解剖学术语，指"手前臂接近指尖，手掌的一部分，即腕，腕骨，腕关节"。该词乌克兰语是 зап'яста，白俄罗斯语是 запясце，塞尔维亚—克罗地亚语是 zȁpešħe，斯洛文尼亚语是 zapestje，捷克语是 zápěstí，斯洛伐克语是 zápästie，高地卢日支语是 zapjasćo。在波兰语中这个词与斯拉夫语是有些差别的。通常波兰语中 pięść 意义为"腕""手腕"，这个意义在保加利亚语中是 китка，11 世纪的古俄语的形式是 запястие（项链），14 世纪的俄语中有 запястье（*pęstъ）这个词，意义为"拳头、手"，古高地德语的同源词是 fūst，德语是 Fayst（拳头），英语是 fist，印欧语的词根是 pnk-st-i，意义为"拳头"，这个词是在印欧语基础上构成的，此外 запястье 还有"手镯"义。

（5）кисть 指"手部从腕到指尖这一部分"。乌克兰语是 киеть，白俄罗斯语是 кіець，保加利亚语借自俄罗斯语，波兰语是 kiść。它和表示"毛刷、毛笔，一串果或花"意义的 кисть 是同形异义词。《大俄汉词典》的释义为："手（从腕到指尖）；（脊椎动物的）前爪"，如 боль в кисти руки（手腕疼）。

（6）кулак 指"拳头"，如：сжимать кулак（攥紧拳头），стикнуть кулаком по столу（用拳头捶桌子）。这个词产生于突厥语的 kul——"手"。而这个词的同形异义词 кулак 的"富农"意义产生于 19 世纪中叶，因此有 держать в кулак（使完全服从自己，牢牢控制）这种表达。

（7）лапа 指"人手或脚的可移动的手（脚）指、动物的爪子"。乌克兰语是 палець，白俄罗斯语是 палец，波兰语是 palec，低地卢日支语是 palc，在 11 世纪的古俄语中是 пальць。显然，它的意义是"大拇指"。斯拉夫语是 pa1ьсь，拉丁语是 pollex（手或脚的大拇指）。它产生的具体时间还不确定，一些研究认为可能出现在 8 至 9 世纪。最初这个词的意义是"大的、胖的"，后来在 17 世纪用来指大拇指。лапа 意义为所有的手指和脚趾，由其衍生而来的词有 пальцевый、пальчатый、пальчик。лапа 用在俚俗用语中，表示蔑视意义，指"（粗大的）手，脚，爪子"，如 У него огромные лапы（他有一双粗大的手），Ты куда лапы суёшь（你的爪子往哪儿伸）。лапища、лапка、 лапушка 都是其同根词。лапища 是口语词，为 лапа 的指大形式。лапка 是 лапа 的指小表爱形式。лапушка 也是口语词，为 лапа 的指小表爱形式。

（8）мышца 是一个解剖学术语，指"肌肉"，如 сердечная мышца（心肌），它同时也是个旧词，指"手"，常用作力量的象征。мышца 与拉丁语中的 musculus（肌肉）是一样的，它产生于斯拉夫语的 мышь（老鼠）。人们观察到，在神经冲动的影响下肌肉会收缩，这好似老鼠在跑动，基于肌肉收缩和老鼠跑动的相同性，因此由"мышы 老鼠"引申出"肌肉"义。奇怪的是，俄语词 мышь 来源于拉丁语的 mus。这种双重借用导致俄语中存在两个词根相同的词"мышца（肌肉）"和"мускул（肌肉）"，它们的意思几乎相同。而现代意义上的"手"几乎不用 мышца 这个词。

（9）перст 是斯拉夫语常用的旧古语词，在其他印欧语系中也有对应词。它经常用在诗歌语言中，表示讽刺意义的"手指"，现在一般很少用。

（10）подмышка 是由 под（在……下）和 мышка（腋）两部分组成，表示"腋，腋窝"，在口语中也指"夹肢窝（指衣服上相对应的部位）"。如：Книгу он держит в правой подмышке（他在右腋下夹着书）。

（11）предплечье 是由 пред（在……前）和 плечье（肩）两部分组成。它是解剖学词语，表示"前臂、下臂"义。

（12）ноготь 指"指甲；手指甲；脚趾甲"，它和表示"腿；足，脚"的 нога 是同根词。我们可以从 нога 查看其词源。нога 这个的词与拉丁语 pes, pedis 有相同的词根。它的踪迹可以在"步行、步兵"这些词中找到。由此可以推测这个词最初的意义为"蹄子"，但用于表示人的时候有不屑的意义，如："убери лапы"的字面的意义为"拿走你的手"，实际上的意义是不屑的语气，即"移开你的爪子"。ноготок、ноготочек、ногтище 都是其同根词。ноготок 是 ноготь 的指小表爱形式，如 меньше ноготка（比小指甲盖还小）。ноготочек 是 ноготок 的指小表爱形式。ногтище 是 ноготь 的指大形式。

（13）пясть 指①"掌骨；手；手掌"；②＜旧，俗＞一把。пястка、пять、пятерня 都是其同根词。пять 是数量数词，意义为"5"。只有用在俗语中，它才有"手"这个意义，如 Ну, спасибо, жму пять（好吧，谢谢，紧握你的手）。пятерня 同样也是一个俗语词，指"巴掌"，也就是伸开五指的手掌。пястка 在口语中，是 пясть1 解的指小表爱形式，用在俗语中，是

пясть2 解义，即"一把"。

四、"手"的语义演变

(1)"手"与"手的外形"

① "手"与"手指，脚趾，前肢，爪"

"手"，《说文》："手，拳也。"段玉裁注："今人舒之曰手，卷之曰拳，其实一也。"《现代汉语词典》的释义为："人体上肢前端能拿东西的部分。"而在俄语中，"рука（手）"的含义除了指"人或猴子的上肢，从肩部到指甲这部分"意义外，还可以指动物的前肢或爪以及形状、功能上类似于手的部位，因此它有"手指，脚趾，前肢，爪"之义。рука 除基本意义的"手"外，它还有一个意义为"（猿猴的）前肢"。кисть 指"手（从腕到指尖）；（脊椎动物的）前爪"，如 боль в кисти руки（手腕疼）。палец 指"手指；脚趾；（动物的）爪趾；手套的手指"，如 средний палец（中指）。"手"的"手指，脚趾，前肢，爪"之义，有很多的同根词，如 рука、рученька、ручища、ручка、ручонка 是一组同根词，палец、пальчик、пальчонок 是一组同根词，лапа、лапища、лапка、лапушка 同样也是一组同根词。

② "手"与"树枝，枝干"

"手"的外形，尤其是伸开的五个手指与"树枝，枝干"在外形上有相似性，因此"手"又引申出"树枝，枝干"之义。лапа 指"（云杉等针叶树的）枝, лапы ели（云杉枝）。палец 有"云杉树枝上的新芽"义。"手指"是"手的一部分"，不管是人还是动物的手指，五个指头参差不齐，手指的这个外形和树枝的外形有相似性，由此引申指"树枝，枝干"义。

英语 arm "臂；（树的）大枝"。西班牙语 mano "手；表针，杆，碾子"。法语 maln "手；[植]卷须；（抽屉、车厢内的）拉手，（楼梯、阳台的）扶手"。葡萄牙语 brago "臂，手臂；前爪；（树）的枝杈；（椅子的）扶手"；garaveto "细树枝；细手指"；perna "腿"，pernada "粗树枝"。土耳其语 dal "树枝；臂膀，肩膀"。

(2)"手"与"手部动作"

① "手"与"手书，笔迹，签字，签名"

人的某些活动离不开手，签字、签名、书写都需要"手"，因此，"рука（手）"也有"手书，笔迹，签字，签名"义。рука 指"手书，笔迹；签字，签名"，如 Это не моя рука（这不是我的签名），неразборчивая рука（潦草难辨的笔迹）。签名、签字离不开"手"，因此，与"手书，笔迹，签字，签名"有关的几个词都是"рука（手）"的同根词，如 рукописание（手写的文字，手写体，手稿，手笔；手书，手迹，笔迹；清单），рукопись（手稿，手写本，原稿；古代手写文献；<稀>手写，手书；字迹），рукоприкладство（当事人在证明文件、判决书上签字，画押；签名）。

在其他语言中也可以找到同样语义的例证。英语 hand "笔迹，书法"。德语 hand "笔迹，手迹"，handschrift "书法；手稿；手抄本"。意大利语 mano "手"，manoscritto "手稿，原稿；手抄本"。法语 main "手；书法"。汉语方言也有同样语义，如临高话 kok^7 "（人或动物的）腿；脚；（物体的）腿"，kok^7bit^7 [笔脚]"笔迹"。

② "手"与"（艺术家）手笔，（名匠）手艺；（某人的）创作风格"

艺术家的手笔，名匠的手艺及创作风格都离不开手的动作，因此 рука 又引申指"（艺术家）手笔，（名匠）手艺；（某人的）创作风格"。

"рука"指"（艺术家）手笔，（名匠）手艺；（某人的）创作风格"，如 Это——рука известного мастера（这是名家的作品）；Великолепная рука（大手笔）。

英语 hand "手"还可以指"手；人手；手艺，才能"。法语 main 有"手；技巧，手法，熟练"义。我们可以比较一下汉语"老手"这一词语，它和"新手"构成相反的意义。同样在汉语方言临高话中 kok^7 "（人或动物的）腿；脚；（物体的）腿"，kok^7bit^7 [笔脚]"笔迹"，kok^7mo^2 "手脚；指手艺"（黄树先，2012：258）。

（3）"手"与"获得，到手，掌握，占有"

一个人如果通过自己的勤奋努力得到了一定的物质财富等，那么他就获得或掌握了某种能力。这都是通过手获得的，因此有"亲手获得"这一说法。"手（рука）"由此而产生"获得、到手、掌握、占有"之义。手（рука）的复数形式用以象征"获得""到手""掌握""占有"等意义，如 взять власть в свои руки（把政权掌握在自己手中），с фактами в руках（掌握着事实，手中有事实）。

（4）"手"与"劳动力、人手"

手作为人的肢体不可分割的一部分，它在人身上起着不可替代的作用。尤其是在农业社会，机械化程度不高的生产阶段，处处离不开手。因此，手还可以指代"劳动力、人手"。рука 指"劳动力，人手；（作为劳动工具的）手"，如 рабочие руки（人手，劳力），высвободить рабочие руки（解放劳动力）。手的这种含义，是部分代整体，由物指代人，物与人二者有相关性。

在其他语言中，我们也可以找到"劳动力、人手"这样的语义例证。英语 hand "人手，劳动力；雇工，人员；船员；职员；有技能的人，能手"。英语 arm "臂；得力的助手"。德语 hand "手；人手"。西班牙语 mano "手；劳力"。意人利语 mano "手"，manodòpera "工人；劳动力"（费慧茹，2000：458）。法语 main "手"，maind' ① uvre "劳动力，人工费"，maind' ① uvrequalifiée "合格劳动力"（陈振尧，1998：1657—8）。西班牙语 mano "手；人手，人力，劳力"；pata "爪；腿；（美洲）朋友，同伴"。印尼语 kanan "右。tangan kanan①右手；②得力的助手，心腹"；tangan "手；助手，帮手，人手"；tangan kanan "主要的助手"。

（5）"手"与"一边，一侧，一旁，侧面"

人有两只手，一只在左，一只在右。左右分别指代位置，因此"рука（手）"又有"一边，一侧，一旁，侧面"义。рука 指"方面，边，一方，一侧，手"，如 на левой руке（在左面，在左边，在外手）。Иди по одну руку речки, я пойду по другую（你在河的这一边走，我在那一边走）。

（6）"手"与"计数，度量"

许慎《说文解字》中有"古者庖牺氏之王天下也，仰则观象于天，俯则观法于地，视鸟兽之文与地之宜，近取诸身，远取诸物。""近取诸身"也就是人们对自己身体部分有了足够的认识，以其作为计数的方法，人们用手和脚等来作为计数的单位。пять 是数量数词，指"①5。②（五级分制的）5分"，数词 5 是计数，同样在评判等级的五级分制中，五分属于计数、度量的一种方式，如 пять метров（5米），Дважды пять——десять（二五得十），получить пять（得 5 分）。пять 本是数量数词 5，因为和人手指的数量一致，因此，也用来指"手"，而现在指"手"这个意义已经很少用，用来指数词的"5"是其主要意义。这是事物之间由于相同的数量而产生了词义引申。

英语 hand "手尺",一手宽,相当于 4 英寸,用来量马的高度;cubit "腕尺",古代的一种长度测量单位,自肘至中指端,长 18—22 英寸;finger "指幅;一中指之长";thumb "一拇指的宽度";palm 作长度单位,可等同于 hand,约 3—4 英寸,也指手腕到指尖的长度,7—9 英寸。荷兰语 hand "手;手的宽度,手的长度"。西班牙语 mano 除了指"手"还可以指"一刀纸(二十五张)"。manojo 指"把,捆,叠"。意大利语 mano "手;一队,一群"。法语 main "手;一只手的宽度;〔纸〕25 张(一令纸的 1/20);纸张每平方米的重量 (克)与其厚度(微米)之比"。

五、小结

词义是语言的重要组成部分,语言中的核心词,历经若干年的演变和发展,其词义发生了一些缓慢的变化,正如俄语核心词"рука(手)"的词义变化一般。

俄语核心词"手(рука)"语义场内成员词汇众多,其中 рука 最为常用。"手"被分解为"手指,手掌,腕,前臂,肘,腋"这六个部分。每个部分下面又分为不同的部位,除了常用的词外,还有口语词、俗语词、解剖学术语、古语词和旧词等。这些词共同构成了"手"这个语义场。

"手"的语义演变的途径有两种:一种是基于外形、功能相似,由人向动物及物体投射,如爪,树枝等;另一种是基于相关性,指代人,如劳力等,或指代手笔,或做度量单位,或表示与手部动作有关的行为或结果。通过对俄语核心词"手"的语源描写,我们可以得知这个语词的来源,它是俄语本身固有的词,还是借自其他语言的词。俄语或斯拉夫语本身就有的词,反映了这个词特有的斯拉夫民族的特性。而借自于其他印欧系语言中的词,在借用的过程中,或者按着斯拉夫语原来的构词形式有所改变,或者借用了一部分词根。这一部分词,在印欧语系中可以找到很多词义相对应的词。这反映了在词义演变漫长历史进程中,人类认知的共性。

参考文献

[1] 高建青、黄树先. 2006.《说"爪"》,《语言研究》第 3 期.
[2] 黄碧蓉. 2009.《人体词语语义研究》,上海:上海外国语大学博士学位论文.
[3] 黄布凡. 1997.《同源词比较词表的选词范围和标准——以藏缅语同源词比较词表的定为例》,《民族语文》第 4 期.
[4] 黄树先. 2003.《汉缅语比较研究》,武汉:华中科技大学出版社.
[5] 黄树先. 2004.《说"手"》,《语言研究》第 3 期.
[6] 黄树先、郑春兰. 2006.《汉藏语系核心词比较研究》,《广东技术师范学院学报》第 2 期.
[7] 蒋绍愚. 1989.《近代汉语研究概况》,北京:北京大学出版社.
[8] 蒋绍愚. 2001.《汉语词汇语法史论文集》,北京:商务印书馆.
[9] 金理新. 2006.《上古汉语形态研究》,合肥:黄山书社.
[10] 李宗江. 1999.《汉语常用词演变研究》,上海:汉语大词典出版社.
[11] [美] M·Swadesh. 1990.《一百词的修订表》,喻真译,《音韵学研究通讯》第 8 期.
[12] 欧阳澜. 2017.《瑶语核心词研究》,武汉:华中科技大学博士学位论文.
[13] 舒化龙. 1983.《汉语发展史略》,呼和号特:内蒙古教育出版社.
[14] 汪维辉. 2000.《东汉-隋常用词演变研究》,南京:南京大学出版社.
[15] 汪维辉. 2018.《汉语核心词的历史与现状研究》,北京:商务印书馆.
[16] 王力. 2004.《汉语史稿》,北京:中华书局.
[17] 王丽媛. 2013.《俄语身体词研究》,华中科技大学博士学位论文.
[18] 张永言、汪维辉. 1995.《〈关于汉语词汇史研究〉的一点思考》,《中国语文》第 6 期.
[19] 詹静珍. 2020.《人体词"手"古今研究述评》,《宁夏大学学报(人文社会科学版)》第 3 期.
[20] 赵倩. 2007.《汉语人体名词词义演变规律及认知动因》,北京语言大学博士学位论文.
[21] 郑张尚芳. 1995.《汉语与亲属语同源根词及附缀成分比较上的择对问题》,《中国语言学报》第 2 期,郑张尚芳,2005.《汉语的祖先》,北京:中华书局.
[22] 潘再平主编. 2010.《新德汉词典》,上海:上海译文出版社.
[23] 北京外国语学院《意汉词典》组编. 2010.《意汉词典》,北京:商务印书馆.
[24] 陈振尧主编. 2006.《新世纪法汉大词典》,北京:外语教学与研究出版社.
[25] 谢大任编. 1988.《拉丁语汉语词典》,北京:商务印书馆.
[26] 黑龙江大学俄语语言研究中心辞书编辑所编. 2006.《大俄汉词典》,北京:商务印

书馆.

[27] Matisoff, James. 1978. *Variational Semantics in Tibeto-Burman: The "Organic" Approach to Linguistic comparison*. Philadelphia: Institute for the Study of Human Issues.

[28] Matisoff, James. 1986. *Hearts and Minds in South-East Asian Languages and English: AnEssay in the Comparative Lexical Semantics of Phycho-collocations*. C. L. A. O.

[29] Oey, M. E. 1990. *Phycho-collocations in Malay: A South-east Areal Feature*. Linguistics of the Tibeto-Burman Area.

[30] Меженко Ю. С. 2011. 《Популярный этимологический словарь современного русского языка》, Украина: ООО ПКФ 《БАО》.

王丽媛　江苏大学文学院

从上古汉语 *a 元音
来看林布语和汉藏语的关系

邹学娥

摘　要：林布语是居住在尼泊尔东部的林布族的通用语言。林布语属于汉藏语系藏缅语族东部基兰提语支，是尼泊尔境内为数不多且有较古文献资料记载的语言之一。最新的研究成果也证明了林布语和汉语在历史渊源上有密切关系。本文以上古汉语 *a 元音为例，对汉语和林布语进行比较，找出了数量可观的同源词，并发现上古汉语 *a 元音在林布语中比较稳定，大部分词仍然保持读 a。这为汉语和林布语的密切关系提供了有力的语言证据。

关键词：上古汉语 *a 元音　林布语　汉藏语　同源词　语言比较

一、前言

2019 年，张梦翰等在《自然》杂志上发表了《语言谱系证据支持汉藏语系在新石器时代晚期起源于中国北方》一文。文章通过系统发生学（phylogenesis）和贝叶斯计算方法，重构汉藏语系汉语与藏缅语各分支的亲缘关系，推算出汉藏语系起源于新石器时期的中国北方，大约是在 5900 年前的黄河上游，与马家窑文化和仰韶文化密切相关。该文以精密的计算方法，为汉藏语系语言起源于中国北方和约在 5900 年前开始分化为不同语族的观点提供了有力的证据。杜冠明在《汉藏语言的谱系》中也说道："汉藏语系最早的先民起源于新石器时代中国北部黄河流域的仰韶文化。从语言学角度看，这群人首先分裂为原始汉语和原始藏缅语两个语群，然后又分别经历了更多的分化"

（杜冠明，2008：3—15）。林布语属于藏缅语族语言，这是目前学界已达成的共识。而且早在9世纪，林布人就发明了自己的文字，采用基兰提文字书写。就像锡金的列不查文字或戎文字一样，最初的基兰提文字也是受藏文启发的。一般情况下，完整的林布语音节是由首字母和相关的元音构成，如果必要的话，后置滑辅音作为一种变音符会加进来。

　　林布语是藏缅语族里有较古文献的语言，而且中间有几个世纪发展变化不大，因此语言中应该有比较古老的语音的遗留。另外，以上这些研究成果也证明了林布语和汉语在历史渊源上有密切关系。黄树先先生认为："亚洲大陆的语言和汉语的关系非常密切，用分析汉语的方法来研究这些语言，是有重要意义的。另一方面，研究亚洲大陆的语言，我们一般要依托汉语。因为汉语的历史最长，文献最多，也最古老。用分析汉语的办法来分析汉藏语系语言的结构，比较的时候很方便。在和亲属语言做比较的时候，汉语上古音的研究显得很重要，而且还推荐采用郑张尚芳—潘悟云的上古音体系。因为这个体系主要是根据汉语的内部材料，尤其是谐声系统构拟出来的，它反映了上古汉语的语音特点，和亲属语言比较时，这个系统是比较合适的"（黄树先，2003：52）。因此，本文将用汉语上古音和林布语进行比较。

　　a元音是所有语言中都存在且最重要的元音。含有元音a的词在各语言中都较多。在进行语言的历史比较时，学者最先关注的可能就是a元音。确定语言中元音的地位，通常以a元音为参照点。所以有的学者称a元音为"元音系统的坐标原点"（潘悟云，2000b：187）。在进行汉语、林布语比较时，我们找出了不少a元音同源词，并发现汉语、林布语的a元音有很好的稳定性。

　　本文的上古汉语拟音采用郑张尚芳—潘悟云系统。并且根据每组词韵尾发音部位的不同又细分为"收喉、收舌、收唇"三类。每一类中的韵部按照郑张尚芳《上古音系》中的顺序编排。每一韵部的词按照传统音韵学声纽的顺序排列，即按唇音、舌音、齿音、牙音、喉音、半舌音、半齿音的顺序编排。遇到有复辅音声母和带有弱化音节词时，先排单辅音声母词，再排复辅音声母词，最后排弱化音节声母词。

　　下文的每一条同源词，先标明序号，再列出汉字，标注汉语上古音。林布语有林布原文用（　　）括起来的，国际音标转写，汉义。林布语例词来自

《林布语—尼泊尔语—英语词典》，并标注例语所在页码。

二、上古汉语 *a 元音和林布语的对应

（一）收喉各部

（1）笆 *praa （ᰕ）pha 竹（《林布语—尼泊尔语—英语词典》291页）。"笆"，篱笆。汉语"笆"也有竹子义，和林布语的"竹子"可比较。白保罗把原始汉藏语的"竹子"构拟为 *(g)-pwa（白保罗，1972：487）。"笆"和藏文的 ra-ba "篱笆"可比较。缅语"竹"wa，卢舍依语"竹"rua，这些语言的主要元音都是 a。林布语跟汉语音义近，故可以比较。

（2）豝 *praa （ᰕᰛ）phak 猪（《林布语—尼泊尔语—英语词典》293页）。"豝"，牝豕也。原始藏缅语的"猪" *pwak（白保罗，1972：43），可以和汉语的"豝"进行比较（白保罗，1972：487）。"猪"也是藏缅语中比较明显的同源词，部分语言例证如下：藏文 phag，错那门巴语 phaʔ[53]，墨脱门巴语 phak pa，嘉绒语 pak，贵琼语 pha[53]，缅文 wak[4]，嘎卓语 wa[53]，卢舍依语 vok，基诺语 va[53]，拉祜语 va[21]，波拉语 vaʔ[31]，等等。这些语言部分丢失了起始音，部分脱落了辅音尾，但都符合语言的发展规律。因此林布语和汉语的"猪"是同源词。

（3）父 *baʔ *paʔ （ᰕː）paː 父亲、阳性后缀（《林布语—尼泊尔语—英语词典》260页）；（ᰕᰠᰕ）pappaʔ 父亲；第三人称对父亲的称呼（《林布语—尼泊尔语—英语词典》263页）。"父"本义为父亲，如《史记·屈原贾生列传》："父母者，人之本也。"可以跟林布语 pa 比较。原始藏缅语的"父" *pa（白保罗，1972：24），可与汉语"爸"比较（白保罗，1972：46）。汉语"父"除了指父亲外，可以指与雏、崽有直接血缘关系的禽兽中的雄性，如《齐民要术·养牛马驴骡》："饲父马令不鬬法。"石声汉注："父马，即作种马用的牡马。"可见"父马"是指雄性的马。林布语 pa 亦可以指阳性或雄性，并且跟汉语"父"音义相同，故二者是同源词。

（4）姆 *maaʔ，妈 *maaʔ （ᰕ/ᰕ）ma/maː 母亲；婆婆或岳母；阴性后缀（《林布语—尼泊尔语—英语词典》320页）。许慎《说文》以"牧"声训"母"。"母"，《广韵》："牧也，莫厚切。"后来引申指中老年妇女，文字形式

变为"姆"。原始藏缅语"母亲"*ma（白保罗，1972：487），可跟汉语的"妈"比较（白保罗，1972：）。"妈"，《广雅》："母也。""妈"和"姆"音义相同。龚煌城（1980：129）拿汉语的"母"和藏文的"母亲"ma、缅文的"姐妹"ma比较。林布语和汉语、藏语、缅文的形式一样，音义皆同，故是同源词。

（5）咀 *zaʔ （ཙ/ཙཱ）tsa/tsaː 食物、饲料、鸟食、果核、粮食；动词 tsama "吃"（《林布语—尼泊尔语—英语词典》122页）。"咀"，《广韵》："咀嚼。"郑张尚芳先生（1995：271，272）把"咀"与缅文 caah，藏文 za 比较。林布语跟汉语、藏语、缅语音义同，故是同源词。

（6）贾 *klaaʔ （ཙ/ཙ）tsaːwa 交易；买卖；投资；给予和获得（《林布语—尼泊尔语—英语词典》130页）。"贾"指做生意的人、商人，如《论语·子罕》"我待贾者也。"林布语和汉语元音相同，可以对应。

（7）吾 *ŋaa （ཨ྄ང་/ཨ྄ང་）aŋgaʔ/ iŋgaʔ 我（《林布语—尼泊尔语—英语词典》9页）。《广雅·释诂》："吾，我也。"邢公畹（2000）认为，大多数藏缅语"我"的说法为 ŋa 或者 ŋo，但是一部分藏缅语"我"的声母变成了舌根塞音（舌根后，小舌），如桃巴 qa[55]，麻窝羌 qɑ，苏龙珞巴 goh[53]，格曼僜 ki[53]。白保罗依据藏文的 ŋed，卢舍依语的 ŋei，将原始藏缅语"我"构拟为 *ŋay（白保罗，1972：285），并认为汉语"吾"可以与之对应。林布语和汉语音义同，故也可以对应。

（8）五 *ŋaaʔ （ང་）ŋa 五（《林布语—尼泊尔语—英语词典》114页）。"五"字见于甲骨文，藏文是 lŋa。白保罗主要参考藏文为原始藏缅语的"五"构拟了早期的形式 *l-ŋa ~ *b-ŋa（白保罗，1972：78），并把汉语的"五"和藏缅语的 *ŋ-la ~ *b-ŋa 进行比较（白保罗，1972：）。"五"在汉藏语系语言里是一个十分明显的同源词，部分语言形式如下：错那门巴语 le[31] ŋe[53]，达让语 ma[31] ŋa[35]，塔芒语 ʔŋah，孔亚克语（Konyak）ŋa，卢舍依语 ŋa，梅特黑语（Meithei）məŋa，尔苏语 ŋa[53]，纳木义语 ŋa[31]，毕苏语 ŋa[31]，嘎卓语 ŋa[31]，怒苏语 ŋa[55]，等等，因此林布语的（ང་）ŋa 和汉语的"五"音义同，明显是一个同源词。

（9）魚 *ŋa （ང་）ŋa 鱼（《林布语—尼泊尔语—英语词典》114页）；

（ཉ）na 鱼（《林布语—尼泊尔语—英语词典》215 页）。"鱼"本作"魚"，隶变以后省作"鱼"。《史记·周本纪》："白鱼跃入王舟中。"注："马融曰：'鱼者介鳞之物，兵象也。'"白保罗把原始藏缅语的"鱼"构拟为 *ŋya（白保罗，1972：189），并与汉语"鱼"比较（白保罗，1972：）。"鱼"是藏缅语中比较明显的同源词，部分语言例证如下：藏文 ŋa，卢舍依语 ŋha，错那门巴语 ŋa³⁵，墨脱门巴语 ŋa，却域语 ŋa¹³，景颇语 ŋa⁵⁵，达让僜语 ta³¹ŋaŋ⁵³，格曼僜语 a³¹ŋa⁵⁵，义都珞巴语 a⁵⁵ŋa⁵⁵，缅文仰光话 ŋa⁵⁵，怒苏语 ŋa⁵⁵，克伦语 ŋa³¹ 等。因此，林布语的 ŋa 和汉语的"鱼"是同源词。

（10）雨 *Gʷaʔ　*Gʷas（ཝ）wa 液体；水（《林布语—尼泊尔语—英语词典》441 页）；（ཙྭ）tswa 水（《林布语—尼泊尔语—英语词典》154 页），（ཙྭ）tswaːt 水（《林布语—尼泊尔语—英语词典》154 页），（ཝཧིཏ）wahit 雨水（《林布语—尼泊尔语—英语词典》450 页）。"雨"，《玉篇》："云雨也。"原始藏缅语"雨" *r-wa（白保罗，1972：443），可与汉语的"雨"比较（白保罗，1972：）。林布语源自原始藏缅语，故可与汉语对应。

（11）白 *braag　（ཕྭ）phwa 白色的（《林布语—尼泊尔语—英语词典》317 页）；（ཕོ/ཕོཿ）phɔ/phɔː/ 白色的（《林布语—尼泊尔语—英语词典》287 页）；（ཕུཏྟོཀྤ）phuːttɔkpa 发白的（《林布语—尼泊尔语—英语词典》306 页）；（ཕུཏླ）phuːt-la 灰白的（《林布语—尼泊尔语—英语词典》306 页）；（ཕུཔྨ）phuːpma 变白，白了（《林布语—尼泊尔语—英语词典》306 页）。"白"古文作"皁"或"皁"，其本义为白色，如《尔雅·释天》："秋为白藏。"《尔雅注疏》曰："秋之气和，则色白而收藏也。"白保罗举缅文碑文"白"phlu 为例，把原始藏缅语的"白"构拟为 *plu（白保罗，1972：注 194）。潘悟云等学者将汉语的"白"和缅文 pruu² "白色的，洁白的"比较。由此可见汉语"白"和林布语"变白，白了"phuːp 也是可以比较的。

（12）莫 *maag　（མཀ）mak 暗的；黑的（《林布语—尼泊尔语—英语词典》321 页）。"莫"的最早字形见于商代甲骨文，其字形象太阳落在草木之中，是"暮"的本字，本义是太阳落山的时候，引申可指黑暗。《荀子·成相》："悖乱昏莫，不终极。"杨倞注："莫，冥寞，言闇也。"林布语 mak 和汉语"莫"音义相近，故可以比较。

(13) 拓 *thaag （ཐོག） tha:ŋ 向上（《林布语—尼泊尔语—英语词典》198 页）。"拓"有举起、托起之义，如《列子·说符》："孔子之劲，能拓国门之关。"注："拓，举也。""举起"与"向上"存在语义联系。故林布语 tha:ŋ 和汉语"拓"可以进行比较。

(14) 蠹 *taags （ཐོག） thɔk 竹木食虫；白蚁（《林布语—尼泊尔语—英语词典》188 页）。"蠹"是"蠹"的异体字。蚰为虫子，虫子蛀食树木，形成树心"结石"，造字本义是指虫子在树心蛀食，垃圾形成"结石"，阻碍树木生长；后泛指蛀蚀器物的虫子。《吕氏春秋·达郁》："树郁则为蠹。"注曰："蠹蝎木中之虫也。"林布语 thɔk 中的元音早期应该也是 a，故林布语 thɔk 和汉语"蠹"可以相比较。

(15) 昔腊 *sjaag （ཤ） sa 打猎；肉（《林布语—尼泊尔语—英语词典》464 页）。《说文解字》认为"昔"是象形字，象在日光下晒制腊（干）肉，说："昔，干肉也，从残肉，日以晞之。"这个字兼表"从前、往日"义。春秋战国时期在"昔"字下加"肉"旁，作为腊（干）肉的专用字形，隶定之后作"臘"，后简化为"腊"。《逸周书·器服》："焚莱脍五昔。"白保罗把原始藏缅语的"肉"构拟为 *sya（白保罗，1972：181）。其他语言如：哈尼（绿春）语 sa^{31}，嘎卓语 sa^{31}，怒苏怒语 ȿa^{55}，这些语言和林布语音义相似，故同源。

(16) 胳 *klaag （ལ） la 把手；手柄（《林布语—尼泊尔语—英语词典》396 页）。原始藏缅语的"手臂" *lak（白保罗，1972：86），可拿汉语的"翼"字和原始藏缅语的 *g–lak"臂"比较（白保罗，1972：注 458）。林布语和汉语中的这对词明显同源。

(17) 苔 *kraag （ཀོཿཀཔ） kɔ:kpa 洋葱（《林布语—尼泊尔语—英语词典》51 页）。"苔"，指野葱。藏文"蒜" sgog-pa 可以与之对应（黄布凡，1992：424）。墨脱门巴语 kokpa，和林布语音义非常接近。林布语 kɔ:kpa 中的元音 ɔ 是从早期的 a 演变而来的，故两者可对应。

(18) 格 *kraag （ཁེས） khɛ:s 类似于竹编垫子的编织图案；图案与竹席相似的布（《林布语—尼泊尔语—英语词典》113 页）。"格"见于中古，可能和"隔"有关，见赵翼《陔余丛考·隔》。格子与图案之间可以产生语义联系，如印尼语 polang-poléng"方格图案，格子花样；有斑点的，有斑纹的"。

林布语和汉语音义近,故可对应。

(19) 骼 *kraag　(ཟྭངས)ka:kpa 骨骼(《林布语—尼泊尔语—英语词典》55 页)。"骼",指骨骼。如《周礼·秋官·蜡氏疏》曰:"骼胔者,凡人物皆是。"《礼记·月令》:"掩骼薶骴。"注曰:"骨枯曰骼。"《释文》曰:"露骨曰骼。"原始藏缅语的"骨头"为 *(-) raŋ(白保罗,1976)。林布语和汉语音义相似,故可比较。

(20) 鶬 *g·raag　(ཟྲངས)kɔrɔk-wa 公鸡(《林布语—尼泊尔语—英语词典》50 页)。"鶬",是指一种水鸟,即乌鸔。林布语的 wa 是一个集合名词,是"鸟、禽类"的总称,所以 kɔrɔk 可以和汉语"鶬"进行比较。

(21) 鞟 *kʰʷaag　(ངང)hɔk 蹄(脚);树皮;皮肤;壳;外壳;厚皮;皮质;封面;糠(《林布语—尼泊尔语—英语词典》529 页)。"鞟",义为去毛的皮革,如《广韵·铎韵》:"鞟,皮去毛。"《文心雕龙·情采》:"虎豹无文,则鞟同犬羊。"原始藏缅语"皮"*kok,可和汉语的"鞟、革"比较(白保罗,1972:342,注 229)。林布语 hɔk 和汉语"鞟"对应。

(22) 喀 *khraag　(ཚྲངས)he:kma 咳嗽,打嗝(《林布语—尼泊尔语—英语词典》557 页)。"喀"是象声词,指呕吐、咳嗽的声音,如《海篇类编》:"喀,吐声,又欬声。"又如《列子·说符》:"两手据地而欧之不出,喀喀然遂伏而死。"林布语和汉语音义近,故可以比较。

(23) 腒 *gag　(ཅངས)lakma 舔(《林布语—尼泊尔语—英语词典》398 页)。"腒",指口边肉,另一说指舌头。白保罗认为汉语的"腒"和原始藏缅语的 *(m-) lyak ~ *(s-) lyak"舔,舌头"对应(白保罗,1972:注 419)。郑张尚芳先生拿来对应汉语的"舐"字。林布语源自原始藏缅语,故可以和汉语对应。

(24) 露 *g·raags　(ཅ་ཟྭང)hɔŋga:k 开放地;暴露地;宽阔地;打开地(《林布语—尼泊尔语—英语词典》530 页)。"露"本义是露水,后引申可指显露、暴露,如《礼记·孔子闲居》:"地载神气,神气风霆,风霆流形,庶物露生。"孔颖达疏:"言众物感此神气风霆之形,露见而生。"林布语中的 hɔŋ 是"洞;开口",hɔŋga:k 是"暴露地",第二音节和汉语相似,两种语言音义相似,故可以比较。

(25) 夕 *ljaag　(ཉ)la: 月亮(《林布语—尼泊尔语—英语词典》410

页）；(ᤔ) la（《林布语—尼泊尔语—英语词典》397 页）月份。梅祖麟先生（1981）谓"夕"之古义为"月亮，月份"。原始藏缅语为"月亮" *s-la（白保罗，1972：144）。林布语和汉语音义同，故可比较。

(26) 液 *laag （ᤎᤠᤰᤛᤣᤲ） khaːk-wet 痰（《林布语—尼泊尔语—英语词典》96 页）。"液"，似水形态之物，本义指在动植物体内产生和循环的流体，比如津液、胃液、唾液等。《字林》："液，汁也。"汉语的"液"和藏缅语"动物脂、油、汁液" *ryak 可进行比较（白保罗，1972#204，注 458）。林布语和汉语音义皆合，可以对应。

(27) 瀼 *njaŋ （ᤏ᤺） naːŋ 雪（《林布语—尼泊尔语—英语词典》227 页）。"瀼"是形声字，"襄"意为"包裹""包容"，"水"与"襄"联合起来表示"包容异物的水"，此其本义。林布语和汉语音义近，故可比较。

(28) 黄 *gʷaaŋ （ᤜᤠᤅ） haŋseʔ 黄色桃金娘的一种药用果实（《林布语—尼泊尔语—英语词典》词典 540 页），林布语的 seʔ 是果实的意思，haŋ 应该是指黄色，和汉语一致。故可以比较。

(29) 梗 *kraaŋʔ （ᤗ᤺） laŋ 腿；脚；茎；稻杆；杆；梗；树干（《林布语—尼泊尔语—英语词典》399 页）。"梗"是形声字，从木更声，本义是指植物的枝茎，如《战国策·齐策三》："吾西岸之土也，土则复西岸耳，今子东国之桃梗也。"龚煌城（1980：32）拿汉语的"梗硬"和缅语的 raŋ¹，藏文的 mkhrang，khrang 比较。林布语和汉语音义同，故可以比较。

(30) 羹 *kraaŋ （ᤁᤠᤅ） kaŋ-li 卷心菜（《林布语—尼泊尔语—英语词典》52 页）。"羹"，《书·说命》："若作和羹，尔惟盐梅。"传曰："盐咸梅醋，羹须咸醋以和之。"《礼·乐记》："大羹不和。"注曰："大羹，肉湆，不调以盐菜。"其本义指以羊肉做成的带汁的食品，引申可指各种肉类或蔬菜做成的带汁的食品。《缅甸馆译语·杂字》"菜"作 hhaŋ³ rwak⁴，用"抗刷"对译，此字当"青菜"讲。可见，林布语和缅语一致，也是"青菜"的意思。故可以和汉语对应。

(31) 良 *raŋ （ᤜ᤺） haŋ 国王；君主；帝王（《林布语—尼泊尔语—英语词典》537 页）。"良"有首、头之义，如《孟子》："人之所不学而能者，其良能也；所不虑而知者，其良知也。"又有首领、首长之义，如《左传》：

"右无良焉，必败。"原始藏缅语的"陛下、公主、主人"为 *ryaŋ（白保罗，1972：205）。可见，林布语和汉语可以对应。

（二）收舌各部

（32）我 *ŋaalʔ （ᤀᤠᤅ/ᤀᤡᤅ）aŋgaʔ/iŋgaʔ 我（《林布语—尼泊尔语—英语词典》9页）。"我"第一人称代词，《孟子·尽心上》："万物皆备于我矣。"藏缅语族语言中，第一人称代词"我"基本上是一致的，彼此明显有发生学上的关系。根据其分布的广泛性，我们认为藏缅语族的第一人称代词是从藏缅语继承下来的。金理新先生在其《汉藏语系核心词》中有详细论述，这里不再赘述。

（33）鞶 *baan （ᤐᤠᤱᤊᤡ）paŋphɔʔi 围在腰间的一块折叠的长布（腰带）（《林布语—尼泊尔语—英语词典》261页）。"鞶"本义为皮制的束衣的大带，如《左传·桓公二年》："鞶厉游缨。"林布语 paŋphɔʔi 与汉语"鞶"音义相近，故为同源词。

（34）伴 *baans （ᤐᤣ）pɛn 密友；同龄朋友；同事（《林布语—尼泊尔语—英语词典》283页）。"伴"本义是指同在一起而能互助的人，譬如伙伴、伴侣。《闻官军收河南河北》："青春作伴好还乡。"林布语和汉语音义近，故可对应。

（35）难 *naan < *mGlaan （ᤀᤠᤰᤔ）nakma 困惑；为难（《林布语—尼泊尔语—英语词典》216页）。"难"本义为困难、不易，如《书·说命中》："礼烦则乱，事神则难。"原始藏缅语的"病"为 *na（白保罗，1972：80）。汉语的"难"字，其前上古音为 *mGlaan，*mGlaans，鼻音 *mG-是次要音节，次要音节使后面的流音 l 同化为鼻音 n；次要音节脱落后，"难"的声母就是 n。林布语和汉语音义近，故可对应。

（36）餐 *shaan （ᤛᤠ）tsa 食物；饲料；果实；粮食；庄稼（《林布语—尼泊尔语—英语词典》122页）。"餐"的动词义是吃，如《广雅》："餐，食也。"后引申为名词，指饮食、食物，如《战国策·中山策》："以一壶餐得士二人。"白保罗把原始藏缅语的"吃"构拟为 *dza，并和汉语的"餐"进行比较（白保罗，1972：66）。林布语的 tsa，动词也是"吃"的意思，故两者可以比较。

（三）收唇各部

（37）柙 *graab （ཀྲབ） khariŋ 笼子（用于家禽）（《林布语—尼泊尔语—英语词典》94 页）。"柙"本义是关猛兽的笼子。《论语·季氏》："虎兕出于柙。"林布语和汉语音义近，故可对应。

（38）劫 *kab （ཀབ） napma 抢，掠夺（《林布语—尼泊尔语—英语词典》218 页）。"劫"本义是以强力使对方欲去而不得，后引申指掠夺、掠取，如《战国策·燕策》："乃欲以生劫之，必得约契以报太子。"林布语和汉语的音义相近，故可以对应。

（39）饁 *Grab （གྲབ） haːkma 狼吞虎咽；贪吃（《林布语—尼泊尔语—英语词典》545 页）。"饁"的本义是指给在田间耕作的人送饭，如《玉篇》："饷田食。"又如《尔雅·释诂》："饁，馈也。"后引申出吃、喝义，如《马坠强出赠同座》诗："坐依桃叶枝，行呷地黄杯。"原始藏缅语的"吃、喝"为 *am（白保罗，1972：481），是闭口音。林布语与汉语音义相似，故可比较。

（40）彡 *sraam （སམ） hamsɛŋba （胡子、头发等）又长又密的（《林布语—尼泊尔语—英语词典》543 页）。"彡"是象形字，本义是指毛饰画文，后引申指毛长，如《广韵·平声·衔韵》："彡，毛长也。"原始藏缅语的"毛发" *tsam，可与汉语的"彡"比较（白保罗 1972：66、第 44 节）。林布语和汉语音义近，故可比较。

（41）盐 *g·lam （ཡུམ） yum 盐（《林布语—尼泊尔语—英语词典》378 页）。"盐"始见于战国金文，本义是指食盐，如《周礼·天官·盐人》："掌盐之政令，以共百事之盐。祭祀共其苦盐、散盐，宾客共其形盐、散盐，王之膳羞共饴盐。"龚煌城（1980：61）拿汉语的"盐"字和藏文的"一种像晶体的盐" rgyam-tshwa，"一种岩盐" lgyam-tshwa 比较。原始藏缅语"盐" *g-ryum（白保罗，1972：245），可与汉语的"盐"比较（白保罗，1972：472）。林布语的 yum 和白保罗构拟的 *g-ryum 也非常相似，故可与汉语比较。

（42）硗 *khraaw （ཁྲཽ） yaktaŋ 岩石地（《林布语—尼泊尔语—英语词典》361 页）。"硗"本义为坚硬的石头，引申为贫瘠多石的土地，如《国语·楚语》："瘠硗之地。"林布语的 yak 有"山地"的意思，故可与汉语对应。

三、结语

  林布语语音有其自身的特点，即林布语音节构成包括元音、辅音、喉塞音。闭音节中以鼻辅音或塞辅音结尾。声母辅音分为双唇音、齿音、腭音和喉音。辅音有送气和不送气的区别，辅音清浊的对立主要依赖语境。在多音节词中，前一音节以元音或鼻辅音结尾，紧跟着的音节的声母要浊化。ŋ音明显，既可以做声母，也可以做辅音尾。元音有长短的对立。林布语没有声调。林布语口语中不区分清浊辅音，发音依赖于语音环境。林布语动词词根中保留了原始藏缅语齿音后缀-t 和-s。

  通过以上比较，我们发现上古汉语 *a 元音与林布语 a 元音对应的有 42 组。其中收喉 *a 元音 31 组，收舌 *a 元音 5 组，收唇 *a 元音 6 组。上古汉语 *a 在林布语中比较稳定，大部分词仍然保持读 a。但仍有少部分词的读音发生了变化，在我们所找的这些同源词中，林布语收舌尖韵尾-n 和-s 的，*a 元音被前高化为 ɛ；林布语收舌根韵尾-k 的，*a 被后高化为 ɔ，林布语收双唇辅音韵尾-m 的，*a 被后高化为 u。由此可见，林布语和汉语 *a 元音对应整齐，并且有规律，这充分说明汉语和林布语有非常密切的关系。并且两种语言在语音和词汇方面具有很多的共性，值得我们进行深入研究。

参考文献

[1]　白保罗．1984.《汉藏语言概论》，北京：中国社会科学院民族研究所语言室．

[2]　包拟古．1995.《原始汉语与汉藏语》，北京：中华书局．

[3]　陈保亚．1996.《论语言接触和语言联盟——汉越（侗台）语源关系的解释》，北京：语文出版社．

[4]　陈孝玲．2011.《侗台语核心词研究》，成都：巴蜀书社．

[5]　戴庆厦．1993.《跨境语言研究》，北京：中央民族学院出版社．

[6]　丁邦新．2001.《汉藏语同源词研究》，南宁：广西民族出版社．

[7]　段玉裁．1988.《说文解字注》，上海：上海古籍出版社．

[8]　高本汉．1997.《汉文典》，上海：上海辞书出版社．

[9]　黄伯荣，廖序东．2007.《现代汉语》，北京：高等教育出版社．

[10] 黄布凡. 1992.《藏缅语族语言词汇》，北京：中央民族学院出版社.

[11] 黄树先. 2003.《汉缅语比较研究》，武汉：华中科技大学出版社.

[12] 黄树先. 2010.《汉语核心词探索》，武汉：华中师范大学出版社.

[13] 金理新. 2012.《汉藏语系核心词》，北京：民族出版社.

[14] 梅耶. 2008.《历史语言学中的比较方法》，岑麒详译，北京：世界图书出版公司.

[15] 全广镇. 1996.《汉藏语同源词综探》，台北：台湾学生书局.

[16] 沙加尔. 2004.《上古汉语词根》，龚群虎译，上海：上海教育出版社.

[17] 王力. 2014.《同源字典》，北京：中华书局.

[18] 吴安其. 2002.《汉藏同源研究》，北京：中央人民大学出版社.

[19] 吴安其. 2017.《亚欧语言基本词比较研究》，北京：中国社会科学出版社.

[20] 藏缅语语音和词汇编写组. 1991.《藏缅语语音和词汇》，北京：中国社会科学出版社.

[21] 郑张尚芳. 2003.《上古音系》，上海：上海世纪出版集团.

[22] 陈宇. 2016.《流亡尼泊尔藏人历史考察及近况分析》，《上海市社会主义学院学报》第 2 期.

[23] 戴庆厦、傅爱兰. 1996.《关于汉藏语系语言的分类问题》，《云南民族学院学报》（哲学社会科学版）第 2 期.

[24] 杜冠明. 2008.《汉藏语言的谱系》，《民族语文》第 2 期.

[25] 董莉英. 2004.《中国西藏与尼泊尔关系探微》，《西藏民族学院学报》（哲学社会科学版）第 3 期.

[26] 何耀华、何大勇. 2007.《印度东喜马拉雅民族与中国西南藏缅民族的历史渊源》，《西南民族大学学报》（人文社会科学版）第 5 期.

[27] 黄布凡. 1998.《从藏缅语同源词看藏缅族群的史前文化》，《民族语文》第 5 期.

[28] 黄成龙. 2020.《新中国汉藏语研究 70 年》，《贵州民族研究》第 6 期.

[29] 江荻. 2001.《藏缅语言元音的上移和下移演化》，《民族语文》第 5 期.

[30] 雷克斯著，周云水编译. 2010.《尼泊尔林布族的社会变迁——喜马拉雅山地文化的女性视角》，《西藏名族学院学报》（哲学社会科学版）第 1 期.

[31] 孙宏开. 2015.《跨喜马拉雅的藏缅语族语言研究》，《民族学刊》第 2 期.

[32] 孙宏开. 2018.《从几个数词的同源关系看汉藏语系语言的历史遗存》，《语言科学》第 6 期.

[33] 俞敏. 1989.《汉藏同源字谱稿》，《民族语文》第 1 期.

[34] 郑伟. 2010.《龚煌城先生汉藏同源词表》，《东方语言学》第 2 辑.

[35] A. Weidert, and B. Subba. *Concise Limbu Grammar and Dictionary*. 1985. Amsterdam, Lobster publications.

[36] Bauman, James. 1997, Tibeto-Burman languages and classification, in David Bradley (ed.) Tibeto-Burman languages of the Himalayas, 1 – 72, *Papers in Southeast Asian Linguistics*, No. 14, Pacific Linguistics, Series A, No. 86.

[37] Chemjong, Iman Singh. 2018 B. S. *Limbu-Nepali-Angreji Sabdakos*. Kathmandu: Nepal Academy.

[38] George van Driem. *A Grammar of Limbu*. Mouton de Gruyter · New York · Amsterdam, 1987.

[39] George van Driem. 1990. *An exploration of proto-Kiranti verbal morphology. Acta Linguistica afniensia* 22: 27 – 48.

[40] George van Driem. 1992. In the quest of Mahakiranti. *Contribution to Nepalese Studies*, Vol. 19. 2: 242 – 247. Kirtipur: CNAS.

[41] Kainla, Bairagi. ed. 2059 B. S. *Limbu-Nepali-English dictionary*. Kathmandu: Nepal Royal Academy.

[42] Lapalla, R. A. 1992a. *On the dating and nature of verb agreement in Tibeto-Burman*. BSOAS, University of London 54. 2: 298 – 315.

[43] Lapalla, R. A. 1992a. *On the dating and nature of verb agreement in Tibeto-Burman*. BSOAS, University of London 54. 2: 298 – 315.

[44] Menghan Zhang, Shi Yan, Wuyun Pan, and Li Jin. *Phylogenetic evidence for Sino-Tibetan origin in northern China in the Late Neolithic. Nature*, 2019, (569).

[45] Thurgood, Graham. 1985. *Pronouns, verb agreement systems, and the subgroupings of TB*. in Mastiff and Bradley ed., 376 – 400.

邹学娥　温州大学国际教育学院

平江赣语变音型完成体

邹珊珊

摘　要：平江方言中存在用语音形式表示完成体意义的变音型完成体，具体表现为完成体标记"干"与"哒"连用时，"干"在语流中脱落，使其前面音节长化，延长部分调值为［4］。变音型完成体是在语义磨损和经济原则的双重影响下产生的，湖南赣语中浏阳、洞口和临湘等地区也存在此类现象，其发展经历了"两个正常音节＞一个正常音节＋轻声音节＞一个长音"的过程。

关键词：平江赣语　变音型完成体　干

一、引言

　　语言是一个音义结合的符号系统，语音和语义作为语言的不同层面具有独立性，但二者在构造方式以及历史演变上有着密切联系。语义变化可能会导致语音变化，语音变化也能带来语义变化。汉语虽然是分析型语言，但也经常使用变调、变韵等内部屈折的方式表达各种语法意义。汉语方言中存在多种变韵现象，如河南方言D变韵（张慧丽、潘海华，2019）、河北方言Z变韵（辛荣芬、庄会彬，2015），以及湖南汨罗方言的"省合前音节"（陈山青，2015）。王福堂先生（1999）把Z变韵分为：融合型、拼合型和长音型。

　　平江方言完成体存在长音型变韵，具体表现为"干""哒"连用时，"干"在语流中脱落，使前字读音延长并伴随调值变化，表示完成体意义，我们称之为变音型完成体（史有为，2003），延长音节右上角用波浪线"～"标示。

二、句法格式

（一）V/A～哒

这是平江方言中最常见的格式。谓语由动词或形容词充当，延长后表示动作实现且完成，延长部分调值不受前音节影响为［4］。如下例：

（1）我把头发剪～［tɕiɛ̃:³⁵⁴］／［tɕien³⁵ a⁴］／［tɕien³⁵ na⁴］哒。（我把头发剪了。）

（2）个个鱼放到外边一夜喷═就臭～［thəu:⁵⁵⁴］／［tʰəu⁵⁵ a⁴］哒。（这个鱼放在外面，一晚上就臭了。）

上述例句中"剪、臭"分别为动词和形容词。"干"在语流中脱落后，其前音节"剪、臭"读音延长，增加了一个时间格，并伴随调值的变化，完成体的意义保留在前音节中。若其前音节不延长，句子要么意义改变，要么不成立。如：

（3）苹果皮削～［ɕio:⁴⁴］／［ɕio⁴ a⁴］哒。（苹果皮削了。）

（4）他一望到血就晕～［uã:³³⁴］／［uən³³ a⁴］／［uən³³ na⁴］哒。（他一看到血就晕了。）

例（3）中"削"不读长音意思发生改变，表示只是实现了"削"的动作，但并未完成；例（4）中"晕"不读长音则句子不成立。

（二）AA～哒

这一格式中形容词重叠表示程度加深。长音变音的要求为：第一，必须是单音节形容词，第二，表示具有［+积极］的语义特征。变音的方式为：不受本来音节影响，最后一个成分调值变为类似阴去的［55］后延长，延长部分调值仍为［4］。例如：

（5）他揪干两下，螺丝就紧紧～［tɕĩ:⁵⁵⁴］哒。（他拧了两下，螺丝就紧了。）

(6) 个个汤喷⁼文得一阵就酽酽~〔ȵiɛː⁵⁵⁴〕哒。（这个汤煮了一下就浓稠了。）

形容词重叠的音变多与完成体的变音现象共同使用，表示程度由较弱的状态向更强的状态的转变。如：

(7) 她里爷个病好~〔xauː³⁵⁴〕哒。（她爸爸的病好了。）
(8) 她里爷个病好好~〔xauː³⁵⁴〕哒。（她爸爸的病好了。）

例（7）只是客观陈述她爸爸病好了的状态，但例（8）则表示现在好得和一个正常人一样了。

语用上形容词重叠变调后延长，表示出乎预料的语气。如：

(9) 一年喷⁼事，他就长高~〔kauː⁵⁵⁴〕哒。（一年的时间，他就长得很高了。）
(10) 一年喷⁼事，他长起高高~〔kauː⁵⁵⁴〕哒。（一年的时间，他就长得很高了。）

例（9）只是客观称述他长高了，例（10）具有惊讶的意味，即说话人没有预料到会产生此类变化。

表示事物从一个主观认为不好的状态向好的状态发展，具有〔+积极〕的语义特征。例如：

(11) 个个天正要落雨得急，个分喷⁼晴~〔tɕhiãː¹³⁴〕哒。（这个天刚马上就要下雨了，现在又晴了。）
(12) 个个天正要落雨得急，个分喷⁼晴晴~〔tɕhiãː⁵⁵⁴〕哒。（这个天刚马上就要下雨了，现在又很晴了。）

例（11）天晴了只是客观称述，天气的变化，例（12）表示说话人很高兴天气转晴。

这一格式中完成体标记"干"脱落后,若其前音节不延长,句子不成立。

(三) V/AC~哒

中补结构中的补语也会发生变韵和变调现象。这一格式的中心语可以是动词或形容词。谓语为动词时,谓语和补语都是单音节的,补语通常由形容词充当。能够进入这一格式的补语有：结果补语、程度补语。例如：

(13) 脚下走痛~［thɔ̃ː^{554}］哒。(脚都走痛了。)

(14) 莫到个搞舞~［uː^{214}］哒,我要睡觉。(别在这吵了,我要睡觉。)

(15) 她个手落妈妈打红［fɔ̃ː^{13}］哒。(她的手被妈妈打红了。)

(16) 尔怕是做懵~［mɔ̃ː^{354}］哒哦,今日星期几下不晓得。(你怕是做傻了,今天星期几都不知道。)

能够进入这一格式的形容词为性质形容词,表示性质状态的变化,动词必须发生变韵和变调,否则就不成立。例如：

(17) 她冇分得到钱,落□［keː^{35}］气嘟~［teuː^{44}］哒。(她没分到钱,在那气坏了。)

(18) 她看到谁下笑眯~［meː^{554}］哒。(她看到谁都笑眯眯的。)

(19) 把得个糖糖计＝把她就喜□［thiaː^{554}］~哒。(给一个糖给她就高兴坏了。)

三、语音特征

我们将平江方言的韵母按照韵尾的区别分为阴声韵、阳声韵和入声韵,对不同韵尾的语音变化形式进行分类。每类韵尾的几种语音变化形式是平行并列存在的,日常交际中都可以使用。采取哪种表达方式来表示完成体意义,取决于说话人的习惯。具体体现为：

阴声韵："干"前音节为阴声韵时，通常直接延长其韵腹和韵尾表示完成，如"洗［ɕi³⁵⁴］"；也可以在其后加［a］表示完成意义，如"洗［ɕi³⁵ a⁴］"。但当开韵尾或元音韵尾的末尾为［a］时，其后不能出现［a］，这是由于弱化音［a］附着在以［a］为结尾的音节上，二者在语音上重合，因此听感上，就察觉不出来是前音节的延长，还是在前音节后加［a］。

阳声韵："干"前音节为阳声韵时，存在三种表示方式。第一，"干"前音节鼻音韵尾脱落，主要元音鼻化后延长，如"硬［ŋã:²¹⁴］"。第二，"干"弱化为［a］，如"硬［ŋɑŋ²¹a4］"；第三，受到前一音节韵尾的影响，［a］存在两个变体，分别是［na］／［ŋa］，当"干"前音节的韵尾为后鼻音时，变体为［ŋa］，如"硬［ŋɑŋ²¹ŋa⁴］"；当前一音节韵尾为前鼻音时，变体为［na］，如"剪［tɕien³⁵na⁴］"。

入声韵：当"干"前音节为入声韵时，表现为具有阻塞作用的喉塞尾脱落，使其主要元音延长表示完成，如"湿［sə:⁴⁴］"，或在喉塞韵尾后加弱化音节［a］，如"湿［səʔ⁴a⁴］"。

"干"所依附的音节听感上明显长于本音音节。为了更直观地观察长音的语音表现，我们按照阴声韵、阳声韵和入声韵的形式进行分类，用 Praat 语音分析软件制作语图来观察变音型完成体的表现。

（1）阴声韵

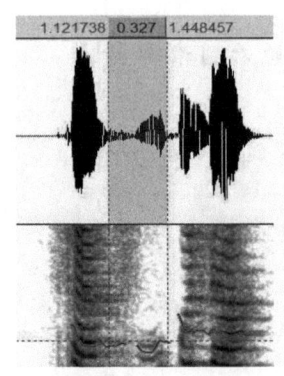

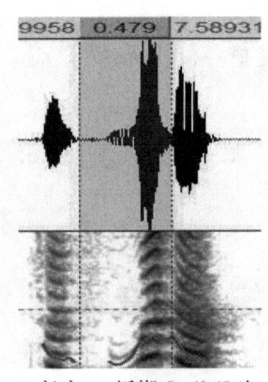

a.本音:饭糊[fu¹³]干哒。　　b.长音 1:饭糊~[fu¹³a⁴]哒　　c.长音 2:饭糊~[fu:¹³⁴]哒

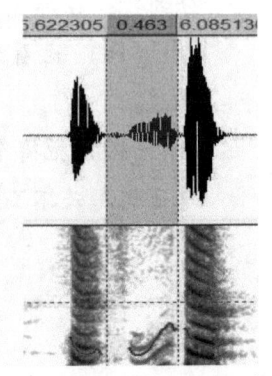

图1 阴声

当"干"所依附的音节为阴声韵时，长音补偿有两种表现形式：第一种

是合音。"干"弱化为[a]，用V表示元音，则音节结构形式为[Va]。第二种是长音。主要元音V延长，音节结构形式为[Vː]。图1显示，本音"糊"的时长为327ms，调值阳平[13]；长音1中"干"弱化为[a]，"糊+干"的时长为479ms，本音的1.47倍；长音2"干"的声韵调脱落，其前音节"糊"的时长延至463ms，比本音长136ms，是其1.42倍，调值为[134]。由此可见"干"依附阴声韵音节的情况是：音节延长，声、韵性质未发生改变，声调尾点调值为[4]。

（2）阳声韵：

a.本音:头发剪
[tɕien³⁵]干哒。

b.长音 1:头发剪
~[tɕien³⁵ᵃ⁴]哒

c.长音 2:头发剪
~[tɕien³⁵na⁴]哒

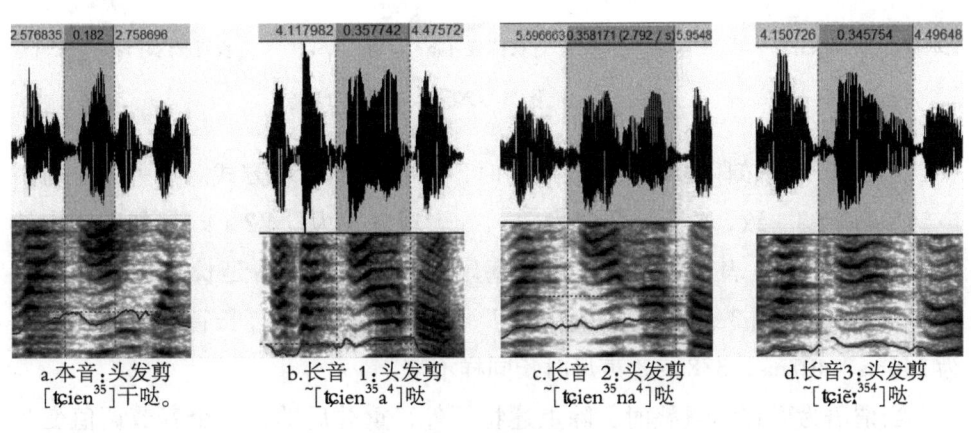

d.长音3:头发剪
~[tɕiẽː³⁵⁴]哒

图2 阳声

当"干"所依附的音节为阳声韵时，长音补偿又有三种表现形式：第一种是合音。"要"弱化为[a]，用V表示元音，N表示鼻音，则音节结构形式为[VN+a]。第二种是，"干"弱化为[a]后，受前音节影响，前有鼻音，表现形式为[VN+(N)a]。第三种是长音。主要元音V延长，鼻尾韵变为鼻化音，音节结构形式为[Ṽː]。如"剪"的长音3为例，因读音延长，致使其鼻尾韵变为鼻化韵，调值为[354]。语图比较显示，合音[VN+(N)a]的时长最长，长音[Ṽː]次之，本音最短，分别为358ms、346ms、182ms。

(3) 入声韵：

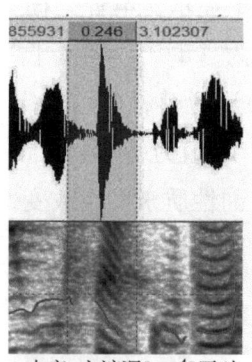

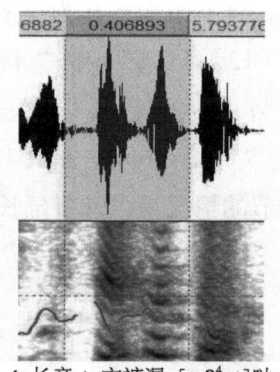

a.本音:衣裤湿[sə?⁴]干哒。　　b.长音1:衣裤湿~[sə?⁴a4]哒　　c.长音2:衣裤湿~[sə:⁴⁴]哒

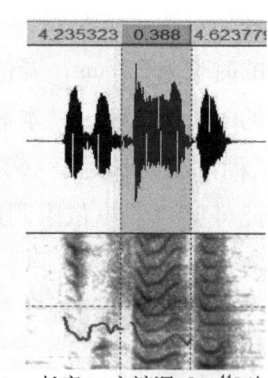

图3　入声

当"干"所依附的音节为入声韵时，存在两种表现方式。第一种，与阴声韵和阳声韵一致，"干"弱化为[a]，表现方式为[V?+a]，如图3中的长音1。第二种，表现方式为入声喉塞尾消失，音节读音延长，调值由[4]变为[44]，如图3长音2所示。"湿"的本音、长音1、长音2的时长分别为246ms、407ms，388ms，声母时长同样不变。

当谓语为形容词重叠时，除上述特征外，重叠后的第二个音节调值变为类似阴去[55]后延长，延长部分调值同样为[4]，如图4：

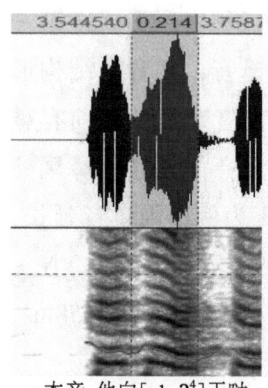

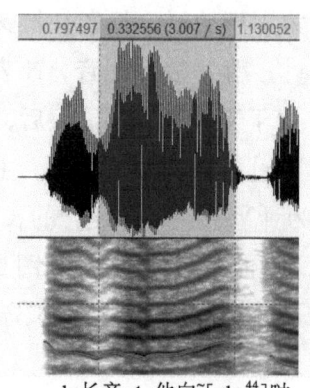

a.本音:他白[pha?⁴]干哒。　　b.长音1:他白~[pha⁴⁴]哒　　c.长音2:他白白~[pha⁵⁴]哒。

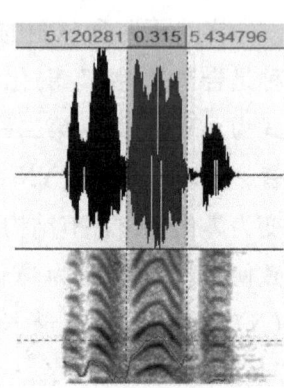

图4　形容词重叠

如图4中"白"的本音时长为214ms，调值为[4]。长音1中"白"的

时长为 333ms，调值变为 [44]。长音 2 中"白"的是时长为 315ms，调值为 [54]。长音 1 和长音 2 分别比本音长 119ms、101ms，声母、韵母与单音节入声韵延长表现一致。

由上可归纳变音型完成体的语音特色："干"前音节语音延长，延长部分调值不受前音节影响为 [4]。长音所附音节为阴声韵时，主要元音性质不变；长音所附音节为阳声韵或入声韵时，鼻尾韵变为鼻化音或入声喉塞尾消失。声母不发生改变。

四、湖南赣语中的变音型完成体

从全国范围看，音型完成体的论著多集中于对山东、河南、广东、江西等地区。湖南赣语中除平江方言外，只有洞口、临湘、社港三个地区存在变音型完成体。

洞口方言完成体的屈折现象已较为成熟，不要求必须与纯完成体标记共现。具体表现为：韵母上，开尾韵母和元音尾韵母用延长主要谓语的韵腹或在韵尾后增加尾音 [a] 表示；鼻化音尾韵母通过延长韵母中鼻化了的韵腹或在韵母后增加尾音 [ã] 表示；鼻音尾韵母通过延长韵腹和韵尾的读音或增加尾音 [ã] 表示。声调上，前音节声调发生有规律的延长，延长部分在原有调值的基础上升降 1—2 度（孙珊珊，2012：21、34）。例如：

(20) 其是这样的人，喝 [xo^{442}] / [xo^{44}a] 酒尽讲酒话，笑死人。（他是这样的人，喝了酒老讲酒话，笑死人。）

(21) 其学街上的痞子样，把身上纹 [uẽ^{232}] / [ueẽ^{23}ã] 身。（他学街上痞子的样子，在身上纹了身。）

上述例子中，主要动词"喝、看"等韵腹延长、声调也发生规律性的变化，表示动作的完成。如果没有长音，句子的完成义就不能体现出来，如例 (21) 如果没有长音，只能表示纹身的事件还未发生。加上长音后"纹"才具有完成体的意义，表示已经纹完了。

社港和临湘方言中变音型完成体与平江方言一致，必须与纯完成体标记

"哒"共现，延长部分调值为 [4]。浏阳方言的"该"与"哒"连用时，"该"可以弱化为 [a]，例如：

(22) 我把碗洗~ [ɕi²⁴a⁴] 哒。（我把碗洗了。）

"该"也可以在语流中可以脱落，使前字读音延长，从而形成补偿性加长（浏阳境内并非都存在长音型完成体，如浏阳的淳口镇就不存在此类现象）。例如：

(23) 吃~ [tɕhia⁴⁴] 哒饭。（吃了饭了。）
(24) 火黑~ [xeː⁴⁴] 哒。（火熄了。）

临湘话没有用 [a] 表示的中间阶段。如：

(25) 我把作业做落哒。｜我把作业做~ [tseuː³⁵⁴] 哒。（我把作业做了。）
(26) 我把碗洗落哒。｜我把碗洗~ [ɕiː⁴³⁴] 哒。（我把碗洗了。）

荣晶（2019）指出有些汉语方言后的完成体标记是"啊 [a]"或"噢 [ɔ]"，这可能是在语流中辅音逐渐脱落发展而来的，上述方言中存在的中间阶段 [a] 正符合这一规律。

五、变音型完成体与语义磨损

语言是一个音义结合的符号系统。作为语言的组成部分，语音和语义既相互独立又密切联系，语义变化可能会导致语音变化，语音变化也能带来语义变化。平江方言完成体标记"干"在语流中脱落，为了使音节脱落前后句法语义功能保持一致，通过延长"干"前音节进行补偿，其发展经历了"两个正常音节 > 一个正常音节 + 轻声音节 > 一个长音 > 一个正常音节"的过程

（王洪君，2008：201—203）。

平江方言"干"读为［kuɶn³³］，使用频率很高，且用法丰富，兼作动词、形容词、动相补语和完成体标记。如：

(27) 田里个水干哒。（田里的水干了。）
(28) 我里今日干塘。（大意：我们今天把池塘的水放干。）
(29) 水揪干哒。（水拧干了。）
(30) 钱下输干哒。（钱都输掉了。）
(31) 塘里死干两条鱼。（池塘里死了两条鱼。）

例（27）（28）中的"干"为消失义过程动词，表示"（使）水逐渐减少直到消失"，在句中作谓语（陈山青，2018）。例（29）中"干"为形容词充当结果补语，表示没有水分或水分少，与"湿"相对，存在可能式，如"衣揪得/不干"。作动词和结果补语时，"干"和前面的音节尚未融合，彼此独立，有正常的音节和声韵调。

例（30）的结构看起来与例（29）一样，但例（30）中的"干"是结果补语虚化而来的动相补语，与动词"输"结合紧密，表示动作的结果，相当于普通话的"掉""尽""完"。这里"干"的虚化程度高于前几例，可以看作是结果补语虚化为完成体标记的开端。例（31）中"干"已经虚化为完成体标记，表示动作实现，且产生结果，相当于普通话中的"了$_1$"。随着语义的泛化，"干"在句中不再充当核心成分，其语音形式也发生了弱化，声韵调根据韵尾的不同合入前字。

音节脱落造成前音节长化补偿的现象在现代汉语中十分常见。陈山青（2015）系统地分析了湖南汨罗方言的"省合前音节现象"，提出汨罗方言副词省合是"不完全省略+合并"，其中经济原则是驱动省合的主要动因。我们认为"干"脱落也是经济原则驱动的结果。自然话语是一个有机统一体，人们对话语的理解可以通过语境以及对话语的整体感知完成，人们往往不需要听到每一个音节。人们在发音时，趋于省力原则，往往会对负载信息量较少的成分进行淡化，造成音节成分的发音不足。发音不足时常产生减缩、甚至是音节脱落的现象（曹建芬，2011）。完成体标记"干"正是由于省力原则导致发音不充分而产生的音节脱落。

六、结语

  平江方言的变音型完成体是完成体标记"干"与"哒"连用时，"干"在句中脱落产生的结果。实验语音分析显示，变音型完成体的具体表现为"干"前音节的发音加长，延长部分调值为[4]，声母不发生改变。其中，所附音节为阴声韵时，韵母性质不变；所附音节为阳声韵时，鼻尾韵变为鼻化音；为入声韵时，入声喉塞尾消失。

  变音型完成体是在语义磨损和经济原则的双重影响下产生的，经历了"两个正常音节＞一个正常音节＋轻声音节＞一个长音"的发展过程。湖南赣语中浏阳、洞口和临湘等地区也存在此类现象。无论是在语义表达上还是在句法结构上，这种现象都具有鲜明的特色，有待进一步考察和探析。

参考文献

[1] 曹建芬.2011.《韵律结构与语音的变化》,《南京师范大学文学院学报》第3期.

[2] 陈山青.2015.《汨罗湘语的省合长音》,《中国方言学报》第5期.

[3] 陈山青.2018.《汨罗湘语的消极性完成体标记"干"及其语法化路径》,《湖南科技大学学报（社会科学版）》第5期.

[4] 荣晶.2019.《现代汉语方言完成体标记的类型分布》,《方言》第1期.

[5] 史有为.2003.《汉语方言"达成"貌的类型学考察》,《语言研究》第3期.

[6] 孙珊珊.2012.《湖南洞口赣语完成体的表示法》,湖南师范大学硕士学位论文.

[7] 王福堂.1999.《汉语方言语音的演变和层次》,北京：北京大学出版社.

[8] 王洪君.2008.《汉语非线性音系学》（增订版），北京：北京大学出版社.

[9] 辛荣芬、庄会彬.2019.《汉语方言z变音的类型分布及历史流变》,《中国语文》第5期.

[10] 张慧丽、潘海华.2019.《动词变韵与事件结构的语法化》,《中国语文》第1期.

邹珊珊 首都师范大学文学院

水语的量范畴及其语法手段[*]

黄 芳

摘 要：水语表达程度量的手段有："性质形容词+副词"、"$ti^{33}ti^{33}$一点、$?dat^{35}ti^{33}$一点、$ti^{33}tot^{31}$一半"等固定短语、状态形容词、比较句、副词重叠等。状态形容词是表达程度量的重要词汇手段。名量词是水语最主要的物量表达手段，水语中名词重叠表量现象较少。水语动量的表达手段有：动量词、"V $ti^{33}ti^{33}$、V $ti^{33}?ɣa^{33}$、V + ljau^{31}了+V"等动量短语、动量词重叠、拟声词等。水语拟声词具有表达动作行为的程度、描摹动态等功能，除了具有调整量度功能外，还能表达感情色彩、描摹动作变化状态。

关键词：水语 量范畴 语法手段 重叠 拟声词

一、引言

水语是水族人的语言，是汉藏语系壮侗语族侗水语支的一种语言。本文对水语的表量手段进行了详细深入的描写，主要考察水语程度量、物量和动量等次量范畴的表现形式，并通过与汉语表量手段的对比，揭示水语量范畴表达的个性特征。

---

[*] 本文受国家社科基金项目"汉语水语量范畴比较研究"（11XYY031），湖北师范大学语言学研究中心资助。本文的语料主要来源为2012年对三洞水语的田野调查，发音合作人：韦仙蕉，女，25岁，三都水族自治县三洞乡板告村的请组。潘平宏，男，23岁，三都水族自治县三洞乡定城村梅山二组。本文参考了《水语简志》（张均如，1980）（三洞水语）、《汉水词典》（曾晓渝、姚福祥，1996）和《水语描写研究》（韦学纯，2011）（苗草水语）部分语料，文中凡是引用的语料都已一一注明。

二、水语的程度量及表达手段

关于程度，吕叔湘（1942/2014：200）认为："其实程度的差别也就是数量的差别。"马真（1988）认为："凡说到程度时，就往往要用到程度副词。"汉语中副词、形容词重叠都是表达程度量的重要语法手段。水语程度量表达与形容词、副词密切相关，也有其他固定短语和句法等语法手段。

（一）性质形容词+副词

水语中副词修饰性质形容词是主要的程度量表达手段。例如"hai^{33}快要，pe^{0}leu^{33}忽然，nam^{33}常常，nam^{33}永远，fu̯ən^{13}慢慢，ljo^{33}很、太，ton^{52}最，to^{13}更，khən^{35}越，ṭi^{33}几，tsjə^{35}太，tsjə^{35} lwan^{33}出奇，ʔaːu^{13} miṇ^{55}要命、tsjə^{35}、hen^{33}很，ʔdaːi^{13}好，mok^{42}蛮，ton^{52}更加"等程度副词都可以修饰性质形容词，表达程度量。

陈淑梅（2006：68）认为："程度副词修饰性质形容词有加强程度的作用，给予性质形容词不同程度的量。"除了与具有"小量"特征的形容词搭配，如"ṭi^{33}小、细"，程度副词一般都是将所修饰的形容词向维度增加的方向调量。例如：

(1) ni^{52} mai^{52} naːi^{55} tsjə^{35} çon^{52}. 这棵树太直。
  棵 树 这 太 直
(2) ni^{52} mai^{52} naːi^{55} çon^{52} ʔdaːi^{13}. 这棵树好直。
  棵 树 这 直 好

水语中副词可以出现在形容词之前，"tsjə^{35} çon^{52}太直，hen^{33} çon^{52}很直"，这种语序和汉语的语序一致。但是水语中更多使用的是"形容词+副词"的语序，如"çon^{52} ʔdaːi^{13}好直，ʔnam^{13} ʔdaːi^{13}好黑"。汉语中有"他丑得要命、他丑得出奇"的说法，在水语中只说"man^{13} n au^{55} ʔdai^{33}他很丑"。

水语中副词"很"有两种说法，一种是水语固有词"tsjə^{35}"，一种是来自于汉语的借词"hen^{33}"。这种现象表明，水语中表量语法手段存在着固有语法手段和借用语法竞争的态势。

副词修饰动词时，语序一般为"副词+动词"，副词在前，作句中状语成分，有加大量变维度的作用，例如：

(3) man¹³ tsjə³⁵ ŋun³¹ ljeu³¹.　他越发生气了。
　　 他　很　生气了

(二)"ti³³ti³³一点、ʔdat³⁵ti³³一点、ti³³ʈot³¹一半"等固定短语

水语表达程度量，除了副词手段，还有一些固定短语，例如"ti³³ti³³一点、ʔdat³⁵ti³³一点，ti³³ʈot³¹一半，ʔna：ŋ¹³ti³³ti³³有点，ʔdat³⁵ti³³些微，to¹³ti³³ti³³多些，ti³³tiu³⁵略微，le⁵²ti³³些许"等。这些表量短语，通常都是将所修饰的形容词向维度减小的方向调量。例如：

(4) ʔna³³ man¹³ ʔnaŋ¹³ ʔnam¹³ ti³³ti³³.　他的脸有点黑。
　　 脸　他　有　黑　一点

"ti³³ti³³一点"出现在形容词后面，语序是"形容词+表量短语"。语序也可以是"表量短语+形容词"，两种语序在水语中都使用，例如：

(5) ʔɣa³³ ʔma¹³ ʔnaɪŋ¹³ ti³³ti³³ ʔdwa¹³.　菜（略微）有点咸。
　　 菜　　有　一点　咸
(6) ʔɣa³³ ʔma¹³ ʔnaŋ¹³ ti³³ tiu³⁵ ʔdwa¹³.　菜有一丁点咸。
　　 菜　　有　一丁点　咸

就程度量的量级极差来看，水语程度量的极差顺序由强到弱依次大致为：
最 ton⁵² > 太 tsjə³⁵ > 很 tsjə³⁵ > 有点 ʔnaɪŋ¹³ti³³ti³³、ti³³tiu³⁵、ʔdat³⁵ti³³等
强————————————————————→弱

水语表达程度量时的量级极差还是很模糊笼统的，不像汉语那样有较明显的语表形式来区分细微量级。上例中汉语"略微有点、一丁点"用不同的词语表达出了不同程度的"咸"。但是对应在水语中，在语表形式上却没有多

大区别，用的都是"ti^{33}ti^{33}、ti^{33}tiu^{35}"这些小量词语来表达，需要靠语境和语气来传达和理解其所蕴含的不同程度的量级。也就是说，水语表量的特点之一是：语法和词汇层面没有太精细的量级划分，具体的语义信息都涵括在笼统的语表形式中，需要在语境中加以具体体会。

也有固定短语表达加大维度的量，例如：

(7) ʔna^{33} man^{13} haːn^{33} ti^{33} ni^{52} ljeu^{31}. 他的脸红通了。
　　脸　他　红　一些　了

形容词"to^{33} 多"也能够表达程度量，例如：

(8) man^{13} waːŋ^{13} to^{33}. 她的个子好高。
　　她　高　多

（三）状态形容词

重叠与量有着紧密关系。李宇明（2000：331）认为："复叠大都与量的变化发生直接或间接的关系。因此可以说，复叠是一种表达量变化的语法手段。'调量'是复叠的最基本的语法意义。"复叠引起的语法变化差异表现在四个方面："A. 量范畴不同。例如空间量、数量、动作量、度量等的不同。B. 量变维度不同。量变维度有两种：加大、减小。C. 引申的语法意义不同。D. 附加的情感色彩不同。"（李宇明，2000：331）

李宇明（2000：360）认为："刻画度量有多种语言手段，但无疑复叠是其重要的手段之一。表达度量的复叠以形容词为主，但也有其他词类的复叠式"。通常汉语形容词重叠都有加强度量的作用。就我们对水语的观察来看，水语中很少有形容词直接重叠表达程度量的状况，例如：

(9) ʔna^{33} man^{13} ʔnam^{13} twaːn^{35}. 他的脸黑黑的。
　　脸　他　黑
(10) lam^{13} phin^{52} ko^{55} naːi^{55} haːn^{33} san^{13}. 这个苹果红红的。
　　个　苹果　这　红

(11) ʔɣa³³ ʔma¹³ ʔdwa¹³lwan³³. 菜咸咸的。
     菜   咸

在我们的调查中，汉语中表达度量的形容词重叠的地方"黑黑、红红、咸咸"等，在水语中并没有用相应的形容词重叠来表达，而是用了"ʔnam¹³ twaːn³⁵、haːn³³san¹³、ʔdwa¹³lwan³³"这样一些短语。水语有"ndaːm³⁵ndaːm³⁵ 矮矮、paːk³²paːk³² 白白"这类丰富的状态形容词（韦学纯，2011：260）。两个意义相关的形容词 能以 AABB 式重叠，强调其性状多种多样，如："qaːi² qaːi² qən⁶qən⁶ 弯弯曲曲、haːn³haːn³ ɕu¹ɕu¹ 红红绿绿"（张均如，1980：27）。但是形容词程度量的表达倾向于使用词汇形态手段而不是语法形式的重叠，如：ʔnam¹³lei¹³ 漆漆黑、ʔȵaːt³⁵nu³⁵ 冰冷冷、ndaːŋ¹³ȵut³⁵ 喷喷香、za³³tai³³ 轻飘飘、hum³³phja³⁵ 酸唧唧、ȶoŋ³³ȶin¹³ 瘦巴巴、nun³⁵ai³³ 嫩秧秧、tsjə³⁵pjek³⁵ ʔde³³ 脏里吧唧。

水语状态形容词的构词方式与汉语不同，"水语形容词后面一般都能带一个后附音节，用以加强形容词所描绘的程度"（张均如，1980：27）。张均如（1980：45）将状态形容词的构词分为以下几类：（1）声母相同，声调类属相同，如：vaːŋ¹vaːu¹ 高高的、laːu⁴lan² 大大的、da³dot⁷ 硬邦邦；（2）韵母相同，如：ti³ni³ 小小的、faːŋ³ljaːŋ² 宽阔的；（3）声韵不同，如：pi²njaŋ² 胖胖的、o³ljok⁷ 很干净；（4）多音的后附音节，如：daːŋ¹theŋ³theŋ³ 亮堂堂、vaːŋ¹qaːŋ³ŋaːŋ³qhaːŋ³ 高高的。

汉语中形容词生动式，水语中都有不同的表达。再如"傻里傻气"在水语中只说"ɕaŋ³¹ɕo³³ 傻很"，用的是"形容词+副词"的语法手段。

（四）比较句

比较句是与度量相关的一种句法手段，典型的比较句一般会出现数量成分，用于表达比较项之间的结果。当比较的基准是人或事物的性状时，这样的比较常表达的是程度量，例如：

(12) man¹³kiŋ³³to¹³fe³¹ man¹³to¹³lə³¹. 她比姐姐漂亮多了。
     她 漂亮多 姐姐她 多 了

比较句本身就隐含度量信息。这是由比较基准形容词所蕴含的量特征所赋予的。以上都是有两个比较项的比较句。还有一种自比较句，只有一个比较项，但是隐含了比较项，例如：

(13) man^{13} pi^{31} ti^{33} ti^{33}. 他胖些了。
　　 他　胖　一些

隐含比较项是"以前的他"，后面的出现的表量短语"ti^{33} ti^{33}"，表达程度量。

（五）副词重叠

张均如（1980：47）认为："两个词义相同或相关的副词可以同时出现在一个单句中，分别位于谓词的前后（在前面的，往往是汉语借词），表示强调。"两个词义相同或相关的副词复用可以看作是一种特殊的重叠现象，除了表示强调外，从量度特征来看也可表达程度。如：

(14) ȵa^2 sjen^2 fan^2 haɹi^1 man^1 kon^5. 你先告诉他吧。
　　 你先　说　给　他先
(15) man^1 naŋ^6 ljək^5 ço^3. 他非常有力。
　　 他　很有力很
(16) man^1 kən^1 ŋai^5 leŋ^6 ai^5. 他更感觉奇怪了。
　　 他　更　觉奇怪再

梁敏、张均如（1996：26）认为，水族的先民从海滨一带沿着柳江、龙江向西北迁徙，到达贵州荔波县和三都县，在三都发展成今天的水族。曾晓渝（2004：160）认为："水语自秦汉以来就不断收到汉语的影响，并吸收了上古、中古、近代乃至现代各个历史层次的汉语借词。"在水语和汉语深度接触的过程中，不仅有不同历史层次的大量的词汇借用现象，而且在语法层面也有表现。其中，值得关注的是融合了固有语法和借用语法的复用语法格式现象。例如，水语差比句就存在着固有标记"to^{33} 多"和借用标记"pi^{55} 比"双标记的情况（黄芳，2015）。以上例句中的副词重叠现象也是这种固有语法和借用语法标记复用的表现。

三、水语的物量表达手段

物量（数量）是一种次量范畴，李宇明（2000：30）对物量的定义是，"物量是计算事物数量的量范畴，这一范畴在语言中主要与名词有关。"水语的物量包括事物的种类数目量、个体数目量和重量等，名量词是最主要的物量表达手段。

（一）水语的物量表达手段
1. 数词 + 名量词 + 名词

在水语中，最常见的物量表达形式是由名量词和数词、名词所构成的。例如：

(17) man^{13} ndjai^{33} haːm^{13} pen^{33} le^{13}. 他买了三本书。
　　　他　　买　　三　　本　书

水语事物量的表达离不开量词。从所表达的量词的类别来看，能够用于表达事物数目量的量词具体有以下几种：

①个体量词

水语中有着丰富的个体量词，既有水语自有个体量词，也有借自汉语的个体量词。这些个体量词在水语中用于表达个体数目量。例如：

ti^{33} kwai^{35} naːn^{52} 一片肉　　ti^{33} kwai^{35} hum^{35} 一块土
ti^{33} ni^{52} ʔma^{13} so^{33} 一根葱

②借用名量词

水语中的借用名量词是一个开放的类，如 phin^{52} 瓶，ʔjau^{33} 竹篮，taːu^{52} 筒，thoŋ^{33} 桶，ʁaːm^{35} 缸，qai^{35} 油罐等，水语中大量的借用名量词是事物数目量表达重要部分，例如：

ti³³ phin⁵² tshu¹³ 一瓶子酒   ti³³ hu⁵² tsja³¹ 一壶茶
ti³³ hu⁵² nam³³ 一壶水

③集体量词

集体量词用于表达集体数目量。例如：

ti³³ nu³¹ hum³⁵ 一堆土   ti³³ nu³¹ tsɿ³³ 一堆纸
ti³³ tom⁵² zən¹³ 一伙人

④度量衡量词

度量衡量词表达的是事物的长度、重量、面积等度量，属于一种事物量。例如：

ɣa³¹ ʔdjaːŋ³³ ʔau⁵² 二两米   ti³³ fən³³ ɕen³¹ 一分钱
ti³³ fən³³ ɣa³⁵ 一分田

2. 量词 + 名词

现代汉语中，当数词为"一"时，数词"一"往往可以省略，"量词 + 名词"就可以表达事物量，例如："屋里有个人就可以。"水语中当数词为"一"时，也可以用"量词 + 名词"的形式表达事物量。例如：

(18) ʔai³¹ paː i¹³ ndjai³³ phin⁵² haːu³³. 我去买瓶酒。
　　 我　去　买　瓶　酒

汉语"量词 + 名词"结构在句法结构中的分布功能有限，一般不能作句子的主语。例如，"个人没来"在，"个苹果都没吃"这样的说法是不合乎句法的。水语中的"量词 + 名词"结构在句中作主语的情况较为多见，例如：

(19) n̠ui⁵⁵ ʔau⁵² qu³³ me³¹ tsje¹³. 颗米都没有吃。
　　 颗　米　都　没　有　吃

3. 量词单用

水语量词在没有名词和数词出现的情况下也能单独使用，能够单独与其他词搭配。个体量词独用是水语量词很重要的的一个语法特点，例如：

$to^{31} vjən^{33} tsa^{35}$ 飞的那只（鸟）　　　$lam^{11} laːu^{53}$ 大个（果子）
只　飞　那　　　　　　　　　　个　大（韦学纯，2011：278）

4. 其他

水语中事物量的表达除了有数词、量词的表达形式外，还有一些带有数量意义的词语，如"$kuŋ^{33}$ 很多、多、一些""$tsə^{35} kuŋ^{33}$ 很多、多、一些"、"$ji^{33} ti^{33} tiu^{35}$ 一丁点"、"$ji^{33} ti^{33}$ 一些"等也是事物量表达的重要手段，例如：

(20) $tsə^{35} kuŋ^{33} ma^{52}$. 好多（一些）马
　　　好多（一些）马
(21) $ji^{33} ti^{33} tiu^{35} ʔau^{52}$. 一丁点谷子
　　　一丁点　谷子
(22) $wan^{13} na：i^{55} ndjai^{33} ji^{33} ti^{33} ʔduk^{55}$. 今天我买了一些衣服。
　　　今天　　买　一些 衣服。

（二）名词、量词重叠

1. 水语名词重叠现象

就我们对水语的考察来看，水语中名词重叠的现象很少见到，只有这样一些说法，例如：

$tui^{52} tui^{52}$ 碗碗　　　　　$ȶot^{52} ȶot^{52}$ 脚脚

以上例子虽然都是名词重叠现象，但是这些重叠形式都是在名词临时用作量词的情况下才能成立。水语中没有"瓶瓶儿""杯杯儿"这样的名词重叠形式表达空间量减小的现象。

2. 水语量词重叠现象

在水语中，当名词临时用作量词的时候，能够重叠，表示遍指，例如：

ɣaːn³¹ ʔai³³ ɣaːn³¹ 家家户户   zən¹³ zən¹³ 人人
家   个   家   人   人

水语中个体量词能够重叠，例如：

lək³² lək³² 个个   to³¹ to³¹ 只只

水语量词重叠，有调整量维度的作用，向加大量维度的变化。例如"to³¹ 只"重叠之后，就具有了"周遍"语义特征，量值也随之变为全量。

我们的考察发现，虽然水语中可以重叠，但是实际的语言运用中，人们更倾向于用其他的语法手段来表达量词重叠所表达的"周遍"意义。

① 量化词"tsap³²、jən³¹ 每"

水语中表达"周遍"意义多用"tsap³²、jən³¹ 每"，而不是量词重叠，例如：

(23) man¹³ taːi³⁵ lə³¹ ȶi³³ ʔun¹³ ndjət⁵⁵, tjət³² ʔun¹³ ʔnaŋ¹³ qo³³ pek⁵⁵ ȶin³³.
　　 他   砍了几   捆   柴，   每捆   有   上百   斤
　　 他砍了几捆柴，捆捆都有百来斤。

韦学纯（2011：277）也指出，水语量词可以重叠，表达每一的意思，但是重复的用法并不常用，更常用的是在量词前面加上"tsap³²，jən³¹ 每"。

② 量词单用表达"周遍"意义

(24) man¹³ ndjai³³ ȶi³³ pjau³³ ʔduk⁵⁵, pjau³¹ qu³³ me³¹ ʔdaːu³³ ndən¹³.
　　 她   买几套   衣服， 套   都 不 合   身
　　 她买了几套衣服，套套都不合身。

量词"pjau³³ 套"并没有重叠,却能够表达"周遍"意义。

③ "ti³³ 一"表达"周遍"意义

(25) ɣaːn³¹ man¹³ ti³³ lən³¹ ko³³ ʔnaːŋ³¹ ben³³ si¹³. 他家代代人都有出息。

他　家　一代 都　有　本事

上例中"ti³³ lən³¹ 一代"表达"周遍"意义,相当于"每代""代代",要放在具体的语境中才能明确。

四、水语的动量及表达手段

动量是与动作行为有关的次量范畴。李宇明(2000：59)认为动作量"是计量行为动作等的力度、涉及的范围、活动的幅度、反复次数和持续的时长等的量范畴"。动量一方面与时量有关,一方面也和反复次数动量有关。吕叔湘(1982：232)指出,动作的次数"一方面与'量'的观念有关,一方面也和'时'的观念有关"。朱德熙(1982：66—67)认为"所谓动作的量可以从动作延续时间的长短来看,也可以从动作反复次数的多少来看"。水语动量的表达手段主要有动量词、动词重叠形式、副词重叠、拟声词等。这些手段涉及动作的频次、力度、范围、幅度等,有些还具有对动作行为的描摹等功能。

(一) 动量词

1. 数词 + 动量词

水语专用动量词都能进入"数词 + 动量词"的格式。其中以数词"一"+ 动量的格式居多。例如:

(26) ju³¹ ʔmui¹³ man¹³ ti³³ phja³³. 我骂了他一回。

　　　我　骂他　一 回

"数词 + 动量词 phja³³"结构,表示动作行为反复进行的次数。在句法结构中多作补语成分。"数词+动量词"在句中还可以作状语，例如：

(27) ʔduk⁵⁵ ɣa³¹ phja³³ qo³³ lak³⁵ phjan³³ liu⁵². 衣服两遍就洗完了。
　　 衣服 两遍　　就 洗 完 了

水语这种"数词+动量词+名词"结构是述补结构带宾语，这种结构关系在句中表现得很清晰。"ju³¹ liŋ³⁵ liu⁵² haːm¹³ phja³³ kuŋ³³ tsjeŋ³⁵. 我总共看了三回戏。"中，"kuŋ³³总共"出现在"haːm¹³ phja³³三回"的后面，是水语中"中心语+修饰语"的语序关系，"kuŋ³³总共"是对动作次数的说明，而不是名词"tsjeŋ³⁵戏"的修饰语。这表明，"haːm¹³ phja³³三回"与前面的动词"liŋ³⁵看"关系更为紧密，是动词的补语。名词"tsjeŋ³⁵戏"是述补结构所带的宾语。

汉语中的动态助词在水语的句子中并不清晰，由动态助词"了"所表达的时态意义一般隐含在句子语义中，上例"tsje¹³ ti³³ phja³³ ʔau⁵²吃了一餐饭"就表现出这样的特点。水语动词"tsje¹³吃"后面由于没有一个动态助词"ljeu³¹了"，就形成了"动词+数量（动量词）名"表动量的结构。与这种结构类似的是"动词+数量（名量词）名"表动量的结构，例如：

(28) tsje¹³ ti³³ tui⁵² ʔau⁵². 吃了一碗饭。
　　 吃 一 碗 饭

2. "ti³³ phja³³一次+tu³³都+me³¹没+VP"
"数词+动量词"中如果数词是"ti³³一"，在否定句中出现在动词的前面，形成"ti³³ phja³³一次+否定+VP"的结构，表达全量否定的意义。例如：

(29) kui³¹ jaŋ⁵² ju³¹ ti³³ phja³³ tu³³ me³¹ paːi¹³ taːu³⁵. 贵阳我一次都没有去过。
　　 贵阳 我　 一次 都没有去到
(30) pjau³¹ ʔduk⁵⁵ ju³¹ ti³³ phja³³ tu³³ me³¹ lak³⁵. 衣服我一遍都没有洗过。

件衣服 我 一 遍　都 没 洗

这种数量否定句有几个特点：其一，否定标记为"me³¹没（没有）""mi⁵²没（没有）"，在句中作状语。其二，在数量短语"ti³³phja³³一次"和否定标记为"me³¹没（没有）"之间，常常插入副词"tu³³都"，强调对全量的否定。

3. "数词+动量词"的省略
①动量词独用
韦学纯（2011：278）认为："有时动词前面的动量短语中的'一'可以省略。"例如：

(31) man¹¹ lan³⁵ tsjə¹¹ ti³³ ʈən³¹. 他一顿吃一斤。
　　　他　顿　吃　一 斤（韦学纯例，2011：278）

②存现句中，数词"ti³³一"不能省略。例如：

(32) ʁaːu³³ ɣaːn³¹ ʔnaŋ¹³ ti³³ ʔai³³. 屋里有一个人。
　　　里　屋　有 一 个

③动词是"买、卖"时，主语和谓语都是由数量结构构成的结构中，谓语不能省略数词"ti³³一"。例如：

(33) ti³³ kwai³⁵ ɕen³¹ ti³³ ʈin³³ ʔma¹³. 一块钱一斤白菜。
　　　一 块　钱　一 斤　白菜

我们经过考察认为，水语的数词"ti³³一"省略相对汉语来说要严格。一般来说，在句中宾语、谓语、补语位置的数量短语中的数词"ti³³一"不能省略。主语和状语位置的"ti³³一"可以省略。

（二）动词重叠："V ti³³ ti³³、V ti³³ ʔya³³、V + ljau³¹ 了 + V" 等

"动词重叠式表示动作的量。所谓动作的量可以从动作延续的时间长短来

看，也可以从动词反复次数的多少来看，前者叫做时量，后者叫做动量。"（朱德熙，1982：66）动词或动词性短语语法重叠的表量功能，陈淑梅（2006：159）认为有"减小动作量"和"加大动作量"两种情况。李宇明（2000：351）认为："壮语、布依语、畲语、拉珈语等语言，都有动词复叠表尝试的现象，不独汉语一种语言所有。此外，黎语动词复叠表示'不经意'，跟尝试也相当接近。"我们对水语动词重叠现象也作了考察，发现水语动词重叠有以下几个方面的特点：

1. 汉语"V一V"格式的水语表达

汉语共同语中动词一般都能进入"V一V"的格式中，表示短时、尝试，也是一种特殊的动词借用为动量词现象。我们的考察发现，水语动词不能进入"V一V"的格式。水语中只说只说"V一次"，不说"V一V"。例如，"ka^{33} 等, hui^{33} 坐, le^{35} 困, ʔan^{33} 想, pan^{55} 捏, ʔum^{33} 抱, tiu^{35} 吊, qum^{35} 盖, ȵaːu^{55} 住, ʔɣaːu^{33} 陪, fan^{31} 说, ju^{35} 叫, ʔmui^{13} 骂, ndwaːn^{35} 打, so^{55} 问, lak^{35} 洗, tjət^{55} 扫, tsje^{13} 吃, ɣom^{33} 喝, qat^{33} 剪, sən^{31} 洒, tak^{55} 剁, kwaːt^{33} 敲, tiu^{31} 跳, ŋan^{52} 听, ɕo^{31} 学, ʔdaːk^{35} 拉"等水语动词都不能说"V一V"，水语不能说"ka^{33}ti^{33}ka^{33} 等一等"，只有"hui^{33}ti^{33}ʈhi^{35} 坐一下"这种说法。

2. 动态量的静态表达

水语中动词重叠形式不多，但是与动作行为相关的其他词语的重叠式，能够表达动态量。例如：

（34）man^{13} ai^{31} ɣa^{35} pan^{13} ɕin^{13} <u>ti^{33} kwai^{35} ti^{33} kwai^{35}</u>. 她把田分成一块块的。

她　把田　分　成　　一块　一块

李宇明（2000：338）"多量有动态和静态之分，可分别称为'动态多量'和'静态多量'。""ti^{33} kwai^{35} ti^{33} kwai^{35}"一块一块、ti^{33} pheu^{33} ti^{33} pheu^{33} 一包一包"是名量短语重叠，属于静态多量，用在句中表达的是动态多量。表达对动作行为结果的计量方式，具有一量一量地逐一处理事情的意义，同时还表达了顺序义。

3. 水语动词重叠与动作行为体貌特征

① "VV"式

水语的动词也有"VV"重叠式，例如：

(35) me^{31} ʔɣam^{31} qu^{33} tsu^{31}tsu^{31} ʈhi^{52}, qau^{35}qau^{35} tjan^{13} sʅ^{13}.
没 事 就 走走 棋, 看看 电 视。
没事就下下棋，看看电视。

汉语动词以"VV"式重叠可以表达短时、尝试。水语中动词这种重叠方式并不多见，例如，汉语"把门关关、把眼闭闭、把脚踮踮、把衣服洗洗"在水语中没有对应的表达，只说"ŋop^{42} to^{13} 关门，hup^{52} nda^{13} 闭眼，ɕoŋ^{35} ʈot^{52} 踮脚，lak^{55} ʔduk^{55} 洗衣服"。汉语中由动词重叠所引起的动作量程度的减小，在水语中则用很明确的具有小量语义特征的动量短语表达出来。汉语中的"VV"式在水语中多用"V ti^{33} ti^{33}"的格式表达出来。

上面例句中的"tsu^{31} tsu^{31} 走走，qau^{35} qau^{35} 看看"和汉语是一致的。从动作反复的次数来看，是增加了频次量。但是从语义轻重程度的角度来看，又有减小动作程度量的作用，表示惯常性或悠闲性的动作行为。

② "V ti^{33} ti^{33}"

(36) man^{13} paːi^{13} ti^{33} ti^{33}, ʔni^{31} ti^{33} ti^{33}, ji^{33} ti^{33} tiu^{35} qu^{33} me^{31} saːn^{52}.
他 走一点 停 一点, 一点 都 不 急。
他走走停停，一点都不急。

(37) man^{13} he^{52} ti^{33} ti^{33}, ʔndaːn^{31} ti^{33} ti^{33}, ji^{33} ti^{33} tiu^{35} qu^{33} me^{31} joŋ^{55} loŋ^{31}.
他 做 一点, 玩 一点, 一点 都 不 用 心。
他做做，玩玩，一点都不用心。

"V ti^{33} ti^{33}"是动词加上数量短语"ti^{33} ti^{33} 一点"，如上例中的"paːi^{13} ti^{33} ti^{33} 走走""ʔni^{31} ti^{33} ti^{33} 停停"。用于动作状态的描摹，表达随意、轻松的意义。水语中类似的结构还有"V ti^{33} ʔɣa^{33}"。

③ "V ti³³ ʔɣa³³"

(38) ȵi³¹ hui³³ ti³³ ʔɣa³³ lwa³ ti³³ ʔɣa³³ me³¹ fe³³ ljeu³¹
你 坐 一会, 歇 一会, 莫 累 了。
你坐会儿, 歇会儿, 莫要累坏了。

"V ti³³ʔɣa³³" 主要强调动作的短时量。汉语中的"VV"式在表达短时动作量是, 在水语中还可以用"V ti³³ʔɣa³³"来表达, 如上例中的"歇歇"水语中说"lwa³¹ ti³³ ʔɣa³³ 歇一会"。这表明, 水语中更倾向于用数量语义特征明晰的语法形式来表量, 而不是用重叠手段。

④ "V + ljau³¹ 了 + V"

水语动词能够以"V + ljau³¹ 了 + V"的格式重叠, 表达动作的持续、反复进行的状态, 例如:

(39) man¹³ tsje³¹ ljau³¹ tsje¹³. 他吃了又吃,
他 吃 了 吃。

(40) man¹³ bai¹³ ʈi³³ pjau³¹ ʔduk⁵⁵ naːi⁵⁵ qau³⁵ ljau³¹ qau³⁵, bjaːm³⁵ ljau³¹ bjaːm³⁵.
她把 几 件 衣裳 这 看了 看, 摸了 摸
她把这几件衣裳看了又看, 摸了又摸。

以上例句中"V + ljau³¹ 了 + V"的格式, 相当于汉语的"V 了又 V"重叠式, 用于表达动作行为的持续, 具有"持续性"语义特征的动词才能进入这种格式。这种重叠具有表达"动相"的作用。

这种重叠中副词"ʔɣa³³ 又"既可以隐去, 也可以出现。例如:

(41) man¹³ qau³⁵ ljau³¹ qau³⁵ ʔɣa³³. 他看了又看。
他 看了 看 又

副词"ʔɣa³³ 又"出现在句中, 句法结构为"V + ljau³¹ 了 + V + ʔɣa³³",

表达重复的动作,有仔细、反复的意义。

从表量维度来看,"V +ljau³¹ 了+V"有加强动量的作用,指动作频次量的增加。水语的"V +ljau³¹ 了+V"还具有一定的"体"功能。表达动作行为的反复进行。李宇明(2000:353)认为复叠"都可能与进行体发生关联。属于南岛语系的台湾高山族布嫩语、日宛语等.可用复叠动词词根的方式表示进行体,可见从语言类型学上看动词复叠本身就可能与'进行体'有关联"。

(三)动量词重叠

水语中动量词也可以重叠,表示"周遍"意义,例如"phja³³次""lan³⁵次"都可以重叠,表达"每次"、"次次"的意思。但是与前面名量词的重叠相似,水语中更倾向于用数量短语的形式来表达多量,或者量化词"tsap³²,jən³¹ 每"来表达周遍意义。再如:

(42) li³¹ phja³³ ʔnam³⁵ phja³³. 一次接一次的犁(韦学纯,2011:319)
　　　犁　次　接　次

水语动词重叠的形式不多,一般不用动词重叠来表达动量。水语在动作量的表达上,往往会优先选用表量形式清晰的数量词语,而不是语法重叠式。

(四)拟声词

水语拟声词既能表达程度量,也与动量表达相关。在量度上,水语拟声词向加大维度方向调量,这种表量功能在水语中有着独特的句法作用。例如:

1. 表示程度

(43) qui³⁵ nduk³¹ nduk³¹. 狠狠地打。
　　　打　嘟　嘟（韦学纯,2010:302）

(44) qui³⁵ ndək³¹ ndək³¹. 狠狠地打。
　　　打　嘟　嘟（韦学纯,2010:302）

2. "ndək³¹ ndək³¹"表示大量

拟声词"ndək³¹ ndək³¹"可以在很多动词之后,表示大量的意思。例如

(韦学纯，2010：304)：

$ku^{13}ndək^{31}ndək^{31}$ 大声笑　　　$\textormathbarmath{ȵ}e^{33}ndək^{31}ndək^{31}$　大声说

$fe^{53}ndək^{31}ndək^{31}$ 狠狠得做　　$tsjə^{13}ndək^{31}ndək^{31}$

　　　　　　　　　　　　　　　大吃（韦学纯，2010：304）

一方面，重叠的手段有调整量度的语法功能。重叠后由于语表形式的增加同时也带来了语义上量的增加，所以向量度增加的方向调量是重叠的主要作用。另一方面，重叠的手段还具有表达亲切的感情色彩、描摹动作变化状态、表达不经意、惯常动作的作用。从以上的例子可以看出，这样的表量功能在水语拟声词的重叠中也有体现。

3. 摹状功能

拟声词重叠还有描摹动态的功能，如"$ʔȵe^{33}ŋa^{31}ŋa^{31}$ 哭哭啼啼、啼哭"（韦学纯，2011：245），不仅有表达多量的作用，还描摹出哭泣动作的样子。再如：

(45) $man^{11}fuən^{13}saːm^{33}\underline{ȵom^{33}ȵom^{33}}paːi^{13}ɣaːn^{31}$. 他慢慢地走回家。

　　　他慢走（低头走的样子）去家（韦学纯，2010：305）

拟声词"$ȵom^{33}ȵom^{33}$"描摹出了低头走的样子。

五、结论

综上所述，水语在表量方式上呈现出以下一些特征：

水语中多使用"性质形容词＋副词"的语序来表达程度量。水语中"$ʔdat^{35}ti^{33}$一点，$ti^{33}ʈot^{31}$一半，$ʔnaːŋ^{13}ti^{33}$有点，$ʔdat^{35}ti^{33}$些微，$to^{13}ti^{33}$多些，$ti^{33}tiu^{35}$略微，$le^{52}ti^{33}$些许"等固定短语可以表达程度量，通常都是将所修饰的形容词向维度减小的方向调量。水语中很少有形容词重叠表达程度量的状况，而是倾向于用状态形容词表达形容词的程度量。比较句也是表达程度量的一种句法手段。副词重叠也能表达程度量。水语副词重叠存在固有语法和借用语法的复用语法格式现象。

名量词是水语最主要的物量表达手段。水语中名词重叠表量现象较少。虽然水语中名量词可以重叠，但是实际的语言运用中，人们更倾向于用其他的语法手段来表达量词重叠所表达的"周遍"意义。

动量词是水语行为量的主要表达手段。水语倾向于用数量语义特征明晰的语法结构"V ti^{33}ti^{33}"、"V ti^{33}ʔɣa^{33}"来表程度量。水语中"V＋ljau^{31}了＋V"有加强动量的作用，指动作频次量的增加，"V＋ljau^{31}了＋V"还具有一定的"体"功能，表达动作行为的反复进行；动量词重叠也可表达动量。水语拟声词具有表达动作行为的程度、描摹动态等功能，除了具有调整量度外，还用于表达感情色彩、描摹动作变化状态。

本文主要呈现水语表量上的个性特征，只重点描述了水语的程度量、物量和动量范畴。关于水语的时间量、空间量等其他次量范畴，将另文讨论。

参考文献

[1] 陈淑梅.2006.《鄂东方言量范畴研究》，武汉：华中科技大学博士学位论文.
[2] 黄 芳.2015.《水语比较标记"to^{13}"及差比句的类型特征》，《语言科学》第1期.
[3] 梁 敏、张均如.1996.《侗台语族概论》，北京：中国社会科学出版社.
[4] 吕叔湘.1942［2014］.《中国文法要略》，北京：商务印书馆.
[5] 李宇明.2000.《汉语量范畴研究》，武汉：华中师范大学出版社.
[6] 马 真.1988.《程度副词在表示程度比较的句式中的分布情况考察》，《世界汉语教学》第2期.
[7] 韦学纯.2011.《水语描写研究》，上海：上海师范大学博士学位论文.
[8] 朱德熙.1982.《语法讲义》，北京：商务印书馆.
[9] 张均如.1980.《水语简志》，北京：民族出版社.
[10] 曾晓渝、姚福祥.1996.《汉水词典》，成都：四川民族出版社.
[11] 曾晓渝.2004.《汉语水语关系论》，北京：商务印书馆.

黄 芳 湖北师范大学语言学研究中心

《汉语大字典》"疑难字"补证*

邓春琴

摘　要：《汉语大字典》在我国辞书编纂史上具有重要的价值，其收字八万多，其中涉及不少疑难字。对于缺乏例证的疑难字，因在浩瀚的典籍中无法寻找到其使用语境，无法证实其义项是否正确。这个问题前贤主要根据音韵、文字、训诂等知识进行综合判定，所下的结论大多数具有一定的主观性。本文在词义类型学的视野下，对该类疑难字进行考释，为义项的设立提供了旁证，同时为疑难字的证明提供了一种新途径。

关键词：词义比较　疑难字　义项

一部辞书释义精准应该既包括义项正确，也包括引证齐全，又包括引证与义项对应准确。引证通常用两种，一种是出自前代辞书中的释义，有学者称为书证，其主要用于明确条目的义训。一种是除辞书以外的各种著述用例（其中也包括一些注疏类的例证，这些例证一般会交代义项的用例），有学者称为例证。其是前人运用条目的实例，能显示特定的语境，成为后人确立义项的依据。两种引证作用不同，互为补充。但是在辞书中，有些义项两种引证皆有，有些义项仅有书证，有些义项仅例证，还有一些义项两种引证皆无。"引证齐全"最好状态是两种引证都有，退而求其次，至少应该有例证。当仅有书证或者引证皆无时，则容易让人对义项产生怀疑。如：熊加全先生的

---

* 国家社科基金一般项目"羌语词汇研究"（17BYY031）。

《〈汉语大字典〉释义失误指正》一文，作者质疑了《汉语大字典》中仅有书证的25个字头的义项。文章分析大多数站得住脚，但是也有一些还有待商榷。

《汉语大字典》收字八万多，其中有不少疑难字。疑难字可以指字音不详的字，也可以指音义皆未详的字，还可以指字义不明的字。而字义不明的字既包括字义不详的字，也应该包括一些义项缺失例证的字。在例证缺失的情况下，如何证明其义项正确？这是一个难题。历时性辞书的有些义项无法在浩瀚的典籍中寻找到例证时，除了综合运用训诂学、文字学、音韵学、语法学等方面的知识进行综合判定外，还可以在语义类型学视野下通过词义的比较，佐证其义项是否正确。

（一）唀

①声。《玉篇·口部》："唀，声也。"②口。《篇海类编·身体类·口部》："唀，口也。"(《汉语大字典（第二版）》，652)

"唀"释为"声"，最初见于《玉篇·口部》，后历代辞书皆有传承。"唀"释为"口"，最初见于《直音篇》，后《详校篇海》《篇海类编》等辞书沿袭此说。《汉语大字典》两个义项皆无例证。

"唀"释为"声"，虽然没有例证，但其同源词可证训释有理。"唀"，形声字，"口"形"丘"声。《说文·丘部》："丠，土之高也，非人所为也。从北，从一。一，地也。人居在丘南，故从北。中邦之居在昆仑东南，一曰四方高中央下为丘。象形。"《通训定声》"《书·禹贡》'是降丘宅土。'传曰'地高曰丘。'《周礼·大司徒》：'丘陵坟衍。'注：'土高曰丘。'""丘"有"高、大"义。其同源的字，亦有汉语"高、大"义。《广韵·尤韵》："丘，丘陵。""坵"，《集韵·尤韵》："丠，或作丘，亦书作坵。"明徐弘祖《徐霞客游记·黔游日记二》："东下为州署，门廨无一完者。皆安酋叛时，城破鞠为坵莽，至今未复也。"元郑光祖《老君堂》第一折："绕着这周围看，尽都是坵冢摧残，埋没了多少英雄汉。"两处的"坵"指坟堆，皆有"高、大"义。"齁"，《玉篇·鼻部》："齁，齁齅，仰鼻。"《广韵·宥韵》："齁，齁齅，仰鼻。""仰鼻"，即突兀而高大之义。据此，可知"唀"用指与"口"有关，且与"高、大"有关。发声时，"口"通常应该张大才能出声，故可以用指"声"。

"吰"用指"口",汉语中除了形声造字法可以给予一点证明外,其他材料难于给予支撑证明。正因为此,有学者认为"吰"不能用指"口"。我们认为,在没有确切证据证明其不能用指"口"的情况下,最好不要轻易下判断。汉语材料中虽然没有直接例证可以证明其可以用指"口",但是一些旁证可以说明"口"与"声"有密切关系。如:

(1) 口,《说文·口部》:"口,人所以言食也。"《书·秦誓》:"人之彦圣,其心好之,不啻若自其口出,是能容之。"唐韩愈《归彭城》诗:"到口不敢吐,徐徐俟其醵。"《儒林外史》第十六回:"他倚恃尊长,开口就说:'本家的产业是卖不断的。'"可以用来指"动物的嘴"。《春秋·宣公三年》:"三年春王正月,郊牛之口伤,改卜牛。"《史记·苏秦列传》:"宁爲鸡口,无爲牛后。"张守节正义:"鸡口虽小,犹进食;牛后虽大,乃出粪也。"唐韩愈《学诸进士作精卫衔石填海》诗:"口衔山石细,心望海波平。"也可以指"声"。《宋书·王景文传》:"比十七日晚,得征南参军事谢俨口信,云臣使人略夺其婢。"清孙枝蔚《送同游者归扬州》诗:"扬州望我急,口信赖君传。"《三国志·蜀志·王平传》:"平生长戎旅,手不能书,其所识不过十字,而口授作书,皆有意理。"

(2) 吴,可以用指"声"。《玉篇·口部》:"吴,大声也。"《汉书·郊祀志上》:"不吴不敖,胡考之休。"颜师古注:"吴,讙哗也。"清龚自珍《古史钩沉论三》:"乃又吴言曰'是不足为!'"也可以用指"口"。《广韵·禑韵》:"吴,大口。"《集韵·禑韵》:"吴,口大貌。"

(3) 㕦,可以用指"声"。《说文·口部》:"㕦,大笑也。"《汉书·叙传上》:"〔张放淳于长等〕入侍禁中,设宴饮之会,及赵李诸侍中皆引满举白,谈笑大㕦。"颜师古注:"㕦㕦,笑声也。"宋王安石《次韵酬朱昌叔》之四:"白下门东春水流,相看一㕦散千忧。"清俞樾《春在堂随笔》卷四:"清夜思之,偶得数事,聊录于此,以资一㕦。"也可以用指"口"。《文选·扬雄〈羽猎赋〉》:"野尽山穷,囊括其雌雄,沇沇溶溶,遥㕦乎絋中。"李善注引晋灼曰:"口之上下名爲㕦。言禽兽奔走倦极,皆遥张㕦吐舌于絋网之中也。"

(4) 嚌,可以用指"鸟喙"。《广韵·旨韵》:"嚌,鸟嚌。"《集韵·旨韵》:"嚌,鸟喙。"也可以用指"鸟声"。《集韵·旨韵》:"嚌,鸟声。"

(5) 哙，可以用指"嘴"。《说文·口部》："哙，咽也。从口会声。读若快。一曰嚵哙也。"《淮南子·俶真训》："蠛飞蝡动，蚑行哙息。"庄逵吉校："哙息，各本皆作'喙息'，唯藏本作'哙'。"也可以用指"声音"。骆宾基《罪证》九："那公马竖立着两耳，也哙儿哙儿鼻啸起来。"端木蕻良《科尔沁旗草原》六："西边小车子两个小笼似的张开了大口在那儿停着，马声哙哙地打响鼻。"

其他语言词义发展也有类似情况。如：

印尼语 mulut，可以用指"口，口腔，嘴巴，嘴"也可以用指"言语，声音"。

英语 mouth，作名词，既可以用指"口、嘴、口腔"，He kissed her on the mouth. 也可以用指"大话""无礼的话"，That man is all mouth. 还有 jaw，作名词，可以用指"嘴"，也可以用指"无礼的话"。lip，作名词，可以用指"口、嘴"，也可以用指"唐突无礼的话"。None of your lip！

法语 voix，既可以指"嗓子"，也可以用指"声音"。Boutoir，既可以指"（野猪的）吻，嘴筒"，又可以指"尖刻的话、粗鲁的话、粗暴的语言"。Clapet，可以用指"嘴"，clappement 可以用指"弹舌头时发出的笃笃声、咂嘴声"。

德语 kindermund，可以用指"小孩的嘴"，也可以用指"孩子的小大人口吻"。lippe 用指"嘴唇"，die lippen spitzen 用指"吹口哨"。maul 用指"兽嘴"，也可以用指"人的嘴巴"，die bosen mauler 可以用指"冷言冷语"，maulkorbgesetz 用指"言论限制法"。Mund 用指"嘴、口"，den mund voll nehmen 用指"吹牛、说大话"，mundart 用指"方言、土话、地方话"。Zunge 可以用指"舌、舌头"，也可以用指"语言"。

西班牙语 voz 可以用指"嗓子"，也可以用指"声音"。

综上，这种词义关系在众多语言中都存在，在没有任何证据能证明"哙"两个义项设立不准确的情况下，根据以上证据，我们认为"哙"两个义项设立是合理的。

（二）躅

①兽足。《广雅·释兽》："躅，足也。"《玉篇·足部》："躅，兽足也。"②兽迹。《龙龛手鉴·足部》："躅，兽迹也。"③兽走。《类篇·足部》："躅，

兽走也。"(《汉语大字典（第二版）》，3976）

"蹯"用指"足"起于三国，用指"兽迹"起于辽，用指"兽走"起于宋朝。《汉语大字典》仅有书证，皆无例证。"蹯"义项设立是否正确，仅仅以其字的材料无法确证。但是可以根据语义演变的规律进行旁证。"足"引申出"痕迹"或者"走"，在众多语言中是一种很常见的行为。

"足"引申出"痕迹"，在汉语中不乏其例。

（1）跰，"跰"可以用指"兽足"。宋杨万里《明发五峰寺》诗："孤愁念羣驼，尺泥滑双跰。"清钱维城《桃花岭》诗："层峯起跰下，琐碎不可数。"也可以用指"兽迹"。《广韵·先韵》："跰，兽迹。"还可以用指"行走"。清方以智《东西均·东西均记》："跳北跰南、数履碨磊之刃。"

（2）趺，可以用指"脚"。唐杨巨源《红线传》："田亲家翁止于帐内，鼓趺酣眠。"宋苏轼《菩萨蛮·咏足》词："偷穿宫样稳，并立双趺困。"清余怀《板桥杂记·丽品》："顾喜，一名小喜，性情豪爽，体态丰华，趺不纤妍，人称爲顾大脚。"清无名氏《亡国恨·缳杰》："俺精魂难补助，只落得地下顿双趺。"同时可以用指"脚背"。《北史·艺术传下·马嗣明》："嗣明爲灸两足趺上各三七壮，便愈。"宋欧阳修《送方希则序》："余虽后进晚出，而掎裳、摩趺、攘臂以游其间，交者固已多矣。"谢觉哉《乘轮绕鼓浪屿》诗："春风一舸绕明珠，雾作钗鬟浪作趺。"引申可以指"足迹"。《宋史·张九成传》："谪居南安军。在南安十四年，每执书就明，倚立庭砖，岁久双趺隐然。"宋刘蘙《宝界寺》："可惜高堂上，双趺石部刘。"徐珂《清稗类钞谦谨类》："（张少贞）寡言笑，常与宝讌，竟夕危坐，比去，双趺宛然。"

（3）趾，用指"脚趾头"。《洪武正韵·纸韵》："趾，足指。"汉焦赣《易林·否之艮》："兴役不休，与民争时，牛生五趾，行危爲忧。"《医宗金鉴·正骨心法要旨·足五趾骨》："趾者，足之指也。名以趾者，所以别于手也，俗名足节。"明刘基《北上感怀》诗："宁知乖圆方，举足辄伤趾。"也可以指"脚"。《尔雅·释言》："趾，足也。"郭璞注："足，脚。"唐玄应《一切经音义》卷一引《字林》："趾，足也。"《诗·豳风·七月》："三之日于耜，四之日举趾。"毛传："四之日，周四月也，民无不举足而耕矣。"唐韩愈《寄卢仝》诗："昨晚长须来下状：隔墙恶少恶难似，每骑屋山下窥阚，浑舍惊怕走折趾。"清蒲松龄《聊斋志异·蛇人》："出门数武，闻丛薪错楚中，窸窣作响。停趾愕顾，则二青来也。"林语堂《〈有不为斋丛书〉序》："原因是古今人同是圆颅方趾，悲欢离合之际，大同小异也。"引申可以用指"踪迹"。晋皇甫谧《高士传·梁鸿》："仰颂逸民，庶追芳趾。"唐王勃《观佛迹寺》诗："莲座神容俨，松崖圣趾余。"

（4）踾，系"踾"的"讹字"。可以用指"瘃足"。《说文·足部》："踾，瘃足也。从足，困声。"《正字通·足部》："踾，本作踾。"三国魏徐干《中论·贵言》："是孺子之所以踾膝踠足而不以为弊也。"引申可以用指"迹"。《集韵·混韵》："踾，迹也。"

（5）蹯，可以用指"兽足掌"。《尔雅·释兽》："狸、狐、貒、貈、丑，其足蹯。"郭璞注："皆有掌蹯。"《广雅·释兽》："蹯，足也。"《左传·文公元年》："王请食熊蹯而死。"杜预注："熊掌难熟，冀久将有外救。"汉陈琳《檄吴将校部曲文》："系蹄在足，则猛虎绝其蹯。"明汤显祖《嗤彪赋》："未陷头而拔须，先胃爪而剔蹯。"也作"䠂"。《说文·釆部》："番，兽足谓之番。䠂，番或从足、从烦。"《类篇足部》："䠂，同蹯。"《吕氏春秋·过理》："（晋灵公）使宰人臑熊䠂不熟，杀之。"引申可以指"兽迹"。《集韵·文韵》："蹯，兽迹。"

其他语言中也有这样的意义关系存在，如：

英语 hand 可以指"手"，也可以用指"（猿猴的）脚、（甲壳动物的）鳌、（鹰）爪、（四足兽的）前脚"，还可以用指"字迹、手迹"。claw，可以用指"爪、带爪的脚、脚爪"，The cat's claws stuck out and scratched my arm（猫露出爪子，抓我的手臂）。也可以用指"被抓破的伤口、类似被抓的伤痕"。cloven foot，可以用指"分趾蹄、偶蹄"，也可以用指"恶魔的标志"，show the cloven foot 现原形。foot 可以用指"脚"，也可以用指"沉淀物、渣滓、油渣"。footstep 可以用指"脚步"，也可以用指"足迹"。

德语 Fuß 用指"脚"，Fußspur、Fußstapfe 两个词都可以用来指"脚印、足迹"。

法语 griffe 用指"爪、爪子"，griffure 用指"抓伤、抓的痕迹""（制铜版画时的）刻划"。Mors 可以用指"爪"，morsure 可以用指"咬伤的伤口、（咬或咬叮留下的）痕迹"。

西班牙语 pisante 用指"足、脚、蹄"，pista 用指"脚印、足迹""痕迹、踪迹"。Planta 可以用指"脚掌",也可以用指"(点在平面上的)投影"。

"足"也可以引申出"走",汉语中例子众多。

(1)足,用指"脚"。《说文·足部》:"足,人之足也。在下。"段玉裁注据《玉篇》"在"下增"体"字。《六书故·人九》:"足,自股胫而下通谓之足,上像膝髌,下像趾。"清朱骏声《说文通训定声·需部》:"足,膝下至趾之总名也。从止即趾字。从口像膝形,非口齿字。举膝与止以晐胫。"《书·说命上》:"若跣弗视地,厥足用伤。"孔传:"跣必视地,足乃无害。"《楚辞·渔父》:"沧浪之水浊兮,可以濯吾足。"三国魏曹冏《六代论》:"故语曰:'百足之虫,至死不僵。扶之者众也。'"唐韩愈《元和圣德诗》:"婉婉弱子,赤立伛偻,牵头曳足,先断腰膂。"引申可以用指"走"。《三国志·蜀志·庞统传》:"陆子可谓驽马有逸足之力。"清魏源《默觚上·学篇二》:"披五岳之图,以为知山,不如樵夫之一足;谈沧溟之广,以为知海,不如估客之一瞥。"

(2)跂,用指"多出的脚趾"。《说文·足部》:"跂,足多指也。"《庄子·骈拇》:"故合者不为骈,而枝者不为跂。"王先谦集解:"跂、歧同。"引申可以用指"走"。《类篇·足部》:"跂,行也。"柳宗元《跂乌词》宋孙汝听注:"跂,举一足也。"明刘基《郁离子·越王》:"故跂之则羸其骬,曳之则毁其腹,终日匍匐,所行几许,尔(鳖)胡不自忧而忧我也?"

(3)跖,用指"脚底"。《说文·足部》:"跖,足下也。"徐锴系传:"足底也。"《六书故人九》:"跖,足掌也。"唐韩愈《祭河南张员外文》:"夜息南山,同卧一席;守隶防夫,觗顶交跖。"也可以特指"鸡足踵"。《吕氏春秋·用众》:"善学者若齐王之食鸡也,必食其跖数千而后足。"高诱注:"跖,鸡足踵。"段玉裁《说文解字注》:"跖,今所谓脚掌也。或借蹠为之。"《篇海类编·身体类·足部》:"跖,脚掌也。"《战国策·楚策一》:"上峥山,踰深谿,跖穿膝暴,七日而薄秦王之朝。"鲍彪注:"跖,足下。"引申可以用指"走"。《淮南子·原道训》:"自无跖有,自有跖无,而以衰贱兮。"高诱注:"跖,适也。"《汉书·扬雄传上》:"秦神下詟,跖魂负沴。"王先谦补注:"跖与蹠同字。《说文》'人谓跳跃曰蹠。'言秦神詟惧其灵魂跳跃远避而负倚坻岸也。"

(4)跛,用指"脚的大拇指"。《玉篇·足部》:"跛,大胟指。"《集韵·厚韵》："跓，足将指。"清毕沅《经典文字辩证书·手部》："拇，正；跓，俗。"《易·咸》："咸其拇。"唐陆德明《经典释文》："子夏作跓。"《国语·楚语上》："且夫制城邑若体性焉，有首领股肱，至于手拇毛脉，大能掉小，故变而不勤。"韦昭注："拇，大指也。"《庄子·骈拇》："骈拇枝指，出乎性哉，而侈于德。"《楚辞·招魂》："敦脄血拇，逐人駓駓些。"王逸注："拇，手母指也。"引申可以用指"走"。《广韵·厚韵》："跓，行貌。"《字汇·足部》："跓，行也。"

（5）跣，用指"赤脚"。《玉篇·足部》："跣，足不履。"引申可以用指"赤脚步行"。《集韵·莫韵》："跣，行不履也。"《正字通·足部》："跣，俗字。旧注：足部履。义与徒、跣同。"《说文·足部》："跣，足亲地也。"段玉裁注："古者坐必脱屦，燕坐必袒韈，皆谓之跣。"《篇海类编·身体类·足部》："跣，赤足。"《书·说命上》："若跣弗视地，厥足用伤。"唐韩愈《河南少尹李公墓志铭》："少尹将以某月日葬，宜有铭。其不肖嗣道敏，杖而执事，不敢违次，不得跣以请。"明谢肇淛《五杂俎·物部四》："古人以跣爲敬，故非大功臣，不得劔履上殿。"引申可以指"行"。《淮南子·修务训》："于是乃赢粮跣走。"高诱注："跣走，不及着履也。"《左传·昭公三十一年》："季孙练冠麻衣跣行。"《南史·夷貊传上·林邑国》："贵者着革屣，贱者跣行。"《北齐书·赵郡王琛传》："时隆冬盛寒，叡跣步号哭，面皆破裂，呕血数升。"

（6）履，可以指"鞋"。《说文履部》："履，足所依也。从尸，从彳，从夂，舟像履形。"《庄子·山木》："庄子衣大布而补之，正縻系履而过魏王。"唐韩愈《喜雪献裴尚书》诗："履弊行偏冷，门扃卧更羸。"引申可以用指"脚"。北周庾信《和咏舞》："顿履随疎节，低鬟逐上声。"《聊斋志异画壁》："履即从之。"也可以引申用指"步行"。《易·履》："跛能履，不足以与行也。"宋苏轼《荐朱长文札子》："昔苦足疾，今亦能履。"沙汀《航线》："他们可并不如传说一般，涉水如履平地。"

其他语言也存在类似情况。如：

英语 ankle，可以用指"踝、踝关节"，也可以用指"扭动踝关节骑车疾行"。base 可以用指"动植物器官等的"基部，the base of foot。也可以用指"逗留"，These people came to the United States without touching base in English

(这些人没在英国逗留便来到了美国)。flatfoot 可以用指"平足",也可以用指"拖着脚步走"。flipper 可用用指"前肢、鳍足",也可以用指"靠鳍肢(或鸭脚板)行动"。foot 可以用指"脚",也可以用指"步行、走"。heel 可以用指"足跟",也可以用指"紧跟、紧追"。leg 可以用指"腿",也可以用指"跑"。

德语 Fang 可以用指"(猛禽的)脚或利爪",也可以用指"狩猎"。Ferse 用指"脚后跟、踵",Fersengeld 可以指"逃走、溜走"。Fuß 用指"脚、足",Füße 用指"跑、走"。

法语 pied 可以用指"(人的)脚",aux pieds de qn 可以用指"(匍伏)在某人跟前"。

西班牙语 aleta 可以指"脚蹼、鳍",aletada 可以用指"振翅、鳍的摆动"。Pata 可以指"(动物的)脚、蹄、爪""(人的)腿、脚",也可以用指"步行、涉步"。Pie 可以用指"人或动物的脚、足、爪、蹄",也可以用指"走",Arrastrar uno los pies(拖着脚走路)。Pierna 用指腿、下肢、小腿,hancer piernas 用指"活动腿脚、走路"。

汉语中"走"与"痕迹"两者关系也密切。如:

(1)蹂,本指"兽足践踏地面"。《说文·内部》:"内,兽足蹂地也。蹂,篆文从足,柔声。"引申可以用指"兽迹"。《集韵·有韵》:"厹,兽迹。或作蹂。"还可以用指"行疾"。《广雅·释诂一》:"蹂,疾也。"钱大昭疏义:"蹂者,走之疾也。"

(2)踪,可以用指"足迹"。《释名·释言语》:"踪,从也。人形从之也。"《玉篇·足部》:"踪,踪迹也。"《史记·萧相国世家》:"高帝曰:'夫猎,追杀兽兔者狗也,而发踪指示兽处者人也。'"《初学记》卷二九引晋傅玄《走狗赋》:"于是寻漏迹,蹑遗踪,形疾腾波,势如骇龙。"宋苏舜钦《独游辋川》诗:"暗林麋养角,当路虎留踪。"也可以用指"追随、追踪"。晋孙绰《与庾冰》诗之十三:"劢矣庾生,勉踪前贤。"《新唐书·桓彦范传》:"贞观时,以魏征、虞世南、颜师古爲监,以孔颖达爲祭酒,如普思等方伎猥下,安足继踪前烈。"清黄轩祖《游梁琐记·易内奇案》:"明日将女殓,忽失女所在,遍踪之不得。"

(3)躔,本指"践、践履"。《说文·足部》:"躔,践也。"引申可以用指"麋鹿的足迹"。《尔雅·释兽》:"麋……其迹躔。"郭璞注:"脚所践处。"同时可以指"足迹"。宋吴曾《能改斋漫录·记文》:"服膺圣域以惟勤,蹑足俊躔而迥异。"清秋瑾《失题》诗:"南辕今北辙,东道复西躔。"引申还可以用指"日月星辰在黄道上运行"。《吕氏春秋·圜道》:"月躔二十八宿,轸与角属,圜道也。"《梁书·武帝纪上》:"再躔日月,重缀参辰。"清纪昀《阅微草堂笔记·滦阳消夏录五》:"其终相遇合,如日月之旋转,必有交会之躔。"

(4)迹,本指"脚印"。《说文·辵部》:"迹,步处也。"引申可以指"痕迹"。《韩非子·主道》:"掩其迹,匿其端。"旧题汉李陵《答苏武书》:"灭迹扫尘,斩其枭首。"《北齐书·彭城王㴑传》:"博士韩毅教㴑书,见㴑笔迹未工。"清薛福成《出使四国日记·光绪十七年二月初八日》:"今夹道之古墓,或刬爲平地,或稍存遗迹,可慨也!"也可以引申用指"追踪,寻迹"。《汉书·季布传》:"汉求将军急,迹且至臣家。"《新唐书·萧铣传》:"即募兵数千,扬言迹盗,将以应景珍。"明冯梦龙《智囊补·闺智·沈小霞妾》:"不得已权使妾寄食尼菴,而立限责押者迹襄。"清蒲松龄《聊斋志异·红玉》:"夜至南山,闻儿啼,迹之,系缧而行。"

英语 trace 可以用指"追踪、跟踪",也可以用指"痕迹、踪迹、足迹"。traff 可以用指"跟踪、追踪""跟随、追随""慢走、无精打采的走",也可以用指"痕迹、足迹、踪迹"。stampage 可以用指"踩踏",也可以用指"印记、痕迹"。

德语 marche 既可以指"行走、步行、散步",又可以指"(动物的)足迹"。Fußtritt,既可以用指"足迹",也可以用指"脚踢"。Fouler 可以用指"行走在…",foulée 可以用指"足迹、痕迹"。Pas 既可以指"奔走",又可以指"脚印、足迹"。

法语 train 可以用指"步子、步伐、速度",trainer 可以用指"拖、拉、拽""走得很慢、行动迟缓",trainage 可以用指"牵引""拖运",trainée 可以用指"(撒落在地上的)痕迹""(动体在空中或平面上留下的)长条、股、道"。

西班牙语 carrera 用指"奔、跑、跑步",carrero 用指"(人、动物的)脚印、足迹、车辙"。Paso 既可以用指"通过、经过、穿过、越过、驶过、渡过",又可以用指"脚印、足迹"。Hollar 用指"踩、踏",holladura 用指"脚印"。Hurlla 既可以指"踩、踏",又可以指"脚印、足迹、踪迹、轨迹、车辙"。Huellear 用指"追踪",huelliga 用指"足迹、脚印"。Pisada 既可以用指"踩、踏",也可以用指"足迹、脚印"。Patada 既可以用指"奔走、奔波、活动",又可以用指"足迹、踪迹、痕迹"。

根据以上证明,我们认为"蹋"三个义项设立是成立的。

(三) 鉴

①铃声。《集韵·荡韵》:"鉴,铃声。"②铃。《五音集韵·荡韵》:"鉴,铃也。"(《汉语大字典(第二版)》,4537)

鉴,用指"铃声"及"铃"皆起于宋代,然《汉语大字典》皆无例证。语言中发音体与声音两个意义常常用同一个词表示。汉语中这样的例子众多。

(1) 咽,可以用指"咽喉"。《说文·口部》:"咽,嗌也。"《玉篇·口部》:"咽,咽喉也。"《汉书·息夫躬传》:"吏就问,云咽已绝,血从鼻耳出。"颜师古注:"咽,喉咙。"也可以用指"声音",常用来形容悲哀声。《广韵·屑韵》:"咽,哽咽。"《集韵·屑韵》"咽,声塞也"。《搜神记》卷十六:"此儿亦为之悲咽。"南朝陈徐陵《山池应令》诗:"猿啼知谷晚,蝉咽觉山秋。"唐李端《代宗挽歌》:"寒霜凝羽葆,野吹咽笳箫。"清戴名世《姚符御诗序》:"间有一二歌咏,如寒螀之咽,病马之嘶。"

(2) 瓮,本用指"陶器"。《方言》卷五:"瓮,甖也……自关而东,赵魏之郊谓之瓮,或谓之甖。"钱绎笺疏:"罋、瓮,并与瓮通。"《易·井》:"井谷射鲋,瓮敝漏。"陆德明 释文引 郑玄 曰:"瓮,停水器也。"《后汉书·列女传·鲍宣妻》:"拜姑礼毕,提瓮出汲。"宋陆游《杂书幽居事》诗:"抱瓮穷园叟,还山老布衣。"也可以用指"声音",即"重浊的声气"。清翟灏《通俗编·身体》:"今人以鼻不清亮为瓮鼻。"黄天明《边疆晓歌》十二章:"黑暗里传来瓮声瓮气的声音。"

与之相关的还有"甏"字,本指"瓮一类的瓦器"。引申可以做器物破碎声。《广韵·支韵》:"甏,瓮破。"又齐韵:"甏,瓦破声。"《篇海类编·器用类·瓦部》:"甏,又瓮破瓦碎声,凡物器破声曰甏。"也可以引申用指"声音沙哑"。唐玄应《一切经音义》卷十四:"《通俗文》:'凡病而甖,甖而声散曰甏。'《方言》'甏,声散也'。"

（3）腔，本指"动物体内空的部分"。《说文新附·肉部》："腔，内空也。"《玉篇·肉部》："腔，羊腔也。"《集韵·江韵》："腔，骨体曰腔。"北魏贾思勰《齐民要术·养牛马驴骡》："〔相马〕腹欲充，腔欲小。"宋韩维《答贺中道灯夕见诒》诗："独持高篇恣哦咏，顿觉精锐还躯腔。"引申可以用指"声音"。元萨都剌《寄林所源道士》诗："我识华阳林道士，步虚声里带淮腔。"老舍《骆驼祥子》五："送学生回来，祥子以为可以吃饭了，大太太扯着天津腔，叫他去挑水。"茅盾《锻炼》二："猫脸人这套官腔，两位小姐听得正不耐烦。"

（4）弦，本指乐器上用以发声的线。《韩非子·难三》："且中期之所官，琴瑟也。弦不调，弄不明，中期之任也。"汉枚乘《七发》："使琴挚斫斩以爲琴，野茧之丝以爲弦。"唐李商隐《锦瑟》诗："锦瑟无端五十弦，一弦一柱思华年。"清孔尚任《桃花扇·传歌》："将筝弦紧系，把笙囊巧制。"也可以用指"弦乐器"。《周礼·春官·小师》"小师掌教鼓、鼗、柷、敔、埙、箫、管、弦、歌"汉郑玄注："弦，谓琴瑟也。"汉桓谭《新论·琴道》："八音之中，惟弦爲最，而琴爲之首。"唐骆宾王《乐大夫挽歌诗》之五："独嗟《流水》引，长掩伯牙弦。"引申可以用指"声音"。汉蔡邕《弹琴赋》："繁弦既抑，雅韵乃扬。"唐白居易《琵琶行》："大弦嘈嘈如急雨，小弦切切如私语。"清吴伟业《圆圆曲》："坐客飞觞红日暮，一曲哀弦向谁诉。""弦"也作"絃"。《集韵先韵》："絃，八音之丝也。通作弦。""弦"本指"弓背两端之间系着的绳状物，用牛筋等制成，有弹性，能发箭"。《仪礼·乡射礼》："有司左执拊，右执弦而授弓。"《韩非子·外储说左上》："夫工人张弓也，伏檠三旬而蹈弦。"《文选·陆机〈为顾彦先赠妇〉》诗："离合非有常，譬彼弦与括。"李善注："刘熙《释名》曰：矢末曰括，括，会也。与弦会。"引申也可以用指"声音"，即"弓弦声"。《汉书·李广传》："其射，见敌，非在数十步之内，度不中不发，发即应弦而倒。"南朝宋鲍照《东门行》："伤禽恶弦惊，倦客恶离声。"

（5）鼓，本指"打击乐器"。《说文·鼓部》："鼓，郭也。春分之音，万物郭皮甲而出，故谓之鼓。"《玉篇·鼓部》："鼓，瓦为椌，革为面，可以击也。"《书·胤征》："瞽奏鼓，啬夫驰，庶人走。"《汉书·律历志上》："八音：土曰埙，匏曰笙，皮曰鼓，竹曰管，丝曰弦，石曰磬，金曰钟，木曰枳。"颜师古注:"鼓音郭也,言郭张皮而爲之。"唐韩愈《游城南·晚雨》诗:"投竿跨马蹋归路,纔到城门打鼓声。"引申可以用指"声音",即"鼓声"。《诗·周颂·执竞》:"钟鼓喤喤,磬筦将将。"《荀子·解蔽》:"心不使焉,则白黑在前而目不见,雷鼓在侧而耳不闻,况于使者乎!"杨倞注:"雷鼓,大鼓声如雷者。"唐杜甫《秦州杂诗》之十一:"不意书生耳,临衰厌鼓鼙。"

其他语言中这种引申也是很常见的。

英语 audlo 可以指"音响装置",也可以指"声音"。clarlon 可以用指"尖音小号、号角",也可以用指"尖音小号声、号角声、嘹亮的声音"。drill 可以用指"钻头、冲子、钻床、钻机",也可以用指"钻孔声、刺耳的声音"。foghorn 可以用指"雾角、雾喇叭",也可以用指"响而尖的声音"。note 可以用指"音键",也可以用指"声音"。pipe 可以用指"管子、导管""管乐器",也可以用指"尖细的声音、鸟鸣声"。voice 可以用指"嗓子",也可以用指"禽鸣声、虫鸣声""类似说话声的声音"。

法语 bip,可以用指寻呼机,也可以用指"寻呼机发出的声音"。Cascade,既可以指"瀑布",une cascade d'une trentaine de metres tombe du rocher(一个装饰着一个喷泉和一道瀑布的公园)。又可以指"一阵阵发出的声音",une cascade de rires(一阵阵笑声)。Casse-tete,本指"原始部落使用的石质或木质棍棒",引申可以用指"烦人的噪音、震耳欲聋的声音"。Claironner,既可以指"吹军号",又可以指"发出似军号的声音"。Crincrin,既可以指"蹩脚小提琴",又可以指"刺耳的声音"。Gargouille 本指"檐槽喷口",Gargouillement 可以指"发出像水从檐槽喷口流出那样的声音、汩汩声""(喉、胃、肠中的)水泡音,咕噜声"。

德语 Flöte,可以指"长笛、笛",Block Flöte(木笛),也可以指"管风琴的琴音"。Fonogerat 用指"留声机、唱机",fonie 用指"…响声、…声音"。klangkörper 用指"产生声音的物体,乐器的共鸣腔",klang 用指"声音、声响""乐声"。

印地语 कल-धौत,可以用指"金子""银子",也可以用指"悦耳动听的声音"。कल-नाद 可以用指"天鹅",也可以用指"悦耳动听的声音"。

西班牙语 cigarra,可以用指"蝉、知了",也可以用指"不清脆的声音"。reclamo 可以用指"囮子",也可以用指"鸣叫声"。Tiroriro 可以用指"管乐器",也可以用指"管乐器的声音"。Zumbo 用指"驼铃、带头铃",zumbon,用指"比其他驼铃更响的声音"。

根据以上证明,我们认为"錾"两个义项设立是正确的。

词义演变在人类语言中具有共性,也有个性。对于无法寻找到例证的疑难字,其义项设立是否科学,一直困扰着学界。我们认为,在疑难字考释过程中,应该扩大视野,将眼光放到人类语言中去。既要分析汉语材料,也要分析少数民族语言材料,还要分析外语材料。疑难字义项设立是否准确的问题,在考释过程中除了使用传统的方法外,还可以充分利用词义类型学的方法,寻找出词义在人类语言中的演变共性,利用语言词义演变的共性为疑难字的义项进行补证,确认其义项设立的科学性。本论文将该方法运用到疑难字考释中,仅仅是一个尝试,一个开始,但是我们相信本次尝试将为辞书义项的确定提供出一种新的思路。

参考文献

[1] 汉语大字典编辑委员会.2010.《汉语大字典》,成都:四川辞书出版社,武汉:崇文书局.

[2] 罗竹风.2001.《汉语大词典》,上海:汉语大词典出版社.

[3] 陈振尧.1998.《新世纪法汉大词典》,北京:外语教学与研究出版社.

[4] Gerhard Wahrig.2018.《瓦里希德汉大词典》,北京:商务印书馆.

[5] 孙义桢.2008.《新时代西汉大词典》,北京:商务印书馆.

[6] 陆谷孙.2007.《英汉大词典》,上海:上海译文出版社.

[7] 王培文.2005.《新阿拉伯语汉语大词典》,北京:商务印书馆.

[8] 黑龙江大学俄罗斯语言文学与文化研究中心辞书研究所.2014.《新时代俄汉详解大词典》,北京:商务印书馆.

[9] 刘沛霖.2004.《韩汉大词典》,北京:商务印书馆.

[10] 北京大学东方语言文化系印地语言文化教研室、解放军国际关系学院多语种教研室.2000.《印地语汉语大词典》,北京:北京大学出版社.

[11] 吴安其.2017.《亚欧语言基本词比较研究》,北京:中国社会科学出版社.

[12] 赵伯义.2000.《论汉语字典的书证》,《辞书研究》第 2 期.

邓春琴　西华师范大学

从"三品说"到语言信息结构理论

肖璟怡

摘 要:"三品说"又称为"词品说",最早由丹麦语言学家詹斯·奥托·哈里·叶斯柏森在1924年出版的著作《语法哲学》中提出。该理论传入中国后,吕叔湘在1944年出版的《中国文法要略》初版中曾无批判地接受了叶斯柏森的"三品说",王力在1954年出版的《中国现代语法》里一定程度上完成了"三品说"的本土化工作。"三品说"在解决汉语词类的问题上并不算一次成功的尝试,而且某种意义上"三品说"也不适用于把握句子的语法结构问题。但是在"三品说"的运用中,我们可以得到一些新的看法:语法单位的品级与其说是依据语法单位的功能差异来判定的,不如说是依据这些语法单位所携带的信息量大小来判定的。

关键词:"三品说" 词品 《语法哲学》 《中国现代语法》 语言信息结构

一、绪论

"三品说"(the three ranks),又称为"词品说",是丹麦语言学家詹斯·奥托·哈里·叶斯柏森(Otto Jespersen)在1924年出版的著作《语法哲学》(the Philosophy of Grammar)中提出的理论。该理论传入中国,对中国20世纪三四十年代的语法研究产生了较大的影响。吕叔湘和王力都曾在他们的著作中引进"三品说"理论。1944年出版的《中国文法要略》初版中,吕叔湘曾无批判地接受了叶斯柏森的"三品说"。他单立一节专门讲解"词的等级",

其内容与叶斯柏森的"三品说"大体一致。王力在 1954 年出版的《中国现代语法》中对词品的定义、词品与词类的关系以及"三品说"的价值都做出了详细的讲解,让"三品说"与汉语语法单位相适应,完成了一定意义上"三品说"的本土化工作。

二、《语法哲学》:"三品说"的提出

叶斯柏森 1924 年出版的《语法哲学》在分析大量语料的基础上探讨了普通语言学的一系列问题,同时在许多方面提出了自己独到的见解。《语法哲学》中第七章"三种词品"对我国的语法研究影响很大。叶斯柏森没有对词品下直接的定义。总结来讲,他认为任何一个表示人或事物的词组中总有一个词最重要,而其他词则直接间接从属于它,因此可以根据词与词之间的限定与被限定的相互关系确定词的品级(叶斯柏森,1924/2010)。

叶斯柏森"三品说"的首要运用对象是词。在他的语法体系中,词与词的组合方式有两种:一种是组合式(junction),一种是连系式(nexus)。"三品说"同时适用于这两种组合方式。在组合式中,叶斯柏森举例词组 extremely hot weather 中,weather 一词显然是中心成分,他称其为首品(primary);hot 修饰限定 weather,为次品(secondry)①;extremely 修饰限定 hot,为三品(tertiary)②。三品之外若还有修饰限定成分则按层次称为四品、五品,依次类推。在连系式中,叶斯柏森举例词组 the dog barks furiously,此处 dog 居于主语为首品,barks 为动词 bark 的限定形式,被叶斯柏森划为次品③,furiously 修饰限定 barks,为三品。组合式中会有同品并列的现象④,如 the dog and the cat ran away 为首品并列;much good white wine 为次品(修品)并列;a seldom or never seen form 为三品并列。

---

① 组合式中的次品又叫作"修品"(adjunct)。
② 三品又可称作次修品(subjunct)。
③ 这里动词被定为次品,本文的理解是:屈折语词形变化丰富,叶斯柏森应该是认为谓语动词的形式由作主语的名词性词语决定,在整个词组中作主语的词是占主导性地位的,所以谓语动词是次品。连系式中的次品又叫作"述品"(adnex)。
④ 连系式中应该也有同品并列的现象,如 things are moving painfully slowly(《柯林斯词典》)中 painfully 和 slowly 为三品并列,但是《语法哲学》里并没有给出相关例子。

有关词品与词类的关系，叶斯柏森认为虽然名词习惯性充当首品，形容词习惯性充当次品，副词习惯性充当三品，但这种关系并不是永恒的，即词品与词类两个体系的对应是灵活的。叶斯柏森关于词品和词类的关系看法可由表1[①]表示：

表1 《语法哲学》词品与词类对照关系

词类		词品		
		首品	次品	三品
名词		普遍	常见于属格形式	罕见
形容词		常见于集体名词	普遍	罕见
代词		普遍	普遍	常见于代词性副词
动词	限定形式	-	常见	-
	分词形式	常见	常见	
	不定式形式	见于某种具体情况	见于某种具体情况	见于某种具体情况
副词		少见	少见	普遍

第七章后半段叶斯柏森将"三品说"运用到词组和句子这种更大的语法单位上，扩充了"三品说"的适用范围。在结束语一段中，他提到常常与他三种词品相对应的术语还有：名词的（substantival），形容词的（adjectival），副词的（adverbial），或是说，一个词"作副词用"（used adverbially）（叶斯柏森，1924：143）。从"三品说"适用范围的扩充和三种词品的其他对应术语来看，本文认为叶斯柏森是从词的功能上来划分词的等级的。在叶斯柏森的词品观里名词在词与词的关系中具有中心性主导性的地位，从功用上来看便普遍充当首品，所以但凡和名词有相似功能的词[②]便可充当首品，形容词和副词同理。如此，正如叶斯柏森在第七章最后一句中说道："'词类'的划分以及'词品'的划分是从不同的角度观察同一个词。'词类'研究的是词的本身，'词品'研究的是词与其他词的结合。"（叶斯柏森，1924：145）

在连系式中，"三品说"也和句子成分联系了起来，但是《语法哲学》并没有进一步深入讨论词品与句子成分的关系。谈到句子成分，我们绕不开组合式和连系式的区别。组合式中修品（次品）和首品共同构成一个概念，

---

① "-"表示不能充当该品级。
② 即可作名词用。

而连系式则与之相反总含有两个概念，这两个概念总是互不相关①。组合式更多是一个复合名称，不经常构成句子，但连系式则以构成句子为常（叶斯柏森，1924：158）。"三品说"将动词划做次品，这样做是否有必要还没有定论。"三品说"中名词、形容词、副词占据重要讨论地位，动词则处于边缘地位，且名词普遍具有最高的品级。这样看，"三品说"算是一个"名词中心论"的学说。词类与词品的关系是灵活的，词品和句子成分的关系也不是绝对的，如此词类与句子成分的关系就会模糊不堪。"三品说"的名词中心论并不利于开展句子分析，词作为某一品的作用和词占据句子某一位置的作用差异甚大，并且这样也割裂了句子成分和词类的联系②。"三品说"这一学说可能并不适用于句子语法结构层面的分析。

三、"三品说"在中国

（一）"三品说"的引入背景

1. 词无定类说

叶斯柏森创立"三品说"的目的是试图解决现代英语中存在的"词无定类"的问题，以及由该问题产生的词类与句子成分错综复杂的关系问题（杨华，1992：86）。汉语的词类问题也一直都备受瞩目，朱德熙曾谈到当时流行于汉语语法界有关词类的学说是词无定类说和词类通转说，并且参考20世纪30年代傅东华曾倡议的"一线制"，将"三品说"形容为"三线制"，词类通转说和一线制都是从词无定类说发展而来的理论③。在此，本文对这三种理论做简要阐述。

1898年马建忠的《马氏文通》出版。这是我国第一部完整而又系统的语法著作，为我国汉语语法学的研究奠定了基础。在词类划分上，马建忠提出了一个重要理论——"字无定类"④。《马氏文通》正名卷之一中谈道："字无

---

① 《语法哲学》还提到所谓两个概念互不相关是指次品词增添了陈述对象新的意义。
② 例如一个形容词，当它作名词用充当一个主谓结构的主语时可被判定为首品，那么再分析时它作为形容词的这个词类身份是否还有意义？我们应该把它当做名词看还是当作形容词看？
③ 见于《汉语语法丛书（序）》。
④ 此处"字"即是"词"。下文仍使用"词"来讨论。

定义，故无定类。欲知其类，当先知上下之文义如何耳。（马建忠，1898：24）"他认为，词单独来讲是没有类这一概念的，因为它的意义并不是固定不变的。词只有在上下文中，即在一定的语境中意义被确定下来，它才会具有类。然而矛盾的是，在例言里他又说道："惟字之在句读也，必有其所，而字字相配，必从其类；类别而后进论夫句读焉。（马建忠，1898：15）"也就是说词在句子或词组里都有它自己的位置，词与词的组合要依从词的类别，在类别确定后才能进一步分析句子或词的结构。为了解决这一矛盾，马建忠采取了"字类假借说"，即词类假借说。他先确定某类词经常充当某一成分，一旦其他类的词来充当该成分，就是假借其他类的词来作该类的词①。如此看，马建忠在分析词类时除了注意词的意义还注意到了词的功能。

黎锦熙在1924年出版的《新著国语法》中发展了《马氏文通》中"字无定类"的观点提出了"依句辨品"的主张。他谈到："凡词，依句辨品，离句无品。"（黎锦熙，2000：120—124）他在给词定性②时采用的是功能标准。黎锦熙认为词仍是要在一定的语境中才能获得类。相较于马建忠，他把语境缩小到词的所在句，高举"句本位"的旗帜，强调句子是语法的基础。但是《新著国语法》中仍用意义标准划分了九类词③，划类与定性产生了矛盾。对于这个矛盾，黎锦熙采用了"词类通转说"。先看各类实词在句子中充当哪种成分来判定它的性质，若是和按意义划定的词类不一样，则它转为按其性质来判定的类，这一过程称之为转类④。而一个词几乎所有词类都可以通转，所以称之为词类通转。

黎锦熙虽提出了"依句辨品，离句无品"的主张，但在实际划分词类时却没有贯彻，真正在实际中贯彻这一主张的是傅东华。傅东华在《中国文法革新论丛》中提出："我的第二总原则是否认词的本身有分类的可能，就是认

---

① 《马氏文通》第193页"大学之道，在明明德。""明"本静字（形容词）……朱注用以解为外动也。
② 之所以采用定"性"而不是定"类"，是因为《新著国文语法》真正划分词类时仍采用意义标准，此处用定性表示规定该词在句子这个位置时具有某种性质特点。
③ 《新著国文语法》第5页：就语词在言语的组织上所表示的各种观念，分为若干类，叫作"词类"。
④ 《新著国文语法》第63页："平民的生活"，因为"平民"作定语，所以"转成了纯粹的形容词"。

定词不用在句中便不能分类。(陈望道等，1987：27)"他认为："中国文字无形体之变化，词类之分，须视其在句中之职务而定。(陈望道等，1987：49)"他的这种主张是他拟造"一线制"国文法新体系理论基础的一部分。同时他又谈道："职务的说明藏在词类名称内，故可成一线。(陈望道等，1987：41)"把词法归在句法中只以句法为主，这就是一线制。

2. 汉语缺乏形态变化

现代英语形态变化逐渐减少，给词类划分带来了困难，词的兼类现象也越来越严重。汉语相对于现代英语更加缺乏形态变化，这其实给"三品说"的中国化带来了极大的阻碍。阻碍最明显的表现在于把谓语动词定为次品（述品）这一观点上。

"三品说"某种意义上来说是建立在该语言存在一定的形态变化的基础上，若是不存在形态变化，"三品说"中词品的划分就会变得没那么有理据。叶斯柏森把在连系式主谓结构中的谓语动词定为次品，从《语法哲学》中给出的英语例子来看是有理据的。纵使现代英语缺乏形态变化，但动词依旧具有较丰富的变化形态。英语的主谓结构中，谓语动词会依据主语性质的不同变化不同的形式来适应主语，主语对谓语动词有主导性作用。如此来看，整个主谓结构是一个以主语为中心，谓语为其服务的结构。所以，在英语中占据主语的名词性成分可以判为首品，占据谓语的动词性成分可以判为次品。但是，汉语缺乏形态变化，把谓语动词判为次品也缺乏理据。在汉语的主谓结构中，无论主语作何改变，谓语动词都不会有形式上的变化，它不是主语的从属品，它与主语有联系但并非以主语为中心。在这种情况下，把占据谓语的动词性成分判定为次品实在缺乏理据。

（二）《中国文法要略》中的"三品说"

《中国文法要略》初版中，吕叔湘在词类问题上无批判地采用了叶斯柏森的"三品说"。他单立了一节讲"词的等级"，把词分为甲级、乙级、丙级，对应叶斯柏森的首品、次品和三品。在词与词的组合中，吕叔湘规定偏正关系的名词性词组里的词有等级的不同，对应叶斯柏森规定组合式中的词有品级的不同；吕叔湘还规定主谓关系的词组里的词也有等级的不同，对应叶斯柏森规定连系式中词有等级的不同。吕叔湘的"三品说"大体内容上与叶斯柏森的"三品说"没有什么不同，但是他为汉语词类问题的解决开辟了一条新思路。

"三品说"传入中国,在汉语中还是有许多地方水土不服。吕叔湘在1956年的《中国文法要略(修订本)》中删减了"词的等级"一节,放弃了"三品说"。他在修订本序中谈到,一开始运用叶斯柏森的"三品说"是因为他觉得词类活用的问题不好处理,"三品说"可能能解决这个问题。但实际上"三品说"的表现并不如意。"三品说"中国化存在两个巨大的问题:一个就是上节背景里提到的,在汉语主谓结构里把谓语定为乙级[1],把主语定为甲级[2];以及汉语动宾结构里把动词定为乙级,宾语定为甲级,这样完全是没有理据的。另一个就是,叶斯柏森仅用组合式和连系式两种词与词的组合形式来概括词之间的关系。虽不否认这两种形式十分重要,但这两种形式并不能概括汉语句法上的一切形式。加之汉语词类与句子成分的关系复杂,"三品说"绝对不能涵盖所有的关系,所以初版在"词的等级"一章后还不得不另起一章谈论"词类的活用"(吕叔湘,1956)。

(三)《中国现代语法》中的"三品说"

王力在《中国现代语法》第一章第三节讲解了"词品"。他明确地将词品定义为:"咱们说话,单说一个词的时候很少。若说到两个词以上,这些词就联结起来。但是,它们并不处于同一地位……它们的地位是有等级的,所以我们把这种地位叫做品……(王力,1985:18)",并依词与词的关系,把词分为首品、词品、末品[3]。除词外,作句子成分的词的组合以及句子形式也都有品级,可对应叶斯柏森词组和句子也有品级的观点,扩大了"三品说"在汉语中的对象范围。

在对词运用"三品说"时,王力首先明确了"三品说"的对象范围——实词。他认为实词是对实物有所指所以是有品的,虚词是语法工具所以没有品。副词是半实词,还是有一定意义上的指称,所以是有品的。代词是半虚词,通常是代实词,所以也是有品。他也进一步规定了"三品说"运用的情境,规定词在字典里的时候分类不分品,词在句子里的时候分品不分类。也

---

[1] 即叶斯柏森所说次品。
[2] 即叶斯柏森所说首品。
[3] 相当于叶斯柏森所说三品,三品之外不做划分,皆称为末品。

就是说，词品只存在于句子里，脱离句子时没有词品这一概念（王力，1985：19）。

王力对"三品说"的中国化做了以下两个工作：

一是调节适用对象。叶斯柏森的"三品说"是为了解决英语中的问题，英语是屈折语这与属于孤立语的汉语有很大差别。所以，想要运用"三品说"解决汉语中的问题必然需要认清运用对象的差别，对对象内部成分进行适用调节。英语是屈折语，虽然现代英语的词形变化已经减少，但还是有一定数量的词形变化存在，划分词类时词形也是重要的参考。叶斯柏森认为词类在进行划分时应当兼顾全部的因素：形式、功能和意义。所以，他将词分为五类名词①、形容词、代词②、动词和小品词③（叶斯柏森，1924：115）。叶斯柏森的词类划分没有以意义作为最终落脚点，所以并没有像汉语一般有实虚之分。王力根据词义将词分为实虚两大类，实词下细分四小类名词、数词、形容词和动词④，虚词下细分联结词和语气词，实虚比较模糊的副词划为半实词，代词和系词划为半虚。因为王力在"三品说"中立足于实词，数词在实词中单立一类区别于英语中数词因为形式功能并入代词，所以在探讨时相比英语增加了数词的三品充任讨论。另外，由于古英语和现代英语差别较大，《语法哲学》只探讨了现代英语。而王力认为词汇上古代和现代的分界不明，所以在运用"三品说"时同时涉足了汉语的古代词汇和现代词汇。

二是汉语词类词品分析。在句子中，王力对词类与词品的关系看法可由表 2 表示：

表 2　《中国现代语法》词类与词品对照关系

词类	词品		
	首品	次品	末品
名词	为常	大致分为五类	少见
数词	少见	为常	古代常见

---

① 包含专有名词。
② 包括数词以及代词性副词。
③ 包含副词、介词、连词、感叹词。
④ 包括助动词。

续表

词类	词品		
	首品	次品	末品
形容词	多数是双音词或平行的两个形容词	为常	多数表示行为方式或粘附于次品后
动词	多数是双音词或平行的两个动词	为常	粘附于次品前后
副词	-	-	为常
代词	为常	表示所属或"这么着""然"	"这/那/怎么"

王力对"三品说"进一步深入，但在运用过程中还是有以下问题：

一是语素和词的身份混乱。上文说到王力的"三品说"同时涉及了汉语的古代词汇和现代词汇。这就出现了两个问题，首先现代汉语词汇双音节占优势，而古代汉语词汇以单音节形式为主。很多古代汉语词汇在现代汉语里已经双音化，它们以语素的形式存在于现代汉语词汇里而不是词。王力在谈到动词和形容词做首品时说，动词和形容词做首品"多为双音词"，这没有什么问题，但是"或为平行的两个动词/形容词"就出现了问题。依据例子，我们不难理解，他想要表达这"平行的两个动词/形容词"的组合整体是可以作为首品的，但是"平行的两个动词/形容词"中的两个"词"用的是古代汉语标准判定的词，放在现代汉语里它们只是语素而不是词。如："我赞成他的主张。"（王力，1985：22）中的"主"和"张"。"我喜欢他的聪明。"（王力，1985：21）中的"聪"和"明"。另外，即使两个"词"是动词或形容词，"平行的两个动词/形容词"的组合整体在现代汉语意义上不一定词类没有发生变化。如：不识好歹。"好"和"歹"是形容词，但是"好歹"合起来本就是名词，自然可作首品（王力，1985：21）。"胜败是兵家的常事"中"胜"和"败"是动词，但合起来"胜败"也是名词（王力，1985：22）。这样，王力的"三品说"里存在古代汉语和现代汉语两套标准。古代汉语词汇和现代汉语词汇虽然界限模糊，可是它们是个动态演进的过程，本文认为不应该同时涉及两者。

二是把动词划为次品缺乏理据，上文已充分阐释在此不再赘述。

在沟通词类与词品时，王力也在尝试沟通词品与句子成分，《中国现代语法》中词品与句子成分的关系可以由表3表示：

表3　《中国现代语法》词品与句子成分对照关系

结构关系	词品对照			
	结构成分	品级	结构成分	品级
主谓结构	主语	首品	谓语	次品
偏正结构	修饰语	次品/末品	中心语	首品/次品
述宾结构	述语	次品	宾语	首品
中补结构	中心语	首品/次品	补语	次品/末品
并列结构	成分A	三品皆可	成分B	三品皆可

联系表2和表3，我们可以发现，虽然词类问题多了一种研究思路，但是词品与其说勾连了词类与句子成分，不如说词品使词类与句子成分的关系更加复杂化了，而且隐隐有词品可以取代词类的意味，同样走上词无定类的路子。这样来看，"三品说"的引进对于汉语的词类问题解决并没有太大的用处。

四、"三品说"与语言信息结构理论

从上文的讨论中，我们可以得知"三品说"在解决汉语词类的问题上并不算一次成功的尝试，而且某种意义上"三品说"也不适用于把握句子的语法结构问题。但是在这"三品说"的运用中，我们可以得到一些新的看法。

无论是叶斯柏森还是王力，在讨论词品的时候都是看中词、词组以及从句或句子形式的语法功能，即它充当什么词类或它占据哪一位置，也就是叶斯柏森所说"作……用"。大家都根据语法单位的功能来评判它们的等级。然而，这个等级其实更像是根据这些语法单位所携带的信息量大小来判定的。几乎与《语法哲学》出版同时期，布拉格学派代表人物马泰休斯开始用语言信息结构的原理来分析话语或文句。马泰休斯从语言信息结构的视角把句子解析为主位（theme）、述位（rheme）和过渡（transition）三部分。主位是"话语的出发点"，是"所谈论的对象"，是"已知信息"。述位是"话语的核心"，是"说话人对主位要讲的话，或与主位有关的话"，也是说话人要传递给听话人的主要信息，这叫"未知信息"[①]；过渡是属于"非主位的但又负载

---

① 即"新信息"。

最小交际能力的成份",如,He has fallen ill. he 是主位,ill 是述位,has fallen 则是过渡。同时,马泰休斯调查了语言功能对决定词序的作用。他认为词序是一个分等级的系统,在这个等级系统中,起主要作用的就是"信息"①(刘润清,1995:145)。

联系"三品说",我们其实也可以认为首品、次品、末品是语法单位携带信息量程度的等级。名词性成分普遍充当携带信息量较大的主位与述位,在信息结构中处于信息的至高点,所以是首品。动词性成分普遍充当负载最小交际能力的过渡,在句子主要信息结构中携带信息量低于主位和述位,所以是次品。副词性成分是修饰动词性成分而存在的,马泰休斯没有谈及主位、述位和过渡之外的成分。但是按照逻辑,若动词性成分本就负担不多的信息,那么修饰该成分的副词性成分就更是负载更少的信息,所以是末品。如此来看,词品的划分就不是按照语法功能的标准,而是按照语言功能的标准。"三品说"也许可以和语言信息结构理论相辅相成。

参考文献

[1] 陈望道等.1987.《中国文法革新论丛》,北京:商务印书馆.
[2] 陆俭明.2017.《重视语言信息结构研究 开拓语言研究的新视野》,《当代修辞学》第 4 期.
[3] 陆俭明.2018.《再谈语言信息结构理论》,《外语教学与研究》第 2 期.
[4] 刘润清.1995.《西方语言学流派》,北京:外语教学与研究出版社.
[5] 黎锦熙.2007.《新著国语文法》,长沙:湖南教育出版社.
[6] 吕叔湘.1982.《中国文法要略》,北京:商务印书馆.
[7] 马建忠.1983.《马氏文通》,北京:商务印书馆.
[8] 王力.1985.《中国现代语法》,北京:商务印书馆.
[9] 杨华.1992.《试"三品说"及其对汉语语法研究的影响》,《求是学刊》第 1 期.
[10] 奥托·叶斯柏森.2010.《语法哲学》,北京:商务印书馆.

肖璟怡　首都师范大学文学院

---

① 原文为"句子功能前景"。陆俭明在《重视语言信息结构研究开拓语言研究的新视野》和《再谈语言信息结构理论》二文中,将马泰休斯"句子功能前景"理论称为"语言学信息结构"理论。

中学语文教学中的方言比较探讨
——以贵州省兴义方言为例

李一如　桑洪梅

摘　要：中学语文教学以国家通用语言文字为教学语言，重在培养学生识字、释词、解句以致作文等能力。但各地中学或多或少受地域不同方言影响，其国家通用语言及表达能力受到。本文以兴义方言对中学语文教学的影响为案例，探讨中学语文教师如何采取适当的教学策略等，综合中学语文教学特点，处理就与兴义方言的关系。以此督促中学语文教师在教学中对比普通话与方言在教学中的应用，提出合理建议。

关键词：中学语文　兴义方言　比较教学

一、引言

中国是一个多民族、多语言、多文化的多元一体的共同体国家，在国内就有 135 种语言[①]，属五大语系：汉藏语系、阿尔泰语系、印欧语系、南岛语系和南亚语系。因此，各地的中学语文教学受地区汉语方言及民族语言的影响很深。贵州省黔西南州兴义市的中学生受到当地的苗语、布依语及汉语西南官话的影响，因为他们从小使用的母语就是当地的民族语言或汉语西南官话。在中学语文学习中，国家通用语言的听说读写能力上受到一定的影响，在学习语文知识和能力表现出某些欠缺，这是负面的因素；但是，方言及其

---

① 孙宏开先生在一次讲座补充其编著的《中国的语言》的语种数。

文化在中学语文教中对提高学生语文核心素养的影响，增强学生学习方言文化知识也有积极的作用，甚至在增强地方文化自信方面也有一定的促进作用。在中学语文教学中，做好国家通用语言与方言的比较运用和研究，可以提高语言文字理论知识的能力，提高学生运用方言在学习语文的实践活动中充实方言知识，有利于促进掌握地方文化的技能等。结合兴义方言的相关特点，本文对兴义方言与普通话的差异比较在中学语文教学实践应用，对比其与普通话的差异性来进行中学语文教学等相关问题，以二者之间的差异性和联系性为切入点，对其发展变化和特点进行阐述与讲解，对中学语文教学中的字词句的教学与正确应用方言文化、发展和继承地区方言文化等方面，提出了改进建议与措施。

目前针对兴义方言在中学语文进行运用与处理的讨论与研究的成果不是很多。目前有余继梅（2019）、幸嫚（2013，2012）、明茂修（2015）等针对兴义方言与普通话的差异、兴义方言和普通话教学的联系等，以及贵州方言词汇和普通话的比较进行了探讨和分析。这些成果的落脚点大多在于中学的普通话（语文）教学，但对中学语文教学中的方言对比应用及处理方面略显不够。

在贵州省的地方中学语文教学中，教师与学生受民族语言和汉语方言的影响是多方面的。而在中学语文教学活动中，教师对学生使用规范字、说好普通话起到关键的引导作用，学生在语文学习中要打好字词音义的基础，对方言词汇、普通话读音和词义等要做到正确区分和掌握。这不仅需要教师培养学生对方言知识的辨识能力及语文素养，也需教师进一步加强学生对汉语字词及其文化内涵的理解和体悟。不仅要让学生体会到语文学科蕴藏厚实文化之魅力，也要使学生领悟到中华文明历史之悠久，以达到提升学生学习语文的质量要求之目的。

综上，本文对贵州省兴义市中学语文教学中方言与国家通用语言的词义及其影响和应用进行了一些调查，为该地中学教师语文教学质量的提高，进行初浅的探讨分析，并提出一些改进性的教学建议。

二、兴义方言与其中学语文教学对比应用

(一) 兴义方言特点及发展

按照传统方言分类，我国汉语方言分区为七大方言区①，而贵州所处地区及所属的方言区属于北方方言中的西南官话区。对于西南官话的具体分区，黄雪贞《官话的分区（稿）》（1986）和李蓝《西南官话的分区（稿）》（2009）有过细致的研究。贵州话有黔南、湘南、黔北、昆贵等次方言分区，其中兴义方言归属于昆贵方言区，兴义市又属西南官话川黔片中的重要方言点。其特点是没有卷舌组声母，韵母里缺少圆唇舌面元音。

从历史发展看来，贵州在清朝中期才设省制，贵州地区的汉语方言也在此后才逐渐受到从北方迁移来的汉族所持方言——汉语北方方言的渗透与影响，从而渐次形成；从地理上来说，贵州处于中国西南部，兴义市又位于贵州省西南部，素有"西南屏障"和"滇黔锁钥"之称。从民族聚居情况来看，兴义市境内民族众多，语言复杂、文化丰富。

在 21 世纪以前，贵州省境内的交通闭塞，道路不发达，本地的社会发展也比较滞后。随着西部大开发和扶贫攻坚的大力推进，贵州省得到迅速的促进和发展。省内交通发展迅速，县县通高速，还有环省高速通达，境内各少数民族语言汉化程度逐渐增高、明显。省内的汉语方言也逐渐普及。但贵州省黔西南州（兴义地区）的基础教育相对省内其他地方发展相对落后，且教育质量不高。教师和学生日常生活中使用兴义方言和民族语言的概率极高，国家通用语言（普通话）仅在学校上课时使用。在媒体迅速发展的当下，中学语文教学对处理方言和国家通用语言已引起语文教师的关注，积极促进学生学习国家通用语言文字（普通话）及使用规范语言文字，增强学生的语言表达能力，努力克服方言及民族语言带来的某些影响，"推广普通话""学好规范字"，已然成为中学语文教育及社会普遍认可和极力推动的议题和目标。

---

① 根据最新的归类，已经是 10 个方言区。加山西的晋语、安徽的徽语和广西的平话。

(二) 方言在中学语文教学的比较应用

1. 保护方言文化

随着中国社会经济发展的迅速崛起，兴义市作为黔西南州的州府，它的社会经济发展也很快，教育事业也发展起来。但从历史典籍、文献方言与今天方言的实际使用情况来看，说明古今方言的流变在兴义地区有一定的变化。作为地方志的《兴义府志》（校注本），其中所记述的生僻字、词，成语，典故等，都对兴义地区的文化传承和社会发展具有重要的历史意义，也是了解兴义历史文化的一个很好的窗口。受地域文化心理影响，每个地区的人都会对当地使用的方言具有深刻的认同感，方言语音变化与当地的社会文化发展是离不开的，因此兴义地区的教育也会受当地的语言变化影响。

普通话对方言的影响是通过社会文化渗透而来的，随兴义兴义的城市发展，普通话逐渐对方言进行影响。老一辈仍然保持着方言固有的语言特点，新一辈则向普通话靠拢。普通话会不断地挤占方言的原有使用领域。方言的演变速度和发展前途是当今语言学研究关注的重要问题。

尽管方言向普通话集中是当前和今后汉语发展的主流，但这并不意味着方言很快就会消亡。方言是地域文化的标志，只要地域文化还有存在的价值，方言就不会也不应该最终消亡。方言文化如何保留，如何使地域文化得以传承？中学语文教学在其中能起到非常重要的作用。

2. 做好规范语言文字教学

教育的发展，社会经济的发展与繁荣，是以缩小各地水平区人民之间生活的差距，这也是各地区提高教学质量、以达到培养服务社会、提高人民生活水平为目的人才之所在。加强对西部地区语言文化的研究，对该地区的中学语文教育发展多加关注，通过教学让学生使用国家规定的规范的语言文字进行交流、表发和创作，同时重视方言的正确应用，这既是重视地方语言文化，也是语文教学应做之事和必须做好之事。

语言文字如果得不到正确规范使用，会对学生的认知造成不良影响，因此教育通过教育这条途径，在学校教学中进行落实，是一个非常有用的方法。教学、交际、宣传、工作都离不开规范语言，因此加强学生对方言文化的认识，学好古诗词、文言文和散文等篇章的字词句等，更有利于增强学生心中的民族凝聚力和文化自信，继承和发展中华优秀传统文化，更有利于我们今天所强调的文化强国的文化建设。而教师的言行对学生的影响是潜移默化的。在方言使用率大于普通话使用率的地区，教师更要要求自己说好流利的普通话，规范要求学生，同时在教学中教会学生，让学生在学习中既能正确使用标准字词形义，也能把方言文化很好地应用在日常语文学习和创作当中。

三、兴义方言对语文教学的影响及协调

（一）普通话与方言对比分析

李如龙《汉语方言学》认为："汉语的方言，即使是共同语的基础方言——官话方言，和标准的共同语之间都有不小的差异。这种方言母语对于儿童学习共同语会造成严重的影响。"兴义方言属昆贵方言片，黄雪贞在《西南官话的分区》（1986）中指出"四声调值和西南官话的调值是接近的"。但是在语音词义和语法方面，兴义方言和规范汉字的使用差别，也就是普通话的差别，是值得研究的。

1. 语音对比分析

一个地区对普通话的推广，不是以方言消亡为代价，而是力求教学内容更加体现现代化。而普通话和方言最主要的差别就是语音，在语文教学中规范汉字标准音就成为了推广普通话的重要环节。汉语的声调可以分为调值和调类两个方面，"调值是声调的实际音值或读法；调类是声调的种类"（黄伯荣、廖序东，2012），而兴义方言的调值和调类与普通话是有一定差别的。

（1）兴义方言中四呼缺少撮口呼，其中以兴仁县大山镇的口音最为明显。当地的方言受普通话发音影响较小，许多人保留了方音读法，因此该地区的教师教学中会给学生带来方言发音的影响。

如：吃鱼＝吃 yi、下雨＝下 yi、月亮＝yie 亮、全部＝qian 部、缺口＝qie 口、女＝ni 缺少圆唇音非常明显；杰出＝ji 出则是只保留韵腹。

（2）兴义方言缺乏后鼻音和卷舌音

兴义方言中，后鼻音几乎都读作前鼻音，翘舌也都并入平舌，发音缺少后鼻音和翘舌音。在语文教学中，如果学生没有接受正确规范的读音，那么学生平时的表达、交流都会受方言影响，甚至一些方言词也会出现在作文写作当中。

（3）边音和鼻音分辨困难

兴义方言虽属于北方方言中的西南官话，但实际上和多数的南方方言特点一样，鼻音发声困难。甚至大多数鼻音直接读作边音，基本忽略鼻音发，故鼻音读作边音的例子这里不在赘述。

（4）声母差异

在兴义的汉语方言中，半元音声母 y 变鼻音声母 n，如"作业""业务"的业（ye），兴义方言则为"niè"。

x 变 h，如"巷子"的巷（xiang），兴义方言中则为"hàng"，词组为叠音词"巷巷"。

（5）韵母的变化

如："打雷"的雷，普通话读音为"léi"，兴义方言读作"lúi"。

"药物"的"药"，普通话读音为"yào"，兴义方言中则为"yǒ"。这在汉语拼音中是不能够搭配的，在兴义方言中却可以。

"国家"的"国"，"guó—guě"，"委屈"的"屈"，"qu—qiǔ"也是兴义方言中常见的韵母发生变化的方言词。

2. 词义对比分析

词义，也就是词的义项多寡。黔西南方言与普通话比较研究中，有些词的读音和普通话本身的意义不相关，如以下这些词汇，学生不注意区分，教师也不加以纠正，很容易使学生在日常学习中出现错误书写。

如兴义地区的以下方言，和普通话规范的汉字就有词义上的差别：

歹毒——相当于书面语厉害。

戴谐/满卜尼——全部，主要指人，如，"带谐来我家玩"，意思是你们全部/全家人来我家玩。

挨量——做人做事，坚韧性强。形容一个人喝酒酒量好，或者经得起病痛时，会说"这个人挨量可以"。

倒二不着三——所作之事不合常理、逻辑，有叫他往东他要往西之意。

在兴义方言中，部分词的的义项多于普通话。

艳——在兴义方言中还有茂盛、繁盛的意思，如："今年荷花开得好艳。"

魑魑——在兴义方言中和"艳"字意思差不多，如："花开得很魑魑"，也就是花开得很好之意。

3. 语法对比分析

兴义方言日常谈话中句子成分不完整，时常缺乏主语，书面语词汇用得不多。在兴义方言中，有许多词汇用法和普通话差别也很大。

（1）名词

亮，在普通话里是名词，光亮。而在兴义方言中，是"炫耀"的意思，且它的用法也和普通话用法不同，如："他得了个好东西，天天就亮别人。"这个"亮"作为动词，在兴义方言中，后面却跟的是名词。

（2）动词

烤火，在兴义方言里会说成"向火"，"向"就由介词变为了动词，与"烤"意思等同。

（3）形容词

普通话中"在"作为介词，不能用在形容词和程度副词后，但是兴义方言却能够打破这种组合规则。

如：不好在/难在，即为难受、不舒服的意思。

（4）被动标记

"着"相当于"被"。如："碗着打烂奥"意为"碗被打烂了"。

（5）叠音词

有些在普通话里不能叠音的字，在兴义方言中可以组合，且后一个字发音不会像普通话里大多数叠音词一样读作轻声，依然读作原来的音调。

如：闻哈气气（气味）、坎坎（台阶）、盖盖（瓶子、厨具等的盖子）、勺勺（勺子）。

（二）方言区教学会出现的问题

中学阶段是学生语文素养积累的重要阶段，但通过上文对比分析可看出，兴义地区学生在中学语文的学习上，对于语文教学中的听说读写能力提高有一定消极的影响，由此会带来一些教学中的问题。

1. 学生方言与普通话读音混淆。不分轻重音，平翘舌不分、边音鼻音发音困难等问题会导致口语交际中缺少情感，最直接的体现是影响学生在考卷中的语音题型的正确率，也会体现在部分学生的习作当中。

2. 学生所储存的一部分词汇是方言的话，转化为书面词汇有一定困难。这会导致学生写作用词单一，词汇贫乏，误用乱用方言词汇，出现语言表达不当、歧义句、句法杂糅等错误。

3. 说不好普通话会使学生交流困难和交流不自信，减少交流和表达，从而影响学生的思维发展。

4. 语言也讲究美，而中学语文中的语言美和韵律美就是体现在教师教学的语音纯正、语调多变、节奏顿挫、词汇丰富等，方言区的学生缺乏良好的、规范的语音环境，"方言入文"影响学生说话表达，从而影响课堂教学中现代散文、诗歌朗读的语言美，古诗词韵律美。

四、兴义方言与中学语文教学处理应用

（一）大力推广标准汉语文字教育

对照方言读音，进行比较学习，有利于学好普通话。所以语文课堂要做到的就是把握好方言与普通话之间的联系，做好教学设计。

在方言使用率高于普通话的兴义地区，受方言影响，学生会把生活中使用的方言用在语文写作、表达交流当中。教师在教学中要起到纠正、规范、训练学生的作用。教师要对学生加以指导，每节新课前对新的字词进行发音训练和声调的区别，纠正学生因方言影响而读错的字词，加强字词记忆。普通话对字词的声、韵、调的要求是统一的、规范的，教师可以利用晚自习或者每个学期组织几次课堂普通话专项训练，逐个分析学生的发音问题，有针对性地帮助学生了解兴义方言的特点，以及普通话和兴义地区字词发音和使用的区别，让学生在有趣的课堂学习中提高普通话水平。

语文名师钱梦龙在上课时也很重视对教学知识的训练，他曾说过"学生的能力不是天生的，而是训练的结果"，但学生对方言的习得却是从出生就开始。因此中学语文教学中对字词应该进行系统性的训练，学生才能把基础夯实，兴义地区方言对学生的影响需要教师从平时的教学中就重视起来。中学生听说读写能力的提高，离不开教师对学生字词句篇的规范训练，这一定程度上还会影响学生大学的专业选择和未来的职业方向。如播音主持、记者、影视剧演员、教师、国家机关工作人员等职业，对语言文字的规范要求非常重视，其从业人员的普通话必须达到一定的标准。因此普通话的规范教学要从语文教学中字词句的教学着手，从方言词和普通话的对比教学着手。

教学中，教师要讲清楚双声、叠韵、成语等每一个字词的发音，以及如何朗读、停顿、发音。这些在语文教学中，是基础的、重要的东西，学生打好基础，才能真正欣赏中国文字之美。除了语文教师的课堂教学，学校环境和教师也会影响学生对普通话的使用。学校可以组织和普通话相关的活动，如每年组织文学作品朗诵、口语交际、演讲比赛等，给学生提供"说好普通话"的机会，培养学生的学习兴趣。

（二）方言文化进课堂，开展适当的方言教学

语文课堂教学和乡土文化教育相结合，可使地方性文化教育得到发展。方言朗读古诗文，赏析文言文，尤其是学习古代诗歌中一些字的古音押韵，有利提高阅读教学，也有利于方言文化继承和发展。一些方言具有娱乐性，一些地方文化需通过方言才能表现。

在教学实践中，应重点结合方言和作文教学，方言和诗词教学，散文教学中的字词句的知识教学和训练，通过教师有趣的教学，让知识本身成为吸引学生的基本特性。

它和我们的中学语文如何进行联系是值得语文教学者深思的问题。受方言影响较多，方言使用多于普通话使用频率的地区，学生会有不敢开口交流的情况。而中学语文教学中，古诗词与文言文以及散文的教学是最常涉及字词教学的。而语文教学就是从字到词，再到句子，再到文章的一种工具性与人文性融合的学科教学。语文字词的教学会涉及字词的音、义各种知识点，还会涉及学生的朗读、吟诵教学。语文学科的教学，就是要把学生更多地引向关注中华传统文化的道路上来。

（三）从字词句到篇，点面结合的教学

最新中学语文课程标准做出规定："语文课程作为一门实践性课程，应着力在语文实践中培养学生的语言文字运用能力。"语文教学除要教教材中的内容、教课外阅读，还需要从生活的方方面面对学生进行引导。教师既要引导学生成为乐于学习的主体，又要想方设法为学生创造学习的条件。

在中学语文教学中，学生的表达和交流尤其重要，无论是把所学所感的东西用文字表达出来，还是日常与人交往的过程中，把自己的想法用最恰当的话语表达出来，让他人完全理解而不至于产生误会等，这些都需要学生从字词句的知识学习和教师教学活动中得来。故教师要激发学生学习字词句知识的热情和兴趣，为学生创造学习的情境，在学生学习过程中进行指点和答疑解惑，为学生提高能力而铺设更高一级知识的台阶。

从语文字词句的教学当中，激发学生的认知需要和审美需要。唐诗宋词当中花红柳绿的诗眼、词句，散文中优美的句子所构成的独特的美的意境是字词教学的重难点，学生很难自我学习，但一些学生对中国古诗词中的字词句几乎达到痴迷的程度，因此教师在教学中进行充分深入的教学，学生对中华文化的认知和审美得到提升，学生的语文核心素养就得到了全面的发展。

五、结语

中学语文教育应始终坚持以学生人文素养为本位的原则，坚持以传承中华民族优秀传统文化为目的，中学语文教学旨在培养学生使用规范语言文字，传承历史文化，培育人文精神，通晓方言知识，激发学生对语言文字学习的兴趣，提高学生的语文成绩，培养学生的语言应用能力，树立学生语言交流的信心。

中学语文的教学实践活动中，有必要结合地区方言发展变化协调教学内容，在促进学生学习和运用规范语言文字的同时，也探索出合适的有益于保护和传承方言文化的教学途径和教学方法。要增强方言和普通话的发音、词汇、语义的互动与互协，补充进到中学语文教学的字词句篇的实践，以提升学生语文综合素养为目标，实现学生未来的全面发展为目的。

本文以兴义方言与国家通用语言文字的比较及方言动态发展在中学语文教学的应用为焦点，探讨方言受古今政治、经济、文化变化的影响，但在当今的现实教育中，既要让学生深刻理解学好国家通用语言文字，用好规范语言文字、掌握语言应用能力的重要性，也要让学生明白继承、保留和发展兴义的方言文化的重要性。

参考文献

[1] 余继梅. 2019.《贵州兴义方言区普通话课程教法分析》,《智库时代》第 24 期.

[2] 幸嫚. 2013.《贵州兴义方言语音系统》,《兴义民族师范学院学报》第 1 期.

[3] 幸嫚. 2012.《论兴义方言词汇与普通话词形比较之差异》,《兴义民族师范学院学报》

第 2 期 .

[4] 明茂修 . 2015.《贵州兴义方言单字调实验分析》,《兴义民族师范学院学报》第 5 期 .

[5] 黄雪贞 . 1986.《西南官话的分区（稿）》,《方言》第 4 期 .

[6] 李蓝 . 2009.《西南官话的分区（稿）》,《方言》第 1 期 .

[7] 黄伯荣、廖序东 . 2012.《现代汉语（增订五版）》, 北京：高等教育出版社 .

[8] 中华人民共和国教育部制定 . 2017/2020.《普通高中语文课程标准》北京：人民教育出版社 .

李一如　贵州民族大学民族文化与认知科学学院
桑洪梅　贵州民族大学民族文化与认知科学学院

"经验"与中国当代作文教学话语体系的建构*

欧阳澜

摘　要：用"经验"来关注中小学作文教学的过程，通过融合与复现来实现经验和知识的高效转化，建构具有中国特色的中小学作文教学新范式，探寻中国传统文化中的作文教学话语资源，在写作伦理立场、话语形态、审美特质等方面实现作文教学的中国话语建构，是彰显全球化格局中中国语文教学走向世界必经的路径。

关键词：作文教学　经验

一、"经验"在中国当代作文教学中的身影

随着语文教育研究意识的勃兴，国内中小学作文教学研究从20世纪80年代开始蓬勃发展，越来越多的教育研究者和社会相关人士开始参与到中小学作文教学的研究中，从事实上影响了中小学语文作文教育。用"经验"来关注中小学作文教学的过程，通过融合与复现来实现经验和知识的高效转化，应当更注重挖掘当代作文教学的传统话语资源。考察新时代背景下中小学作文教学的本土经验与创作模式，构建具有中国作风和中国作派的中小学作文教学话语体系，彰显其在世界语文教学中的重要价值，首先改变的是中小学

---

* 基金项目：2021年湖北省人文社科重点研究基地农村教育与文化发展研究中心开放课题研究项目"全省农村地区中小学开展铸牢中华民族共同体意识教育的调研"（编号：2021NJZD01）。

语文教师的专业构成。以往的语文教师并不一定关注自我及学生的经验提取，作文教学的开展基本上是基于教学大纲和课程标准等理论指导。对抽象理论的不同理解，决定了教师所采取的教学方式。然而，当前的社会需求，要求语文教师能够在有限的课时内实现高效作文教学。这就需要老师们能够根据他们多年的教学和作文评价经验，从以往学生的作文中提炼出符合单元要求的核心词支架。这种核心词支架的使用便是将学生的自我写作经验作为一种独特的教学资源灌注到整个作文教学过程中，影响着作文素材的选择和语言风格。因此，以融合和复现的视野，把学生经验提炼出来，反复多次运用于中小学作文课的教学之中，不仅是对既有中小学作文教学实践的总结，也可以为高效中小学作文教学模式探讨提供理论和实践的借鉴。

（一）从知识到个人经验的转化

学生写作意识的形成过程是从知识到个人经验的转化过程。从学生角度来说，阅读、作文课、写作构成了一个完整的经验过程，这种经验作用于学生自我的创作活动，形成学生自我经验并指导创作，是反思与行动的产物。作文的产出，需要学生在他人经验和自我经验之间找到平衡，在自我经验的发展中寻求稳定的内核并凝结为自我意识。那么如何在有限的班级教学制下，最大限度地融合他人经验和自我经验呢？我们采取的方式是经验式作文教学，即由教师从已经存在的学生作文成品中提取符合各个单元作文主题的分类式核心词支架以供学生参考，激发和引导学生高效拟题并列出作文提纲。经过多次高效轮训，促使学生形成自我写作意识，实现从知识到个人经验的转化。

（二）从个人经验到知识的转化

经验是沉睡的，需要被理性照亮。作文如果仅仅是学生能够看到的、可以被归纳的、可以被分析的内容，作文的意义是不够完整的。用理性照亮经验，唤醒个体沉睡的经验，对于学生来说是获得自我经验的最后一步，也是最重要的一步。一次完整的经验包含真正的反思，反思会影响下一次类似的行动，每一次经验都是反思和行动结合在一起的产物。而我们采取将一整册教材所有单元的作文主题一次性分队布置给学生的方式，使得学生每一次的经验形成都是自我经验与他人经验的叠加和提炼。学生在这种融合与复现的轮训中完成作文实践，不断地反思和行动，不断地影响下一次的实践，直至形成较为稳定的个人经验，实现自我能力的提升。

二、案例说明

"经验"的运用是为了提高学生作文能力和创新意识的培养效益。通过分析现有作文教学的种种弊端，我们发现了作文教学模式改革的必要性，并试图结合课程改革的新理念，在当代认知心理学、学习心理学以及建构主义等相关理论研究成果的基础上，参照国外语文教育实践方面的先进经验和我国传统语文教育的成功方法，有针对性地提出了经验式作文教学的方法来弥补现有中小学作文教学的种种不足，使中小学作文教学乃至语文教学总体效率得以提高。教师从同一学段学生作品中提取高频核心词作为经验支点，以促进新知识与旧经验的结合与转换，同时，学生从作文实践中获得的经验通过反思和行动生成个人的新知识、新经验。将教材中不同单元的作文主题一次性分队布置学习任务，用融合与复现来实现中小学生作文能力乃至语文能力的提升，事半功倍。事实证明，教师和学生、学生和学生，多方面经验的相互作用，能在班级授课制下将作文教学的价值和意义最大化。经验式作文教学不仅注重学生全体性、主动性，而且注重学生发展的差异性、持续性，促进学生个性的发展。并将教师的指导、课程标准的要求贯穿于学生作文的整个过程，具体指导作文的每一步，在提高学生实际作文水平的同时，全面提升学生听、说、读、写的能力，使学生在作文实践中形成一种对自我、社会与人生的主动探求、发现和体验，从而全面实现教育的初衷。

下面以部编版语文四年级上册内容为例说明我们的经验式作文教学过程：

四年级第一次作文教学设计

教学目标：

知识与能力目标：

1. 初步掌握八个单元的写作技巧。（以后的每一次作文课，都是一次知识的复现与经验运用及生成）

2. 通过作文点评加深对各单元写作要求的理解。（自我经验与他人经验的叠加）

过程与方法目标：

1. 引导学生结合老师点评进行个体作文点评，提高作文水平。

2. 通过互动，培养团队合作意识和创新意识，引导学生多角度地进行点评。

情感与价值目标：

调动学生作文和点评的兴趣，从而提高作文写作和欣赏水平。

教学重点：

1. 第一单元的拟题、立意、列纲指导。

2. 第一单元作文写作。

教学难点：

提纲的列法和分工点评的写法。

教学时间：两课时

课前工作：

1. 老师提前分好队，每个队成员坐在一起。

2. 选好记分员。

3. 讲课堂规则。（各项累计分数最高的前三队获得"飞机队"称号，队长代表全队上台发表一句话优胜感言）

教学过程：

（一）明确教学任务

第一次作文教学任务（200字）

第1队　第一单元　　推荐一个好地方

第2队　第二单元　　小小"动物园"

第3队　第三单元　　写观察日记

第4队　第四单元　　我和（　　）过一天

第5队　第五单元　　生活万花筒

第6队　第六单元　　记一次游戏

第7队　第七单元　　写信

第8队　第八单元　　我的心儿怦怦跳

（二）讲解导航表

表 1

单元	主题	重点	导航
第一单元	奇特的景观	推荐一个好地方	1.选择好要推荐的地方； 2.有条理地介绍特点； 3.抒发自己的喜爱之情。
第二单元	探索奥秘	小小"动物园"	1.想想自己的家人和哪种动物比较像； 2.写清楚家人和动物哪些地方比较像； 3.写出自己在"动物园"的感受。
第三单元	热爱自然	写观察日记	1.细心观察，写出自己的新发现； 2.写出观察对象的变化； 3.写出自己的感受。
第四单元	神话故事	我和（　）过一天	1.大胆想像自己和故事中的人过一天； 2.想象会去哪里？去做什么？ 3.写出自己的感情。
第五单元	多彩生活	生活万花筒	1.选择一件印象深刻的事； 2.按一定顺序写清楚事情的经过； 3.表达自己的情感。
第六单元	童年难忘	记一次游戏	1.选择一次游戏； 2.写清楚游戏过程； 3.写出自己当时的心情。
第七单元	仁人志士	写信	1.注意书信格式； 2.选择写信的对象，把想说的话写清楚； 3.表达自己的真情实感。
第八单元	历史故事	我的心儿怦怦跳	1.选择一件令自己心儿怦怦跳的事； 2.写清楚事情的经过； 3.写清楚当时的感受。

知识点：
写信的格式

习作

写 信

书信曾经是人们和远方的亲人朋友互通消息、交流感情的主要方式，现在仍然是重要的联络手段。下面是小杰写给叔叔的一封信。

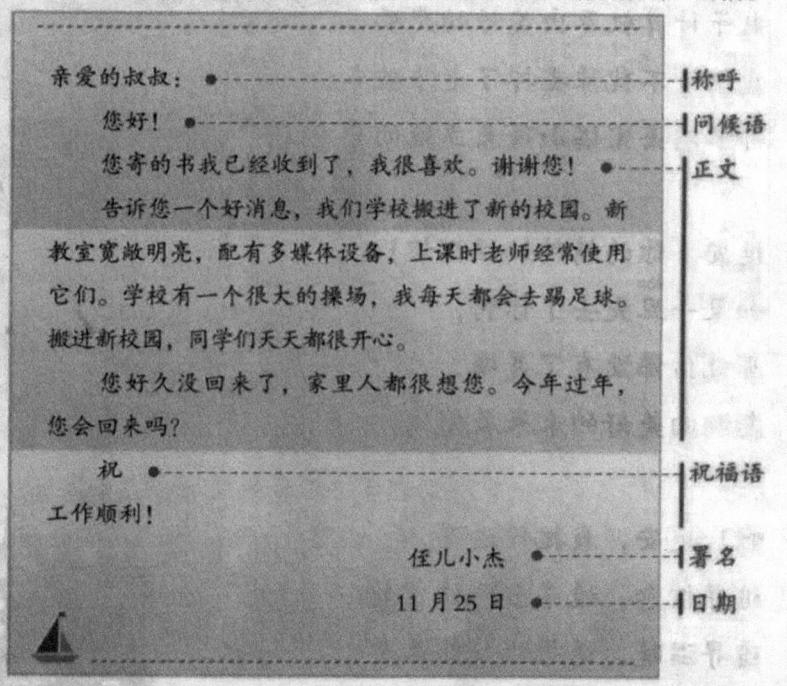

亲爱的叔叔：	称呼
您好！	问候语
您寄的书我已经收到了，我很喜欢。谢谢您！	正文
告诉您一个好消息，我们学校搬进了新的校园。新教室宽敞明亮，配有多媒体设备，上课时老师经常使用它们。学校有一个很大的操场，我每天都会去踢球。搬进新校园，同学们天天都很开心。	
您好久没回来了，家里人都很想您。今年过年，您会回来吗？	
祝	祝福语
工作顺利！	
侄儿小杰	署名
11月25日	日期

写好的信，要寄出去，还需要有信封，和同学交流一下写信封的注意事项。

请给你的亲友或者老师写一封信，可以通过邮局寄给对方，也可以通过电子邮件发给对方。

（三）高效拟题

教师讲解：

运用核心词表高效拟题，以第一单元"推荐一个好地方"为例：

表 2

第一单元　推荐一个好地方

时间	地点	景物	方位	动词	形容词	情感	修辞	方法
清晨	家乡	朝霞	东	参观	清新	爱	比喻	抓特点
上午	景区	樱花	南	游览	美丽	赞美	拟人	个性化
中午	公园	垂柳	西	漫步	温暖	向往	对比	先总后分
下午	校园	腊梅	北	盛开	幽静	留恋	夸张	先分后总
傍晚	超市	高山	上	飘扬	热闹	惊讶	排比	移步换景
春天	农庄	瀑布	下	眺望	凉爽	欣喜	引用	定点观察
夏天	山谷	流水	左	散发	绚丽	骄傲	反问	时间顺序
秋天	荷塘	小溪	右	摇摆	雄伟	自豪	设问	方位顺序
冬天	植物园	春风	里	欢唱	古朴	难忘	……	动静结合
暑假	沙滩	彩虹	外	嬉戏	茂盛	不舍		……
寒假	田野	夕阳	边	飞舞	辉煌	想念		
春节	海边	大海	东南	弥漫	高大	……		
中秋	博物馆	沙漠	西北	穿梭	峻峭			
……				……	……			

核心词表（表2）可以帮助大家高效拟题。例如，第一单元是以"推荐一个好地方"为主题写作文。只靠冥思苦想，耗时费事且想不出新题目、好题目。用核心词拟题法，把核心词表各个栏目的词组合，可拟出几十个、几百个不止。还可以根据核心词表的提示，很快想到其他相关词，提高了拟题的效率。如《夏天傍晚的荷塘》《春天午后的校园》《秋天的家乡》《寒假的超市》《中秋的田野》《幽静的山谷》《难忘的沙滩》……

高效拟题训练

练一练：我是第1队，我写的是第一单元，我拟写题目是《　　　　》题目拟好之后进行展示，教师及时点评、加分。

表3

队别	单元	拟题
第1队	第一单元	
第2队	第二单元	
第3队	第三单元	
第4队	第四单元	
第5队	第五单元	
第6队	第六单元	
第7队	第七单元	
第8队	第八单元	

（四）高效列纲

教师讲解：

选取一篇已有的标准的学生例文作为例子来教学生如何列提纲：

PPT展示例文（例文省略）

第一步，先把每个段的核心词找出来，填写在横线上，然后在"段"字的前面标上自然段的序号。第1段写在开头栏目里，最后一段写在结尾栏，中间愿意写几段就写几段，写在主体栏，主体栏后面段空着。写好核心词后，再在前面每个段前标上1、2、3、4、5、……自然段序号。

第二步，时间宽裕的话，把核心词展开写一句话填写在括号内。

高效写提纲训练

表4

第（ ）次相融作文课				
作者姓名：		班级：		队级
单元内容：				第 单元
指导老师：		时间：	年 月 日	
核心词提纲				
题目：				
中心：				
思想：				
发展等级目标：				
开头	段			
主体	段			
	段			
	段			
	段			
结尾	段			

列提纲比赛：

1. 同学独立拟"核心词提纲"。

2. 同学间交流并修改批阅提纲。

3. 比一比，哪队最快？

（五）快速铺写作文

根据提纲以及字数要求作文（要求学生控制时间，争取三十分钟内完成作文）。教师巡视，浏览评阅等级。

（六）快速自我修改

同学们用铅笔批改，方法是：先纠错，后找优点（错误少，修辞、描写、表达方式、关键字句等），再写建议。

（七）课堂作文展示

朗读要求：1. 声音响亮；2. 语言流畅；3. 声情并茂

内容要求：根据导航点评

点评比赛，突出重点

（八）依据导航，高效点评，突出重点。教师再次展示导航表（表1）。

（九）书面分工点评

表5

队别	任务	点评角度	分值
第1、2队	点评一	审题 拟题 立意	30
第3、4队	点评二	选材 结构	40
第5、6队	点评三	书写 表达	30
第7、8队	反思		

（十）高效总结反思：

请任选一个词语简单谈谈本次听、说、读、写方面的收获，每人半分钟。

轻松　　快乐　　喜欢　　兴奋　　成功

紧张　　遗憾　　沮丧　　困难　　失败

（十一）宣布比赛结果：

飞机队：

公布分数及排名前三的队。表扬本次课表现优秀的飞机队。请飞机队队长发表一句话优胜感言。

（十二）课后作业：

1. 队长检查作文，整理交给老师保存；
2. 队长召集队员开会，对本节课发言进行总结，对下节课提要求；
3. 没有完成作文任务和点评的同学课后老师单独辅导一下；
4. 布置下一次作文任务，请同学们预写提纲和点评。

相约下次

四年级第二次作文课（250 字）

第 8 队	第一单元	推荐一个好地方
第 1 队	第二单元	小小"动物园"
第 2 队	第三单元	写观察日记
第 3 队	第四单元	我和（　　　）过一天
第 4 队	第五单元	生活万花筒
第 5 队	第六单元	记一次游戏
第 6 队	第七单元	写信
第 7 队	第八单元	我的心儿怦怦跳

三、"经验"与中国当代作文教学话语体系建构的必要性

经验式作文教学的特点是将作文理论实化为可操作的实训流程，将抽象的作文具像化为场景式原生情景，将孤立的教学项目转化为共构的人才培养机制，将脱离社会需求的人才培养模式转变为与现实接轨的人才培养模式。调查反映当前主流的"理论——作文——批改——点评"式作文教学模式容易让学生产生抵触情绪。为了让学生享受作文的过程，爱上作文，学会作文，在明确课程目标的前提下，教师需要为学生搭建一个立足学生自我经验的作文教学平台。

新时代的中国正处在建设文化强国、实现中华民族伟大复兴的历史关键期，在对"中国经验""中华精神""文化自信""中国道路"等的总结与探讨中，语文教育有必要参与其中。特别是现实主义文艺创作与理论批评，对

于讲好中国故事、促进社会主义文化繁荣发展有重要推动作用。而想要更好地发挥这一作用，就需要对中国传统语文教育智慧与当代中小学作文教学现状进行更加充分的分析、总结、提炼，并且结合时代语境对其进行创新性继承与创造性转化。要在全面梳理古今中外作文教学的理论、方法基础上，建构具有中国特色的中小学作文教学新范式，并且建构中国当代作文教学话语体系，为当前作文教学话语的断裂、分歧和碎片化问题提供解决思路，从而进一步构建世界教育体系中语文教育的中国话语。

聚焦由西方教育话语权力到对现代文明的质疑，如何实现从人学指向生命学内涵的拓展，实现现实关怀和审美超越，传统教育智慧的当代转承。聚焦秉承汉语表意"隐喻特质"与"立象以尽意"的诗性特征及传统诗性文化认知中的诗意体验与思维定势，形成中国学生具有的心理结构、文化意识与民族原生态作文书写。聚焦在翻译与传播、接受与对话、碰撞到新质进程中向西方学习的部分，以推动中国传统教育智慧的复活，实现对民族原生态风格的展示等等，都需要建构中国当代作文教学话语体系。

在全球性时空背景下，新时期以来物质生活和精神生活决定性地影响了民族特有的生活表述方式，形成了当代民族精神视阈与伦理品格。在联结知识与能力实现有机交融与转化，助推开辟中国特色的语文教育之路，中国当代作文教学的话语系统建构与教育伦理精神的本土化生成都将具有世界意义与贡献。

四、"经验"与中国当代作文教学话语体系建构的目标

21世纪的教学应当以培养社会发展需要的创造性人才为己任，各学科的教学都应围绕这一目标不断探索。作文课尤应如此。因为作文是一种创造性的精神活动，作文课就是以传授作文技能和培养学生作文能力为主要教学目的，挖掘学生潜能、培养学生创造精神的课程。作文是一种综合能力的表现，作文教学着眼点和根本任务就是以人为本，把学生培养成懂作文、能作文、会作文的人，即让学生懂得作文的构成、诸因素之间的关系、作文的一般规律等，使学生获得作文应该具备的各种素质和修养，进而培养他们的观察、分析、想象、思考、语言表达等诸多能力，以适应未来工作、生活、社会交

往等诸多方面的诉求。我国本土中小学作文教学话语体系建设既要克服欧美写作教学"重实践、轻理论"而学术地位不高的尴尬，也要摆脱传统作文教学的非学科地位，在新文科建设的大潮中获得独立的学术支撑。中小学作文教学是语文教育中一个极为重要却收效并不显著的环节。学生作文能力的提升与自我发展是同步的。学生写作的过程是一个自我发现和思维逐渐走向成熟的过程。我们通过将这些可以独立的写作要素分类从既有的学生作品中提炼出来，把同一学段的作文教学主题一次性分队布置，用融合与复现的经验理念去达成教师与学生、学生与学生、教与学、不同主题、不同要素之间的相互作用，促使师生共同进入作文的内部，共同感受作文的生成过程，实现多方面经验的叠加与回应，可以从制度上保障作文教学经验的完整性和有机运转。是学生真正形成被照亮的经验和不断强化的经验，最终实现个人创造力的提升。中国当代作文教学话语体系建构的主要目标有：

1. 建构"实践——存在论"作文教学观。这种教学观要求以个体的、感性的作文教学实践作为出发点。包括了教师和学生的实体性生产实践和虚体性的审美实践，强调人作为主体的自我实现是根本性实践活动。这种教学观应该体现三个维度，即世界的事件序列再现维度；作为事件序列情感和意义图景；作文的世界观维度。还应具有应用性和理论性，个体行为和集体合作，创造性思维和技巧要求等属性。

2. 建构教师、学生、作品三位一体的教学方法。中小学作文教学的目的旨在训练学生以语言文字方式实现人的可能原创力向现实转化的可能途径与方法，论证"生生能作文""生生能创造"的学生原创力图景。要实现这一目标，要求教师进行能够激发学生作文潜能的训练，帮助学生建立作文思维模型并探索出潜能激发方法。教师需要运用包括从发散到聚合的系统化与流程化的构思，及反转和换位思索法等思维方法，以及脑力激荡法、心智图法、逆向思维法、检讨法等多种途径。

3. 从问题视野出发，以知识和技能、情感态度和价值观着手对当代中国中小学作文教育的思想源头进行探询，将当代中小学作文教学纳入一个古今中外的实践和学术谱系中，考察中小学作文教学的发展模式和演进规律，达成中小学作文教学话语体系的语言结构、话语形态和深层历史、民族文化伦理及教育人类学范式的最佳结合。

4. 建构中国当代作文教学的话语体系，重点是要培养适应经济社会发展的高素质人才。要在中小学作文教学中，改进教学方法，创新作文教学模式，力求不断从作文课的教学模式上大胆思考，锐意创新。经验式作文教学倡导自主合作探究，需要更多有着丰富课程底蕴、强烈社会责任感以及对学生充满人文关怀的教师，在创新发展型语文教育观念的引导下，改变当前作文教学封闭的课堂体系和单一枯燥的讲练形式，改变现行作文教学理论缺乏对学生作文实践过程动态把握的弊端，进一步探讨中小学作文教学策略，探寻一整套符合教师本人和学生学情的课程设置和评价方式的机制。

5. 以话语资源、话语模式、话语特色等维度建构中国当代作文教学的话语体系，从教育伦理内涵与知识谱系入手，揭示在全球视野中中国语文教育如何通过将世界教育命题与中国本土实际语境对接，在本土资源中寻找有效切入点，立足师生"经验"的自主生长伦理与语文教育史进程的关系，重点考察其内涵特质、本土智慧及其理论构成，彰显独特的价值与中国表达，强调在新时代背景下开展研究，立足人类命运共同体视野，探讨当代教育如何塑造人对世界的认识，回应时代变迁与孕育新的话语机制。

欧阳澜　湖北第二师范学院

《语义转移的词汇类型》述评

张 莉

原 文：Päivi Juvonen & Maria Koptjevskaja-Tamm（2016）*The lexical typology of semantic shift*. Berlin, Boston：De Gruyter Mouton.

一、引言

《语义转移的词汇类型学》（The Lexical Typology of Semantic Shift）由德古意特出版社2016年出版，编辑是Päivi Juvonen & Maria Koptjevskaja-Tamm。本书的内容来自于科研项目"类型学视角下的核心词：语义专业和形式—意义相关性"（Core Vocabulary in a Typological Perspective：Semantic Shifts and Form-meaning Correlations），该项目由Maria Koptjevskaja-Tamm担任首席研究员。本书各章的所有执笔者也是参加该项目的该论题的专家。全书共17章，600多页，是词汇类型学领域很前沿且覆盖面广的一本专著。

二、内容概述

本书共三编，第一编包括第1章到第6章，是词汇类型学的理论和方法论问题如语义转移的分类、语义转移背后的认知过程和数据收集。第二编包括第7章到12章，讨论了几个具体的语义转移的源域和目标域，例如温度词和身体词，动词"打"，情感域，社会关系域的朋友等。第三编包括第13章到第 17 章讨论的是理据问题。

第 1 章 引言：语义转移的词汇类型（作者是 Maria. Koptjevskaja-Tamm）。第 1 章由本书主编作导引。Koptjevskaja-Tamm 是瑞典斯德哥尔摩大学的教授，《语言类型学》期刊的主编。她曾经发表过《词汇语义的类型方法》（Koptjevskaja-Tamm，2007），《词汇类型学介绍》（Koptjevskaja-Tamm，2008），《词汇类型发展的新方向》（Koptjevskaja-Tamm，2012）等开创性的文章，对于词汇类型学的研究有提纲挈领的把握。本章介绍了关键概念：语义转移、理据、语义关联、语义平行，以及研究传统：认知语义学、词汇类型学、历史语言学和区域语言学。

第 2 章 语义演变和语义转移（作者是 Peter Koch）。作者从历史角度研究语义转移。本章从研究语义演变的来源入手，主要讲述了语义演变的类别、机制和途径等方面的最新研究进展。本文区分了意义创新和意义演变以及言者诱发和听者诱发的意义演变。Koch 是 INTAS 项目的重要成员，是词汇类型以及语义演变领域研究的专家，此前写过多篇语义演变的文章（Koch 2001，2004，2008）。

第 3 章 作为反义同词来源的语义转移（作者是 A. Shmelev）。该文章是历时为导向，但它侧重于反义同词（enantiosemy）的语义转移类型。作者提出反义同词包含了一词多义的一个特殊的、也非常罕见的情况，即同一个词位具有两个相反的含义。例如俄语单词 *proslusšat' (lekciju)* 既可是"听到"也可意为"听不见，错过"；英语 unpacked 有"没有打开的"和"打开的"两种相反的含义。作者认为"对立"的理解是广义上的，对立不仅包括不同种类的反义词（如矛盾反义词"死"和"生"，或范围反义词"大"对"小"），还包括各种不同类型的对立，如同一情景下对立的视角或对立的参与者，如"出售"与"购买"或"主人"和"客人"。广义上的反义同词是一种有规律的现象，它遵循认知和交流的一般规律。作者最后总结，常见的造成反义同词的语义转移有：语用效果的常规化（反讽、评价、会话含义）、转喻（包括已知情况下的两极分化）、隐喻。

第 4 章 词汇类型基于框架的研究方法（作者是 E. Rakhilina & T. Reznikova）。作者主张"框架法"的词汇类型研究。这一方法由莫斯科词汇类型学小组提出，并在几个词汇领域（例如，水上运动、旋转、疼痛、各种品质、声音）

进行了测试，跨越大量亲属语和不同区域的语言。"框架法"背后的主要原则，源自以 Apresjan 为代表人物的莫斯科语义学派，原则是词汇的意义是通过观察单词的"环境"，主要是词汇的搭配来获得。作者提出语义的跨语言比较，从称名学角度的和符号学角度，通过自然文本（语料库、自然话语等）中的词汇组合分析揭示的概念框架。这种基于框架的方法可以将语言分割成不同的语义域的，然后系统地比较相关语义转移的跨语言差异的跨语言模式。

第 5 章 跨语言的反义词调查的语料库方法（作者是 C. Paradis）。作者从共时的角度讨论了语义转移和反义词的多义性问题。作者认为所有语言都存在词对，这些词对表达对立属性但并不是非此即彼的对立，而在两者之间还存在程度的深浅，例如大小（大—小）、强度（强—弱）或优缺点（好—坏）。当同一个词在不同的"框架"中使用时，它的反义词就不一样，例如 light—dark（指亮度）和 light—heavy（指重量），或作用的客体或对象不同时，反义词也不同，例如 old—young（形容人时）和 old—new（形容物时）。Paradis 提出了基于语料库的跨语言反义词识别技术，以及对不同语义框架和不同语言结构中的反义词进行描述。迄今，这些技术虽只在有限的一些语言（瑞典语、荷兰语、英语、日语、俄语）中进行了测试，但也许有望应用于大量的合理机器可读语料库的语言。

第 6 章 通过大面积的平行语料库研究共词化（作者是 R. Östling）。本文使用大规模的平行语料库，更准确地说是译成 1001 语言的 1142 个《新约》译本。在语义类型学研究中，使用大型平行语料库作为不同语言的参考数据的方法已逐渐被人们所接受，但它们在词汇比较中的应用迄今仍受到限制。其中最明显的是运动事件动词如何进行分类。Östling 认为大型平行文本也可以用于自动提取词汇集合化现象的初步数据，即语言是否以及如何将两种或多种不同的意义与同一词汇形式联系起来。

第 7 章 行动中的多义词：跨语言的视角中的瑞典词 slå "打，击，敲"（作者是 Å. Viberg）。作者研究瑞典语中动词 slå 的多义性，slå 可对应英语的 hit, strike, beat 三种意思，但至少两种不同的层面做了跨语言研究。首先，这种分析基于平行语料库，这样我们就能知道此类动词是如何翻译的。其次，从类型学角度看，这种分析将语义分析的结果与其他语言中打击动词的早期研究进行了比较。Viberg 研究了词义是如何在结构中相互关联的，并说明了历时过程有可能打破这些内在联系的例子。

第 8 章 在洋泾浜语中带有 make/do 轻动词结构（作者是 P. Juvonen）。本章主要讨论了洋泾浜语言是如何用极其有限的词汇进行交流的。而答案就是：通过"意义循环"进行。也就是说，在不同的结构和语境中使用这些词汇，这些词汇就会经历多样的语义转移。作者着重于分析动词 make/do 为在来自世界不同地区的 32 个有记载的洋泾浜变体中的使用情况。在此过程中，她探讨了洋泾浜词汇中的一词多义和异词多义问题、句法框架问题和语义转移问题。

第 9 章 与身体部位词相关的温度表达的引申用法（作者是 S. Vejdemo & S. Vandewinkel）。本章主要讨论了在英语、伊比比奥语、日语、卡纳达语、普通话、奥吉布韦语和瑞典语等七种语言中，身体部位词与温度词搭配后产生的引申用法（如"暖心""冷眼"）会与情感有关。因此，这三个领域（温度、身体和情感）的相互作用是人类的基本经验，也是许多研究关注的焦点。

第 10 章 在爱斯基摩语和相邻语言中的感情语域（作者是 M. Fortescue）。本章将情感领域作为语义转移的目标域进行了研究。作者研究的是爱斯基摩语和邻近语。该研究是对情感语言学研究的一个特别有价值的补充。因为爱斯基摩语有许多表示情感的"词源"（根），它的这一特点使它成了一个独特的形态类别。本章通过重建一组原始爱斯基摩语词根来探讨一词多义和语义随时间变化的问题，并得出结论，历时和比较数据有望解答人们争论已久的构成"基本"情感的语言学术语是什么这一话题，以及这些情感如何与心理学家描述的五六种"主要"情感相关联。

第 11 章 在斯拉夫语、罗曼语和日耳曼语中社会关系领域的理据和语义框架——朋友，敌人和其他（作者是 G. Yavorska & G. Zymovets）。本章研究的是斯拉夫语、罗曼语和日耳曼语中社会关系领域的语源重建和共时跨语言比较（如朋友、敌人、权力、政府等）。研究侧重于有亲缘关系语言词汇间的共时一词多义现象，并从历时的角度，即语义转移的"源域—目标域"模式来解释它们。

第 12 章 萨胡尔语里树，木柴和火（作者是 A. Schapper, L. S. Roque & R. Hendery）。本章讨论了特定/亲缘/区域语言和复现模式的区别。问题的核心是语言的地缘影响在多大程度上是受语义共词化（一词多义）模式影响的。

在这种情况下，澳大利亚、新几内亚和周围岛屿，即整个萨胡尔地区，它们的语言之间存在亲缘和区域的联系。作者首先对300种澳大利亚和巴布亚语言中的"树""木柴"和"火"的表达进行了深入研究，认为该地区最常见的语言现象是"木柴"和"火"有共词化的现象，但与"树"通常没有。这一发现与早先的观点相反。然而，出现在萨胡尔语中的语义共词化现象在其他语言中很少出现，说明萨胡尔语分化得非常厉害。总的来说，本章认为语义集合化为语言接触和类型学的研究提供了一个好的思路。

第13章 调查法语和意大利语中的词汇理据（作者是D. Marzo和B. Umbreit）。本章用问卷形式来调查法语和意大利语母语者对词汇理据的感知。与其他作者不同，作者从一个特别的角度来研究理据。他们让母语人士而不是语言学家来判断一词多义现象。这又会受几个因素制约，例如对母语者产生的刺激不同、意义是否模糊以及对母语者产生的刺激和其他词汇单位之间概念之间的关系。

第14章 民俗植物分类的理据类型（作者是W. Mihatsch）。本章关注生物分类学中的理据模式及其理论含义。作者主要研究的是不同理据模式（即一词多义和构词）之间的差异，换句话说，就是相同生物的科学和民间分类之间的差异。Mihatsch从罗马植物名称分类法中找到了证据。

第15章 科学和民俗生物分类的不同和互动（作者是M. Russo）。作者主要研究生物分类学中的语义转移同现现象，即不同生物类的动物获得相同或相似的名称这一现象。Russo的研究基于更广泛的跨语言基础，大多来自莫斯科俄罗斯科学院语言学研究所的"世界语言语义转移分类"中的研究成果（参见Zalizniak 2008，Zalizniak et al. 2012），和生物分类学中记载的大量亲属、区域和结构多样化语言的例子。

第16章 整体理据：在烹饪域的系统性和应用（作者是M. Ising）。Ising提出了"整体理据"这一概念来解释诸如"英国女人的拖鞋"这样的表达。这一表达的目标概念（特定的植物）与源概念（这种植物的花看起来像女人的鞋子）相关联，因此就用"英国女人的鞋子"来代指源概念。本章介绍了如何将这一实际现象与传统的语言理据理论结合起来，并研究了一个类型学案例。该研究系统在烹饪目标领域共计研究了75种语言的整体理据。

第17章 类型学视角形式上可分的术语的理据：变异的评估和解释的步骤

（作者是 M. Urban）。在这本书的最后一章，作者从构词法角度来研究理据模式，并回答了词汇类型学的创始人之一斯蒂芬·乌尔曼（1962，1966）提出的一个问题：形态可分析词汇项对语言的研究有多大程度上的影响？在解决这个问题的过程中，Urban 遵循了经典类型学方法，将在全球具有代表性的 73 种语言作为样本，调查了 160 种书面的标准翻译对等语。事实证明，语言在这一领域的可变性非常大，语言中可分析项的相对流行程度与其辅音数、音节结构的复杂性和名词词根的长度相关。

三、学术价值

总之，本书所提供的信息非常前沿和广博。在几个方面对于词汇类型学研究做出了重要贡献：（1）描述性——描述关于几个认知领域中语义变化的研究，以及跨语言的理据模式的研究。（2）方法论——提出并运用不同的方法来进行词汇类型学研究，识别和分析语义转移和理据模式，并同时研究共时和历时情况。（3）理论上——研究关于认知参数、亲属关系、社会文化和/或接触关系在词汇形成中的作用，并提出共时和历时的语义关系的新见解，从而为认知语言学和语言认知理论、类型学和历史语言学做出贡献。

本书为词汇类型学的研究提供了理论框架和研究方向。

参考文献

[1] Koptjevskaja-Tamm, M., M. Vanhove, et al.. 2007. Typological approaches to lexical semantics. *Linguistic Typology*, 11（1），pp. 159–185.

[2] Koptjevskaja-Tamm, M. 2008. Approaching Lexical Typology. In Martine Vanhove（ed.）*From Polysemy to Semantic Change*：*Towards a Typology of Lexical Semantic Associations*, Amsterdam and Philadelphia：John Benjamins Publishing Company, pp. 1–43.

[3] Koptjevskaja-Tamm, M. & Vanhove, M.（eds.），2012. New Directions in Lexical Typology,［special issue］*Linguistics*, 50（3），373–394.

[4] Koch, P. 2001. Lexical Typology from a Cognitive and Linguistic Point of View. In Martin Haspelmath et al.（eds.）*Language Typology and Language Universals*：*An International Handbook*, Berlin & New York：Walter de Gruyter, , pp. 1142–1178.

[5] Koch, P. 2004. Diachronic Onomasiology and Semantic Reconstruction, In Wiltrud Mihatsch & Reinhild Steinberg (eds.), *Lexical Data and Universals of Semantic Change*, pp. 79 – 106. Tübingen: Stauffenburg Verlag.

[6] Koch, P. 2008. Cognitive Onomasiology and Lexical Change: around the Eye. In: M. Vanhove, (ed.), pp. 107 – 137.

张 莉 华中科技大学外国语学院